国内外经典教材辅导系列 · 管理类

蔡立辉、王乐夫《公共管理学》
笔记和课后习题(含考研真题)详解

【适用第3版教材】

主编：圣才考研网
www.100xuexi.com

中国石化出版社

内 容 提 要

本书是"十二五"普通高等教育本科国家级规划教材《公共管理学》(第3版，蔡立辉、王乐夫主编)的学习辅导书。本书遵循该教材第3版的章目编排，共分为13章，每章由四部分组成：第一部分为复习笔记(含知识框架)，剖析本章的核心考点，并进行拓展延伸；第二部分为课(章)后习题详解，对该教材的所有习题进行了详细的分析和解答；第三部分为考研真题与典型题，精选部分名校近年的考研真题，并针对该教材的重难点相应整理了典型题；第四部分为考研真题与典型题详解，对第三部分的试题进行了详细的解答。

圣才考研网(www.100xuexi.com)提供全国所有院校各个专业的考研考博辅导方案【网络课程、电子书、题库等】。购书即可享受大礼包增值服务【本书电子书(手机版、电脑版)】。手机扫码(本书封底)领取本书大礼包。

图书在版编目(CIP)数据

蔡立辉、王乐夫《公共管理学》笔记和课后习题(含考研真题)详解/圣才考研网主编.——北京:中国石化出版社,2022.7(2024.3 重印)
国内外经典教材辅导系列·管理类
ISBN 978-7-5114-6777-5

Ⅰ.①蔡… Ⅱ.①圣… Ⅲ.①公共管理-研究生-入学考试-自学参考资料 Ⅳ.①D035

中国版本图书馆 CIP 数据核字(2022)第120260号

中国石化出版社出版发行
地址:北京市东城区安定门外大街58号
邮编:100011　电话:(010)57512500
发行部电话:(010)57512575
http://www.sinopec-press.com
E-mail:press@sinopec.com
武汉市盛宏源印务有限公司印刷
全国各地新华书店经销
*
787×1092毫米 16开本 18.75印张 446千字
2022年8月第1版　2024年3月第2次印刷
定价:68.00元

序　言

国内外经典教材辅导系列是一套全面解析当前国内外各大院校权威教科书的辅导资料。我国各大院校一般都把国内外通用的权威教科书作为本科生和研究生学习专业课程的参考教材，这些教材甚至被很多考试（特别是硕士和博士研究生入学考试）和培训项目作为指定参考书。为了帮助读者更好地学习专业课，我们有针对性地编写了一套与国内外教材配套的复习资料，并提供配套的名师讲堂和题库。

蔡立辉、王乐夫主编的《公共管理学》是我国高校采用较多的公共管理学权威教材之一。作为该教材第3版的学习辅导书，本书具有以下几个方面的特点：

1．框架图表体系，通俗易懂易记

本书每章的知识框架图和考点归纳表，在全方位把握核心考点的同时，提纲挈领地以思维导图形式，呈现重要的考点、难点，脉络清晰，一目了然，更容易记忆。

2．下划线＋星级标记＋拓展延伸，透彻剖析核心考点

本书每章的核心考点均按重要程度分为一星（一般了解）至五星（熟练掌握），对关键词用下划线作了标记，并对相关重要知识点进行了延伸和归纳，方便考生更有针对性地复习。

3．解析课后习题，提供详尽答案

本书参考各种公共管理学权威教材和相关资料对每章的习题都进行了详细的分析和解答。

4．精选考研真题与典型题，巩固重难点知识

本书精选了部分名校近年的公共管理学考研真题，并补充了典型习题。所选习题涵盖的知识点全面，特别注重理论联系实际，凸显当前热点。

要深深牢记：考研不同一般考试，概念题（名词解释）要当作简答题来回答，简答题要当作论述题来解答，而论述题的答案要像是论文，多答不扣分。有的论述题的答案简直就是一份优秀的论文（其实很多考研真题就是选自一篇专题论文，完全需要当作论文来回答）！

购书即可享受大礼包增值服务！手机扫码（本书封底）领取本书大礼包。

圣才考研网（www.100xuexi.com）是圣才学习网旗下的考研考博专业网站，提供考研公共课和全国各高校公共管理类专业考研考博辅导班【一对一辅导（面授/网授）、网授精讲班等】、电子书、题库、全套资料（历年真题及答案、笔记讲义等）、国内外经典教材名师讲堂、考研教辅图书等。

考研辅导：kaoyan.100xuexi.com（圣才考研网）
资格考试：www.100xuexi.com（圣才学习网）

圣才考研网编辑部

目　录

第1章　导　论

1.1　复习笔记

【知识框架(庖丁解牛)】

- 导论
  - 公共管理学相关概念辨析
    - 公共管理与行政管理/公共行政
    - 公共管理与工商企业管理
    - 公共管理与公共产品
    - 公共管理与公共政策
    - 公共治理与善治
  - 公共管理学概述
    - 公共管理学的含义
    - 公共管理学的研究对象、理论体系
    - 公共管理学的学科特征
  - 公共管理学的研究途径
    - 博兹曼的政策途径[P途径]与商业途径[B途径]
    - 罗森布鲁姆等的管理途径、政治途径和法律途径
    - 公共管理学研究的经济学途径
  - 公共管理学的研究方法
    - 实践抽象法
    - 实体分析法
    - 实验法
    - 系统分析法
    - 比较分析法
    - 案例分析法
    - 多学科交叉式综合研究方式

【通关提要(提纲挈领)】

本章是全书的导论，基础且重要。学习时，要重点掌握公共管理学的相关概念辨析，特别是公共管理与行政管理/公共行政、公共政策等的区别和联系；掌握公共管理学的研究对象、学科特征和研究途径，特别是博兹曼的政策途径与商业途径；熟悉公共管理学的含义和研究方法。本章易考概念题、简答题和论述题，复习时应注重识记，比较理解相关概念。

【考点难点归纳(厚积薄发)】

考点一：公共管理学相关概念辨析　★★★★

1. 公共管理与行政管理/公共行政(见表1-1)

表1-1　公共管理与行政管理/公共行政

		公共管理	行政管理/公共行政
含义		指以政府为核心的多元主体管理公共事务、提供公共产品和公共服务以增进公共利益的活动	指国家行政机关依法管理国家、社会公共事务等的活动，即政府执行机关为公众提供服务
区别	基础	“管理”	“行政”
	主体	多元主体：政府或非政府公共组织	政府行政机关
	要点	重视具体“运作”过程	重视“设计”
	手段	强调管理、市场和社会化手段	强调政治、法律和行政手段
	焦点	关注结果，外部取向	关注过程、程序，内部取向
联系		①西方学者认为，公共管理是公共行政的一个分支学派。二者在目标、实施主体、活动范围等一些基本原则和管理理念方面保持一致，在一定程度和范围内可相互替代，但不能替代全部。 ②我国：行政是管理的一部分，行政管理/公共行政的管理层次更高	

【真题链接】简述公共管理与公共行政的联系与区别。[简答题，暨南大学2018年研]

【拓展】行政与管理的区别(见表1-2)：

表1-2　行政与管理的区别

	行政	管理
语义上	一种执行行为，即管理、指导、监督各种事务或行为[进行服务与治理]	对个人行动的过程进行指导、控制 [控制或取得结果]
本质上	服从指令和服务	实现结果并对结果负责
内容上	关注过程、程序和符合规定，为公众服务	①行政；②组织如何以效率最大化的方式实现目标，并对结果负责
使用上	①狭义上，二者都是政府活动或职能的简略描述。 ②广义上，“管理者”能更好地描述所要完成的工作，使用更普遍	

2. 公共管理与工商企业管理(见表1-3)

表1-3　公共管理与工商企业管理

		公共管理	工商企业管理
区别	管理性质	公共事务领域，具有公共性	企业内部事务领域，具有私人性 [内容是企业经营行为]
	目标/使命	服务公众、实现公共利益	营利
	效率意识	不强，不重视利润	成本—效益的观念和意识强
	责任性质范围	更强调公共责任、社会责任，责任机制扩散	重视个人责任，责任划分清晰
	管理广泛性、复杂程度	在人事管理上更严格、复杂	在人事管理上相对宽松、简单
联系		①将工商企业管理的一些理论、方法和经验引入公共管理是当前公共管理的趋势和显著特点。 ②二者都必须履行包括计划、组织、指挥、协调和控制等在内的一般管理职能	

【真题链接】

(1)公共管理与企业管理的差别。[简答题，中南财大2020年研]

(2)公共管理与私人管理的区别。[简答题，湖北大学2022年研；湘潭大学2021年研]

3. 公共管理与公共产品(见表1-4)

表1-4 公共管理与公共产品

要点	主要内容		
联系	公共管理的职能和目标是为社会提供公共产品和公共服务。市场经济下的公共管理更强调营造良好的公共产品供给环境，而非直接提供		
公共产品	含义	又称公共商品、公共物品或公共品，指用于满足社会公共消费需要的物品、劳务或服务，一般由公共部门提供[相对——私人物品：具有消费上的竞争性和排他性]	
	特点	①消费的非竞争性和非排他性；②自然垄断性；③收费困难；④规模效益大、初始投资量大	
	分类	是否同时具有非排他性、非竞争性	①纯公共产品[同时具备]。 ②准公共产品[介于纯公共产品和私人物品之间]
		是否有形	有形的、无形的公共产品
		受益范围	全国性、地方性公共产品

4. 公共管理与公共政策(见表1-5)

表1-5 公共管理与公共政策

		公共管理	公共政策
区别	功能	通过实施公共管理行为来实现公共利益	制定社会秩序和行为规则，为社会生活和发展营造良好环境
	运行过程的最终结果	客观的物质交换过程	观念形态的形成与完善
联系		①具有相同的基本属性——公共性。 ②二者相互作用，联系密切，在一定层面上相同： a. 公共政策通过公共管理活动执行，为公共管理指明方向。 b. 公共管理是实现公共政策的基本途径，公共政策有一定的公共管理职能。 c. 公共管理与公共政策的制定在政府层面上合二为一	

5. 公共治理与善治

(1)治理可泛指任何一种活动的协调方式。全球治理委员会认为："治理是或公或私的个人和机构管理共同事务的诸多方式的总和。它是使相互冲突或不同利益得以调和并采取联合行动的持续过程。"

(2)善治是使公共利益最大化的社会管理过程，其基本要素包括合法、法治、负责、透明和有效的政府，这些要素是规范政治权力的主要标准。

(3)治理包括善治。二者的区别在于主体不同。治理的主体包括单一主体政府和复合主体即政府及其他组织。而善治的主体只能是政府及其他组织。

(4)社会治理是国家治理的重要方面。必须加强和创新社会治理，完善党委领导、政府负责、民主协商、社会协同、公众参与、法治保障、科技支撑的社会治理体系，建设人人有责、人人尽责、人人享有的社会治理共同体。要推进国家治理体系和治理能力现代化，完善共建共治共享的社会治理制度。

考点二：公共管理学概述(见表1-6) ★★★

表1-6 公共管理学概述

要点	主要内容	
含义	指研究以政府行政组织为核心的多元主体管理公共事务、提供公共产品和公共服务的活动及其发展规律的学科	
研究对象	以公共管理活动为基本对象，研究公共事务的管理过程及其规律	
目标	①提供公共物品；②执行公共政策；③增进公共利益；④提高公共管理绩效	
理论体系	①公共管理主体理论；②公共管理价值与规范；③公共资源管理；④风险与公共危机管理；⑤公共管理技术与方法；⑥公共管理改革与发展	
学科特征	研究对象与范围扩大	研究对象和范围更加宽泛，同时涉及大量公共行政学没有涉及的其他主题
	跨学科、综合性	充分吸收了不同学科的理论和方法
	外部取向	研究焦点转为“外部取向”，重视研究项目、结果与绩效的研究
	实证+规范	既重视经验研究[实证]，又倡导研究“应该不应该”的问题
	更具现实性	以实践为基础，又指导实践，比公共行政学更具现实性
研究方法	①实践抽象法；②实体分析法；③实验法；④系统分析法；⑤比较分析法；⑥案例分析法；⑦多学科交叉式综合研究方式	

【真题链接】请结合公共管理学科及其实践的发展与背景，详细论述公共管理学的学科特征。[论述题，杭州师大2019年研]

考点三：公共管理学的研究途径 ★★★

1. 博兹曼的政策途径与商业途径(见表1-7)

表1-7 博兹曼的政策途径与商业途径

	政策途径(P途径)	商业途径(B途径)
内涵	重视政策分析，认为公共管理与公共政策的形成及制定紧密相关	主张效仿企业，用企业管理方法提升公共部门服务质量
特征	①关注高层管理者及其政策研究。 ②重视非量化和实务的取向，注重个案研究。 ③注重与政策分析相结合，进行前瞻性、规范性的理论研究	①推崇企业管理原则。 ②不严格区分公私部门。 ③强调公共管理过程管理。 ④重视量化研究方法，如实验设计
共同点	①坚持外部取向，关注焦点为公共部门与外部环境的关系。 ②重视规范研究，关注管理绩效。 ③强调政治因素在管理中的作用，重视经验性材料，偏好案例分析法	

【真题链接】

(1)比较公共管理理论研究途径中的P途径和B途径。[简答题，华东政法2024年研]

(2)P途径和B途径之间有哪些共同之处？[简答题，江苏大学2019年研]

2. 罗森布鲁姆等的三种研究途径(公共行政学的研究途径，见表1-8)

表1-8 罗森布鲁姆等的三种研究途径

	视角			
	传统管理途径	新公共管理途径	政治途径	法律途径
价值	效率、效能、经济[3E]	成本—效益，顾客回应性	代表性、回应性及责任性	宪法的诚实和公正、正当法律程序、实质权利、平等保护、公平
组织结构	理想官僚模型	充满竞争的、企业化模型	组织多元主义	行政裁决制[抗辩模式]
对人的认识	非人性化个案，理性人	顾客	群体成员	特定阶层的组成成员，理性人
认知模式	理性—科学主义	理论推理、经验观察、指标测量、实验	协议、民意、政治争辩	归纳性案例分析、演绎式法律分析、反复辩论程序
预算	理性[成本—收益]	以绩效为基础，市场驱动	渐进主义[福利分配和负担]	以权利保护为基础
决策观	理性—全面	分散化，降低成本	渐进模式	程序性渐进主义
政府职能特征	执行	执行	立法	司法

3. 公共管理学研究的经济学途径

(1)公共选择理论：将经济人假说、交换范式和方法论应用到政治和公共政策领域。

(2)新制度主义或新制度学派：强调制度在政治中的决定作用，可克服信息障碍并减少交易成本。最小化交易成本的方法是：市场和等级制。

1.2 课后习题详解

一、概念题

1. 公共管理学

答：参见本章考研真题概念题第1题答案。

2. 公共行政

答：参见本章考研真题概念题第3题答案。

3. 公共政策

答：公共政策是指国家(政府)执政党及其他政治团体在特定时期为实现一定的社会政治、经济和文化目标所采取的政治行动或所规定的行为准则，它是一系列法令、措施、办法、方法、条例等的总称。即公共政策是决策主体运用公共权力区分社会利益需求、协调社会利益矛盾与冲突的方略。其核心是一种选择，是一种权威性的价值分配。其目的是解决公共资源或社会公共利益的分配等社会问题以及调整相关利益关系。

4. 政策途径(P途径)

答：参见本章考研真题简答题第7题答案。

5. 商业途径(B途径)

答：参见本章考研真题简答题第7题答案。

6. “政治—行政”二分法

答：“政治—行政”二分法最早由威尔逊提出，是指将政府划分为“政治”与“行政”两个领域，政治和行政机构分设、职能分离。依威尔逊之言，政治是在重大而且带普遍性的事项方面的国家活动，行政则是国家在个别和细微事项方面的活动。因此，政治是政治家的特殊活动范围，而行政管理则是技术性职员的事情。“政治—行政”二分使政府管理系统获得了自主发展的制度空间，并由此建立了一个高效合理的政府管理模式。“政治—行政”二分法是公共行政学一个里程碑式的理论，一直以来被公认为是现代公共行政的逻辑起点，开创了西方公共行政学研究的先河。

7. 管理途径

答：管理途径是罗森布鲁姆等在《公共行政学：管理、政治和法律的途径》一书中提出的公共行政学的三种研究途径之一，其将公共行政视为一种管理行为，认为其与民营部门的运行类似。管理途径秉承管理学和经济学的传统，主要从组织结构和功能、程序、技术方法以及效率和产出的角度来理解公共管理，强调工具理性。更为复杂的管理途径可以分为：①传统的管理途径，以效率、效益及经济为价值取向；②当代以改革为导向的新公共管理途径，以成本—收益、顾客的回应性为价值取向。

8. 政治途径

答：政治途径是注重公共行政学的政治层面，重点关注其公共性的一种研究途径。政治途径秉承政治学和法学的传统，以代表性、回应性与责任性为价值取向，关注民主、社会公平等价值，强调公共权力的制约和限制。

9. 法律途径

答：法律途径将公共管理过程视为法律在具体社会环境和问题中的应用过程，在公共管理过程中赋予了法治和裁决的主题。法律途径以宪法的诚实和公正、正当法律程序、实质权利、平等保护、公平为价值取向，把公共组织视为能够通过公正的抗辩程序来解决争端的结构形式，把公共管理的对象看作完整和独立的个体，重视公共管理结果的合理性。

二、思考题

1. 分析公共管理与公共行政之间的内在联系与差别。

答：(1)公共管理与公共行政的联系：

①公共行政包含公共管理，其外延大于公共管理。西方学者普遍认为，公共管理是公共行政的一个分支学派；我国认为，行政是管理的一部分，但公共行政是更高层次的管理。

②公共管理学在公共管理的主体、内容与范围、目标等基本原则和管理理念上与公共行政保持一致。

③从广义上看，公共管理和公共行政二者是相等的，都可以理解为公共部门对公共事务所进行的管理活动。在狭义上可被用来指公共部门管理的两种模式。

(2)公共管理与公共行政的差别：

①在内容上，公共行政注重"设计"，强调对公共资源和利益进行合理配置；公共管理则注重实现公共行政目标的具体"运作"过程，增强公共部门管理过程的有效性。

②在行为方式上，公共行政注重运用政治的、法律的和行政的手段来实现管理目标；而公共管理采取管理的、经济的手段来实现管理目标。

③在价值取向上，公共行政关注过程、程序和按指令行事以及内部取向；公共管理关注结果、对结果的获得负个人责任和外部取向。

2. 关于公共行政、公共管理的研究，存在着以下几种观点：第一，有人认为公共管理是公共行政的一个学派；第二，有人认为公共管理在实践上就是以市场化和企业精神为主要特征的公共行政改革，在理论上就是为改革提供支持的理论与观点，主要包括管理主义、新泰勒主义、全面质量管理理论、绩效管理理论等；第三，有人认为公共行政已经发展到公共管理范式阶段，公共管理已经成为一个独立的范式。请分析评价以上观点。

答：针对以上三种观点评价如下：

(1)评析观点一：

①公共管理是更广泛的公共行政领域的一个主要部分，是公共行政学中一个涉及技术和方法的子领域，关注的是效率、责任制、目标的获取以及大量的其他管理方法和技术问题，研究的是作为一种职业的公共行政和作为这种职业实践者的公共管理者如何将思想和政策转变为行动的管理工具、技术、知识和技巧。

②公共管理是公共行政中重视公共组织或非营利组织实施公共管理的技术与方法、重视公共项目与绩效的管理、重视公共政策执行的理论派别，主要包括：公共行政的项目设计、组织结构化、政策和管理计划，经由预算系统的资源配置、财政管理、人力资源管理、项目评估和审计的应用方法论等。

所以，从工具理性角度来说，公共管理是公共行政的一个分支学派。

(2)评析观点二：

①虽然公共管理在主体、内容与范围、目标等基本原则和管理理念上仍然与公共行政保持一致，但公共管理只是公共行政的重要组成部分，并不能完全替代公共行政。公共管理为外部取向，更加重视实现公共行政目标的具体"运作"过程，更加强调管理的、市场化和社会化的手段，更加关注结果并对结果负责。

②在理论与实践上，公共管理借鉴了经济学和工商企业管理的理论与方法，并应用于实践。主要包括：a. 根据"理性人"假设进行绩效管理；b. 根据公共选择与交易成本理论，提倡公共部门应以顾客为导向，提高公共服务的效率、质量和社会公众满意度；c. 根据成本—效益分析确定政府绩效目标，进行政府绩效测量与评估；d. 借鉴工商企业管理的技术

方法，在公共管理中引入市场与竞争机制，采取绩效管理、目标管理、人力资源开发等方法。这些做法与手段给公共行政注入了新的活力，这些新的活力鲜明地体现了市场化和企业精神。

综上，实践上，公共管理是以市场化和企业精神为主要特征的公共行政改革；理论上，公共管理为改革提供支撑的理论与观点，主要包括管理主义、新泰勒主义、全面质量管理理论、绩效管理理论等。

(3)评析观点三：

通过对上述两种观点的评析，可以看出：

①公共管理在公共管理的内容、主体、目标和范围等方面与公共行政基本相同。

②在一定程度和范围内，公共管理与公共行政可以相互替代，但公共管理不能完全替代公共行政。二者的具体差异体现在管理方法与技术手段的不同上。

③公共管理是公共行政实现其目标的新手段。二者之间不存在价值层面的本质区别，其区别在于因工具方法的不同所造成的事实差异上。

所以，可以认为公共管理是公共行政自我完善进化的产物。基于此，不能认为公共管理是一个独立的范式。

3. 关于公共行政的研究，历来存在着两种不同的取向：一种是民主主义的取向，它秉承政治学和法学的传统，关注民主、社会公平等价值，强调公共权力的制约和限制；另一种是管理主义取向，它秉承管理学和经济学的传统，关注效率问题，强调公共行政的工具理性。请你分别列举两种不同研究取向的代表人物及其理论观点，并加以分析评价。

答：在公共行政研究中，民主主义与管理主义呈现出钟摆式运动的轨迹。对这两种研究途径分析评价如下：

(1)民主主义的研究取向：

民主主义研究取向秉承政治学和法学的传统，关注民主、社会公平等价值，强调对公共权力的制约和限制。新公共行政是以民主主义为研究取向的。

①20世纪70年代初西方国家连续出现了一系列社会、经济与政治危机，传统的管理主义导向的行政理论所倡导的效率至上原则受到了越来越多的挑战，由此以弗雷德里克森为代表的新公共行政学派登上了历史舞台。其理论主张如下：

a. 新公共行政理论用“社会性效率”代替了“机械性效率”，主张效率必须与公共利益、个人价值、平等自由等价值目标结合起来才有意义。

b. 新公共行政理论将“社会公平”作为公共行政的目的，提出了民主行政模式，强调以伦理、民主、政治互动、公民参与以及回应性等观念为基础进行制度设计，以增进社会公平。

c. 方法论上，新公共行政理论认为，实质价值较实证分析更为重要。

②尽管新公共行政理论主张用一种基于公民权、民主和为公共利益服务的新公共服务模式，但这并不意味着它是对传统公共行政理论的全盘否定，具体分析如下：

a. 从理论视角来看，它本质上是对传统公共行政理论的一种扬弃，试图吸收传统公共行政理论的合理内核，提出和建立一种更加关注民主价值和公共利益、更加适合现代公民社会发展和公共管理实践需要的新的理论选择。

b. 公共行政的可操作性受到人们的质疑。新公共行政提出的大多是一种美好的愿景与理论上的价值阐述，并没有在现实中发展出一套可行的办法，也并未提出一套独立、完整的理论体系。

(2)管理主义的研究取向：

管理主义研究取向秉承管理学和经济学的传统，关注效率，强调工具性。20世纪60年代以前，公共行政以管理主义作为其研究取向。

①传统公共行政学时期是管理主义的形成阶段。该时期以管理学作为理论基础，以追求效率作为最高目标。其标志是"政治—行政"二分论和韦伯官僚制的提出，以及科学管理运动的兴起。其具体表现为：

a. 1887年美国学者威尔逊发表了《行政学研究》一文，在文中提出了"政治—行政"二分的理论，阐述了建立公共行政学的必要性，并大致框定了公共行政学研究的独立领域，奠定了公共行政学研究的管理主义取向。

b. 韦伯在其官僚制组织理论中提出了"非人格化、合理分工、层级节制"等原则，从组织体制的角度为公共行政学的创立提供了理论框架。

c. 行为主义公共行政学时期是管理主义的发展阶段。行为科学代表人物西蒙对传统行政学的所谓行政原则进行了猛烈的批判，运用逻辑实证主义的方法进行研究，提出了完整的行政决策理论。西蒙的决策理论是对传统行政学的一次方法论的革命，但逻辑实证主义的研究模式遵循价值中立，拒绝对研究对象作出"应然"的判断，仍奉"经济、效率、效果"等工具理性为目标。另外，西蒙对传统管理主义关于行政管理层级模式的观点也表示赞同，在这些方面西蒙的行为科学坚持了管理主义取向。

②以管理主义为焦点的公共行政理论(从威尔逊到西蒙)由于对行政过程的效率问题过于关注，且通过集权和控制机制来促进效率，导致其与民主理想背道而驰。

(3)对两种研究取向的综合评述：

①管理学和政治学是公共行政学的两大理论来源。行政学是从政治学中分离出来的，与政治学有着天然的联系；而行政学又是在管理学理论的催生下发展起来的，所以又与管理学有着千丝万缕的联系。管理主义和民主主义正是体现了这两大学科对公共行政学的影响。

②两大思潮相互消长，使得行政学像钟摆一样向两极摆动，呈现回复式发展的态势。管理主义与民主主义相互批判、回应、继承，从而推动公共行政学不断发展。

③二者间相互交叉、融合，区别是相对的而非绝对。行政既是一种管理活动，又涉及政治活动。划分管理主义和民主主义的目的在于整合行政学知识，而非分裂行政学。在相互的借鉴与吸收中，两种途径在操作层面的分歧越来越小，并在某些方面达成共识、相互融合。

④两大途径都体现了公共事务的治理中心由政府单一中心发展到多中心。传统行政学认为，政府作为唯一合法的公共事务治理主体，主要通过管制的方法来管理公共事务。而新公共管理则提倡治理中心多元化，通过多种手段如契约外包等来提供公共产品和公共服务。

⑤二者的本质区别在于对理性的态度。管理主义可以认为是一种理性模式，它假设人

是理性或有限理性的；民主主义者则认为理性模式偏离现实，更重视人类基本价值诉求，利用价值批判的方法对管理主义进行批评。

4. 比较分析公共行政学研究途径与公共管理学研究途径的差异。

答：(1)公共行政学的研究途径：

公共行政学在其发展的不同阶段，采取了不同的研究途径或研究方法。

①早期，公共行政学主要采用形式主义的研究方法，即采取制度或法理的研究途径。

②20世纪20年代，公共行政学受科学管理革命影响采用了“原则”研究途径，注重探索和概括一般行政管理原则。

③三四十年代，公共行政学偏爱经验科学研究方法，如观察、实验、访谈、调查等。

④二战后尤其是五六十年代后，公共行政学广泛地运用运筹学、系统分析、案例研究、计算机模拟等新的研究方法及手段。

(2)公共管理学的研究途径：

在不同的社会科学学科框架中研究公共管理学，会形成如管理学、政治学、法学和经济学等学科研究途径；从不同社会科学的理论、假设或模型出发，形成的研究途径更是多种多样。代表性的有下面几种：

①美国博兹曼的两种途径论：政策途径(P途径)与商业途径(B途径)。

②罗布森卢姆等的三种途径论：管理途径、政治途径、法律途径。

③经济学途径：公共选择理论、新制度学派。

(3)公共行政学研究途径和公共管理学研究途径的差异：

①研究范围不同。公共管理学的研究领域既包括作为“纯粹的”公共部门的政府组织的管理及其规律问题，也包括作为“准”公共部门的第三部门的管理及其规律性问题；而公共行政学的研究领域仅仅限于“纯粹的”公共部门即政府组织的管理及其规律性问题。二者的研究范围是整体与部分的关系。

②研究对象不同。公共管理学的研究对象是全部公共部门所共有的管理方式与管理规律，而公共行政学的研究对象则仅是“纯粹的”公共部门所特有的管理方式和管理规律。二者的研究对象是一般与个别的关系。

③研究焦点不同。当公共行政学把政府机构看作管理客体时，其所强调的是要把政府机构自身管理好；当把政府机构看成管理主体时，其所强调的是要求政府把社会公共事务管理好。而在公共管理学的视野里，政府组织与工商企业一样，只是性质以及方式不同。因此，公共管理学更强调公共部门自身的管理，而公共行政学则更强调“纯粹的”公共部门对社会公共事务的管理。

1.3 考研真题与典型题

一、单项选择题

P途径的公共管理有如下(　　)特征。[暨南大学2017年研]

A. 对公、私部门的差异不作严格的区分

B. 强调对公共管理的过程进行研究

C. 重视非量化和务实的取向

D. 重视策略管理及组织间的管理

二、概念题

1. 公共管理学[华南理工 2024 年研；天津商大 2017 年研；贵州财大 2013 年研]

2. 公共管理与公共治理[暨南大学 2016 年研]

相关试题：公共管理[新疆大学 2023 年研；华南理工 2022 年研；天津商大 2020 年研；江苏大学 2018 年研；华南师大 2016 年研]

3. 公共行政[贵州财大 2014 年研；华中师大 2007 年研]

4. 公共产品[长安大学 2022 年研；浙江财大 2021 年研；东北大学 2019 年研；福建师大 2014 年研；华中师大 2013 年研；贵州财大 2012 年研；南京大学 2009 年研；华东师大 2009 年研；北邮 2008 年研]

相关试题：公共物品[华中农大 2023 年研；汕头大学 2021 年研；江苏大学 2017 年研]

5. 善治[辽宁师大 2020 年研；贵州财大 2017 年研；首师大 2013 年研]

6. 治理[武汉理工 2022 年研；浙工商 2020 年研；华中师大 2015 年研；首经贸 2015 年研；对外经贸 2013 年研；厦门大学 2013 年研；东北财大 2012 年研；山西大学 2011 年研]

7. “政治—行政”二分法[山东大学 2022 年研；华南理工 2019 年研；中山大学 2018 年研；广西民大 2018 年研；华侨大学 2017 年研；东华大学 2014 年研；南航 2013 年研]

8. B 途径与 P 途径[暨南大学 2016 年研]、P 途径[天津商大 2023 年研]

相关试题：公共管理学的商业途径[广工大 2024 年研]

三、简答题

1. 简答凯特尔所归纳的公共管理学的特点。[贵州财大 2017 年研；首师大 2013 年研]

2. 辨析：公共管理是公共行政学中一个涉及技术和方法的子领域，关注的是效率、责任、目标的获取以及大量的其他管理方法和技术。[暨南大学 2017 年研]

3. 简述公共管理与公共行政的联系与区别。[暨南大学 2018 年研]

相关试题：

(1) 简述公共管理与公共行政的差别。[浙工商 2018 年研；中财 2014 年研]

(2) 简述公共管理与公共行政之间的主要差别。[新疆农大 2015 年研]

(3) 简答公共管理与公共行政之间的内在差别。[贵州财大 2012 年研]

4. 简述公共政策与公共管理之间的联系。[贵州财大 2012 年研]

5. 公共管理与企业管理的差别。[中南财大 2020 年研]

相关试题：

(1) 公共管理与私人管理的区别。[湘潭大学 2021 年研；对外经贸 2016 年研；华中师大 2015 年研；东北财大 2012 年研；中国传媒 2009 年研；北师 2008 年研]

(2) 联系实际论述公共管理与工商管理的不同。[论述题，天津商大 2013 年研]

6. 简述善治的本质特征及其构成的基本要素。[暨南大学 2011 年研]

7. 比较分析 B 途径与 P 途径的联系与区别。[暨南大学 2015 年研]

相关试题：

(1)比较公共管理理论研究途径中的P途径和B途径。[华东政法2024年研]

(2)简述P、B途径及其观点。[北化2022年研]

(3)P途径和B途径之间有哪些共同之处?[江苏大学2019年研]

(4)什么是公共管理学研究的P途径与B途径?[华南师大2018年研]

(5)公共管理的B途径。[新疆农大2016年研]

(6)简答公共管理P途径与B途径的含义。[贵州财大2015年研]

四、论述题

1. 关于公共部门的研究,欧文·休斯(Owen. E. Hughes)在《公共管理导论》中认为,公共行政、公共政策和公共管理都用来描述公共部门的研究,是三种不同的范式或途径。他认为公共行政的学派正逐渐转变为公共事务、公共政策或公共管理的学派,公共部门所从事的实际工作更常被称为管理。他把从传统公共行政模型转换而来的新范式称为"新公共管理范式"或"管理主义"。(《公共管理导论》,人大出版社2002年版,第8~9页)

请分析评价欧文·休斯的观点,并论述公共行政、公共政策、公共管理之间的关系。[暨南大学2017年研]

2. 请结合公共管理学科及其实践的发展与背景,详细论述公共管理学的学科特征。[杭州师大2019年研]

相关试题:

(1)简述公共管理学的学科特征。[简答题,暨南大学2017年研;湘潭大学2017年研;贵州财大2017年研;大连理工2014年研;华东师大2009年研]

(2)试述公共管理学的学科性质。[简答题,对外经贸2014年研;首师大2013年研]

1.4 考研真题与典型题详解

一、单项选择题

C 【解析】P途径的公共管理强调其与政策分析的渊源关系,认为公共管理必须与公共政策的形成与制定密切相关。P途径更看重政治和管理层面,注重学习实践者的经验,重视吸取经验教训总结并加以传播,反对在政策分析过程中过分强调计量分析与经济学的应用。其特征包括:①着眼于高层管理者以及他们所进行的政策研究;②重视非量化和实务的取向,推崇通过个案研究来发展相关知识;③强调与政策分析结合,进行具有前瞻性与规范性的理论研究。ABD三项是B途径的特征。

二、概念题

1. 公共管理学[华南理工2024年研;天津商大2017年研;贵州财大2013年研]

答:公共管理学是指一门综合运用多学科知识和方法来研究以政府行政组织为核心的多元主体管理公共事务、提供公共产品和公共服务的活动及其发展规律的学科。公共管理学以公共管理活动为基本对象。公共管理学与公共行政学在管理主体、内容、目标等方面保持一致,但公共管理更加重视公共组织或第三部门管理技术与方法的运用、公共项目与绩效的管理、公共政策执行。公共管理学致力于促使各类主体尤其是政府行政组织更有效地提供公共产品，执行公共政策，提高公共管理绩效，实现和增进公共利益。

2. 公共管理与公共治理[暨南大学2016年研]

相关试题：公共管理[新疆大学2023年研；华南理工2022年研；天津商大2020年研；江苏大学2018年研；华南师大2016年研]

答：(1)公共管理是指以政府为核心的公共部门和社会的各种力量，广泛运用政治的、经济的、管理的和法律的方法，强化政府的治理能力，提升政府绩效和公共服务品质，从而实现公共福利和公共利益。其基本特征包括：①公共管理的主体多元化，包括社会公共组织和社会其他组织两大类；②作为公共管理客体的社会公共事务表现出不断扩展的趋势；③目的是推进社会整体协调和谐发展和增进社会公共利益的实现；④职能是调节和控制；⑤公共管理体制和手段面临创新的迫切任务。

(2)公共治理是由开放的公共管理与广泛的公众参与二者整合而成的公域之治模式。其基本特点包括：①主体不仅包括政府部门，而且还包括诸如私人部门和第三部门等非政府部门的参与者；②公共管理的责任边界具有相当的模糊性；③多元化的公共管理主体之间存在着权力依赖和互动的伙伴关系。参与公共管理活动的各个组织，无论其是公共组织还是私人组织，都不拥有独立解决一切问题所需的充足知识和资源。治理语境下的政府在社会网络管理中扮演着“元治理”角色，指政府在社会网络中的角色是建立指导社会组织行为大方向的准则和规范，被视为“同辈中的长者”。

3. 公共行政[贵州财大2014年研；华中师大2007年研]

答：公共行政是指公共行政组织依法行使公共权力对国家和社会公共事务进行管理的活动，包括三个方面：①公共行政的主体是国家行政组织或公共行政组织，是与立法、司法部门相对的行政执行部门或最高国家权力机关的执行机关。②公共行政的内容与范围是包括政治、经济、文化和社会等领域的社会公共事务。③公共行政的行为方式是依法行政，在国家宪法和法律规定范围内行使公共权力，并且突出“公共”的特性，要实现公共利益和目的。

4. 公共产品[长安大学2022年研；浙江财大2021年研；东北大学2019年研；福建师大2014年研；华中师大2013年研；贵州财大2012年研；南京大学2009年研；华东师大2009年研；北邮2008年研]

相关试题：公共物品[华中农大2023年研；汕头大学2021年研；江苏大学2017年研]

答：公共产品又称公共商品、公共物品或公共品，是私人产品的对称，是指具有消费或使用上的非竞争性和受益上的非排他性的产品，如国防、公安司法等方面所具有的财物和劳务，以及义务教育、公共福利事业等。公共产品的特点是：①一些人对这一产品的消费不会影响另一些人对它的消费，具有非竞争性；②某些人对这一产品的利用，不会排斥另一些人对它的利用，具有非排他性。

5. 善治[辽宁师大2020年研；贵州财大2017年研；首师大2013年研]

答：善治是指良好的治理，其本质是政府与公民对公共事务的合作管理，是政府与市场、社会的一种新颖关系，是二者的最佳状态。其基本要素包括合法、法治、负责、透明和有效的政府，这些要素是规范政治权力的主要标准。善治作为一种政府与公民对公共生活进行合作管理的新型治理模式，通过还政于民，引导公民自愿参与积极合作，从善政走向善治。善治在赋予了公民更多机会和权力参与政府公共政策活动过程的同时，也可以有效保障公共政策对公共性的维护，实现公共利益最大化的根本要求。

6. 治理[武汉理工2022年研；浙工商2020年研；华中师大2015年研；首经贸2015年研；对外经贸2013年研；厦门大学2013年研；东北财大2012年研；山西大学2011年研]

答：治理是政府的治理工具，是指政府的行为方式，以及通过某些途径用以调节政府行为的机制。全球治理委员会认为，治理是或公或私的个人和机构管理共同事务的诸多方式的总和，使相互冲突或不同利益得以调和并采取联合行动的持续过程。它有四个特征：①治理不是一套规则条例，也不是一种活动，而是一个过程；②治理的建立不以支配为基础，而以调和为基础；③治理同时涉及公、私部门；④治理并不意味着一种正式制度，而确实有赖于持续的相互作用。

7. “政治—行政”二分法[山东大学2022年研；华南理工2019年研；中山大学2018年研；广西民大2018年研；华侨大学2017年研；东华大学2014年研；南航2013年研]

答：参见本章课后习题概念题第6题答案。

8. B途径与P途径[暨南大学2016年研]、**P途径**[天津商大2023年研]

相关试题：公共管理学的商业途径[广工大2024年研]

答：参见本章考研真题简答题第7题答案。

三、简答题

1. 简答凯特尔所归纳的公共管理学的特点。[贵州财大2017年研；首师大2013年研]

答：凯特尔认为公共管理运动发展起来的研究途径是一种全新的管理途径，不同于以往的公共行政途径和政策分析中的执行研究途径。他将公共管理学的学科特征归纳为以下五个方面：

(1)排斥公共行政学和执行研究。由于公共管理学者的多元学科背景，他们从一开始就摒弃了公共行政和政策执行研究的两种传统，认为这些传统对政策和管理没有什么指导作用，倾向从原有的知识背景出发提出新的见解。

(2)一种乐观的规范研究领域。执行研究强调如何取得项目实现目标，公共管理则注重研究如何产生结果。

(3)以高层管理者的战略决策为焦点。凯特尔认为公共管理主要分析公共组织高层管理者的行为及其活动。

(4)通过案例研究来增长知识。公共管理依靠案例分析和实践经验来获得知识理论，从经验中提出管理者所能运用的命题，目的是确定规范以指导公共管理者的行为。

(5)为管理研究取得与决策研究相同的地位而奋斗。政策分析之所以占据重要地位，不仅是因为经济学的主导作用，更因为政策一般被视为更重要的问题；而公共管理处于次要地位。因此，公共管理者必须为此而做出努力。

2. 辨析：公共管理是公共行政学中一个涉及技术和方法的子领域，关注的是效率、责任、目标的获取以及大量的其他管理方法和技术。［暨南大学 2017 年研］

答：这种说法是正确的。公共管理是公共行政学的一个分支学派，是公共行政中重视公共组织或非营利组织实施公共管理的技术与方法，重视公共项目与绩效的管理，重视公共政策执行的理论派别和分支学科。公共管理与公共行政的差别，参见本章课后习题思考题第 1 题答案。

3. 简述公共管理与公共行政的联系与区别。［暨南大学 2018 年研］

相关试题：

(1)简述公共管理与公共行政的差别。［浙工商 2018 年研；中财 2014 年研］

(2)简述公共管理与公共行政之间的主要差别。［新疆农大 2015 年研］

(3)简答公共管理与公共行政之间的内在差别。［贵州财大 2012 年研］

答：参见本章课后习题思考题第 1 题答案。

4. 简述公共政策与公共管理之间的联系。［贵州财大 2012 年研］

答：(1)公共管理与公共政策的含义：

①公共管理是指以政府为核心的多元主体管理公共事务、提供公共产品和公共服务以增进公共利益的活动。即指公共组织特别是政府部门为履行公共管理职能，通过计划、组织、指挥、控制、协调等功能环节，实现公共管理目标的一种社会活动。

②公共政策是指国家(政府)执政党及其他政治团体在特定时期为实现一定的社会政治、经济和文化目标所采取的政治行动或所规定的行为准则，它是一系列谋略、法令、措施、办法、方法、条例等的总称。

(2)公共管理与公共政策的联系：

公共管理与公共政策密切相关。二者的基本属性都是公共性，根本出发点都是公共利益。二者在内容及范围、手段及方式、目标等方面都保持一致，都是从问题出发，制定并实施方案，最终进行评估。因此二者不可完全割裂，要注意其相通的地方。二者的联系具体表现在以下几个方面：

①公共政策是公共管理的起点和基础，为公共管理指明了基本方向。公共政策是公共管理的必要前提。整个公共管理是政策的制定、执行、评估，再决策、再执行、再评估的循环过程。公共政策较之于行政管理过程，是首要的环节，是起点。公共政策使公共管理具有了明确的目的性。没有政策，就没有目标明确和卓有成效的执行以及评估活动。

②公共政策具有一定的公共管理职能。公共管理有计划、组织、指挥、控制和协调等各项基本功能。所有这些功能环节都是以公共政策为基础的。公共政策是公共管理履行各项功能的基础。且公共政策具有宏观公共管理职能，是一种宏观的调节和导引。

③公共管理是实现公共政策的基本途径。公共政策贯穿整个公共管理过程的始终，其实现过程表现为公共管理过程。公共管理过程是一个不断制定、实施公共政策的过程。

④在政府层面上，公共管理行为与相关公共政策合二为一。制定公共政策的主体和公共管理主体有重叠。制定公共政策的主体包括政府组织，而广义上政府也是公共管理的主体，则政府制定有关公共政策管理社会公共事务的行为，同时也是公共管理行为。因此在

政府这一层面上，公共管理与公共政策的制定是合二为一的。

5. 公共管理与企业管理的差别。[中南财大2020年研]

相关试题：

(1)公共管理与私人管理的区别。[湘潭大学2021年研；对外经贸2016年研；华中师大2015年研；东北财大2012年研；中国传媒2009年研；北师2008年研]

(2)联系实际论述公共管理与工商管理的不同。[论述题，天津商大2013年研]

答：公共管理是指以政府为核心的多元主体管理公共事务、提供公共产品和服务以增进公共利益的活动。工商企业管理是指对企业的生产经营活动进行计划、组织、领导、人员配备、指挥、协调和控制等一系列职能的总称。公共管理与企业管理的差别主要表现在：

(1)管理性质不同。公共组织与私人组织属性的巨大差异在根本性质上决定了二者管理上的差异。公共管理是国家公共机构运用公共权力来提供公共产品和公共服务，最终实现公共利益，属于公共事务领域。但企业管理是依据市场价值规律对企业的经营过程进行管理，属于私人事务领域。另外公共管理还包括了第三部门的活动，而且第三部门在政治环境中运行也具有明显的政治性或公共性特征，这些都与企业管理存在根本上的差别。

(2)使命不同。公共组织与私人组织在性质上的差异决定了二者的使命不同。公共管理以服务公众、实现公共利益和维护公共秩序为使命，其顾客导向建立在委托—代理关系的基础上，反映了民主、宪政理念；而企业管理以营利为使命，其顾客导向建立在利润基础上，通过市场竞争获得更多顾客和市场份额。

(3)效率意识的强弱不同。公共管理经费大部分来自公共财政，公共管理者没有削减开支和提高效率的动机，成本—效益的观念和意识差；而企业运作的经费来源于企业生产所得，以获取利润为目的，成本—效益的观念和意识强。

(4)责任的性质、范围不同。不同于企业管理，公共管理注重公共责任。在企业管理中，完善的组织架构使得权威和责任的划分清楚。在公共管理中，公共组织的庞大规模和内外部环境的复杂性、对官僚机构进行政治控制的要求、寻求一致性和协调等因素导致责任机制扩散，使得公共决策和管理过程更加复杂。

(5)管理的复杂性、广泛性程度不同。在人事管理方面，公共人力资源管理比企业人力资源管理要复杂得多，且更严格。公共管理大多涉及政府活动。一般而言，政府部门绩效评估的标准更复杂，评估更困难。

6. 简述善治的本质特征及其构成的基本要素。[暨南大学2011年研]

答：善治是使公共利益最大化的社会管理过程。善治的本质特征在于，它是政府与公民对公共生活的合作管理，是政治国家与市民社会的一种新颖关系，是二者的最佳状态。构成善治的基本要素有：

(1)合法性，即社会秩序和权威应当最大限度地被公民自觉认可和服从。

(2)透明性，即政治信息的公开性。每一个公民都有权获得与自己的利益相关的政府政策的信息。

(3)责任性，即人们应当对自己的行为负责。

(4)法治。法律是公共政治管理的最高准则。政府官员和公民都必须依法行事，在法律面前人人平等。

(5)回应，即公共管理人员和管理机构必须对公民的要求作出及时和负责的反应，在必要时还应当定期地、主动地向公民征询意见、解释政策和回答问题。

(6)效率，即管理的效率，有两方面的基本意义：①管理机构设置合理，管理程序科学，管理活动灵活；②最大限度地降低管理成本。

7. 比较分析 B 途径与 P 途径的联系与区别。［暨南大学 2015 年研］

相关试题：

(1)比较公共管理理论研究途径中的 P 途径和 B 途径。［华东政法 2024 年研］

(2)简述 P、B 途径及其观点。［北化 2022 年研］

(3)P 途径和 B 途径之间有哪些共同之处?［江苏大学 2019 年研］

(4)什么是公共管理学研究的 P 途径与 B 途径?［华南师大 2018 年研］

(5)公共管理的 B 途径。［新疆农大 2016 年研］

(6)简答公共管理 P 途径与 B 途径的含义。［贵州财大 2015 年研］

答：公共管理是公共行政的分支学科，由于学科背景等存在差异，不同研究视角表现的研究途径也各不相同。博兹曼将公共管理研究分为两种途径：政策途径(P 途径)和商业途径(B 途径)。具体如下：

(1)P 途径：

P 途径认为公共管理必须与公共政策的形成和制定密切相关。P 途径研究的公共管理一般将公共管理者界定为高层次的政策管理职位，而非日常行政事务的管理者，同时他们特别强调具有政策制定权的高级行政主管的管理策略。P 途径的公共管理更看重政治和管理层面，其特征如下：

①关注高层管理者及其所进行的政策研究。

②重视实务和非量化的取向，注重通过个案研究来发展相关知识。

③强调与政策分析相结合，进行具有前瞻性、规范性的理论研究。

(2)B 途径：

B 途径受管理主义的影响，主张师法企业，以民营化、企业型政府、全面质量管理、绩效评估等企业管理方法来提升公共组织的服务质量。B 途径强调以研究和理论为取向，把焦点集中在职业化的公共管理者上。其特征如下：

①推崇企业管理的原则。

②不严格区分公、私部门的差异。

③除重视策略管理及组织之间的管理外，还强调对公共管理过程的管理。

④研究方法注重采用实验设计之类的量化方法。

(3)P 途径与 B 途径的共同点：

二者都是公共管理的重要研究途径。二者虽然从不同角度理解公共管理的研究对象，用不同的研究方法实现公共管理的价值取向与目标，但它们之间也有很多共同点：①坚持外部取向，即关心行政机构以外的东西，眼光并不局限于行政机关内部，而是将关注的焦点放到公共部门与外在环境的关系上；②都尊重政治因素在管理中扮演的角色；③都重视规范研究，并关心改善管理绩效，重视经验性的材料，主张从经验中学习，尤其是推崇案例分析法。

(4)P途径与B途径的区别：

①研究途径不同。B途径是以企业管理为研究途径的公共管理理论研究；P途径则是以公共政策为研究途径的公共管理理论研究。

②对公共行政的态度不同。B途径的公共管理试图与公共行政合流；P途径的公共管理试图摆脱传统公共行政，形成独立的管理领域。

③对私人部门的态度不同。B途径的公共管理者偏好、认同并接受企业管理的概念与工具，并将之引入并运用于公共部门的管理；而P途径的公共管理则认为公私部门管理有别。

④研究方法不同。B途径的公共管理将案例研究与量化研究作为教学研究方法；P途径的公共管理几乎完全依赖案例研究并以之为获取知识的工具，且善于个案的处理与分析。

⑤研究对象不同。B途径的公共管理以具备文官资格的公共管理者为主要研究对象；P途径的公共管理以高层管理者特别是政治性任命人员为主要研究对象。

四、论述题

1．关于公共部门的研究，欧文·休斯(Owen. E. Hughes)在《公共管理导论》中认为，公共行政、公共政策和公共管理都用来描述公共部门的研究，是三种不同的范式或途径。他认为公共行政的学派正逐渐转变为公共事务、公共政策或公共管理的学派，公共部门所从事的实际工作更常被称为管理。他把从传统公共行政模型转换而来的新范式称为“新公共管理范式”或“管理主义”。(《公共管理导论》，人大出版社2002年版，第8~9页)

请分析评价欧文·休斯的观点，并论述公共行政、公共政策、公共管理之间的关系。[暨南大学2017年研]

答：(1)对欧文·休斯观点的评价：

欧文·休斯的基本观点是：公共行政范式正在发生转变，即由传统公共行政向新公共管理转变，强调对工商企业管理技术和方法的借鉴与应用，更加注重结果导向的管理，这种思想与当代公共部门改革的趋势相一致。

20世纪60年代以后，伴随着全球化、信息化、市场化浪潮的冲击，人类社会发展的形态出现了巨大的变化。处在这样一个时代，建立在官僚体制下的公共行政理论已无法有效地解释公共管理领域的现象，难以指导相关实践。于是西方各国纷纷进入公共管理部门改革尤其是政府管理改革的时代，“新公共管理”的运动风行全球。

新公共管理主张在政府公共部门采用私人部门成功的管理方法和竞争机制，重视公共服务效率，强调在解决公共问题、满足公民需求方面增强有效性和回应力，强调自上而下的统治性权力与自下而上的自治性权力交互，强调政府与公民社会的协商与合作，强调政府低成本运作，强调公共服务的质量和最终结果，强调引进企业管理的若干机制和方法来改革政府，强调顾客第一和消费者主权，强调政府职能简化、组织结构“解科层化”、作业流程电子化。

(2)公共行政、公共政策与公共管理的关系：

①公共行政与公共管理的关系，参见本章课后习题思考题第1题答案。

②公共管理与公共政策的关系：

a. 二者的联系，参见本章考研真题简答题第4题答案。

b. 二者的区别：

第一，功能不同。公共政策的功能主要是制定社会生活各方面的秩序和行为规则，它在总体上为社会中人们的生活和社会发展创造了必需的环境；公共管理则是通过实施公共管理行为与活动来提高人们的社会生活质量、实现公共利益。

第二，运行过程最终结果的表现不同。公共政策过程的运行表现为观念形态的形成与完善；公共管理过程的运行表现为客观的物质交换过程。

2. 请结合公共管理学科及其实践的发展与背景，详细论述公共管理学的学科特征。[杭州师大2019年研]

相关试题：

(1)简述公共管理学的学科特征。[简答题，暨南大学2017年研；湘潭大学2017年研；贵州财大2017年研；大连理工2014年研；华东师大2009年研]

(2)试述公共管理学的学科性质。[简答题，对外经贸2014年研；首师大2013年研]

答：公共管理学是致力于对公共管理这一社会实践进行探寻，获取系统的知识或理论，以期促进和引导现实的公共管理实践的研究领域。公共管理学作为一个独立的学科研究领域，其学科特征主要表现为：

(1)研究对象与范围扩大。公共行政学的研究对象是政府公共部门；而公共管理学超出以往公共行政学研究对象的范围，并扩展到其他政府机关和第三部门甚至私人部门的公共方面。同时，公共管理学也涉及大量公共行政学没有涉及的其他主题。

(2)跨学科和综合性的特点。公共管理学是管理学、政治学、哲学、经济学、社会学、法学等学科的综合运用，这就要求公共管理理论必须采取学科整合的研究路径，加强跨学科研究。所以公共管理具有更广泛的学科背景，更具综合性。

(3)外部取向。传统公共行政学注重“内部取向”，研究机构、程序、过程等内容；而公共管理学则注重“外部取向”，研究绩效、结果等内容，因此项目执行、绩效评估、战略管理等都成为公共管理学的研究议题。公共管理学作为一个独立的研究领域，从一开始便具有明显的政策取向与应用取向。其中，政策取向是由公共管理学的性质所决定的；应用取向是指公共管理学研究的目的更重要的是解决公共问题，改善人类生存现状，提升人们的生活品质。

(4)既是实证的，又是规范的。公共管理学是实证的，即重视以问题为导向，注重从经验研究中提取相关知识内容。同时，公共管理学研究非常重视规范性的价值，重视价值在公共管理过程中所发挥的重要作用。即公共管理学同时也是规范的，提倡研究“应该不应该”的问题，用以规范公共管理行为。

(5)更具现实性。当前，公共管理学研究呈现出与现实的紧密关联度和回应性。国家社会各界更加重视公共管理工作。公共领域在不断地将理论应用于实践，并在实践中不断总结创新。与公共行政学相比，公共管理学更具现实性。

第2章　公共管理的理论发展

2.1　复习笔记

【知识框架(庖丁解牛)】

- 公共管理的理论发展
  - 公共行政理论的演进
    - 初创
      - 威尔逊的“政治—行政”二分法
      - 韦伯的官僚制理论
      - 泰勒的科学管理理论
    - 建构
      - 怀特的系统化公共行政理论
      - 古利克和厄威克的科学化公共行政原则
      - 福莱特的动态化公共行政理论
    - 转型
      - 行政决策理论［西蒙］
      - 新公共行政学理论［沃尔多］
  - 现代公共管理理论的发展
    - 公共选择理论
      - 经济人假设与公共选择
      - 政府规模扩张与公共选择
    - 新公共管理理论：兴起、含义、基本理念
    - 新公共服务理论：兴起、含义、基本观点、评价
    - 公共治理理论
      - 兴起、含义、内容
      - 国家治理体系和治理能力现代化

【通关提要(提纲挈领)】

本章主要介绍公共管理理论的演进和发展过程，为探讨公共管理与公共行政的关系奠定了基础。本章以理论知识为主，内容比较抽象，重点要掌握公共选择理论、新公共管理理论、新公共服务理论和公共治理理论的含义、核心观点等，注重理解和区分其不同点。本章各种题型都会考查，特别是简答题和论述题，复习时应全面掌握，比较记忆，并注重各理论在实践中的运用。

【考点难点归纳(厚积薄发)】

考点一：公共行政理论的演进　★★★★

1. 公共行政理论的初创(19世纪末20世纪初，见表2－1)

表 2－1　公共行政理论的初创

要点	主要内容
威尔逊的“政治—行政”二分法	①正确区分政治与行政概念，将公共行政从政治学中独立出来。 ②政府职能分为：a．政治职能［国家意志的表达］；b．行政职能［国家意志的执行］。 ③公共行政是政府的执行和操作，是技术性职员的事情；政治是政治家的特殊活动领域。 ④公共行政领域是一种高于纯技术领域的事务性领域
韦伯的官僚制理论	①从组织体制角度为传统公共行政学的创立提供了理论框架。 ②按权威区分了三种组织形态：“神秘化组织”“传统组织”“合理化—合法化组织”。“理想的官僚制”以合理化—合法化权威为基础。 ③“官僚制”的基本特征包括：a．合理分工；b．层级节制的权力体系；c．按规程办事的运作机制；d．正规的决策文书；e．组织管理的非人格化；f．适应工作需要的专业培训机制；g．合理合法的人事行政制度
泰勒的科学管理理论	①科学管理的中心问题是提高劳动生产率，即在企业推行“科学管理”。 ②主要内容：a．实行预先计划；b．用科学方法挑选工人；c．标准化生产和工作定额；d．管理部门与工人保持密切友好的合作关系。 ③建立了专业化、普遍化的管理原则和方法，追求最佳工作方法和管理标准化、程序化

【真题链接】

（1）韦伯的官僚行政组织结构理论。［简答题，东北大学 2020 年研］

（2）简述官僚制的主要特征。［简答题，天津商大 2020 年研］

（3）简述公共行政理论初创时期的主要理论流派及其代表人物。［简答题，暨南大学 2018 年研］

2．公共行政理论的建构（见表 2－2）

表 2－2　公共行政理论的建构

要点	主要内容
怀特［公共行政学的奠基人］的系统化公共行政理论	①怀特于 1926 年撰写的《行政学导论》是世界上第一本公共行政教材，使行政学研究系统化，是公共行政学正式诞生的标志。 ②建立公共行政学理论体系的四个基本假定：a．行政具有共性；b．公共行政学的实践基础是管理；c．公共行政是科学，是实践的技术；d．公共行政十分重要。 ③怀特提出的公共行政学理论框架使传统公共行政思想成为系统化、理论化的知识体系，但只是提供了概貌
古利克和厄威克的科学化公共行政原则	①古利克提出了行政改革应遵循的 11 项指导原则，把行政机关职能总结为“POSDCORB”，即计划、组织、人事、指挥、协调、报告和预算。 ②厄威克归纳了具有普适性的行政组织管理原则：a．目标原则；b．人员与组织结构相适应原则；c．“一人管理”原则；d．“专业参谋和一般参谋”共存原则；e．“授权”原则；f．“责权相符”原则；g．明确性原则；h．“控制幅度”原则
福莱特的动态化公共行政理论［人的角度］	①福莱特的思想基点在于“伙伴关系”，认为管理的首要任务是创造一种使人们自愿、主动合作的环境和形势。 ②其行政管理思想呈现一种动态性特征

3. 公共行政理论的转型(见表2-3)

表2-3 公共行政理论的转型

要点	主要内容	
西蒙的批评与公共政策学派的出现	对传统行政学理论的批判	①"行政原则"只是"行政谚语",并不科学。 ②政治[政策决定]与行政[政策执行]联系紧密,无法严格区分
	公共政策学派的出现	①西蒙以决策为基本概念研究公共行政问题,代表作为《行政行为:行政组织决策过程的研究》,认为行政程序即决策程序。 ②自西蒙决策研究途径提出以来,决策重要性日益被重视,慢慢衍生出公共政策学派
沃尔多的批评与新公共行政学的勃兴	对传统公共行政学的批评	①"政治—行政"二分法不妥,不符合民主制理想,应鼓励行政权力与政治权力合作。 ②批评传统行政学的组织范式:传统公共行政组织理论过于理性,忽视了行政实质的具体性。 ③反对效率至上
	新公共行政学	以弗雷德里克森为主要代表,强调重点研究公共行政"公共"部分的公共行政理论流派。其基本内容包括: ①反思和批判传统公共行政学的"效率至上"观。 ②提倡社会公平价值观。 ③突破传统的"政治—行政"二分法,聚焦发展公共政策。 ④强调动态、开放的组织观

【真题链接】

(1)简述沃尔多对传统公共行政的批判及其公共行政思想。[简述题,暨南大学2019年研]

(2)试论述沃尔多对传统公共行政学理论的批判。[论述题,浙工商2018年研]

考点二:现代公共管理理论 ★★★★

1. 公共选择理论(见表2-4)

表2-4 公共选择理论

要点	主要内容	
经济人假设与公共选择	①人性假设:人是理性的自利主义者——经济人。 ②公共选择运用经济学方法分析公共管理活动及公共政策的制定和执行[官僚经济学,非市场的决策]	
政府规模扩张与公共选择	瓦格纳定理	"政府活动扩张法则"
	帕金森定律	不论政府机构工作量增加与否,政府工作人员和机构数量总会按几何级数增长
	公共选择理论	①运用经济学理论分析政府规模及其增长:a. 非市场性质,无竞争压力;b. 信息垄断,难以监督工作效率;c. 缺乏激励机制,无内在动力;d. 预算的误导作用;e. 理想的官僚不存在。 ②解决问题的主张包括:a. 理性选择组织类型;b. 市场机制与个人选择;c. 分权化;d. 公共服务组织小规模化;e. 自由化

2. 新公共管理理论（见表 2－5）

表 2－5　新公共管理理论

要点	主要内容	
含义	新公共管理，又称企业化政府、以市场为导向的公共行政、后官僚体制模式、管理主义。新公共管理理论认为，私人部门的管理实践和技术可用于公共部门，主张通过市场机制来完善公共组织	
与公共选择理论的异同	相同	推崇市场力量、市场作用、市场机制
	区别	①公共选择关注政府与市场和社会的关系，主张发挥市场力量、减少政府干预。［物质私有化，行政责任转移］ ②新公共管理关注公共部门内部，主张通过引进市场机制完善公共组织［内部理性化，提高管理效率］
基本理念	管理的自由化	"让管理者来管理"
	管理的市场化	①在公共部门创立内部市场形成竞争。 ②私人部门管理在公共部门普遍化
精髓	"企业家政府"理论，强调运用企业家精神重塑政府	

【**真题链接**】分析评价新公共管理理论。［简述题，暨南大学 2020 年研］

3. 新公共服务理论（见表 2－6）

表 2－6　新公共服务理论

要点	主要内容
含义	指以罗伯特·登哈特为代表的学者对新公共管理理论的反思，特别是对企业家政府理论缺陷的批评而建立的一种新公共管理理论。它认为，公共管理者应以为公民服务、向公民放权为重心，建立一些强有力的公共机构
基本观点［七大原则］	①政府的职能是服务，而非掌舵。 ②公共利益是目标，而非副产品。 ③战略地思考，民主地行动。 ④服务于公民而不是顾客。 ⑤责任是复合的，并不简单［具有现实性、复杂性］。 ⑥重视人而不只是生产率。 ⑦超越企业家身份，重视公民权和公共事务
评价	本质：对新公共管理理论的一种扬弃

【**真题链接**】

（1）简述新公共服务理论。［简答题，人大 2023 年研］

（2）简要评价新公共服务理论。［简述题，暨南大学 2022 年研］

（3）简要介绍新公共服务理论的基本内容、价值理念以及与新公共管理理论之间的区别。［简答题，中山大学 2019 年研］

4. 公共治理理论(见表2-7)

表2-7 公共治理理论

要点		主要内容
治理		指公共管理组织运用公共权威维持秩序和实现公共利益最大化。 与统治相比，治理的主体未必是政府，无须依靠国家强制力实现
公共治理理论	兴起	市场失效+政府失效
	含义	①指反思和批判传统公共行政理论，并整合新公共管理理论和新公共服务理论合理内核后的结果。 ②核心观点：主张通过合作、协商、伙伴关系、确定共同目标等途径，管理公共事务
	主要内容	①多元主体；②责任边界模糊；③主体间存在着权力依赖和互动伙伴关系；④治理语境下的公共管理，是一种自主自治的网络管理；⑤政府扮演元治理角色
国家治理体系和治理能力现代化	体系现代化	①国家治理体系是规范社会权力运行和维护公共秩序的一系列制度和程序，包括规范行政行为、市场行为和社会行为等。 ②衡量标准：a. 公共权力运行的制度化和规范化；b. 民主化；c. 法治；d. 效率；e. 协调
	能力现代化	①治理能力包括：a. 政府的选举、监督和更替过程；b. 政府有效制定和实施合理政策的能力；c. 公民和政府对经济社会互动制度的遵守。 ②中国国家治理能力，指运用国家制度管理社会事务的能力，包括：改革发展稳定、内政外交国防、治党治国治军等
	内涵：治理理念的现代化、治理制度的重构、治理主体的协作、治理过程的科学化和治理绩效的优化	

【真题链接】简述公共治理理论的主要内容。[简述题，暨南大学2019年研]

2.2 课后习题详解

一、概念题

1. 管理主义

答：“管理主义”是指企业管理中所崇尚的管理至上，在新公共管理中主张对公共部门实行更细致、严格的管理，采用企业管理中的新理念、新技术促进政府改革。管理主义强调经济、效率、效能，希望通过良好的管理来提高公共部门效率。其核心观念包括：①生产力的持续增长可以促进社会进程；②生产力增长的前提是对劳动力要素和各种复杂的技术进行有效的管理；③管理作为一种组织功能，发挥着重要作用；④管理者须拥有必要的“管理权限”来履行“关键作用”。“管理主义”的信条是“让管理者来管理”。

2. 民主主义

答：民主主义是一种以法治为形式、以民主为基础、以分权制衡为手段、以个人自由为终极目标的一种现代政制。民主主义强调的是关注民生、关注社会公平，对公共权力进行制约和限制。宪政是民主制度的基础和保障，同时也是对民主政治的制衡，其根本作用在于防止政府权力的滥用，维护公民普遍的自由和权利。

3. 官僚制理论

答：参见本章课后习题思考题第6题答案。

4. 科学管理理论

答：科学管理理论由“科学管理之父”弗雷德里克·泰勒在其著作《科学管理原理》中提出，是指用科学的方法确定完成一项工作的最佳方式。该理论的主要观点是：①科学管理的根本目的是谋求最高工作效率。②达到最高工作效率的重要手段，是用科学的管理方法代替旧的经验管理。管理是一门科学。在管理实践中，建立各种明确的规定、条例、标准，使一切科学化、制度化，是提高管理效能的关键。③实施科学管理的核心问题，是要求管理人员和工人双方在精神上和思想上来一个彻底变革。通过这种重大的精神变革，可使管理人员和工人双方都把注意力从盈利的分配转到增加盈利数量上来。该理论开创了实证式管理研究的先河。

5. POSDCORB

答：“POSDCORB”是古利克总结的行政机关所具有的七种管理职能的英文首字母缩略词，即计划(planning)、组织(organizing)、人事(staffing)、指挥(directing)、协调(coordinating)、报告(reporting)和预算(budgeting)。古利克认为，任何行政组织都应围绕这七个职能来创建，且只有行政机关才应履行这些职能。古利克提出的这七种管理职能，以后虽有人加以增减或修改，但基本上包括了到那时为止的有关管理过程的观点，并成为以后有关这类研究的出发点。

6. 西蒙-沃尔多之争

答：西蒙-沃尔多之争是指沃尔多与西蒙两人围绕公共行政学的学科定位、研究方法以及价值取向展开的长达半个世纪的激烈争论。西蒙主张在公共行政学中引入逻辑实证主义，重建一门更加精致、更有效率的行政科学；沃尔多则注重将民主等规范价值引入公共行政，强调公共行政学就是一种政治理论。这场争论不仅促使公共行政从热衷追求效率价值转变为追求民主价值关怀，积极地改变了人们对规范价值的态度，而且也形成了西方公共行政学者对公共行政学学科身份危机的两种不同救赎之路。

7. 新公共行政学

答：“新公共行政学”又称新公共行政运动，是相对于传统公共行政学而言的，是西方行政学界为了回应政府外界环境的挑战而形成的公共行政理论流派。它认为公共行政应当以经济的、有效的方式为社会提供高质量的服务，同时强调把社会公平作为追求目标。新公共行政学强调政治与行政的连续性，将道德价值概念注入行政过程，将社会公平注入传统的经济与效率目标；强调政府公平，对公众需要负责，以及公共项目应当对决策和执行负责。它强调公民参与、政策制定、相关控制、分权授权、组织发展、顾客至上和民主工作环境。其基本内容包括：①反思和批判传统公共行政学“效率至上”；②提倡社会公平的价值观；③突破传统“政治—行政”二分法；④强调动态、开放组织观。但它仅在某些价值理念上与传统公共行政学有所区别，无法根本改变官僚制的管理体制。

8. 公共选择理论

答：参见本章考研真题概念题第3题答案。

9. 新公共管理理论

答：参见本章考研真题简答题第6题答案。

10. 企业家政府理论

答：参见本章考研真题概念题第6题答案。

11. 公共治理理论

答：参见本章课后习题思考题第5题答案。

12. 新公共服务理论

答：参见本章课后习题思考题第4题答案。

13. 国家治理

答：国家治理是指国家在基本权力安排既定的情况下，如何使国家权力运行得合法、正当和高效，并得到社会认同。国家治理的本质在于通过其属性及职能的发挥，协调和缓解社会的冲突与矛盾，以维持社会特定的秩序。阶级性和社会性是国家治理的根本属性，在阶级社会，主要体现为阶级性。在社会主义社会中，国家治理既强调其阶级性也突出其社会性，社会性主要通过政治、经济、文化以及社会职能的发挥来实现治理。国家治理体系和治理能力现代化是国家治理的重要内容。国家治理体系和治理能力是一个相辅相成的有机整体。有了好的国家治理体系才能真正提高治理能力，提高国家治理能力才能充分发挥国家治理体系的效能。

二、思考题

1. 分析公共管理与公共行政的联系与区别。

答：参见本书第一章课后习题思考题第1题答案。

2. 分析评价新公共行政学理论的基本内容。

答：新公共行政学又称新公共行政运动。相较于传统公共行政学，新公共行政学是西方行政学界为了回应政府外界环境的挑战而形成的公共行政理论流派。它力图摈弃传统行政的权威主义和以效率为中心的取向，而试图建立以公平为中心的民主行政。但该理论仅在某些价值理念上与传统公共行政学有所区别，无法根本改变官僚制的管理体制。

(1)新公共行政学理论的基本内容：

①反思和批判传统公共行政学“效率至上”的观念。新公共行政改变“效率至上”的观念，强调建立规范价值，关注民生，改善人们生活，提高社会的整体效率。

②对社会公平价值观的提倡。实现社会公平是新公共行政的基本目标，因此，要在公共行政学的经典目标和理论基础上增加社会公平一项，并以此为核心重塑现代公共行政的价值体系。

③突破传统“政治—行政”二分法。新公共行政学把对“政治—行政”二分法的批判看作

是改革当时美国极度腐败的吏治、推行公务员新政策所作的必要理论准备或舆论支持，是一种策略上的需要，从而否认了“政治—行政”二分法的科学理论意义。行政学研究应适应现代社会的要求，在研究领域乃至研究方法上作一次飞跃。

④强调动态、开放组织观。新公共行政注重用行政生态学的视角去认识组织运作和分解行政现象。

(2)对新公共行政学理论的评价：

新公共行政学的研究重心在公共行政学的“公共部分”，倡导公共服务的平等性、行政官员的政治回应性、民主行政、社区自治等基本价值，强调将“社会公平”引入政府目的和运作机制之中。公共行政学自此开始步入“自觉构建公共性”的历史阶段。由于新公共行政学自身的一些原因，如缺乏概念的连贯性，没有明确限定的宪法基础等，它没有成为行政学研究的主导范式。

新公共行政学对当代公共管理理论的发展作出了重要的贡献，主要包括：

①在研究方法上另辟蹊径，使公共行政科学的面貌焕然一新。

②基于社会公平原则所提出的观念和主张，从公共服务的平等分配、公务员权利的解放、利益与价值代表的多元化、参与观念的增强、内省伦理道德意识的建立以及人事行政的分权化等方面，均对当代西方国家政府及其行政管理产生了重大影响，促使许多国家的政府在参与性、分权化以及变通性等方面进行了一系列行政管理体制的改革。

③推动了新公共管理运动的兴起和新公共管理理论的诞生。

3. 分析评价企业家政府理论。

答：“企业家政府”是与“官僚政府”相对应的一种政府形态，是指政府部门由一群富有企业家精神的公职人员(又称“公共企业家”)组成，他们能够运用各种创新策略，使原本僵化的官僚体制恢复活力，使绩效不佳的政府更有效地运作。

(1)“企业家政府”的特征包括：①掌舵而非划桨；②重妥善授权而非事必躬亲；③注重引入竞争机制；④注重目标使命而非繁文缛节；⑤重产出而非投入。

(2)建立“企业家政府”的必要性：

①全球化使政府与公众的关系开始发生变化。

②公众和公民社会在社会生活中的自助式运作能力、承受各种风险的自主能力大大加强，要求政府加强对社会力量的利用和公共服务的社会化。

(3)“企业家政府”理论的缺陷：

①“企业家政府”理论存在着冲突：a. 企业自主性与民主责任性的冲突；b. 公共企业愿景与市民参与价值之间的冲突；c. 企业秘密性与民主开放性之间的冲突；d. 企业风险承担与民主的公共财政处置责任之间的冲突。

②由于对政治与制度环境的忽视，“企业家政府”将使改革推动者产生错误假定：a. 将公共管理视为单独功能，而忽略其中包含的政治问题；b. 认为企业成功的经验是好的经验；c. 以大致的营利观点评价行政绩效，将忽视其可能对社会环境造成的破坏。

③“企业家政府”的三项限制：a. 公共企业家偏好问题；b. 公共企业家崇尚变革与创新，然而许多变革与创新未必带来组织的正面发展；c. 公共企业家有反传统的倾向，轻视存在了几个世纪的价值与信仰。

4. 分析评价新公共服务理论。

答：新公共服务理论是针对新公共管理存在的问题和内在冲突而提出来的。新公共服务理论下的公共管理者应注重公民的权益，为公民服务，向公民放权，建立一些具有完善整合力和回应力的公共机构。

(1)新公共服务理论的主要观点：①政府的职能不是掌舵而是服务；②公共利益是目标而非副产品；③战略地思考，民主地行动；④服务于公民而不是顾客；⑤责任并不简单；⑥重视人，而不只是生产率；⑦公共服务和公民权比企业家精神更重要。

(2)对新公共服务理论的评价：

①新公共服务理论并不是对新公共管理理论的全盘否定。

②新公共服务理论本质上是对新公共管理理论的一种扬弃。它吸取了新公共管理在改进当代公共管理实践的重要价值，摈弃了"企业家政府"理论的固有缺陷，重新提出了一种更加关注民主价值和公共利益、更加适合现代公民社会发展和公共管理实践的理论。

③通过新公共服务理论提供的创新、鼓舞人心的观点，对公共服务的发展前景充满了期待和希望，相信未来的公共服务将以公民对话协商和公共利益为基础并与此二者充分结合起来。

5. 分析评价公共治理理论。

答：公共治理理论是在反思和批判传统公共行政理论、整合新公共管理理论和新公共服务理论的合理内核基础上形成的，要求构建政府、市场、企业、公民共同治理的架构，通过合作、协商、伙伴关系等途径来管理公共事务。其核心是重新思考和调整国家与公民、国家与市场、国家与企业、国家与社会组织、国家不同治理层级之间的关系，乃至国家与国家之间的关系，建立新型的、适应时代发展的治理模式。

(1)公共治理理论的内容：

①治理的主体多元化。公共管理主体包括政府部门以及私人部门、第三部门等非政府部门，因此公共治理的主体可以是公共部门、私人部门、第三部门，还可以是三者之间的合作形式。

②主体间责任界限的模糊性。治理在寻求解决社会和经济问题的方案过程中，存在着界限和责任方面的模糊性。除了政府体制在变迁之中增加了复杂性之外，也必须关注责任转移的问题。为了在国家和社会之间寻求长期的平衡点，国家将原先由它承担的部分责任转移给私人部门、志愿团体等，因此相互之间的界限和责任便日益模糊不清。

③主体间权利的互相依赖性和互动性。治理在涉及集体行为的社会公共机构之间，确实存在权力依赖关系。集体行动的组织必须依赖其他组织。为达到其目的，各个组织必须相互交换资源，协商共同的目标。各主体之间的权力依赖关系使得公共管理过程中各主体之间产生互动，从而使政府与公共部门建立起伙伴关系。

④自主自治网络体系的建立。治理是行动者所形成的具有自主性的自我组织网络。这一网络涉及政策社群和其他组织的形式以及讨论政策群组的议题。它显示公共部门与私人部门组成政治体制的形式，更与政府在特定领域中进行合作，分担责任。

⑤政府在社会公共网络管理中扮演着"元治理"的角色。政府的绝对权威虽然不是最高的，但政府在建立指导社会组织行为的行为准则方面承担着重要的责任。公共治理中，公

共管理主体趋向多元化，政府的角色被重新定义为“元治理”。

（2）对公共治理理论的评价：

①公共治理理论强调社会公共事务治理中多层次民间组织机构的参与，强调国家与社会组织间的相互合作和依存，突破了国家与社会二元对立的传统思维桎梏。

②公共治理理论创新了传统的公共管理理论，是一种认识公共管理领域的新图式和组织框架。

③治理理论有利于整合公共资源，提高公共管理水平，创新公共管理体制。

但公共治理理论无法解决合作与竞争、责任与效率、开放与封闭、治理性与灵活性这四个矛盾，公共治理也无法取代国家特有的政治强制力。同时，治理的跨国性和全球性为跨国企业干涉别国内政、实行相关国际政策提供了可能性。在实践中，公共治理并没有形成统一的完整理论，也没有放之四海而皆准的治理模式。

6. 官僚组织理论是马克斯·韦伯所倡导的一种理想的、完全建构在他对于“合法权威”观念基础之上的行政组织理论。有人认为官僚制度是与传统工业经济体制相适应的组织形态，而不适应网络经济和互联网时代。

（1）请具体分析官僚制度的特征、优点和缺点。

（2）论述在互联网时代下应如何发挥官僚制度的作用和改进官僚体制。

答：（1）官僚组织理论是德国社会学家马克斯·韦伯于 20 世纪初提出的理论，是指一种以法理型权威为基础、以专业化官僚为管理主体、以层级制为组织形式、以理性制度为运作规则的行政管理体制。

①官僚制度的特征：

a. 合理的分工。在组织中明确划分每个组织成员的职责权限并以法规的形式将这种分工固定下来。

b. 层级节制的权力体系。在组织中实行职务等级制和权力等级化，整个组织是一个层级节制的权力体系。

c. 依照规程办事的运作机制。在组织中任何管理行为都不能随心所欲，都要按章行事。

d. 形式正规的决策文书。官僚制度下，一些重要的指令都是通过文书的形式下达，并记录和归档。

e. 组织管理的非人格化。官僚制组织中，管理工作只考虑合法性、合理性以及有效性，通过法律、规章制度等来规范人的行为，忽视了人的社会性。

f. 建立完善的专业培训机制。通过建立培训机制，可以大大提高成员的工作能力，组织的工作效率也会提高。

g. 人事行政制度合理合法。官僚制组织下的人事行政需要遵守的原则包括注重绩效、按规行事、赏罚分明等。

②官僚制度的优点：

a. 严密性。官僚制组织通过等级结构进行控制，按专业化标准，权力分层、职位分等、层层节制、环环相扣、秩序井然，严格的岗位责任制使一切个人都统一在一个法则系统之内。

b. 合理性。由于专业技术知识居于中心地位，任何规定都详细具体，具有可操作性，因而显示出精确、迅速、统一、协调、节约和高效等优势。

c. 稳定性。非人格化秩序的确立，使管理的任何步骤都源于法规，摆脱了长官意志，保证了体制的连续性和稳定性。

d. 普适性。官僚制组织适用面广，政府机关、公共事业、各种企业甚至私人组织都可以采用。

③官僚制度的缺点：

a. 官僚制理论是对普鲁士官僚行为进行高度抽象的结果，是一种高度纯化的理论描述，与现实生活相距较远，现实中不会真正出现韦伯所推崇的理想型官僚组织，因而无法对韦伯的理论进行实证性论证。

b. 韦伯对官僚组织的分析偏重静态研究，过分强调了机械式正式组织的功能，而忽视了组织运作过程中的实际状态；过分强调了层级节制体制，而忽视了下级人员的主动性和积极性；过于强调遵守组织规则和各项制度，使组织陷于僵化，缺乏应变能力和弹性。

c. 官僚制理论偏重对组织内部形态和管理结构进行分析，缺乏对组织与其环境之间相互关系的探讨。

d. 官僚体制过分地强调了专业分工和职能权限划分的意义，而忽视了宏观协调以及消除本位主义的问题。

e. 官僚体制过于强调人员的稳定，易于导致组织惰性；过于强调年资在升迁中的意义，易于形成论资排辈的不良观念，不利于激发组织成员的工作积极性，不利于服务质量的提高。

f. 官僚体制过于强调组织利益和组织效率，忽视了组织成员多方面的心理需求及人性发展。

(2)在互联网时代下改进官僚制度的方法是进行弹性化政府的组织设计。政府结构的弹性化与功能化是当代民主政府的趋势。弹性化的政府结构的特性，一是能够适应时代的变化并满足社会的需求，二是能够迅速地解决问题并提高组织的效能。社会的本质已发生了根本的变化，迫切要求人们必须从权变的观点来处理、解决及设计公共事务和公共问题。构建弹性化的政府组织可以从以下几个方面着手：

①尽量减少常设性、永久性机构，推进政府机构改革。政府机构的永久性和稳定性使公务员习惯于安定的生活，稳定的终身任用制度使一些公务员整天碌碌无为，不干实事，造成了组织的僵化。在互联网时代下，应当坚持精简、统一、高效能的原则，借鉴弹性化政府模式，尽量减少常设性、永久性的机构。政府可以根据公共物品的不同性质来确定提供者是政府、第三部门还是企业。

②重视公务员的岗位轮换和分流工作。弹性化政府模式主张公务员实行岗位轮换和分流，在做好思想工作的同时，建立竞争上岗制度，完善社会保障体系，给分流人员离职补偿，并为他们申办企业、再就业培训和转向企事业单位等积极创造条件。这样不仅能使公务员更好地了解社会的需要，消除政府的社会价值与公众的隔阂，使政府的决策更符合公众的要求，还可以打破公务员的铁饭碗，保持政府的弹性和活力。

③重视政策制定的创新。虽然永久性的人事制度和组织结构能够使政策的制定保持连

续性，便于把握方向，同时给新的政策制定提供经验和知识基础，但是其最大缺点是容易使官员墨守成规，不愿意进行改革、试验、冒险和创新。永久性政府常常基于政治上的理由，在政策制定与执行上趋于保守，并且为了让计划通过，总是竭力吹嘘计划的优点。因此，在政策制定中应大胆试验，勇于创新。

三、案例分析题

请认真阅读案例材料（材料略），然后按照要求分析并回答问题。

（1）归纳材料的主要观点。

（2）运用帕金森定律检验、分析上述材料反映的事实。

答：（1）材料的主要观点有：

①在政府机构中，若一位官员认为自己已超负荷工作，会选择增加两名下属人员减轻工作负担，而不会选择辞职或与同级官员共同完成工作。

②官员通过增加下属的方式使其本身的工作由操作性的变为管理性的。

③如果官员的某一下属感觉工作压力大，官员会分别增派两名助手给下属以减轻工作负担。

④当官员不断为下属增加助手，官员不断晋升。

⑤不管政府机构的工作量是否增加，其工作人数总会按几何级数增长。

（2）帕金森定律指出官员数量增加与工作量并无关系，而是由两大动力造成的：①每一个官员都希望增加下属而不是对手（如“投票”）；②官员们彼此为对方制造工作。官员想减轻工作压力，会选择增加下属的方式，而不会选择增加对手，因为增加对手会影响晋升。而官员要想不断晋升，就需要下属越来越多，就会选择制造工作的方式来借机增加下属。

帕金森定律的数学表示为：任何一个处于和平时期的行政部门的工作人员都将按照下列公式增加：

$$X=\frac{2K^{m}+L}{N}$$

式中，K 为通过任命下属谋求晋升的工作人员数；L 为任职年龄和退休年龄之差；m 为用于答复部门内部的各种文件的人数；N 为所辖的实际单位数；X 为每年所需要的新的员工数。

由此可知，不管政府机构的工作量是否增加，其工作人员的数量总是按几何级数增长。

2.3　考研真题与典型题

一、概念题

1. 韦伯的官僚制理论［贵州财大 2012 年研］

2. 新公共行政学［天津商大 2022 年研；浙工商 2018 年研］

3. 公共选择理论［华侨大学 2023 年研；河南大学 2023 年研；中山大学 2022 年研］

4. 新公共管理［人大 2023 年研；北邮 2022 年研；宁波大学 2021 年研；中山大学 2018 年研；湖南师大 2016 年研；中财 2015 年研；华南师大 2013 年研］

5. 新公共服务理论［华侨大学 2017 年研；北航 2012 年研］

相关试题：新公共服务[深圳大学 2020 年研；浙江财大 2019 年研]

6. 企业家政府理论[华侨大学 2018 年研；天津商大 2017 年研；华中农大 2012 年研]

相关试题：企业家政府[福建师大 2023 年研；南京师大 2020 年研；中山大学 2019 年研]

7. 公共治理理论[天津商大 2018 年研]

二、简答题

1. “政治—行政”二分。[中山大学 2018 年研]

2. 简述公共行政理论初创时期的主要理论流派及其代表人物。[暨南大学 2018 年研]

相关试题：

(1) 韦伯的官僚行政组织结构理论。[东北大学 2020 年研]

(2) 简述韦伯的官僚制理论。[天津商大 2017 年研]

3. 简述官僚制的主要特征。[天津商大 2020 年研]

4. 简述“新公共行政学”的基本内容。[贵州财大 2013 年研]

相关试题：简述新公共行政的基本内容。[浙工商 2019 年研]

5. 公共选择理论的基本假设是什么？[江苏大学 2017 年研]

6. 简述新公共管理的基本理念。[新疆农大 2014 年研]

7. 简述胡德对新公共管理的描述。[北师大 2020 年研]

相关试题：

(1) 简述新公共管理的 7 个要点。[人大 2014 年研]

(2) 胡德的“新公共管理”的主要内容。[北邮 2012 年研]

8. 简要评价新公共管理运动。[江西财大 2007 年研]

相关试题：简述“新公共管理”运动。[中山大学 2016 年研]

9. 辨析：新公共管理主张政府广泛采用私人部门成功的管理手段。[新疆农大 2015 年研]

10. 简要介绍新公共服务理论的基本内容、价值理念以及与新公共管理理论之间的区别。[中山大学 2019 年研]

相关试题：

(1) 简述新公共服务理论。[人大 2023 年研]

(2) 简要评价新公共服务理论。[暨南大学 2022 年研]

(3) 简述新公共服务理论的主要内容。[浙工商 2021 年研]

(4) 新公共服务理论。[中国地大 2020 年研]

三、论述题

1. 试论述沃尔多对传统公共行政学理论的批判。[浙工商 2018 年研]

相关试题：简述沃尔多对传统公共行政的批判及其公共行政思想。[简述题，暨南大学 2019 年研]

2. 试论述公共选择理论的主要研究内容和方法及其对公共政策研究的重要意义。[江西财大 2007 年研]

3. 试述公共治理理论的内容。[贵州财大 2016 年研]

相关试题：

(1)简述公共治理理论的主要内容。[简答题，暨南大学2019年研；华东政法2010年研]

(2)简述治理理论的基本内涵。[简答题，天津商大2019年研]

4. 随着农业社会向工业社会的过渡，公共行政的范围日趋扩展，规模不断扩大，大量社会事务被纳入公共行政之中，公共行政逐渐淡化阶级统治的色彩，进而获得了相对独立于政治之外的地位。19世纪末20世纪初，为了适应公共行政的这种发展趋势，进一步扩张行政权力，出现了“行政国家”现象。随着政府职能的不断增加、政府规模的不断膨胀，“大政府时期”“福利国家”的时代到来了。这种体制发展到20世纪70年代末，随着行政效率低下、财政支出严重增长和公众对政府不信任等问题的日益凸显，西方学者开始反思和质疑官僚制行政的有效性。在长期的社会发展中，在社会资源配置的问题上，西方学者看到了市场的失效和政府的失效，提出了“治理”的新概念。他们希望通过治理弥补政府和市场在调控、协调与管理社会事务过程中的不足，重新调整国家与社会、政府与市场的边界。

请结合西方国家社会发展的实际阐述治理理论产生的社会根源，并对治理理论的具体内容进行评述。[暨南大学2015年研]

四、案例分析题

官员网络危机意识薄弱，雷语频出、频现网络，有关热议至今尚未完全平息。

——“替党说话，还是替老百姓说话”。如果要评选2009官员“雷人雷语”排行榜的话，这句“替谁说话”的质问可能因其“雷人”程度之强和争议时间之长而位列榜首。郑州市一块经济适用房用地被开发商建起连体别墅和楼中楼。2009年6月17日，面对记者采访，郑州市规划局副局长逯军发出上述质问。此语一出，网友竞相转载，一天之内搜索量就高达100多万条。

——“这个事不好说太细”。事实上，新年伊始就有“雷人语录”风行网络。按照财政部、国家发改委等五部门的联合规定，从2009年1月1日起全国统一取消公路养路费等6种收费。但年初天津小车车主发现，他们每月仍须交纳55元的有关费用。1月份，面对记者的镜头，天津市政管理局规费处副处长刘某说：“这个事我不好再说太细”。这也成为2009年的第一条官员“雷人语录”。

——“为什么不公布老百姓财产”。3月初，某省一位政协委员就官员财产公示制度接受记者采访。在表示“对这个问题没有研究”之后，反问记者：“如果要公布，为什么不公布老百姓财产？那些企业老板的利润为什么不向工人公布？”

——“房地产商来我市投资，赔了算我们的”。3月上旬，河北省廊坊市市长王爱民在接受记者采访时，提出当地保增长、扩内需的思路：一方面要发挥廊坊的地域优势，另一方面政府要把环境搞好，从而把投资者和消费者吸引过来。王爱民还发布了招商口号：“房地产是好的投资项目，房地产商来我市投资，赚了算他的，赔了算我们的”。他还透露，如果这两年房地产没有起来，廊坊市会以再批地的形式来补偿房地产商。

——“你敢在新华网曝光，我就叫它关闭”。6月下旬，济南天桥区一小学领导宴请官员，当地文化部门主管领导借着酒劲要求女教师陪酒，遭到拒绝并被扇了一耳光。随后，该领导气急败坏地说：“你敢打我，你等着，我可是主管文化的干部，有你好看!”还对前来采访此事的记者扬言：“我是管文化的，你敢在新华网曝光，我就叫它关闭。”

——“法院是习惯性这么做的”。7月初，媒体报道，湖北省枣阳市业主马耀军用摄像机拍录法院执法活动时被拘，马找到枣阳市人民法院院长田某理论，却被告知“我可以摄你，你不能摄我”。田院长在接受采访时还表示，目前虽然还没规定说拍摄法院执法活动可以拘留，但“法院是习惯性这么做的”。

——“没时间跟你闲扯”。8月下旬，湖北省应城市政府门户网站“市长信箱”收到一封群众来信，反映市内有段人行道的环境污染问题，要求有关部门深入实地查看处理。该市创建办随后回复：“我办没时间跟你闲扯，你有意见到创建办来面谈。”回复甚至还把“面谈”的“谈”错写为“淡”。事件被披露后，网友大呼“雷人”并纷纷“拍砖”。

——“是不是拉屎也要告诉你啊”。10月27日，在广州市黄埔大道交通整治工作会上，记者就“封闭部分行车道是否应征询市民意见”采访当地交警时，新光快速路有限公司某部长梁某突然发火，并质问记者：“那么我是不是拉屎也要告诉你啊？臭不臭也要告诉你?”随后转身离去。媒体报道后，被网友称为“拉屎官”的当事人被撤职，并就不当言论公开道歉。

——“你是不是党员”。11月初，记者在报道郑州市1200万元的养犬管理费去向时，采访郑州财政局预算外资金管理局城建处处长王冠旗，遭到王质问：“你是不是党员？如果你要采访这笔费用的开支，就必须获得我们局党委和新闻发言人的批准！办公室让你直接采访我是违反规定的!”随后，有网友发帖质疑，难道养犬办的信息只向党员公开吗?

——“我没有受贿动机，是为了发展”。11月4日，重庆市一中院开庭审理潼南县委原常委、常务副县长谭新生涉嫌受贿一案。庭审中，谭承认收受“礼金”“奖金”的事实，但他辩称：“我没有受贿动机，所履行的是正常职务行为，是为了发展，体现了发展才是硬道理。”此语一出，舆论大哗，遭到异口同声的质疑和讨伐。

——“在大草原上拉了一堆屎，有点臭，算不算污染”。据媒体报道，自2007年起，江西省东乡县上桥镇亭子上的居民一直饱受江西日久电源科技有限公司造成的污染之苦。今年11月17日，东乡县环保局一艾姓工作人员在接受媒体采访时出“雷人”之语：“污染应该不大，会有一点，但食品吃了也不会死人，在大草原上拉了一堆屎，有点臭，算不算污染?”据介绍，东乡县委、县政府已组织环保及相关部门对日久电源科技有限公司污染事件进行全面调查。目前企业原生产线已停产，新的生产线和环保治理设施现已到位。

——“一楼二楼别去啊，要去就去(跳)五楼”。12月初，有媒体报道，在河北省承德市牛圈子沟镇，66岁的村民王秀珍因拆迁补偿问题前往镇政府寻求帮助，偶遇镇党委书记史国忠，对方先是以开会没时间、不熟悉情况为由，告诉王秀珍“别找他，反映也没用”。王哭诉说：“要我去跳楼啊!”史国忠却说：“这我还管不了，一楼二楼别去啊，要去就去(跳)五楼。”说完，甩手离开。

由于媒体披露和网络转载，这些“雷人雷语”每一出现，都能引起舆论广泛关注，质疑、批判、评论，不一而足。[暨南大学2011年研]

问题：

1. 以上材料反映了我国政府治理过程中的什么问题？政府与公众的关系应当如何定位?

2. 作为政府公务员，应当如何提高应对媒体尤其是网络舆论的能力。

3. 结合上述材料，请谈谈当前官员的政府管理理念转变与政府治理方式的转型问题。

2.4　考研真题与典型题详解

一、概念题

1. 韦伯的官僚制理论[贵州财大2012年研]

答：参见本章课后习题思考题第6题答案。

2. 新公共行政学[天津商大2022年研；浙工商2018年研]

答：参见本章课后习题概念题第7题答案。

3. 公共选择理论[华侨大学2023年研；河南大学2023年研；中山大学2022年研]

答：公共选择理论，又称官僚经济学，以"自利"为出发点来解释人类行为，用经济学的理论、模型和方法研究政治和行政问题，以此来刻画政治市场上主体的行为、政治市场的运行和公共政策的制定与执行。公共选择为政府面临的问题提供了解决办法，包括：①理性选择组织类型；②市场机制与个人选择；③分权化；④公共服务组织的小规模化；⑤自由化。公共选择理论为政治科学研究提供了新的方法论，给我们提供了全新的思路来分析政治决策过程。同时公共选择理论对西方国家行政改革、我国的政府职能转变等都有非常重要的理论借鉴意义。

4. 新公共管理[人大2023年研；北邮2022年研；宁波大学2021年研；中山大学2018年研；湖南师大2016年研；中财2015年研；华南师大2013年研]

答：参见本章考研真题简答题第6题答案。

5. 新公共服务理论[华侨大学2017年研；北航2012年研]

相关试题：新公共服务[深圳大学2020年研；浙江财大2019年研]

答：参见本章课后习题思考题第4题答案。

6. 企业家政府理论[华侨大学2018年研；天津商大2017年研；华中农大2012年研]

相关试题：企业家政府[福建师大2023年研；南京师大2020年研；中山大学2019年研]

答：企业家政府理论是指用企业家精神以及企业的管理理念、模式、方法来改革公共管理部门，把企业追求效率与质量、节约成本、重视服务等的经营理念引入政府部门，对政府进行革新，使其充满活力。戴维·奥斯本和特德·盖布勒在《改革政府：企业精神如何改革着公营部门》一书中提到的企业家政府，是指政府部门由一群富有企业家精神的公共管理者组成，他们能够运用各种创新的策略，使原本僵化的官僚体制恢复活力，并且有效运用资源提高政府的效率。企业家政府的基本特征和改革政府的十项原则包括：①掌舵而不是划桨；②重妥善授权而非事必躬亲；③注重引入竞争机制；④注重目标使命而非繁文缛节；⑤重产出而非投入；⑥具备"顾客意识"；⑦有收益而不浪费；⑧重预防而不是治疗；⑨重参与协作的分权模式而非层级节制的集权模式；⑩重市场机制调节而非仅靠行政指令控制。企业家政府理论对重新审视现代的政府角色、正确认识政府职能具有重要的启示。但企业家政府理论也在忽视公共性、责任、导致重复浪费、腐败等方面招致了其他学者的批评。

7. 公共治理理论[天津商大2018年研]

答：参见本章课后习题思考题第5题答案。

二、简答题

1. "政治—行政"二分。[中山大学2018年研]

答：(1)"政治—行政"二分法一般认为是威尔逊在其《行政学研究》一文中首先提出的。在威尔逊看来，"政治—行政"二分是指：①行政不同于政治，公共行政是政治特有范围之外的，公共行政问题不属于政治问题；②公共行政是政府的执行和操作，是技术性职员的事情；③公共行政的领域是一种高于纯技术领域的事务性领域，政治是政治家的特殊活动领域。威尔逊提出应在此基础上将公共行政学从政治学中分离出来，进行专门的研究。

(2)古德诺对威尔逊的"政治—行政"二分法作了进一步阐释，并着重对政治与行政的协调关系及如何实现这种协调提出了独到见解。其观点如下：

①政治与行政是两种不同的政府功能。政治是国家意志的表达，即政策的决定；行政是国家意志的执行，即政策的执行，与政治有着相对的独立性，重点在于提高效率。这种功能的区分是理论上的，而非现实的。

②政治与行政必须以某种方式取得协调，实际政治的需要要求国家意志的表达与执行之间协调一致。政治应保持对行政的适当控制；行政应该适度集权。此外，古德诺认为当时的政党制度是一种很好的法外调节机制。他主张对当时美国的政府体制，包括三权分立体制和联邦体制进行改革，使权力进一步集中于联邦总统。

(3)评价：

①对公共行政学的意义在于从以下四个方面提出了关于学科论证的基础：

a. 政府由"政治"与"行政"两种过程构成，"行政"是其中一种单独的过程。

b. 行政研究应当建立在管理的基础上而不是法律的基础上。

c. 关于"行政"的科学研究可以寻得类似于物理学的普遍原则，行政研究由艺术转变为一门科学。

d. 行政将成为现代政府的中心问题，运用行政科学可以增进政府管理的效率。

②把行政从政治中分离出来，使之成为一个相对独立的研究领域，这对行政学的产生起了重要的促进作用。国家意志的表达功能和执行功能互相渗透、难以截然分开。

③从马克思主义的观点来看，政治与行政都是建立在一定经济基础之上、为一定经济基础服务的上层建筑。其二者的关系是：

a. 政治的实质是阶级之间的关系。在阶级社会中，政治首先是阶级的政治，而行政的根本任务就是巩固统治阶级的政治统治。

b. 政治主导行政，行政从属于政治。行政的目标、职能、行为和活动都不同程度直接或间接地具有政治属性。

2. 简述公共行政理论初创时期的主要理论流派及其代表人物。[暨南大学2018年研]

相关试题：

(1)韦伯的官僚行政组织结构理论。[东北大学2020年研]

(2)简述韦伯的官僚制理论。[天津商大2017年研]

答：公共行政理论初创时期的主要理论流派和代表人物主要有：

(1)威尔逊的"政治—行政"二分法：

威尔逊最早提出了"政治—行政"二分法，他认为国家的权力主要掌握在决定政治的议会和执行政治的行政部门手中，这就从结构上否认了三权分立学说。他指出，应将政治与行政严格分离，将政策制定与严格执行政策的行政相分离。行政是置身于特定的政治范围之外的，行政问题不是政治问题。尽管政治为行政确定任务，但它不应被允许操纵行政事务。

(2)韦伯的官僚制理论：

韦伯提出的"官僚制"是在组织的基础上，以行政效率为目标的一种科学、理性的现代行政管理体制。官僚组织建立在法理权威之上，其合理性来源于三个方面：①组织的劳动分工体系；②调节成员关系和行为的规范秩序；③对个人自利追求的激励和制裁体制。这种组织的形式、结构和运行机制表现为高度理性化的法律规章和制度体系。其理性是一种工具理性，具体表现为它仿佛一架精心设计的机器，具有精密的结构设计，从而具有特定的功能，功能的发挥是依靠所有部件的紧密咬合和有序协作而完成。官僚组织充分体现了现代资本主义精神，其所追求的是通过稳定的、有秩序的、分工合作且运作协调的组织体制来谋求效率。

(3)泰勒的科学管理理论：

泰勒认为科学管理的根本目的是谋求最高劳动生产率，最高的工作效率是雇主和雇员达到共同富裕的基础，达到最高工作效率的重要手段是用科学化、标准化的管理方法代替经验管理。泰勒认为最佳的管理方法是任务管理法，在这种管理体制下，工人们发挥最大限度的积极性；作为回报，从他们的雇主那里取得某些特殊刺激。这种管理模式被称为"积极性加刺激性"的管理，或称任务管理。

科学管理理论具有一定的普遍性，不仅适用于企业，也适用于政府行政管理。

3. 简述官僚制的主要特征。［天津商大 2020 年研］

答：参见本章课后习题思考题第 6 题答案。

4. 简述"新公共行政学"的基本内容。［贵州财大 2013 年研］

相关试题：简述新公共行政的基本内容。［浙工商 2019 年研］

答：参见本章课后习题思考题第 2 题答案。

5. 公共选择理论的基本假设是什么？［江苏大学 2017 年研］

答：公共选择理论以"自利"为出发点来解释人类的行为，其基本假设是"经济人假设"。它认为人是理性的自利主义者。一方面，任何个人的行为动机都是自利的，时刻关注自身的利益；另一方面，在行动中能够充分利用资源实现利益最大化。这种理性的自利主义者是经济人。"经济人假设"的具体内容有：

(1)每个人都以自身利益最大化为目标。

(2)追求自身利益或效用的最大化是个体行为的基本动机。理性选择假设是指个人在选定目标后对达成目标的各种行动方案根据成本和收益作出选择。

(3)作为个体，无论处于什么地位，其人的本质是一致的，即以追求个人利益，满足个人利益最大化为基本动机。

(4)当一个人在经济活动中面临若干不同的选择机会时，他总是倾向选择能给自己带来更大经济利益的那种机会，即总是追求最大利益。

(5)经济人假设，又称X理论，认为人本性懒惰，厌恶工作，尽可能逃避，唯一的激励办法就是以经济报酬来激励生产。只要增加金钱奖励，便能取得更高的产量。

6. 简述新公共管理的基本理念。[新疆农大2014年研]

答：新公共管理是在20世纪80年代，西方一些国家政府管理相继出现严重危机，传统科层体制的公共行政已经不能适应迅速变化的信息社会发展，无法解决政府所面临的日益严重的问题的背景下产生的。它主张在政府公共部门采用私人部门成功的管理方法和竞争机制，重视公共服务效率，强调在解决公共问题、满足公民需求方面增强有效性和回应力，强调自上而下的统治性权力与自下而上的自治性权力交互。管理的自由化和市场化是新公共管理蕴涵的两大基本理念，其具体内容如下：

(1)管理的自由化。管理主义认为公共管理人员都是专业的、富有知识和能力的，所以公共部门的不良绩效不是因为管理人员的不称职，而是来源于公共部门中不良规则制度的约束。所以，为了改进绩效，公共部门管理者必须跳出繁文缛节，解除规制和分权，使管理过程如预算、人事、采购等合理化。

(2)管理的市场化。市场取向的管理有两个基本概念：

①竞争。借鉴私人部门管理方法、技术，将市场机制引入公共部门管理，在公共部门内创建"市场"，由此改善竞争以带来高效率和低成本，并有效改进绩效。管理市场化相信竞争可以提高公共部门绩效水平。

②私人部门管理的普遍化。新公共管理理论强调政府广泛采用私人部门成功的管理手段和经验，如重视人力资源管理，强调成本—效率分析、全面质量管理、降低成本和提高效率等。

7. 简述胡德对新公共管理的描述。[北师大2020年研]

相关试题：

(1)简述新公共管理的7个要点。[人大2014年研]

(2)胡德的"新公共管理"的主要内容。[北邮2012年研]

答：著名的公共管理学者胡德(C. Hood)认为，新公共管理是一种公共部门管理的新途径，其特征有：①强调明确的责任制；②注重产出导向和绩效评估；③以准独立的行政单位为主的分权结构；④采用私人部门的管理理论、技术和工具并引入市场机制以改善竞争。在此基础上，胡德归纳了新公共管理的七个要点：

(1)向职业化管理的转变。即时的专业管理，这意味着让公共管理者管理并承担责任。

(2)标准明确与绩效衡量。管理的目标必须明确，绩效目标能被确立并加以衡量。

(3)强调产出控制。用项目与绩效预算取代传统的预算，重视实际成果甚于重视程序。

(4)单位的分散化。转向部门分权，打破公共部门的本位主义，破除单位与单位之间的藩篱，建构网络型组织。

(5)转向竞争机制。引进市场竞争机制，降低成本及提高服务品质。

(6)私人部门管理的风格。强调运用私人部门的管理风格、方法和实践。

(7)纪律与节约。强调资源的有效利用。

8. 简要评价新公共管理运动。[江西财大 2007 年研]

相关试题：简述“新公共管理”运动。[中山大学 2016 年研]

答：新公共管理运动产生于20 世纪 80 年代的英美两国，是针对当时政府管理弊端而兴起的试图取代传统政府管理理论，力图将企业管理和私人管理方法运用于公共部门，积极进行改革政府或重塑政府的思想和实践活动。

(1)新公共管理运动的基本特征：

①新公共管理改变了传统公共模式下的政府与社会之间的关系，重新对政府职能及其与社会的关系进行定位。政府不再是高高在上、“自我服务”的官僚机构，政府公务人员应该是负责任的“企业经理和管理人员”，社会公众则是提供政府税收的“纳税人”和享受政府服务作为回报的“顾客”或“客户”。政府服务应以顾客为导向，应增强对社会公众需要的响应力。

②与传统公共行政只计投入不计产出不同，新公共管理更加重视政府活动的产出和结果。

③新公共管理反对传统公共行政重遵守既定法律法规、轻绩效测定和评估的做法，主张放松严格的行政规制而实现严明的绩效目标控制。

④与传统公共行政排斥私人部门管理方式不同，新公共管理强调政府广泛采用私人部门成功的管理方法和手段(如成本—效益分析、全面质量管理、目标管理等)和竞争机制，取消公共服务供给的垄断。

⑤在文官与政务官的关系上，新公共管理正视行政所具有的浓厚的政治色彩，强调文官与政务官之间存在着密切的互动和渗透关系，特别是对部分高级文官应实行政治任命，让他们参与政策的制定过程，并承担相应的责任，以保持他们的政治敏感性，因此不应将政策制定和行政管理截然分开。

⑥新公共管理主张对某些公营部门实行私有化，让更多的私人部门参与公共服务的供给，即通过扩大对私人市场的利用以替代政府公共部门。

⑦与传统公共行政模式下的僵硬的人事管理体制不同，新公共管理重视人力资源管理，提高在人员录用、任期、工资及其他人事管理环节上的灵活性，如以短期合同制取代常任制，实行不以固定职位而以工作实绩为依据的绩效工资制等。

(2)对新公共管理的批评：

①新公共管理无视公营部门与私人部门的根本差别，盲目采用私人部门的管理方法，但二者在根本目标上并不相同，前者是提供公共服务，后者则以盈利为最终目的。

②新公共管理用经济学的眼光看待公共服务供给，这是不适当的。把政府与公众的关系完全等同于供方与顾客的市场关系，实际上是把前者简单化。因为相对于政府来说，公众具有彼此冲突的双重角色，他们既是享受政府服务的“顾客”，又是作为政府税收来源的纳税人。一方面，他们要求政府提供更多的服务，另一方面又抱怨自己交的税太多。

③新公共管理强调对产出或绩效目标进行精确的界定、测量和评估，但政府的许多服务项目，其产出、成本以及绩效都是难以量化的，因而也就难以准确测量和评估。

④新公共管理主张公营部门私有化，实际上是放弃政府公共服务职能，逃避提供社会福利的责任。

⑤新公共管理强调目标管理、绩效管理，实际上是一种“新泰勒主义”。

⑥新公共管理主张对高级文官实行政治任命，以加强对他们的政治控制，破坏了传统的文官政治中立原则，在一定程度上会导致政治上的腐败和滥用职权。

⑦新公共管理强调的所谓“顾客导向”、长期计划和预算总量控制很难付诸实施。

尽管新公共管理受到了各种指责和批评，但在西方公共行政领域，已成为一种不可逆转的时代潮流。20世纪80年代以来西方许多国家开展的一系列行政改革便是这一潮流的集中反映。从美国的“重塑政府”运动到英国的“宪章运动”，以及其他西方国家普遍实行的市场导向和顾客导向的行政改革措施，都在不同程度上实践着新公共管理，体现了新公共管理的诸多特征。

(3)对我国的启示：

①新公共管理调整政府与社会、市场之间的关系，将竞争机制引入政府公共服务领域，提高了公共服务的效率和质量，同时也缓解了政府财政困难。我国在公共服务领域可以借鉴西方的做法，在加强“产业管制”的同时，在一定范围内允许和鼓励非国有产权进入这些领域与国有产权合作或单独投资和经营。

②新公共管理注重遵守既定的法律和规章制度，向注重实际工作绩效特别是顾客(社会公众)的满意程度方向发展。我国政府归根到底是人民的公仆，因此在制定和实施法律法规时，应始终以满足人民的根本利益为取向，始终贴近社会现实，贴近公众需求。

③新公共管理引入一些科学的企业管理方法，对提高政府工作效率有促进作用。尽管公共管理与企业管理、公有部门与私有部门，在各自的目的、对象和方法上均有差异，完全采用企业管理特别是私营的管理方法来实施公共管理并不可行，但企业管理特别是私营企业管理重视效率和产出，重视管理的科学性，重视市场需求和顾客反馈，这些方面都可为公共管理所借鉴。

有必要指出的是，即使是同为资本主义发达国家的欧美各国，由于历史条件、文化传统等方面的不同，其实行新公共管理的进程、速度、重点及所采取的具体措施均各有特点。我国是社会主义国家，在借鉴其做法和经验时，更应立足国情，走“内生化发展的道路”，简单地照抄照搬无益于中国特色社会主义公共管理体制和公务员制度的建立和完善。

9. 辨析：新公共管理主张政府广泛采用私人部门成功的管理手段。[新疆农大2015年研]

答：该说法是正确的。具体分析如下：

新公共管理以现代经济学为理论基础，主张在政府中广泛采用私人部门成功的、竞争的机制，重视公共服务产出。新公共管理认为，政府可以把巨大的官僚组织分解为许多半自主性的执行机构，特别是把商业功能和非商业功能分开，决策与执行分开，移植私人部门的某些管理办法，如采用短期劳动合同、开发合作方案、签订绩效合同以及推行服务承诺制等。

具体来说，波利特强调商业管理的理论、方法等在公共管理中的应用。胡德认为“私人部门管理的风格”是新公共管理的内涵和特征之一。奥斯本、盖布勒在《改革政府：企业精神如何改革着公营部门》一书中提出了“企业家政府”理论，强调运用企业家精神来重塑政府的公共管理理论。

10．简要介绍新公共服务理论的基本内容、价值理念以及与新公共管理理论之间的区别。［中山大学 2019 年研］

相关试题：

（1）简述新公共服务理论。［人大 2023 年研］

（2）简要评价新公共服务理论。［暨南大学 2022 年研］

（3）简述新公共服务理论的主要内容。［浙工商 2021 年研］

（4）新公共服务理论。［中国地大 2020 年研］

答：（1）新公共服务理论的基本内容：

新公共服务理论是关于公共行政在以公民为中心的治理系统中所扮演的角色的一套理念，是在反思和批判传统公共行政理论和新公共行政理论的基础上提出的，主张用一种基于公民权、民主和为公共利益服务的新公共服务模式来替代当前的基于经济自我利益的主导行政模式，是对传统公共行政理论和新公共行政理论的一种扬弃而非全盘否定。新公共服务理论下的公共管理者应注重公民的权益，为公民服务，向公民放权，建立一些具有完善整合力和回应力的公共机构。

（2）新公共服务理论的价值理念：

①政府的职能是服务而不是掌舵。政府应该转变以往“社会掌舵”的角色，与私营及非营利组织一起为社会公众寻找解决办法。政府从服务的直接供给者变为中介人、监督者、裁判员。公共管理者要运用共享价值为基础的领导，作为公民的公仆，政府应该帮助公民共享利益，并经由分享、互动、对话，寻求共识，而不是控制。

②公共利益是目标而非副产品。企业追求私利，政府强调公平与公正的价值，新公共服务重视提升公民资格与维护公共利益的责任。新公共服务理论认为，在确立社会远景目标的过程中，与公众的广泛对话和协商非常重要。公共行政官员应提供公民表达公共诉求的舞台。

③战略性地思考与民主化地行动。即在思想上要有战略性，在行动上要有民主性。政策执行的重点在于促进公民联盟与社群的建立，政策执行乃是政府与公民共同的责任。公民与公共管理者有相同的责任，通过自下而上的参与途径，使治理更具正当性与成长性。

④服务公民而非服务顾客。公共管理者应着重公共利益，回应民众的需求而非顾客，与公民建立合作与信任的关系。公共利益乃是对话和价值分享累积而成的结果，而不是自我利益的总和。

⑤责任是复合的，并不简单。新公共服务不只是回应市场需求，公共管理者除了依法行政之外，还必须恪守宪法、法律、命令、社会价值、政治规范、专业标准与公民利益。责任是复杂且多面向的，要通过信息公开、多元对话、公民授权等多种途径强化责任。

⑥重视人，而不只是重视生产率。公共组织的成功有赖于对人性的重视以及通过合作共享的领导，着重于提升公共管理者体认工作价值、荣誉以及自我成就的重要性，而非单纯生产力的评估。

⑦重视公民权和公共服务胜过企业家精神。区别于传统公共行政重视权力集中和新公

共管理师法企业家精神与作为，新公共服务则强调公民参与政策决策以及改善决策过程。新公共服务理论认为，在用企业家精神重塑政府的过程中，政府的角色定位仍然是公民权利的保障者、公共服务的提供者，要保障公民的主体地位。

(3)新公共服务理论与新公共管理理论的区别：

①政府角色定位不同。新公共管理理论认为政府应该关注于掌舵而不是划桨；新公共服务理论则认为政府的职能是服务而不是掌舵。

②对公共利益的关注不同。新公共管理理论注重产出而不是投入；新公共服务理论则将公共利益作为最主要的目标。

③工作对象的定位不同。新公共管理理论强调以顾客为中心；新公共服务理论则强调为公民服务，而不是为顾客服务。

④价值导向不同。新公共管理理论强调提高效率，引入企业家精神；新公共服务理论更加重视人，而不只是重视生产率，认为公民权和公共服务比企业家精神更重要。

三、论述题

1. 试论述沃尔多对传统公共行政学理论的批判。[浙工商2018年研]

相关试题：简述沃尔多对传统公共行政的批判及其公共行政思想。[简述题，暨南大学2019年研]

答：沃尔多对传统公共行政学理论的批判主要是从以下三个方面进行的：

(1)传统公共行政的“政治—行政”二分法，作为对现实的描述或对行政行为的规定，都不恰当。这种不恰当性体现在两个方面：

①沃尔多认为，政治与行政二分，即让民选官员负责制定政策而行政人员负责执行政策，是为了解决官僚制与民主制之间的冲突。但现实却与民主制的理想不符，公共行政所关心的中心问题并不是现实中的民主，同时现实中的民主并不赞同效率核心原则。

②“政治—行政”二分法主张要为行政确立相关目标，为政治体系确立价值观，致力于解决价值问题。沃尔多认为这种观点并不清晰，因为行政所包含的东西太多，无法真正与政治完全清晰划分。沃尔多认为应该鼓励行政权力和政治权力合作，并试图用一种新的观点取代“政治—行政”二分法。沃尔多认为，公共行政汇集了各种思想和方法，是一个连锁的价值观链条。公共行政应该在公共利益中引入经济理性、政治理性和社会理性等概念，使其内涵更丰富。

(2)批评传统公共行政的组织范式：

沃尔多认为，传统公共行政的组织范式过于理性主义，过于注重组织间的共性及原则。一方面，传统组织理论忽视了“行政实质”的具体性，建立组织的目的应是解决问题，组织的形式和过程应适应所处的具体情境。因此，传统组织理论的一般组织形式和过程很难适应外界环境变化，无法规定组织的具体存在方式。另一方面，传统公共行政忽视了组织非理性、非正式的一面，忽视了组织的社会情感，并把高于知识的职位作为等级权威的基础。

(3)批评传统公共行政学家推崇效率的做法：

沃尔多认为，效率的提出是为了取代传统说教式的公共行政研究，但过分重视效率不妥。效率只在特定的框架下才有效，必须根据实际情况考虑效率的对象。

总之，沃尔多对传统公共行政学理论的批判，较准确地指出了传统公共行政理论的主要缺陷，成为新公共行政学研究的先导。

2．试论述公共选择理论的主要研究内容和方法及其对公共政策研究的重要意义。［江西财大 2007 年研］

答：公共选择理论在英文文献里通常称作“公共选择”，又称新政治经济学或政治学的经济学，是一门介于经济学和政治学之间的新的交叉学科。它以微观经济学的基本假设（尤其是理性人假设）、原理和方法作为分析工具来研究和刻画政治市场上主体的行为和政治市场的运行。

（1）公共选择理论的主要研究内容：

公共选择理论是运用经济学的理论假定和分析方法来研究非市场决策或公共决策（特别是政府决策）问题的一个新的研究领域。它以市场经济条件下政府行为的限度或局限以及“政府失败”问题作为研究重点，分析政府行为的效率并寻找使政府最有效率工作的规则。制约体系是公共选择理论的最高目标，而公共选择学说的主要贡献在于证明了市场的缺陷并不是把问题转交给政府去处理的充分条件。

（2）公共选择理论的研究方法：

公共选择理论学派是西方经济学中，以经济的方法研究政治问题的一个重要理论流派，主要流行于美国。它是在研究现实经济问题的推动下，通过对传统市场理论的批评产生的，运用了经济学的分析方法，坚持“经济人”假设，即人是自利的、理性的效用最大化者，采用个人主义的方法论，用交易的观点来看待政治过程。公共选择理论的出现，对现代经济学和政治学的研究都有一定的创新和方法论意义。

①从经济学角度看，它填补了传统经济学研究的一个空白，把政治过程纳入经济分析框架中，使之成为经济学的一个重要分支，较好地反映了当代社会中政治和经济的关系，特别是政治对经济的巨大影响，政治过程与经济过程相互交织。

②从政治学角度看，公共选择理论打通了经济与政治的隔离。用经济学方法分析政治学对象和政治过程，为政治学研究提供了一个有益的补充。

③从实践上来看，公共选择理论对西方市场经济条件下的政府干预行为的局限性及由此带来的种种弊端进行了深刻的分析，在客观上粉碎了资本主义国家政府机关一心为公的神话，揭示了西方代议民主制的内在矛盾，为资本主义经济问题的研究找到了问题的症结。

（3）公共选择理论对公共政策研究的重要意义：

①公共选择学者从经济学的假设、理论和方法入手来研究政治和公共决策问题，为公共政策和政治学研究提供了一个新的视野、新的研究途径；它用个人主义方法论来取代作为传统政治学主导途径的集体主义方法论，是对公共政策研究政治学途径的有益补充或扩展。

②公共选择学者丰富了当代政策科学和政治学理论，如非市场决策理论、政府失败论、国家与政党理论、投票规则的损益分析、官僚体制与代议制民主的分析扩展或补充了当代政策科学和政治学的理论研究。

③有助于认识当代西方国家公共政策过程的本质及其局限性，也加深了对人类公共决策过程及其规律性的认识。

公共选择理论虽然是一种颇有争议的学说，在“经济人”假设和个人主义等方法论上有些走极端，其一些理论还有待检验和证实，但它用经济学的分析方法来研究公共选择活动和政治行为，把经济学和政治学纳入一个统一的逻辑体系，是有积极意义的。公共选择理论已取得了丰富的理论及方法论成果，其理论和方法已得到广泛应用。尤其是自20世纪80年代后期以来，公共选择理论的应用范围已经远远超出了主流经济学和正统政治学的研究范围，它几乎涉猎了当代所有的社会热点问题。

3. 试述公共治理理论的内容。[贵州财大2016年研]

相关试题：

(1)简述公共治理理论的主要内容。[简答题，暨南大学2019年研；华东政法2010年研]

(2)简述治理理论的基本内涵。[简答题，天津商大2019年研]

答：参见本章课后习题思考题第5题答案。

4. 随着农业社会向工业社会的过渡，公共行政的范围日趋扩展，规模不断扩大，大量社会事务被纳入公共行政之中，公共行政逐渐淡化阶级统治的色彩，进而获得了相对独立于政治之外的地位。19世纪末20世纪初，为了适应公共行政的这种发展趋势，进一步扩张行政权力，出现了“行政国家”现象。随着政府职能的不断增加、政府规模的不断膨胀，“大政府时期”“福利国家”的时代到来了。这种体制发展到20世纪70年代末，随着行政效率低下、财政支出严重增长和公众对政府不信任等问题的日益凸显，西方学者开始反思和质疑官僚制行政的有效性。在长期的社会发展中，在社会资源配置的问题上，西方学者看到了市场的失效和政府的失效，提出了“治理”的新概念。他们希望通过治理弥补政府和市场在调控、协调与管理社会事务过程中的不足，重新调整国家与社会、政府与市场的边界。

请结合西方国家社会发展的实际阐述治理理论产生的社会根源，并对治理理论的具体内容进行评述。[暨南大学2015年研]

答：(1)治理理论的内涵：

治理理论是指研究如何在公共管理和社会政治经济发展过程中，实现政府与公民共治的理论。从政治学的角度看，治理是指政治管理的过程，包括政治权威的规范基础、处理政治事务的方式和对公共资源的管理，特别关注在一个限定的领域内维持社会秩序所需要的政治权威的作用和对行政权力的运用。其内容主要包括：①重视社会管理力量多元化；②重新定位政府角色；③倡导网络管理体系。

(2)治理理论产生的社会根源：

①传统的市场与政府二元结构的治理模式已经不能适应社会的发展需要。随着全球化时代的来临，人类政治过程的重心“正在从统治走向治理，从善政走向善治，从政府的统治走向没有政府的治理，从民族国家的政府统治走向全球治理”。

②随着社会经济的发展，公共行政范围日趋扩展，规模不断扩大，越来越多的社会事务被纳入公共管理中。意味着公共管理单一主体政府难以应对日益繁多的公共事务，需要吸纳更多社会力量和市场力量甚至公民个体力量共同参与公共管理过程。

③随着公共管理内容与范围的扩大，行政权力进一步扩张，出现了“行政国家”现象。随着政府职能的不断增加、政府规模的不断膨胀，带来了行政效率低下、财政支出严重增

长和公众对政府不信任等问题。

（3）评述治理理论的具体内容：

①重视社会管理力量多元化。治理理论强调处于市场与政府之间的第三领域及其相应的第三部门管理社会的必要性。除政府外，社会上还有属于第三部门或志愿性的机构，它们分别致力于种种社会和经济问题的解决，在负责维持秩序、参加政治、经济与社会事务的管理与调节等方面发挥作用，承担传统上属于政府的责任和职能。

②重新定位政府角色。治理理论认为，在新的社会治理结构中，政府充当元治理的角色，承担指导责任和确立行为准则的责任，但不具有最高绝对权威。具体说来，政府的责任是：

a. 承担设计机构制度，提出远景设想，不仅促进各个领域的自组织，而且还能使各式各样自组织安排的不同目标、空间和时间尺度以及后果等相对协调。

b. 在制度上提供各种机制，促使有关各方集体学会不同地点和行动领域之间的功能联系和物质上的相互依存关系。

c. 促进建立共同的远景，从而鼓励新的制度安排和新的活动，以便补充和充实现有治理模式的不足。

③倡导网络管理体系。共识、共治、共享是网络管理体系的明显特征，市场原则、公共利益、社会认同之上的政治国家与公民社会的合作、政府与非政府组织的合作、公共机构与私人机构的合作、强制与自愿的结合等广泛的合作，是网络管理体系运作的基本路径。新的管理体系的权力向度是多元、上下互动、相互依存的，而不是单一、自上而下的。

四、案例分析题

问题：［暨南大学 2011 年研］

1. 以上材料反映了我国政府治理过程中的什么问题？政府与公众的关系应当如何定位？

答：（1）我国政府治理过程中的问题：

近日，媒体总结了 2009 年官员“雷人语录”，说明当前一些地方和政府部门中的官僚主义习气仍然比较浓厚，根源在于地方政府官员对自身及其岗位的认知不深，甚至偏离了为人民群众服务的原则。官员雷语成为众矢之的，不在于雷语有多“雷人”，而在于雷语太冰冷、太生硬、太冷漠，让民众读不到应有的尊重、关怀、服务和慰藉。雷语频出，或许有个人的情绪化色彩，也或许有偶然因素，但雷语背后所蕴藏的官僚主义让人担忧和焦虑。

由于受中国传统文化消极面的影响，有些政府部门和官员在履行公共服务职能时，其价值取向不是“民本位”，而是“官本位”“国家本位”和与此相对应的“政府本位”，不是从如何更好地服务公民社会出发，而是从服务政府内部管理、方便官员自上而下的内部控制出发。实际工作中存在的官僚主义、形式主义、“形象工程”“假政绩”现象就是“官本位”意识的突出表现。

（2）政府与公众关系的定位：

解决好政府与公民的关系，是摆正政府角色，处理好政府与社会关系的核心。不应将人民放在对立面，要用诚恳态度对待人民。干部作风的好坏，直接影响着党群、干群关系，关系到党在基层的战斗力、号召力、凝聚力的发挥，关系到国家的兴衰，事业的成败；干部作风的好坏，直接影响到党和政府的形象，直接影响到政府工作的效益和效率，直接影响到社会经济发展的质量和速度。

从公共权力受托于公民的自由主义传统，政府是代理人，政策是谋求公共利益的工具和手段。在公民既是公共权力的来源，又是被统治和管理的对象时，政策过程公民参与是否真正实现，是一个国家民主水平的直接反映。对有效的民主政治来说，关注公民参与和关注权力制衡同样重要，二者相辅相成，缺一不可。甚至可以说，普遍积极参与的公众生活比权力制衡制度更能体现民主政治文化的精髓。

2．作为政府公务员，应当如何提高应对媒体尤其是网络舆论的能力。

答：作为政府公务员，对待网络热议的事件，要快速调查，快速处置，及时发布信息，引导网络舆论导向。要第一时间发布信息，早说早主动，遏制谣言滋生，堵住谣言的传播。对发生的突发事件已经形成热点的，政府回应要及时，建立一支网络舆情评论员队伍。政府的角色既是发布者，也是网民，扮演检测舆情、引导舆情的角色。要将网络舆情话语权主动掌握在手。这是一项复杂的工作，绝非一日之功。归根到底还是要转变思想认识，加强培训工作，提升科学管理水平，加强宣传队伍建设，发挥宣传的作用，学会应对新闻媒体。提高应对媒体尤其是网络舆论的能力，具体应做到以下几点：

(1)推动立法，规范舆情内容。制定与网络舆情有关的政策和法律规范，规定网络服务提供商和网络内容提供商的法律职责，实现对网络信息内容的规范。

(2)鼓励网络媒体与用户自律。例如，一些计算机协会与网络自律组织相继成立并制定一些行为自律规范。

(3)技术手段控制和过滤。目前网络舆情控制最常见的技术手段是对网络舆论进行分级与过滤。

(4)公众在行政许可的情况下才能访问某些互联网。一些国家或者禁止一般公众对互联网的访问，或者要求网络用户首先获得国家有关部门颁发的许可证才能访问政府严格控制的信息。

3．结合上述材料，请谈谈当前官员的政府管理理念转变与政府治理方式的转型问题。

答：(1)官员的政府管理理念转变问题：

①官员政府管理理念要由传统经济条件下的监督者、控制者转变成为公民、国家和社会提供公共产品，保障公共安全，保护公共利益和维护社会公平的服务者。

②在中国政府公共政策的决策方式上，要实现由政府“一厢情愿”向政府和社会“两厢情愿”的转变，以保证公共决策的科学合理性。

③树立为人民服务的管理理念，摒弃“官本位”等落后思想。

(2)政府治理方式转型：

①政府角色定位的转型：从管理走向服务。在当代社会，政府的角色定位正在悄悄地发生变化。社会的组织和公民正在成为有主体资格和独立行为能力的服务对象，成为政府行政运行的中心。这就使行政管理从以往自上而下的强制性管理逐步向服务性管理转变。在这种情况下，政府的管理过程被视为一个服务的过程。

②政府职能的转型：从全能走向专能。在市场经济的大潮中，社会的纠纷和矛盾越来越多，给政府工作带来了前所未有的压力。在改革进程中，政府对于自身的角色定位开始发生变化，突出地体现在两个方面：a. 对政府管理内容的重新认识；b. 向政府行政管理的专业化方向发展。因而，只有那些只能由强制性的权力才能满足的社会需求，才有充足的理由成为政府管理的内容。“有所为，有所不为”越来越成为各级政府职能转变的准则。随着社会化大生产以及市场机制的发展，客观上要求政府按照经济社会发展的内在规律来管理国家和社会，政府宏观控制经济、综合管理社会、多方面地为社会提供服务的职能日益突出，政府公务的专业化要求也不断提高。

③从政社合一逐步走向政社分开。即政府逐渐从社会、经济、文化等非政府活动领域中抽身退出。在这一过程中，政府的改革主要反映为审批权限下放。关系到社会稳定，国计民生，可持续发展的战略目标和战略重点等方面，项目审批坚持从严从紧；而属于企业自主权，属于市场行为范围的或应由中介组织处理的，就下放权力。应由市场决定的就要采取诸如招标、拍卖和抽签等公平竞争的方式来进行。这些改革举措有力地促进了社会的自我发展，提高了政府管理的效率和水平，使政府与社会的关系从政社合一逐步走向政社分开。

第3章　公共组织

3.1　复习笔记

【知识框架(庖丁解牛)】

- 公共组织
  - 公共组织概述
    - 内涵：含义、基本要素、特征
    - 结构
      - 横向结构[职能制]、纵向结构[层级制]
      - 主要结构形式：直线制、职能制、直线职能制、矩阵制
    - 类型
      - 政府组织
      - 非营利组织
      - 准政府组织
  - 行政组织
    - 行政组织概述：含义、特征、类型
    - 行政组织理论[四范式]
      - “政治—行政”范式
      - “理性—权变”范式
      - “交易—制度”范式
      - “系统—生态”范式
    - 行政组织编制管理：概念、内容、特点
  - 非营利组织
    - 非营利组织的特征、分类及其作用
    - 我国公共管理中的非营利组织：存在问题、改革取向
  - 事业单位
    - 含义、基本特征
    - 改革
      - 必要性、目标取向
      - 基本原则[政事分开]、分类改革
  - 公共组织变革
    - 科层制组织与反思
      - 科层制组织的含义、基本特征
      - 科层制方法的主要内容
      - 传统科层制组织的缺陷与困境
    - 公共组织变革的目标和内容

【通关提要(提纲挈领)】

本章主要介绍公共管理的主体——公共组织，内容较为重要。学习时，应重点掌握公共组织的结构、类型和变革，熟悉公共组织、行政组织、非营利组织和事业单位的含义和特征，掌握我国非营利组织存在的问题和改革取向、事业单位改革的基本原则和分类改革、科层制组织的特征与困境。本章易考概念题、简答题和论述题，复习时应注重整体把握知

识框架，理解记忆。

【考点难点归纳(厚积薄发)】

考点一：公共组织概述　★★★

1. 公共组织的内涵(见表3－1)

表3－1　公共组织的内涵

要点		主要内容
含义		指以实现公共利益为目的[不以营利为目的]，负有公共责任，以管理公共事务、协调公共利益关系、提供公共服务、维护公共秩序为基本职能的社会组织[本质：公共性]
基本要素	物质要素	①人员；②经费；③物资设备
	精神要素	①目标；②责权结构；③人际关系
特征		①目标：增进公共利益。 ②受法律法规限制，具有权威性。 ③受到高度的公共监督[舆论或公众]。 ④具有明显的政治性。 ⑤目标模糊，绩效评估困难。 ⑥具有一定的独占性[垄断性]或非竞争性

【真题链接】

(1)简答公共组织及其构成要素。[简答题，南昌大学2023年研]

(2)简述公共组织的基本特征。[简答题，天津商大2019年研]

2. 公共组织的结构(见表3－2)

表3－2　公共组织的结构

要点		主要内容
纵向结构		层级制：①最高层：决策层；②中层：协调指挥层；③基层：技术操作层
横向结构		职能制，三种划分标准：①业务性质；②管理程序；③管理对象
主要结构形式	直线制[最简单]	①又称“军队型组织”，按垂直系统建立，各级领导统一指挥、管理，不设专门的职能机构。 ②特点：单一垂直领导，结构简单，但等级森严，形式呆板
	职能制	①又称“参谋型组织”，按专业分工水平设置职能部门直接指挥下属。 ②特点：多头领导，易造成政出多门、管理混乱
	直线职能制	①以直线制领导统一指挥为基础，与职能制专业化管理相结合。 ②特点：垂直领导与水平领导并存，分工明确、简单有效
	矩阵制	①又称“专案组织”，是由横向项目系统和纵向职能系统交叉形成的复合结构组织。 ②特点：适应性强，机动灵活，但双重领导，缺乏稳定性

【真题链接】简述公共组织的主要结构形式。[简答题，天津商大2022年研]

3. 公共组织的类型(见表3－3)

表3－3 公共组织的类型

类型	主要内容		
政府组织	含义	广义	指国家进行阶级统治和社会管理的组织，包括立法、司法和行政机关
		狭义	仅指国家行政机关
	基本特点	①基本职能是管理国家和社会公共事务。 ②从事公共管理的手段是行政权力。 ③有权支配和运用公共资源。 ④提供的产品是公共物品。 ⑤行为的价值取向是公共利益	
非营利组织	含义	即非官方、无行政权力，以增进公共利益为目标的公共组织	
	特点	非强制性、服务性	
准政府组织	含义	指那些不具备国家行政机关性质，实际却承担某些行政管理职能的非政府公共组织，是非营利的，以增进公共利益为目标，通过授权等行使一定行政权力或管理公共事务	
	种类	①事业单位；②工会、妇联、共青团、科协、工商联、青联、侨联等群众团体；③村民、居民自治组织等	

【真题链接】公共组织有哪些？［简答题，中南财大2020年研］

考点二：行政组织 ★★★

1. 行政组织概述(见表3－4)

表3－4 行政组织概述

要点	主要内容	
含义	指为行使国家权力和管理公共事务，由静态组织结构和动态组织运行机制所构成的国家行政机关体系	
特征	①政治性；②权威性；③公共性；④法治性；⑤执行性；⑥系统性	
类型	按组织功能分为：①领导机构［中枢］；②执行机构；③监督机构；④咨询机构；⑤信息机构；⑥辅助机构；⑦派出机关	
设计原则	①依法设置原则；②权责相称原则；③分工协作原则；④权变原则；⑤精简高效原则	
编制管理	含义	指按法律规定的制度和程序，对行政组织的职能范围、机构设置和人员配备等进行的管理
	内容	三定：定职能、定机构、定编制
	特点	①规范性；②强制性；③稳定性

2. 行政组织理论(见表3－5)

表3－5 行政组织理论

范式	主要内容		
"政治—行政"范式	"政治—行政"二分法	伍德罗·威尔逊	①政治：国家应做什么；②行政：国家如何做
		古德诺	①政治：政策制定；②行政：政策执行

续表

范式	主要内容	
“政治—行政”范式	官僚制 ［马克斯·韦伯］	①合法权威包括三种：传统型、魅力型、法理型权威。 ②正式、合理化的科层制包括：a. 固定、法定的管辖原则；b. 公职等级制和权力等级化；c. 档案管理原则；d. 专业化公务管理等
	后官僚制	突破官僚制，建立注重“顾客、质量、服务、价值、创新、灵活性”的后官僚制范式
“理性—权变”范式	保罗·R. 劳伦斯 《组织与环境》	①提出“理性—权变”组织观念。 ②环境的不确定性影响组织结构和行为
	加尔布雷斯 《设计复杂组织》	①建构组织的权变理论。 ②核心命题：组织内在特征与环境要求最佳匹配时，组织能最好适应环境
“交易—制度”范式	柯武刚和史漫飞 《制度经济学》	组织通过结合多个合作者拥有的要素，在有序、可预见的结构中密切互动，以节约信息、交易和协作成本
	罗纳德·H. 科斯 《企业的性质》	企业以层级制方式组织生产，交易成本低于市场方式
	奥利弗·E. 威廉森 《资本主义经济制度》	组织连续体：在企业(层级制)和市场两个极端中间，有战略联盟、网络组织和国有企业等混合组织
	菲利普·塞尔兹尼克 制度结构模型	组织是具有一定目的的各种资源结合体，在一段时期内持续存在 ［组织制度化］
“系统—生态”范式	罗伯特·L. 司温斯	组织是可控制系统
	高斯、里格斯	与生态学类比，行政组织只有适应环境变化才有效
	资源依赖模型	组织是一个开放系统，为了生存须与环境进行交换，即组织依赖于环境资源

考点三：非营利组织(见表 3-6)　★★★

表 3-6　非营利组织

要点	主要内容	
特征	一般	萨拉蒙和安黑尔：①正式组织性；②非政府性［民间性］；③非利润分配性；④自主管理性；⑤自愿性；⑥公共性
	特殊	区别于营利组织的最重要特征：非分配性约束，是指非营利组织的净收入不分配给组织控制者，须全部保留作为组织发展资金
分类	国外	按功能分：宗教性、社会性、文化性、学术性、保护性、政治性、慈善性、社会运动
	我国	按是否在民政部门登记分：已登记、未登记

续表

要点		主要内容
作用		非营利组织是公共管理主体的必要组成部分： ①职能：主要承担微观的社会服务和管理职能。 ②目标：提高公共物品供给效率＋满足社会多元化需求。 ③必然性：当代公共管理社会化和市场化改革的要求
我国非营利组织	存在问题	①自身：身份不清；资金缺乏、内部组织不健全、行为不规范。 ②环境：培育和监管脱节、重登记忽视过程监督；法制薄弱
	改革取向	①大力培育；②加强监管

【真题链接】

（1）为什么说非营利组织是公共管理主体的必要组成部分？［论述题，天津商大2019年研；贵州财大2013年研］

（2）简述我国非营利组织发展存在的主要问题。［简答题，天津商大2022年研］

考点四：事业单位（见表3－7）★★★★

表3－7　事业单位

要点			主要内容
含义			指受国家行政机关领导，无生产收入、由国库支出经费、不实行经济核算、主要提供非物质生产和劳务服务的社会组织
基本特征			①非经济性和政治性；②政府主办并主管；③由公共财政供给经费；④行政性
改革	必要性		①规模巨大、增长过快，财政负担过重；②社会效益不高；③与经济建设结合不紧密
	目标取向		①社会化，即社会公共事业社会办、资源配置与服务社会化。 ②运行的法制化和民主化
	基本原则		政事分开：职责分开、管理方式及手段分开
	分类改革［三类］	行政类事业单位	在解除与政府行政机关直接隶属关系的同时，根据立法对其全额拨款、加大公共财政的扶持力度，并强化监管
		公益性事业单位	通过差额拨款进行资助，经济收入实行收支两条线，同时并入非营利组织中严格管理
		经营服务类事业单位	应促使其企业化并纳入公共管理范围，加强财物监督和审计，强化行为规范和服务质量监督

【真题链接】

（1）简述事业单位的基本特征。［简答题，天津商大2018年研］

（2）事业单位改革的基本趋势。［简答题，中南财大2020年研］

（3）试论我国当前事业单位管理体制中存在的主要问题及其改革取向。［论述题，天津商大2021年研］

考点五：公共组织的变革 ★★★★

1. 科层制组织与反思(见表3－8)

表3－8　科层制组织与反思

<table>
<tr><th>要点</th><th colspan="2">主要内容</th></tr>
<tr><td rowspan="2">科层制组织</td><td>含义</td><td>指按法理原则建立的一种理想化、正规化的组织形态</td></tr>
<tr><td>基本特征</td><td>①专门化；②等级制；③规则化；④非人格化；⑤技术化；⑥公私分明化</td></tr>
<tr><td>科层制方法的主要内容</td><td colspan="2">①组织标准化[分工专业化、工作指标化、人员统一化]；②工作秩序化；③管理规范化</td></tr>
<tr><td>科层制组织的缺陷</td><td colspan="2">①刚性的官僚系统，缺乏灵活性和主动性。
②标准化的管理和服务，忽视了人的差异性和多样性。
③无竞争压力下的组织成员缺乏责任感和创造性。
④用条块分割的专业化单位解决新老问题，导致机构膨胀、职能交叉重叠</td></tr>
<tr><td rowspan="3">科层制组织的困境</td><td>组织环境</td><td>因内外环境变化，官僚体制的“内适应”和“外适应”都出现了当代困境，已不再适应环境需要</td></tr>
<tr><td>组织结构</td><td>科层制下公职人员因自身或利益集团的利益可能会作出偏离组织期望的行为</td></tr>
<tr><td>组织方式</td><td>科层制对个体行为的控制扼制了创新性，减弱了组织服务功能</td></tr>
</table>

2. 公共组织变革的目标和内容(见表3－9)

表3－9　公共组织变革的目标和内容

<table>
<tr><th>要点</th><th colspan="3">主要内容</th></tr>
<tr><td>变革目标</td><td colspan="3">①增强环境适应能力；②强化组织稳定性和协调性；③提高工作绩效和服务质量</td></tr>
<tr><td rowspan="7">变革内容</td><td rowspan="2">组织结构变革</td><td>横向</td><td>重决策、执行部门→重咨询、信息、监督等部门</td></tr>
<tr><td>纵向</td><td>集权式、尖塔型→分权式、扁平型</td></tr>
<tr><td>权力关系变革</td><td colspan="2">①向社会组织还权；②横向分权上，直线与参谋权力关系并存；③纵向权力分配上，集权与分权相融合、共存</td></tr>
<tr><td>技术变革</td><td colspan="2">①运用现代新技术实行业务流程再造、业务协同和资源共享，根治部门分割和官僚主义。
②规范工作流程、简化行政程序，实现“一网通办、一网统管”的管理与服务</td></tr>
<tr><td>产品和服务的变革</td><td colspan="2">基于服务对象需要，创新公共服务方式，提供最低成本、最好品质的产品与服务，更好地满足顾客需求</td></tr>
<tr><td>人力资源变革</td><td colspan="2">①对工作人员的培训和发展进行投资，以提升其技术能力。
②推动工作人员融入组织文化，提升组织绩效。
③改革组织规范和价值，关注融合多样化员工，激发创新精神。
④优化对多样化员工的晋升与奖励系统。
⑤变革高层管理团队，改善组织学习与决策制定</td></tr>
<tr><td colspan="3"></td></tr>
<tr><td>发展趋势</td><td colspan="3">①倡导学习型组织；②倡导构建无缝隙组织、网络组织和虚拟组织；③区分掌舵和划桨职能，强化社会服务职能</td></tr>
</table>

【**真题链接**】简述公共组织变革的基本内容。［简答题，天津商大2021年研］

3.2 课后习题详解

一、概念题

1. 公共组织

答：参见本章考研真题概念题第1题答案。

2. 非营利组织

答：参见本章考研真题概念题第9题答案。

3. 事业单位

答：参见本章考研真题概念题第10题答案。

4. 公共组织环境

答：公共组织环境是指所有能够直接或间接对公共组织的存在与发展产生影响作用的各种因素的总和。公共组织环境包括：①公共组织内部环境，指来自公共组织内部的组织目标、组织结构、人员、权力系统、规章、政策等对公共组织的存在与发展产生直接或间接影响作用的各种因素的总和。②公共组织外部环境，分为国内环境和国际环境、社会环境与自然环境。政治环境、经济环境、文化环境、科学技术环境、法制环境、资源环境等外部环境因素对公共组织变革与发展具有重要的意义。

5. 公共组织变革

答：公共组织变革是指公共组织基于内外环境变化，及时调整自己的战略、组织结构、管理方式、文化等，以取得更好的组织绩效的过程。公共组织变革涉及公共组织系统的方方面面，但总体来说主要涉及两个相互关联的方面：①公共组织体制的变革，具体包括公共组织职能、公共组织结构、公共组织运行制度等的变革；②公共组织管理技术的变革。

6. 学习型组织

答：学习型组织是指培养出持续学习、适应和改变能力的组织，即由于所有组织成员都积极参与到与工作相关问题的学习、识别与解决中，从而使组织形成了具有持续适应和变革能力的一种组织。在学习型组织中，员工不断获取和分享新知识，并将这些知识应用于决策或工作。学习型组织的五项修炼包括：自我超越、改善心智模式、创建共同愿景、团队学习和系统思考。其最大特征在于：开放性、分权、信息分享及对创新的重视等。

7. 无缝隙组织

答：无缝隙组织是无缝隙组织论中提到的概念。无缝隙组织论认为，传统的科层结构导致组织变成一个庞大、僵化又四分五裂的怪物，这是组织适应性与活力下降的主要原因，因此，必须用无缝隙组织取而代之。与传统科层组织相比，无缝隙组织具有以下特点：①在工作上不存在条块分割，没有推诿扯皮；②组织成员的角色明确性与清晰度低，没有严格的内部分工；③提供非标准化的产品或服务，具有高度的顾客导向性；④有较高的时间敏感度，注重结果和反馈，对工作的评价建立在顾客满意的基础上。

8. 网络组织

答：网络组织是指以契约为结合基础的动态联结的一种组织系统，它通常拥有一个核心组织负责统筹协调与其他组织间的关系与活动。网络组织是一种几乎没有界限的组织形态，其核心可视需要而与任何其他组织产生联结或中断关系。网络组织的优点在于：能够降低管理成本，提高管理效益，提升组织的效率和适应能力；实现组织内各部门功能的整合；简化机构和管理层次，实现组织充分授权式的管理。其缺点在于，必须与其他组织合作才有存在的价值，并且需要科技与外部环境的支持。

二、思考题

1. 联系实际分析准政府组织与非营利组织的联系与区别。

答：(1)准政府组织的含义，参见本章考研真题概念题第6题答案。

(2)非营利组织的含义，参见本章考研真题概念题第9题答案。

(3)准政府组织和非营利组织的联系：

二者都是公共组织的基本类型，都具有公共组织的特征：①以增进公共利益为目标；②受法律的明确限制并具有权威性；③受到高度的公共监督；④活动具有政治性；⑤目标形式上清楚但实际中模糊，且行为绩效评估比较困难；⑥具有一定的独占性。

(4)准政府组织和非营利组织的区别：

①从概念的内涵来看，准政府组织是在政治领域中定义的，主要包括各种利益群体的组织，如工会、妇女组织、行业协会、职业团体等。而非营利组织则是在经济和社会服务领域定义的，主要包括教育、卫生、科学、社会福利组织等。

②从政府性来看，虽然准政府组织也是为了公众服务，但它在某些方面的性质也类似于政府组织，如组织管理和运行、人员构成方面等，也承担着部分政府职能。但非营利组织具有非政府性，实质上属于民间性团体，不是官方机构，而是从政府中脱离出来的组织。

2. 如何理解公共组织纵向结构和横向结构的基本特点？

答：公共组织结构是指公共组织内部各构成要素及其相互关系，是对公共组织复杂性、正规化和集权化程度的一种量度。公共组织结构可分为纵向与横向两个层次：

(1)公共组织纵向结构，规范组织成员或部门之间的领导和隶属关系。其基本特点，参见本章考研真题论述题第2题答案。

(2)公共组织横向结构，形成同一层次上不同机构或部门之间的协作关系。公共组织横向分工的种类，一般常用的有三种：

①按业务性质分工，指根据公共管理的业务性质不同来设置公共组织单位，是公共组织平行分部化的基本方式。如商业部、财政部、外交部等划分。

a. 优点：

第一，符合专业化分工原则，便于工作人员熟悉本专业工作，提高管理效率。

第二，有利于统一管理业务的方针、政策和法规，防止政出多门。

第三，体现事权一致的原则，便于协调。

b. 缺点：

第一，事权过于集中，易形成条条分割。同一性质的业务工作归同一部门管理，如忽视部门之间的沟通，就不利于不同业务性质工作之间的合作、协调，不利于公共组织总体目标的实现。

第二，分工太细，易造成部门林立。如对业务性质的分工划分过细，设置部门过多，必然造成部门林立，不利于经济节约的原则，更不利于部门之间的合作、协调。

第三，业务性质不清，易产生组织冲突。有些业务性质混淆不清，不易作出明确的划分，因此，难以完全科学地按业务性质设置公共组织。

②按管理程序分工，指按照公共管理工作过程的不同程序分别设置公共组织部门。如咨询部门、执行部门、信息部门(统计局)和监督部门(监察委)等划分。

a. 优点：

第一，按程序分工，重视公共管理技术方法，能提高管理人员的专业技能。

第二，便于节省人力、物力和财力。

第三，由专门机构完成重要程序，利于提高公共管理整体效能。

b. 缺点：

第一，容易导致部门注重技术及过程，轻视政策及目的。

第二，使用上存在一定的局限性，只有部分程序可以设置部门，大多数程序是不可以的。

第三，容易导致负责各个程序的公共组织忽视相互间的协调，从而出现推诿、扯皮现象，妨碍管理效率的提高。

③按管理对象分工，指按公共组织服务的人群、财物不同来设置部门。如农业农村部、交通运输部等划分。

a. 优点：

第一，根据管理服务对象分工，可使工作专业化，促使公共组织统筹考虑，从各个角度来满足其管理对象的需要，有利于提高组织效率。

第二，简化政民关系。群众对公共组织的职责一目了然，便于沟通与监督。

b. 缺点：

第一，随着政府管理的对象日益增多，势必导致公共组织部门林立，不利于精简节约。

第二，以管理对象为基础设置部门，容易忽视甚至割裂管理对象之间的相互联系，可能导致综合性的工作无人管。

第三，易造成行业的本位主义，不利于整体利益。管理对象多以原行业性质为基础设置部门，考虑问题易从本行业利益出发，不利于国民经济按比例协调发展。

第四，按服务对象划分部门往往与按业务性质划分部门发生重叠、交叉关系，可能出现互相推诿责任、踢皮球等情况，工作效率降低。

第五，不利于市场经济的发展。按产品设置部门，使政府易于对企业进行微观管理，不利于政企分开，不利于企业自主经营。

3. 联系实际分析非营利组织的主要特征与作用。

答：(1)非营利组织的含义：

非营利组织是指非官方的、无行政权力，以增进公共利益为目的，具有非强制性和服务性的组织。其目标通常是支持或处理个人关心或者公众关注的议题或事件。

(2)非营利组织的主要特征：

①正式组织性。作为一个非营利组织，必须是一种机构性实体。因此，这个组织必须有组织章程、组织运行规则、工作人员或其他一些相对持久的指标。

②非政府性。非营利组织一般是独立于政府部门之外的自我管理和控制自身活动的组织，不是政府的下属机构，一般不受政府控制，独立地完成组织使命。

③非利润分配性。非营利组织并不意味着组织不能靠自己的经营行为创造收入、获得利润，只是不能把利润分配给那些管理和经营这个组织的成员或会员，而是要将其用于实现社会公益。

④自主管理性。非营利组织实行自主管理，不受控于外部组织。非营利组织的活动范围在成立之初由政府按规定认可后，其章程可以由成员自行制定和修改，组织的宗旨、业务范围、重大活动以及管理机构的组成、解散等问题也由组织成员自己决定，不受政府干预。

⑤志愿性。这种组织使命的完成通常是团体成员(会员)自愿参与的结果，特别是一些公益服务组织，其会员、成员从事服务时，通常是义务的、无偿的、自觉的。

⑥公共性。公共性是非营利组织的最主要特征，也是其核心伦理价值。非营利组织不是为某些特定的利益服务的，而是为公共利益服务。

(3)非营利组织的作用。非营利组织是公共管理主体的必要组成部分，其具体作用，参见本章考研真题论述题第4题答案。

4. 分析我国事业单位及其管理体制的形成原因、存在问题以及如何进行分类改革。

答：(1)事业单位的含义，参见本章考研真题概念题第9题答案。

(2)事业单位及其管理体制的形成原因：

①我国的事业单位是在计划经济体制下兴办与发展起来的，国家办事业、政府办事业是一个基本特色。因此，由国家出资兴办的各类事业，都隶属于各级政府或政府业务部门，形成了以行业管理、条条管理为主的管理体制。各类事业单位的人、财、物相对独立，成为从事某项专门业务的工作实体，并直接接受主管行政机关的领导。事业单位管理体制就是政府办事业、政府管事业、政府养事业。

②我国事业单位是国家兴办并由国家管理的，按照国家计划运行的机构，需要国家财政供养。其在相当大程度上仍保留计划经济体制下的事业组织活动的方式，主要表现在四个方面：主办主体的单一性、事业单位运行的行政化、事业单位经费的财政化以及事业单位资源配置的非社会化。这种模式导致了政府和事业单位的一体化，事业单位成为准政府组织。

(3)事业单位及其管理体制存在的问题：

①目前我国事业单位仍然面临着规模巨大、增长过快、财政负担过重的难题。改革开放以来，与经济改革相适应，我国事业单位及其管理体制进行了一系列的改革。针对事业单位的财政统包所造成的各种弊端，先后采取了一系列新的事业单位资金供给方式，从而出现了全额拨款事业单位、差额拨款事业单位和经费自理事业单位等不同形式。

②社会效益不高。事业单位机构改革是一个任务艰巨、难度很大的浩大工程。事业单位队伍庞大，“吃财政饭”的人多，“活力不强”是事业单位改革中亟待解决的突出问题。缺

乏活力极大地影响了工作人员的积极性和创造性，导致社会效益不高。

③与经济建设结合不紧密。我国事业单位在一段很长的时期内都是为政府职能部门、国有企业等提供技术服务的单位，在技术能力方面存在优势。但在管理方面，尤其是单位财务管理方面还存在一定的制度缺陷，难以适应当前的市场经济要求，与经济建设关系不紧密。

(4)事业单位进行分类改革的方法：

事业单位分类改革是指将现有事业单位按照社会功能划分为承担行政职能、从事生产经营活动和从事公益服务三个类别。对承担行政职能的，逐步将其行政职能划为或转为行政机构；对从事生产经营活动的，逐步将其转为企业；对从事公益服务的，继续将其保留在事业单位序列，强化其公益属性。因而，可按如下三类进行改革：

①推进承担行政职能的事业单位改革。首先，严格认定标准和范围，根据国家有关法律法规和中央有关政策规定，按照是否主要履行行政决策、行政执行、行政监督等职能，从严认定承担行政职能的事业单位。其次，区分不同情况实施改革。结合行政管理体制改革和政府机构改革，特别是探索实行职能有机统一的大部门体制，推进承担行政职能事业单位改革。涉及机构编制调整的，不得突破政府机构限额和编制总额，主要通过行政管理体制和政府机构改革中调剂出来的空额逐步解决。

②推进从事生产经营活动的事业单位改革。要推进转企改制，周密制定从事生产经营活动事业单位转企改制工作方案，按照有关规定进行资产清查、财务审计、资产评估，核实债权债务，界定和核实资产，由同级财政部门依法核定国家资本金。转制单位要按规定注销事业单位法人，核销事业编制，进行国有资产产权登记和工商登记，并依法与在职职工签订劳动合同，建立或接续社会保险关系。

③推进从事公益服务的事业单位改革。明确改革目的，强化事业单位公益属性，进一步理顺体制、完善机制、健全制度，充分调动广大工作人员的积极性、主动性和创造性，真正激发事业单位生机与活力，不断提高公益服务水平和效率，促进公益事业大力发展，切实为人民群众提供更加优质高效的公益服务。

5. 分析公共组织变革的目标和主要内容。

答：(1)公共组织变革的目标，参见本章考研真题论述题第6题答案。

(2)公共组织变革的主要内容，参见本章考研真题简答题第10题答案。

三、案例分析题

请认真阅读以下案例材料(材料略)，然后按照要求回答问题。

问题：

1. 从组织结构方面来看，“八个部门管不好一头猪”的症结是什么？

答：从组织结构方面来看，该症结可以进行如下解释：

(1)公共组织结构：

①公共组织结构是指公共组织内部各构成要素及其相互关系，是对公共组织复杂性、正规化和集权化程度的一种量度。公共组织结构分为纵向与横向两个层次：a. 纵向层次，规范组织成员或部门之间的领导和隶属关系；b. 横向层次，形成同一层次上不同机构或部

门之间的协作关系。

②按业务性质分工的公共组织，其含义和基本特点，参见本章课后习题思考题第2题答案。

(2)“八个部门管不好一头猪”的症结所在：

根据材料可知，从生猪养殖到猪肉上市，这一过程涉及农委、商委、动检、质检、卫生、工商等六个部门和一个市场管理处以及轻工部门，但是猪肉市场仍然混乱，市场秩序没有得到良好改善。从组织结构来分析，其原因有：

①各部门分工过细。一个猪肉市场涉及八个部门的职权，造成了部门林立。

②业务性质难以划分，易导致组织冲突和监管漏洞。各部门因利益因素，往往争功诿过，产生冲突或形成监管漏洞，降低工作效率。

2. 如果你是该市市长，你将采取哪些措施解决猪肉食品的安全问题？

答：如果我是该市市长，将采取以下措施来解决猪肉食品的安全问题：

(1)精简管理部门。八个部门管理猪肉市场，由于分工过细，造成部门林立，效率过低，资源浪费，要合并部分部门。

(2)明确各部门职责划分。要明确猪肉市场上的管理部门所具有的管理权限，避免职能交叉带来的推诿扯皮。

(3)要加大相关资金补贴和技术支持。由案例可知，利益因素和技术因素是造成猪肉市场混乱的重要原因。因此，政府要注重公共管理工作的技术方法，提高管理人员的专业技术水平；同时，要加强对相关物质和资金的支持。

(4)督促食品安全局加强对猪肉市场的监督检疫，力争从源头上解决猪肉食品安全问题；强化企业食品安全责任，明确企业是食品安全的第一责任人；重视生产过程，提高肉类食品生产的准入门槛，淘汰不规范的肉制品加工企业。

(5)加强执法部门执法力度，以法律手段约束市场行为，法律利剑常悬，以事后追责的方式保障食品安全。

(6)加强市场主体思想道德建设，培养其安全生产、诚信经营的行为理念。

3.3 考研真题与典型题

一、概念题

1. 公共组织[厦门大学2024年研；湖北大学2024年研；郑州大学2023年研；吉林大学2021年研；南京大学2018年研；华侨大学2018年研；河北大学2017年研；中国传媒2015年研；武大2015年研；天津商大2015年研；华中师大2013年研；贵州财大2012年研；华东师大2010年研；华中农大2010年研；对外经贸2009年研]

2. 公共组织结构[天津商大2013年研]

3. 职能制公共组织[浙工商2018年研]、职能制组织[贵州财大2015年研]

4. 直线职能制组织结构[东北大学2019年研]、直线—职能结构[首师大2014年研]

5. 矩阵制组织[人大2014年研]、矩阵制[华师2013年研]

6. 准政府组织[天津商大2021年研；江苏大学2018年研；华侨大学2017年研]

7. 行政组织[广工大2024年研；山东师大2017年研；华中师大2013年研；华南理工2011年研；中山大学2008年研；北理2008年研]

8. 行政组织的编制管理[中国传媒2012年研]

相关试题：

(1)编制管理[武汉理工2022年研；广东海大2017年研；华南理工2011年研]

(2)行政编制管理[中国地大2014年研]

9. 非营利组织[中国地大2023年研；中南财大2016年研；武大2012年研]

10. 事业单位[中南财大2023年研；华中农大2023年研；内农大2023年研；浙工商2020年研；江苏大学2019年研；贵州财大2016年研；首师大2013年研]

二、简答题

1. 简答公共组织有哪些基本要素。[江苏大学2017年研；贵州财大2016年研]

相关试题：简答公共组织及其构成要素。[南昌大学2023年研]

2. 简述按业务性质分工的公共组织结构的优点。[天津商大2014年研]

3. 简述公共管理组织按管理程序进行分部化的优缺点。[天津商大2016年研]

4. 简答公共组织有哪几种类型。[贵州财大2017年研]

相关试题：

(1)公共组织有哪些？[中南财大2020年研]

(2)简述政府组织的基本特点。[天津商大2016年研]

(3)简答准政府组织与非营利组织的区别。[贵州财大2015年研]

(4)简述广义的政府组织的构成。[天津商大2014年研]

5. 什么是直线职能制公共组织？简述其优缺点。[新疆农大2015年研]

相关试题：简述公共组织结构。[华南理工2024年研]

6. 简述传统科层制组织的缺陷与面临的困境。[暨南大学2018年研]

相关试题：

(1)简述科层制组织的内在缺陷。[河南大学2023年研]

(2)简述科层制组织面临的主要困境。[天津商大2023年研]

7. 简述行政组织的特征。[新疆大学2018年研；中国地大2012年研]

8. 行政组织有哪些类型？[华南理工2017年研]

9. 简述事业单位的基本特征。[天津商大2018年研；贵州财大2012年研]

10. 简述公共组织变革的基本内容。[天津商大2021年研；安徽师大2017年研]

相关试题：

(1)公共组织变革的内容。[东北农大2023年研；天工大2023年研]

(2)公共组织变革的主要内容是什么？[贵州财大2020年研]

三、论述题

1. 试述公共组织的特征。[贵州财大2017年研；人大2015年研]

相关试题：简述公共组织的特征。[简答题，暨南大学2023年研；内农大2023年研；天津商大2019年研；长安大学2015年研；中国传媒2008年研]

2. 试述公共组织的纵向结构及其基本特点。[武大2011年研]

3. 谈谈你对非营利组织的“非分配性约束”这一特性的理解。[贵州财大2016年研]

4. 为什么说非营利组织是公共管理主体的必要组成部分？[天津商大2019年研；贵州财大2013年研]

相关试题：试论非营利组织发挥的作用。[武大2006年研]

5. 事业单位改革的基本趋势。[中南财大2020年研]

6. 联系实际论述公共组织变革的目标。[天津商大2016年研]

7. 据中广网北京2011年4月11日消息，中央已经确定了一张事业单位分类改革的时间表——到2015年，中国将在清理规范基础上完成事业单位分类；到2020年，中国将形成新的事业单位管理体制和运行机制。请结合中国实际，分析中国事业单位管理体制中所存在的主要问题，并阐述事业单位管理体制改革的基本思路。[江西财大2012年研]

相关试题：

(1)试论我国当前事业单位管理体制中存在的主要问题及其改革取向。[天津商大2021年研]

(2)联系实际分析论证事业单位实施分类改革的必要性及改革思路。[天津商大2017年研]

3.4　考研真题与典型题详解

一、概念题

1. 公共组织[厦门大学2024年研；湖北大学2024年研；郑州大学2023年研；吉林大学2021年研；南京大学2018年研；华侨大学2018年研；河北大学2017年研；中国传媒2015年研；武大2015年研；天津商大2015年研；华中师大2013年研；贵州财大2012年研；华东师大2010年研；华中农大2010年研；对外经贸2009年研]

答：公共组织，从广义而言，是指不以营利为目的，而是以服务社会大众、提高公共利益为宗旨的组织。从狭义上来看，乃是指行使行政权，达成公共目的的组织。公共组织主要指国家或政府组织(广义的公共组织包含第三部门)。其基本特征包括：①追求公共利益的价值取向；②受法律法规的限制，具有强制性；③受到高度的公共监督；④具有明显的政治性；⑤目标大多模糊不清，不易测量；⑥具有独占性或非竞争性。

2. 公共组织结构[天津商大2013年研]

答：公共组织结构是指公共组织内部各构成要素及其相互关系，是对公共组织复杂性、正规化和集权化程度的一种量度。公共组织结构可分为纵向与横向两个层次：①纵向层次，规范组织成员或部门之间的领导和隶属关系；②横向层次，形成了同一层次上不同机构或部门之间的协作关系。公共组织结构的内涵还涉及组织内的权力、权威、责任分配、工作模式、专业分工等。

3. 职能制公共组织[浙工商2018年研]、**职能制组织**[贵州财大2015年研]

答：职能制公共组织又称“参谋型组织”，是指在各级行政领导之下，按专业分工设置管理职能部门，各职能部门直接对行政首长负责，并在其业务范围内有权向下级发布命令和下达指示的组织形式。职能结构是相关部门在水平方向依职能不同进行分工，再分别对下级部门实施领导的结构。其优点是实行了专业分工，解决了主管领导对专业指挥的困难；缺点是各职能部门都有指挥权，易产生多头领导，不好协调。

4. 直线职能制组织结构[东北大学 2019 年研]、**直线—职能结构**[首师大 2014 年研]

答：参见本章考研真题简答题第 5 题答案。

5. 矩阵制组织[人大 2014 年研]、**矩阵制**[华师 2013 年研]

答：矩阵制组织是指由纵向的垂直管理系统和横向的水平管理系统相结合而组成的一种组织形式。企业从垂直领导系统的各单位中，抽调有关人员，组成为完成特定任务的工作小组或委员会。其成员一般要接受两方面的领导，即在专业业务方面接受原单位和部门的垂直领导，而在执行具体任务方面接受任务负责人的领导。其特点是纵横联系，适应性强，机动灵活；缺点是缺乏稳定性，不能大规模运用，也易发生双重领导的冲突。

6. 准政府组织[天津商大 2021 年研；江苏大学 2018 年研；华侨大学 2017 年研]

答：准政府组织是指那些不具备国家行政机关性质，而实际承担着某些行政管理职能的非政府公共组织。在我国，准政府组织主要是指那些属于事业单位或社团性质，但又具备某种行政职能的机构。准政府组织按其性质可以分为三种类型：①属于事业单位性质但又具有某种行政职能的机构，即政府直属事业单位。如国家信访局、国家林业和草原局等。②从事教育、科技、文化、卫生等涉及社会公众整体的生活质量和共同利益的社会事务，即通常所讲的事业单位。如中国工程院、中国地震局、中国气象局等。③官方色彩比较浓厚的行政性行业组织。如作家协会、中国贸促会等。

7. 行政组织[广工大 2024 年研；山东师大 2017 年研；华中师大 2013 年研；华南理工 2011 年研；中山大学 2008 年研；北理 2008 年研]

答：行政组织是静态组织结构和动态组织活动过程的统一。从静态上说，行政组织是指国家为执行政务而依法组建的行政机关体系；从动态上说，则指行政机关作为管理系统发挥领导和管理国家政务职能而产生的各种组织活动。从广义上说，行政组织是指为执行一定事务而将从事共同工作的人们通过权责和任务分配结成系统协调的组织机构；从狭义上说，指为执行国家的政务所结成的有系统的组织机构。行政组织是行政管理的基础，也是社会公共事务管理的主体。

8. 行政组织的编制管理[中国传媒 2012 年研]

相关试题：

(1)编制管理[武汉理工 2022 年研；广东海大 2017 年研；华南理工 2011 年研]

(2)行政编制管理[中国地大 2014 年研]

答：行政组织的编制管理是指依照法律规定的制度和程序，对行政组织的机构设置、组织形式、职务配备、人员定额和结构比例所进行的管理。编制工作是国家行政管理的重要环节，是党和国家组织、人事工作的重要组成部分。科学地设置机构、配备人员，是提高管理效率的前提，也是其他许多工作的依据，如任命、配备人员须在核定的人员编制内进行，工资总额的确定也以人员编制为依据。

9. 非营利组织［中国地大 2023 年研；中南财大 2016 年研；武大 2012 年研］

答：非营利组织是指非官方的、无行政权力，以增进公共利益为目的，具有非强制性和服务性的组织。非营利组织所涉及的领域非常广，包括艺术、慈善、教育、学术、环保等。其运作并不是为了产生利益，这一点通常被视为这类组织的主要特性，同时具有非营利性、民间性、自治性、志愿性、非政治性、非宗教性等重要特征。非营利组织对基层公共事务的管理比政府组织更有效率。

10. 事业单位［中南财大 2023 年研；华中农大 2023 年研；内农大 2023 年研；浙工商 2020 年研；江苏大学 2019 年研；贵州财大 2016 年研；首师大 2013 年研］

答：事业单位是指由国家机关举办或者其他组织利用国有资产举办的，从事教育、科技、文化、卫生等活动的社会服务组织，其设立目的是为了社会公益。事业单位在政府领导之下，以组织或机构的法人实体为表现形式。其基本特征包括：①事业单位活动的非经济性和政治性；②事业单位由政府主办并主管；③事业单位经费由公共财政供给；④整个事业单位系统具有行政性。

二、简答题

1. 简答公共组织有哪些基本要素。［江苏大学 2017 年研；贵州财大 2016 年研］

相关试题：简答公共组织及其构成要素。［南昌大学 2023 年研］

答：构成公共组织的基本要素有两大类：

(1)物质要素：

①人员。人员是首要的物质要素。任何组织都是以人为核心的。组织首先不是物质关系的体现，而是人际关系的体现。人是公共组织的主体和核心。

②经费。指公共组织为完成工作任务和事业计划所需费用的统称。这些单位一般不直接从事物质资料生产，没有独立、稳定的收入来源，或者虽有一部分收入，但大都不足以抵补本身的业务支出，需要国家预算拨付经费。

③物资设备。即办公建筑、办公用品、档案等公共组织开展活动所必需的技术设备、工具、材料和能源等。

(2)精神要素：

①目标。组织都是为了实现某个目标而建立起来的。它决定着组织行为的方式和组织发展的方向。目标的制定为管理者提供了协调集体行动的方向，从而有助于引导组织成员形成统一的行动。

②权责结构。指公共组织中各个部门、层次、成员之间在工作任务、权力和责任方面的一系列从属并列关系。权责结构是保证组织角色明晰化的基本手段，也是为实现组织目标而进行的权责关系安排。

③人际关系。和谐良好的人际关系，可以增强组织凝聚力，调动组织成员的工作主动性和积极性，促进组织目标实现。

2. 简述按业务性质分工的公共组织结构的优点。[天津商大2014年研]

答：将公共组织结构按业务性质分工，是指按公共管理的业务性质异同来划分公共组织单位，是公共组织平行分布化的基本方式。这种方式的优点包括：

(1)符合分工专业化原则。专业化分工能把业务特点和负责业务的人员特性结合起来，使人适其岗，从而不断提高工作效率。每个部门只负责某一项工作业务，方便工作人员熟悉本专业工作，从而促进管理效率提高。

(2)便于统一管理业务的方针、政策和法规。由同一单位管理同一性质的业务，方便统一同一类业务性质的方针、政策和法规，以防止政出多门。

(3)体现事权一致的原则，便于协调。同一性质的业务由同一单位管理，做到事权归一，工作更易于协调，使本部门能对现有设备、器材、人力作更经济有效的统一调配。

3. 简述公共管理组织按管理程序进行分部化的优缺点。[天津商大2016年研]

答：参见本章课后习题思考题第2题答案。

4. 简答公共组织有哪几种类型。[贵州财大2017年研]

相关试题：

(1)公共组织有哪些？[中南财大2020年研]

(2)简述政府组织的基本特点。[天津商大2016年研]

(3)简答准政府组织与非营利组织的区别。[贵州财大2015年研]

(4)简述广义的政府组织的构成。[天津商大2014年研]

答：公共组织是指以管理社会公共事务，提供公共产品和公共服务，维护和实现社会公共利益为目的，拥有法定的或授予的公共权力的所有组织实体。公共组织的类型有：

(1)政府组织。政府是指国家进行统治和社会管理的机关，是国家表示意志、发布命令和处理事务的机关，实际上是国家代理组织和官吏的总称。政府的概念有广义和狭义之分，广义的政府是指行使国家权力的所有机关，包括国家的立法、司法与行政机关；狭义的政府是指国家权力的执行机关，即国家行政机关。公共管理中的政府是指狭义的政府，主要是指行政机关。我国的政府是国家权力机关——人民代表大会的执行机关即国务院系统，其任务是负责贯彻执行人大所通过的法律、政策和决定，并接受国家权力机关的监督。

一般来说，政府组织的基本特点有：①基本职能是管理国家和社会公共事务；②从事公共管理的手段是行使行政权力；③政府组织有权支配和运用公共资源；④提供的产品是公共物品；⑤以公共利益为价值取向。

(2)非营利组织。参见本章考研真题概念题第9题答案。

(3)准政府组织。参见本章考研真题概念题第6题答案。

5. 什么是直线职能制公共组织？简述其优缺点。[新疆农大2015年研]

相关试题：简述公共组织结构。[华南理工2024年研]

答：公共组织的主要结构形式，主要有四种：直线制、职能制、直线职能制和矩阵制，参见本章考点难点归纳相关内容。下面重点介绍直线职能制：

(1)直线职能制是指以直线制为基础，在各级行政主管之下设置相应的职能部门(如计划、销售、供应、财务等部门)从事专业管理，实行主管统一指挥与职能部门参谋指导相结合的组织形式。参谋部门只充当助手，没有决策权，不能对下级发号施令。

(2)优点：

①快速、灵活、维持成本低且责任清晰。

②直线职能型组织结构比直线制组织结构具有优越性：它既保持了直线制结构集中统一指挥的优点，又吸收了职能制结构分工细密、注重专业化管理的长处，从而有助于提高管理工作效率。

(3)缺点：

①垂直领导有可能排斥水平领导，部门之间的关系更加复杂。

②各职能部门的横向联系较差，易产生脱节或冲突。

③易忽视参谋部门的作用，过分强调领导指挥权。

这种结构由于其横竖分工明确、简单有效，所以被广泛采用。

6. 简述传统科层制组织的缺陷与面临的困境。［暨南大学2018年研］

相关试题：

(1)简述科层制组织的内在缺陷。［河南大学2023年研］

(2)简述科层制组织面临的主要困境。［天津商大2023年研］

答：科层制组织是建立在理性契约、合法权威、严密规则基础之上的“理想型”组织模式。韦伯认为，科层制组织是现代行政管理的需要，是应用于复杂组织的最有效形式。这种管理方法试图在无序里建立秩序，适应了工业社会的需要。但它也存在缺陷并面临着困境，具体如下：

(1)传统科层制组织的缺陷：

①科层制管理形成了一种刚性的官僚系统，缺乏灵活性和主动精神。

②采用标准化的管理和服务，忽视人的差异性和多样性。

③无竞争压力下的组织成员缺乏责任感和创造性。

④用条块分割的专业化单位解决新老问题，导致机构膨胀、职能交叉重叠，影响工作效率。

公共组织的科层制，形成了一种典型的官僚体制。它专注于各种规章制度和等级节制的指挥系统，导致中央集权、层次繁多、行动迟缓，导致组织缺乏灵活性，已不能有效运转。

(2)传统科层制组织面临的困境：

①从组织环境来看，政府组织的“内环境”与“外环境”均发生了急剧的、复杂的和不可预料的变化：

a. 知识经济时代的到来，正逐步将人类社会带入以知识、信息为基础的后工业社会，使社会原有的政治、经济和运行方式发生了巨大的变化。这些变化使得传统的科层制面临着前所未有的挑战，日益显露出与时代发展的不适应，陷入了重重困境。

b. 科层制企业不能适应快速变化的环境。在计算机技术、网络技术迅猛发展和经济全球化的时代背景下，组织面对的是不断变化的环境。科层制的形式主义易导致效率悖论，本位主义易导致合作意识缺乏，文牍主义易导致积极性不足。

②从组织结构上看，权力垄断易导致反民主性，这主要表现为科层价值与民主行政价

值的冲突。严格的权威分层体系使得科层组织内部等级森严，很容易出现官僚化，即权力被少数人所垄断的现象。且公职人员因自身或利益集团的利益可能会作出偏离组织期望的行为。

③从组织方式上看，行政控制是传统科层制行政的关键。

a. 压抑个性导致的创新缺失。科层制因其严格的纪律和僵化规则及处事程序，可能对人的个性造成极大的摧残。科层制对个体行为的控制扼制了组织成员的创新思想。

b. 组织的刻板性导致组织服务功能减弱，增加了用户困难。

7. 简述行政组织的特征。[新疆大学2018年研；中国地大2012年研]

答：行政组织在具有社会组织共性的同时，也具有自身的显著特征，具体如下：

(1)政治性。行政组织作为国家意志的体现者，其管理活动中必然会表现出鲜明的政治性。行政组织建立及运行的根本目的是维护统治阶级的利益，贯彻统治阶级的意志。

(2)权威性。在宪法和法律的范围内，在行政组织的权责范围内，不允许其他任何组织、团体和个人与之相抗衡。对于不服从者，要用法律和政纪进行制裁和惩戒。强制服从是行政组织权威性的突出特征。

(3)执行性。政府行政组织作为国家权力的执行机关，代表国家行使国家权力，是国家权力的具体实行者、体现者。

(4)法治性。行政组织的建立、撤销都以宪法和法律为根据，并要依据宪法和法律开展活动。依法行政，是行政组织从事各项行政活动的一个显著特点。法治既是行政组织活动的依据，又是行政组织活动的手段之一。法治性是行政组织权威性的基础。

(5)社会性。社会性是行政组织的基础，阶级性是其核心。政府行政组织要从根本上维护统治阶级利益，维护社会统治秩序，就必须履行社会管理任务，以管理社会公共事务作为重要职能。

(6)系统性。行政组织是依法设置的，由若干要素按照一定的目标结构、层次结构、部门结构、权力结构所组成的职责分明、协调有序的有机整体。行政组织构成了一个囊括社会各个地区、各个领域的庞大行政管理系统，使国家行政活动协调、有序地进行，使各行政层级、部门和单位在系统的结构中各司其职、各得其所，充分发挥个体效应、系统的相关效应和行政组织的整体效应。

8. 行政组织有哪些类型？[华南理工2017年研]

答：行政组织可以从不同的角度划分。行政组织按上下级权限关系分，可分为集权制与分权制；按各组织机构的职权性质和范围分，可分为层级制与职能制；按组织内行使最高决策的人数分，可分为首长制、委员会制和混合制。常见的是按组织的不同功能和作用划分，行政组织可分为：

(1)领导机构。领导机构是各级政府的指挥和决策中心，是行政组织的中枢，在整个行政组织中起统率作用。领导机构统筹全局，运筹决策，监督指挥，是决定政府效能的关键。

(2)执行机构。即职能机构，是在领导机构的领导下分管专门行政事务的机构。其主要职能是贯彻执行领导机构的方针、政策和决策方案，具有执行性、专业性、局部性的特点。

(3)监督机构。指行政组织中专司监督和检查的机构。设置监督机构能够在行政组织内部形成制衡机制，促使行政机关和行政人员依法行政，忠于职守，如行政监察机构、审计机构等。

(4)咨询机构。指为行政领导机关和行政首长出谋划策，提供咨询意见和决策方案的机构。其基本职责是调查研究、参谋咨询、协调政策、辅助领导作好决策。

(5)信息机构。其具有信息的搜集、加工、传递、存贮、提供利用等一系列信息处理过程，并具有信息处理的手段和方法，以及必要的设备和技术，并以一定的行政组织为基础。

(6)辅助机构。指在机关内部承担辅助性工作任务的机构，如办公室(厅)等。其主要任务是协助领导机构进行决策，沟通协调各方面的联系，管理机关日常事务。它是行政首长的助手，但是对政府各专业部门没有直接指挥的权力。

(7)派出机构。指一级政府按照管辖区域授权委派的代表机构。在管理区域比较分散、不便于集中统一领导和控制的情况下，设置派出机关可以承上启下地实行管理，如我国的地区行署、街道办事处等。

9. 简述事业单位的基本特征。[天津商大2018年研；贵州财大2012年研]

答：事业单位是指受国家机关领导、不实行经济核算而由国库开支经费的部门或单位。我国的事业单位主要包括各级党政机关，教科文卫，以及新闻出版、体育、环境监测、城市建设等，此外，还有一些机关的附属机构和法律服务所等。事业单位的基本特征有：

(1)事业单位活动的非经济性和政治性。事业单位的功能实际上就是提供公共事业产品，提供公共事业产品是事业单位产生和存在的基本条件。科、教、文、卫等领域的事业单位，是保障国家政治、经济、文化生活正常进行的社会服务支持系统。

(2)事业单位由政府主办并主管。事业单位的上级部门多为政府行政主管部门或者政府职能部门，其行为依据有关法律，所作出的决定多具有强制力，其人员工资多为财政拨款。

(3)事业单位经费由公共财政供给。事业单位一般是国家设置的带有一定公益性质的机构，但不属于政府机构。一般情况下国家会对这些事业单位予以财政补助，从而出现了全额拨款事业单位、差额拨款事业单位和经费自理事业单位等不同形式。

(4)整个事业单位系统具有行政性。事业单位的管理体制表现出行政化的特征，它和事业行政管理部门在本质上一致。

10. 简述公共组织变革的基本内容。[天津商大2021年研；安徽师大2017年研]

相关试题：

(1)公共组织变革的内容。[东北农大2023年研；天工大2023年研]

(2)公共组织变革的主要内容是什么？[贵州财大2020年研]

答：公共组织变革是指公共组织对组织结构和组织成员之间的关系进行调整，以期更有效地实现组织目标的过程。公共组织变革的主要内容有：

(1)组织结构的变革：

①在横向部门结构上，公共组织的变革主要有两个方面：

a. 从公共管理过程来看，其正在由重决策、执行部门轻监督、咨询、信息等部门，向重咨询、信息、监督部门转变，以期其与决策、执行部门相平衡。

b. 公共组织不断加强咨询、信息、监督部门的地位和力量，以使其职能不断适应社会环境发展的要求，使其与决策、执行部门相配套。

②在纵向层级上，公共组织在纵向结构变革中一般呈现由高层集权向逐级分权、由高耸结构向扁平结构转变的趋势。公共组织纵向层级的缩减既有政治考虑，也有管理原因。

(2)公共组织权力关系的变革：

①公共组织向社会组织还权。一部分职能交给市场机制来承担和调节，另一部分不适宜由政府承担的职能必须转移给非政府的公共组织。

②横向分权。行政组织从规模到数量呈现下降趋势，而非政府的公共组织却呈现不断发展壮大的趋势。

③在纵向权力分配上，实行集权与分权互相融合与共存。

(3)技术变革。通过以移动互联网、物联网、云计算、人工智能为代表的现代新技术实行公共组织业务流程再造、业务协同和资源共享，构建整体政府；通过网络建立虚拟机构和客户信息系统，精简行政程序、规范工作流程。

(4)产品和服务的变革。以服务对象需要为本，创新公共服务流程和方式，运用各种技能与资源开发新产品与服务，为社会提供最佳的公共产品与公共服务。

(5)人力资源变革。公共组织的核心竞争力是人才。人力资源变革的内容包括：

①投资训练与发展活动，让工作人员获得新的技术与能力。

②加强跟踪考察，并根据人才的现实表现，适时调整其环境和岗位，以切实增强锻炼的实效。

③建立有利于各类优秀人才脱颖而出、人尽其才的开放式人才选拔机制。

④持续改进对多样化员工所采取的晋升与奖励系统。

⑤变革高层管理团队，改善组织学习与决策制定。

三、论述题

1. 试述公共组织的特征。[贵州财大2017年研；人大2015年研]

相关试题：简述公共组织的特征。[简答题，暨南大学2023年研；内农大2023年研；天津商大2019年研；长安大学2015年研；中国传媒2008年研]

答：公共组织的主要特征有：

(1)公共组织以增进公共利益为目标。社会公共事务是相对于私人事务而言的，是指涉及全体社会公众整体的生活质量和共同利益的一系列活动，其具体内容包括：社会问题、公共项目和公共财产与资源。公共利益是一定范围内的所有社会成员利益的共同部分。因此，公共利益不是单个社会成员或者单个组织的特定利益，而是全体社会成员的共同利益。公共利益的构成在价值上具有多元综合性，具体体现为公共产品、公共服务、公共安全、公共秩序、公正、民主等。

(2)公共组织的活动受法律的明确限制并具有权威性。公共组织尽管代表着社会公众的共同利益，但其产生和运行方式不能超越于国家法律之上。公共组织的产生必须依据社会公共生活的实际需要，按照国家有关法律法规所规定的原则和程序依法审批和设置。在运行方式上，它必须依法规范自己的管理行为，自觉地贯彻和执行有关公共事务方面的法律法规，在法律法规所规定的范围内自觉履行对公共事务的管理职责。

(3)公共组织受到高度的公共监督。正是因为行使公共权力，公共组织的一举一动都必须接受来自舆论或公众的批评和监督，其所作所为必须是公开透明的。组织活动的严密监督，使公共组织不损害全体民众的利益，积极地为全体民众谋求福利，真正做到以民意为依归。公共管理活动关系到社会公众的利益，受到社会公众的高度关注，必须接受来自舆论或公众的批评与监督。这就要求必须完善和发展公共组织的公共责任机制，强化公共监督。

(4)公共组织的活动具有政治性。公共组织依据公共权力来从事社会公共事务的管理，公共组织虽然是公共产品和公共服务的提供者，但同时也是公共权力的执行者，这就决定了公共组织行为具有强制性和权威性的特点。这种强制性和权威性在维护既定的政治关系和社会秩序过程中起着不可替代的作用。公共组织作为行使公共权力的主体必然代表着统治阶级的意向，所制定的公共政策皆具有政治的意义。

(5)公共组织目标不易计量及责任多元化。公共组织的目标是谋求公共利益，但公共利益大多是模糊且不易计量的，表现为公众对公共产品的多层次、多样化、整体性的利益需求。公共利益不像私人利益那样明确直接，公共组织也不能像私营组织那样以利润作为衡量组织和员工绩效的标准。它只是作为表明公共组织负有公共责任及须为大多数人服务的一种象征，并且由于公共组织的服务对象是社会公众，公共组织目标模糊、分歧、不易量化。

(6)公共组织有一定的独占性。这主要通过公共组织在公共管理中的垄断性地位来体现。公共组织不可避免地要面对全国性或地方性的政治利益团体以及各种相互制衡的权力关系。公共组织的活动由于具有强制性和权威性，凡是在其职权范围以内的事务，皆有管辖权。任何一个被管理者都必须无条件地接受和服从，若有违法乱纪的行为发生，公共组织便可依法予以处分。

2. 试述公共组织的纵向结构及其基本特点。[武大2011年研]

答：(1)公共组织的纵向结构概述：

公共组织的纵向结构是指公共组织的纵向分层，即各级政府上下级之间、各级政府组成部门的上下级之间所存在领导与被领导关系的等级模式。纵向结构体现公共组织之间的命令服从关系、报告关系和隶属关系。公共组织纵向结构分工的职责分配关系如下：

①最高层级的公共组织为决策层。决策层是组织的实权机关，一般由组织内部的决策性人物，如董事长、总经理、副总经理等组成。它负责确定组织的目标、纲领和实施方案，进行宏观控制。最高层级的公共组织是一个开放的、面向社会的公共组织。

②中层公共组织为协调指挥层。其职责是把决策层制定的方针、政策贯彻到各个职能部门的工作中去，对日常工作进行组织、管理和协调。领导者要履行好自己的职责，必须把下属的积极性调动起来，潜能发挥出来，靠集体力量攻克难关。

③基层公共组织为技术操作层。技术操作层在决策层的领导和协调指挥层的协调下，通过各种技术手段，把组织目标转化为具体行动。

(2)公共组织纵向结构的基本特点：

①优点：a. 结构简单、指挥系统清晰、统一；b. 责权关系明确；横向联系少，内部协调容易；c. 信息沟通迅速，解决问题及时，管理效率比较高。

②缺点：a. 缺乏专业化的管理分工，经营管理事务依赖于少数几个人；b. 当组织规模扩大时，管理工作会超过个人能力所限，不利于集中精力研究企业管理的重大问题。

3. 谈谈你对非营利组织的“非分配性约束”这一特性的理解。[贵州财大2016年研]

答：对非营利组织“非分配性约束”特性的理解如下：

(1)萨拉蒙和安黑尔认为，非营利组织具有六个方面的特征：①正式组织性；②非政府性；③非利润分配性；④自主管理性；⑤志愿性；⑥公共性。非营利组织的“非营利性”主要体现在，不以市场化的营利目的为宗旨。非营利组织虽具有“非营利性”特征，但这并不代表它不进行营利活动。它们的首要目标并不是盈利，而是提供商品和服务，次要目标则是在完成首要目标的前提下尽量节省成本。

(2)美国法律经济学家亨利·汉斯曼将非营利组织的“非营利性”特征进一步提炼为非营利组织的“非分配性约束”。“非分配性约束”是指非营利组织不能把获得的净收入分配给对该组织实施控制的个人，包括组织成员、管理人员、理事等。“非分配性约束”是非营利组织区别于营利性组织的最重要特征。在“非分配性约束”下，非营利组织通过其特有的协调机制、决策机制、监督机制和激励机制，可以获得比政府和其他营利组织更高效的治理效果。

(3)非营利组织的非分配约束特性使其不能把获得的净收入分配给对该组织实施控制的个人，净收入必须得以保留，完全用于为组织的进一步发展提供资金，这就导致非营利组织的治理与营利性组织有根本的区别。与此同时，基于公共经济学视角的分析发现，即使非营利组织存在着非分配约束的先天性治理基础，但仍然存在运作低效、管理混乱等问题。非分配性约束特性仅仅从利润分配和资金使用的维度对组织运行及治理加以限定和规制，而如何在确保组织运行效率的基础上体现组织目标，是非营利组织治理研究的一个非常重要的问题。

4. 为什么说非营利组织是公共管理主体的必要组成部分？[天津商大2019年研；贵州财大2013年研]

相关试题：试论非营利组织发挥的作用。[武大2006年研]

答：非营利组织是指具备法人资格，以公共服务为使命、享受免税优待、不以营利为目的、组织盈余不分配给内部成员，并具有民间独立性的组织。它在教育、科研、医疗卫生、社会服务、环境保护以及文化娱乐等方面发挥着至关重要的作用，因而它是公共管理主体的必要组成部分。具体分析如下：

(1)非营利组织是微观的社会服务和管理职能的主要承担者。非营利组织是以社会公益为使命的民间组织，在环保、慈善、市场监督、文化教育、民主监督等方面都有着不可替代的作用。非营利组织的性质决定了其在社会主义和谐社会的建设过程中的重要作用：①环保职能推动人与自然的和谐；②慈善救助职能促进人与人之间的和谐；③市场监督职能有助于实现经济和谐；④文教职能有利于文化和谐；⑤民主监督职能有利于推动政治和谐。显然，大力发展非营利组织，充分履行非营利组织的社会职能，对和谐社会建设将有着非常积极的作用。

(2)非营利组织能提高公共物品的供给效率。由于政府组织往往受到各种制约，且存在提供公共服务成本过高等问题，所以一些由政府直接提供的公共物品，改由政府资助的非营利组织提供。非营利组织通过参与政府购买公共服务项目的竞争来提高公共产品的供给效率。

(3)非营利组织能较好地满足社会多元化的需求。现代社会价值取向日益多元化，政府社会管理的内容日益复杂，即便不断扩张机构，也很难对社会的多元需求作出及时、恰当的反应。而在公共产品的范畴内，纯公共物品通常只能由政府提供，社会公众要求的多元化主要集中在准公共物品这方面。非营利组织通过提供符合其宗旨的各项服务，满足社会需求，如民办高校、医院满足人民求学和就医的需求。

(4)非营利组织是当代公共管理社会化和市场化的必然要求。民众的参与和合作，是公共管理取得成效的关键。政府与民众的互动可以是直接的，但更多情况下需要一个中间机制来协调，非营利组织就是这样一个协调机制，承载了通过增强公民参与和建构政治文化以实现政治社会化的功能。一方面，非营利组织代表自己成员的共同利益和愿望，组织成员关系密切，在集体活动中会产生相互信任和相互依赖，建立起有效的信息反馈系统，使成员能够及时有效地表达出自己的政策偏好和政策建议；另一方面，它把政府的政策意图和对相关问题的处理办法传达给成员，促进成员对政府政策的理解和信任。

5．事业单位改革的基本趋势。［中南财大2020年研］

答：目前，我国事业单位进入新一轮全面改革的进程。与20世纪80年代以来的事业单位改革相比，这次改革的最显著趋势是：促进事业单位的社会化和事业单位运行的法制化与民主化。

(1)事业单位的社会化。目前，在我国，由于职能、体制、机制等原因，导致事业单位社会化步履艰难。因此，要切实推动事业单位社会化发展进程，真正让事业单位走向市场，就必须建立一个既适应社会主义市场经济体制需要，又符合事业单位自身发展规律、充满生机与活力的管理体制、运行机制和自我约束机制。

(2)资源配置和服务的社会化。创新事业单位配置资源方式，要发挥市场在资源配置中的决定性作用和更好发挥政府作用，大幅度减少事业单位对资源的直接配置，更多引入市场机制和市场化手段，提高资源配置效率和效益。

(3)事业单位运行的法制化与民主化。在原有体制下，事业单位通过执行行政指令的方式完成国家计划，缺乏必要的法律保障、民主监督和稳定的发展机制。必须加强立法，建立和完善包括科学技术法、教育法、文化法、卫生法、体育法等在内的法律法规体系。加大机构编制执法力度，严肃查处机构编制违法违纪行为，坚决制止上级业务部门干预下级机构编制事宜，为事业单位走向社会化保驾护航。

6．联系实际论述公共组织变革的目标。［天津商大2016年研］

答：公共组织变革是指公共组织根据内外环境变化，及时对组织中的要素（如组织的管理理念、工作方式、组织结构、人员配备、组织文化及技术等）进行调整、改进和革新的过程。公共组织变革的目标有：

(1)提高公共组织适应环境的能力：

①公共组织应抓住外部机遇，借助重要契机，顺应公共组织事务性工作社会化的发展

趋势，采取相应的措施和办法，以推动公共组织的变革和发展。

②公共组织应善于借鉴和吸收成功经验，结合公共组织的实际，灵活地运用相关经验，少走弯路，少犯错误。

(2)提高公共组织自身的稳定性、协调性：

①理顺公共组织自身的工作秩序。公共组织经常存在的诸如官僚主义、以权谋私、机构臃肿、效率低下等弊端，这些弊端严重败坏了公共组织的形象、影响了公共组织的工作效能。因此，要克服公共组织中的这些弊病，除了要对公务人员进行必要的思想教育外，最重要的方法是通过公共组织变革，使组织结构更加合理，使组织规制更加完善，从而有力制约公共组织的问题滋生。

②理顺组织与个人的关系。通过公共组织的变革不但能够使公共组织的组织结构和体制更加完善，组织文化品位进一步提升，而且可以促进分配体制、用人体制、领导体制、激励机制等的变革和发展，也可以促进公共组织内人际关系环境的改善，从而激发公共组织内的公务人员努力工作和学习，不断提升能力、素质和觉悟，实现自身的全面发展。

(3)提高公共组织的工作绩效。公共组织要想持续发展，实现自己的职能，就必须满足社会发展的需求，不断地进行变革，以适应环境变化。推动公共组织改革，有利于促使工作人员对工作进行反思，实现自我发展和自我完善，进而提高组织绩效。

7. 据中广网北京2011年4月11日消息，中央已经确定了一张事业单位分类改革的时间表——到2015年，中国将在清理规范基础上完成事业单位分类；到2020年，中国将形成新的事业单位管理体制和运行机制。请结合中国实际，分析中国事业单位管理体制中所存在的主要问题，并阐述事业单位管理体制改革的基本思路。[江西财大2012年研]

相关试题：

(1)试论我国当前事业单位管理体制中存在的主要问题及其改革取向。[天津商大2021年研]

(2)联系实际分析论证事业单位实施分类改革的必要性及改革思路。[天津商大2017年研]

答：(1)我国事业单位管理体制中存在的主要问题：

参见本章课后习题思考题第4题答案。

(2)事业单位管理体制改革的基本思路：

①实行政事分开。政事分开是我国正在进行的公共事业管理体制改革的指导原则和总体目标，其对经济体制改革、行政体制改革、公共事业自身发展以及制度反腐的开展有着重要意义。为了更好地实施政事分开，应当遵循政府统筹、社会参与、公共利益取向、精简统一效能、务实求真和“有所为有所不为”的具体实施原则。同时，正确处理好行政体制改革与事业单位体制改革并进、政府宏观领导与发挥事业单位积极主动性并行、公共利益取向与办事效率并重、发挥传统体制优势与推进体制创新并举等几方面的关系。

a. 实行职责分开，即从政府职能层面实施职责分开。在厘清政府职能的基础上，将包括制定政策法规、行业规划、标准规范和监督指导等职责特别是出资举办事业单位的所有者职能作为必须由政府履行的职能保留下来并进一步加强与完善，把不宜由政府行使的职责(如对事业单位人、财、物等的具体管理)分离出去。

b. 实行管理方式及手段分开。全面规范从事公益服务事业单位的机构编制事项。对不同类型事业单位实行不同的机构编制管理。推进事业单位机构编制管理的科学化、规范化、法制化。建立健全“控制总量、盘活存量、优化结构、有减有增”的动态管理长效机制，用好用活现有编制资源。进一步强化机构编制管理与组织(人事)管理、财政预算等综合约束机制。加快建立事业单位机构编制执行情况和公益性职责履行情况的定期评估制度，探索对事业单位部分岗位实行政府购买服务的办法。

②实行事业单位的分类改革。按社会功能分为三类：a. 承担行政职能的，划归行政机构或转为行政机构；b. 从事生产经营活动的，逐步转为企业；c. 从事公益服务的，继续保留在事业单位序列、强化公益属性：市场不能配置资源的，划分为公益一类；承担高等教育、非营利医疗等公益服务，可部分由市场配置资源的，划分为公益二类。其具体内容，参见本章课后习题思考题第4题答案。

第4章　公共领导

4.1　复习笔记

【知识框架(庖丁解牛)】

- 公共领导
  - 公共领导概述
    - 公共领导的含义、特点和作用
    - 西方经典领导理论及其新发展
  - 公共领导体制
    - 公共领导体制的含义和内容
    - 领导体制的基本类型
      - 首长制与委员会制[领导权力的行使]
      - 集权制与分权制[领导权力的纵向分配]
      - 层级制与职能制[领导关系的划分]
      - 完整制与分离制[领导权力的横向分配]
    - 我国公共管理领导体制改革：存在问题、改革路径
  - 公共领导方法
    - 领导方法概述：含义、特征
    - 领导协调：含义、特点、内容、原则
    - 领导沟通：含义、作用、有效沟通途径及增强方法
    - 领导激励：含义、原则、方法
  - 公共领导能力
    - 领导能力的含义和基本条件
    - 领导能力的主要内容
      - 创新能力
      - 战略思维能力
      - 执政能力
    - 领导方式：含义、类型[集权型、民主型、放任型]

【通关提要(提纲挈领)】

本章主要介绍公共领导，比较基础且简单。学习时，要熟悉公共领导的含义及作用，掌握领导体制的基本类型，熟悉领导方法与领导能力的相关内容。领导是公共管理活动的重要主体，对公共管理目标的实现具有重大意义。在公共管理中，领导能力直接影响公共管理能力。因此，如何提高领导能力、改革和完善领导体制，是本章学习的重点和难点。本章易考概念题、简答题和论述题，复习时应理解识记。

【考点难点归纳(厚积薄发)】

考点一：公共领导概述　★★★

1. 公共领导的含义、特点和作用（见表4－1）

表4－1　公共领导的含义、特点和作用

要点	主要内容
含义	指为确定和实现公共目标，公共组织领导者在一定环境下，通过合理配置各种社会资源，统御和指引组织成员和公众的行为过程。其含义包括： ①作为一个社会组织系统，由三要素组成：公共领导者、被领导者和环境。 ②是一个动态的行为过程，体现权威和公共认可[服从]的关系。 ③是领导者率领被领导者实现既定目标的积极互动过程。 ④绩效评估困难
特点	①以公共利益为价值取向。 ②职权具有公共性、服务性。 ③决策具有民主“公断性”。 ④以公共组织或公共部门为载体，发挥领导作用
作用	①导向、统领；②影响、表率；③协调、沟通；④引发变革

【真题链接】公共领导的概念及其特点。[简答题，东北农大2023年研]

2. 西方经典领导理论（见表4－2）

表4－2　西方经典领导理论

理论	主要内容	
特质理论	观点	成功的领导源于领导者个人特质[先天遗传或后天习得]
	优点	①有一种直觉吸引力，一定程度和范围内合乎常识。 ②将领导者视为领导系统的核心要素，具有合理性。 ③在领导理论的发展过程中承上启下
	缺陷	①直觉性，非普适性；②形而上学性，忽视了情景因素
行为理论	三种领导方式理论	心理学家勒温等人探讨了三种领导方式：集权式[权威式]领导、民主式领导和放任式领导。一般认为，民主式领导方式最有效
	领导连续流理论[坦恩鲍姆和施米特]	领导行为是一个连续统一体，在民主和独裁两种极端情况之间存在着多种过渡类型的领导方式。 ①适宜的领导方式取决于环境与个性，按下属权力大小分为以领导人为中心和以下属为中心的一系列领导方式。 ②领导方式具有开放性，要适当考虑环境影响和组织外部利益
	四种管理方式理论[利克特]	①两种领导类型：以工作为中心的领导、以员工为中心的领导。 ②领导方式的四种类型：a. 专制式的集权领导；b. 仁慈式的集权领导；c. 协商式的民主领导；d. 参与式的民主领导
权变（或情景）理论	菲德勒的领导权变理论	领导效果取决于领导者类型与领导情境的相适性。 ①根据最难共事者问卷（LPC问卷）确定领导者类型：a. 任务取向型；b. 关系取向型。 ②通过领导者—成员关系、任务结构、职位权力来描述领导情境

续表

理论	主要内容	
权变(或情景)理论	豪斯的路径—目标理论	领导者的工作是提供必要的帮助与指导，激励下属达成目标： ①四种领导者风格：指导型、支持型、参与型和成就取向型领导。 ②领导者可根据情境灵活调整领导风格。正式权力关系清晰的情境下，应减少指挥型领导，偏向支持型领导

3. 西方领导理论的新发展

(1)领导魅力理论(见表4-3)：

表4-3 领导魅力理论

要点	主要内容
含义	指下属把领导者的一些作为归因于领导者的杰出领导能力。 ①基于领导者个人魅力，使员工采取某些特定行为。 ②显著影响组织绩效和员工满意度。 ③适用于高强度或高不确定情境
评价	一定程度上具有合理性，但不具备普适性和可证伪性，存在实践上的风险

(2)交易型和变革型领导理论(见表4-4)：

表4-4 交易型和变革型领导理论

		交易型领导	变革型领导
内涵		①采用社会交换方式来领导。 ②领导公平合理，部属交换互惠	①采用激励方式来领导。 ②领导鼓励激活，下属期待热情
区别	基础假设	"理性人""经济人"假设	"人性的内在丰富性、可能性"假设
	价值取向	注重工作，人是工具	注重人，发挥人的积极性和创造性
	影响方式	多运用认知奖励、例外管理等	多运用理想影响、精神鼓励及知识激励
关系		①变革型领导基于且优于交易型领导，采用激励和鼓舞(变革)方式进行领导，能提升员工的努力程度和绩效水平。 ②变革型领导多用于创新型企业，变革型领导者的绩效水平更高	

【真题链接】

(1)论述领导理论的思想演变过程。[论述题，西南财大2020年研]

(2)试述西方经典领导理论。[论述题，贵州财大2017年研]

考点二：公共领导体制 ★★★★

1. 公共领导体制概述(见表4-5)

表4-5 公共领导体制概述

要点	主要内容
含义	指公共组织中领导权力、职能和责任三者的配置制度、方法及其运行机制

续表

要点	主要内容	
内容	①领导结构；②领导层次与跨度；③领导部门的职责与权限划分；④领导干部管理制度	
功能	①规范领导关系；②约束、监督和评估领导者；③培养和培训领导者；④维持和扩大追随者基础	
建立原则	①规范原则；②效率原则；③公平原则	
改革	存在问题	①领导职能重叠交叉、相互混淆。 ②领导权力高度集中。 ③对领导权力的约束和监督滞后。 ④公共组织机构过于膨胀。 ⑤用人制度缺乏活力
	改革路径	①完善领导职能分工，理顺各种关系。 ②保证政令统一，适当放权。 ③改革组织人事制度，增强党和国家的活力。 ④继续推动机构改革，合理设置机构，精简机构。 ⑤加强对权力的制约与监督

【真题链接】

(1)简述我国公共管理领导体制存在的问题。你认为有哪些可能的改革路径？[简答题，暨南大学2021年研]

(2)简述我国公共管理领导体制中存在的问题。[简答题，浙工商2020年研]

2. 领导体制的基本类型

(1)首长制与委员会制(按最高决策权所属人数分，见表4－6)：

表4－6 首长制与委员会制

	首长制	委员会制
含义	又称一长制或独任制，指由行政首长独自掌握行政组织的法定最高决策权	又称合议制，指法定的决策权由两个以上的委员通过委员会议行使
优点	①权力集中，指挥统一，行动迅速，效率较高。 ②责任明确，权责统一，易考核，可避免防止推诿等。 ③易于保密	①集思广益，减少决策失误。 ②委员具有代表性，利于内部协调。 ③互相监督，可避免个人滥用职权
缺点	①首长独揽全权，易形成个人专制。 ②易滥用职权，拉帮结派。 ③精力有限，决策失误导致的后果严重	①权力分散，责任模糊，易于推卸。 ②委员间难以协调，决策效率低。 ③易泄露决策机密，难以考核

(2)集权制与分权制(按权力集中程度分，见表4－7)：

表4－7　集权制与分权制

	集权制	分权制
含义	行政权力集中在上级，下级一般须按上级指示或决定办事	下级机关在管辖范围内有独立自主权，上级不予干涉
优点	政令统一，标准一致，指挥方便，统筹兼顾，利于重点建设	①具体问题具体分析，因地制宜。 ②集思广益，发挥下级主观能动性。 ③有利于防止独断专行
缺点	①层级节制过严，无法调动下级积极性。 ②易导致独裁和长官意志。 ③不能因时制宜，阻碍个性发展，适应能力差	①权力过于分散，上级反受下级牵制。 ②政令不统一，难以协调，易产生本位主义、分散主义，损害国家集体利益

(3)完整制与分离制(按同一层级各部门隶属领导分，见表4－8)：

表4－8　完整制与分离制

	完整制	分离制
含义	又称集约制或一元统属制，指同一层级的各机关受一个领导机关或一位首长指挥、监督	又称独立制或多元统属制，指同一层级的各机关受两个以上的机关或首长的指挥和监督
优点	①权责集中分明，结构简单统一。 ②利于统筹兼顾，提高工作效率	权力分散，利于发挥各机关优势，利于发现和培养人才，防止专断和权力滥用
缺点	①权力高度集中，易独断专横。 ②效率低下，因循守旧	①易导致多头指挥、政令冲突。 ②机构间难以协调合作，行政效率降低

(4)层级制与职能制(按构成单位的性质与功能分，见表4－9)：

表4－9　层级制与职能制

	层级制	职能制
含义	又称分级制，指公共组织纵向划分为上下层隶属且业务性质相同的若干层级	又称分职制，指公共组织横向按业务性质、职能平行设置若干职能部门，管辖范围基本相同但分工不同
优点	①业务相通，便于沟通领导。 ②权力集中，利于统一指挥、培养通才	①分工精细，专业性强，行政效率较高。 ②利于培养专才
缺点	①缺乏专业分工，工作弹性小。 ②权力过于集中，易独断专行。 ③中间层次多，难以有效指挥	①分工过细，易导致机构臃肿，难以协调。 ②责任不明，政出多门。 ③易违反系统、经济与效率等原则

【真题链接】

(1)什么是层级制及其优缺点？[简答题，对外经贸2018年研]

(2)试述公共领导体制的基本类型。[论述题，贵州财大2017年研]

考点三：公共领导方法 ★★★

1. 领导方法概述(见表4－10)

表 4－10　领导方法概述

要点	主要内容
含义	指领导者为履行领导职能、达成领导目标而采取的各种措施和手段的总和
特征	①客观性；②动态变异性；③目的性；④多层次性；⑤具体相关性；⑥效率性[是否正确、有效]
运用原则	①目的性原则；②创造性原则；③具体性原则；④高效性原则

2. 领导协调、领导沟通与领导激励(见表 4－11)

表 4－11　领导协调、领导沟通与领导激励

要点		主要内容
领导协调	含义	指公共领导者为实现领导目标，通过协调社会与政府及其部门、人员之间的关系使公共组织发挥最佳整体效能的过程[内求团结，外求发展]
	特点	①平等性；②互利性；③灵活性[结果不确定性]
	内容	领导工作关系、人际关系协调
	形式	①积极促进以达到新平衡；②通过严肃的纠偏来维护正常秩序
	原则	①以人为本；②注重整体；③客观公正；④求同存异；⑤互惠双赢；⑥灵活机动
领导沟通	含义	指领导者为实现领导目标，通过一定的领导方法实现信息、思想和情感的传递与互动，以有效协调和实现公共利益的过程
	作用	①便于信息交流、科学决策；②利于统一思想，提高绩效；③改善人际关系，增强组织凝聚力
	有效沟通途径	①选择合适的沟通渠道：正式和非正式渠道。 ②选择合理的沟通模式[链式、轮式、全通道、环式和 Y 式沟通]，构建信息沟通网络。 ③选择有效的沟通形式[口头、书面、非语言和电子媒介形式]
	增强沟通方法	①保证沟通网络畅通；②主动沟通；③营造良好的沟通环境；④完善民主监督机制，增强民主监督的实效；⑤充分利用信息技术
领导激励	激励含义	指通过一定方法激发、鼓励和调动被领导者的热情和动机，以更好地实现社会和组织目标的过程[调动积极性]
	激励原则	①正激励和负激励相结合原则；②物质激励和精神激励相结合原则；③按需激励原则；④差别激励原则；⑤公正原则
	激励方法	①物质激励；②目标激励；③参与激励；④情感激励；⑤需要激励；⑥榜样激励；⑦荣誉激励；⑧赏识激励；⑨信心激励

考点四：公共领导能力 ★★★★

1. 领导能力概述(见表 4－12)

表 4－12　领导能力概述

要点	主要内容
含义	指领导者内在素质，是公共领导者素质的核心，即领导者的生理、心理、文化、思想、政治、道德等因素以及由这些因素综合而形成的本质性能力

续表

要点	主要内容	
作用	①指挥作用；②协调作用；③激励作用	
主要内容	创新能力	体现在五方面：全新的思想观念、广阔的知识面、敏锐的问题意识、良好的精神状态和风险承担意识
	战略思维能力	①战略洞察力和判断力；②战略分析力和综合力；③战略预见力和创新力；④战略统筹力和决断力
	执政能力	即执掌国家政权、管理公共事务的能力。与政府的强制力、合法性及其来源有关
发挥领导能力的基本条件	①一定的环境和组织结构。 ②明确的组织目标、责任与价值。 ③领导者的基本素养[政治、知识、能力和心理素养]	
提高途径	①改善领导体制；②提升领导艺术；③改进领导方法；④提高领导者素质	

【真题链接】

(1)简述领导能力的主要内容。[简答题，天津商大2021年研]

(2)简述发挥领导能力的基本条件。[简答题，天津商大2022年研]

2. 领导方式的含义与类型(见表4－13)

表4－13　领导方式的含义与类型

要点	主要内容	
含义	指在特定环境中，领导者与被领导者之间发生影响和作用的方式	
类型	集权型	领导者作出所有决策，下属绝对服从
	民主型	领导者发起共同讨论，然后决策，与下属合作
	放任型	领导者给予下属完全自由，仅提供信息并承担对外联系工作

【真题链接】领导方式有什么类型？[简答题，贵州财大2018年研]

4.2　课后习题详解

一、概念题

1. 公共领导

答：参见本章考研真题概念题第1题答案。

2. 领导体制

答：参见本章考研真题简答题第2题答案。

3. 首长制与委员会制

答：参见本章考研真题概念题第6题答案。

4. 完整制与分离制

答：完整制与分离制是根据公共组织中同一层级各部门受指挥和控制的程度对领导体

制所作的划分。其具体内容，参见本章课后习题思考题第4题答案。

5. 领导协调

答：领导协调是指在领导工作中采取一定的措施和办法，使其所领导的组织同环境、组织内各个部分以及组织内外人员等联系沟通、调节调整、协同一致，相互配合，以便高效率地实现领导目标的行为过程。领导协调是一种普遍的现象，只要存在着人群和组织，就存在着领导及领导协调的问题。它伴随着领导行为出现而产生，是领导活动的根本内容之一，也是使组织乃至整个社会协调发展的重要手段和措施。其特点包括平等性、互利性和结果不确定性。其内容包括领导工作关系和人际关系的协调。

6. 领导沟通

答：参见本章考研真题概念题第10题答案。

7. 领导激励

答：领导激励是指领导者激发、鼓励和调动人的热情和动机，使人潜在的工作动机尽可能充分发挥和维持，从而更好地实现社会和组织目标的过程。社会发展的最终目标是最大限度地满足人的丰富多彩的精神的、物质的需要。领导激励应遵循以下原则：物质激励与精神激励相结合的原则、正激励与负激励结合的原则、按需激励原则、差别激励原则、公正原则、个人利益与社会利益一致性的原则、及时适度与因人而异的原则等。其方法主要包括：物质激励、目标激励、情感激励、需要激励、荣誉激励、参与激励等。

8. 领导能力

答：领导能力是指组织中的领导者把握组织的使命及动员人员围绕这个使命奋斗的一种能力。领导能力是公共领导者素质的核心，其内容主要包括：①创新能力；②战略思维能力；③执政能力。领导能力发挥的基本条件有：①一定的环境和组织结构；②明确的组织目标、责任与价值；③良好的领导者基本素养。

9. 特质理论

答：参见本章考研真题论述题第1题答案。

10. 权变理论

答：参见本章课后习题思考题第3题答案。

二、思考题

1. 分析公共领导的含义与特点。

答：(1)公共领导的含义：

公共领导是指公共组织协调统一地在公共领域，为实现社会共享性利益的有效维护、合理享用和可持续增长，组织提供公共服务或公共产品，并且为此进行战略、规范的确定及相应的资源配置和调控的领导活动。

(2)公共领导的特点：

①公共组织或公共部门是公共领导赖以存在的组织依托。公共领导是在公共组织或部

门中进行的，公共领导者行使权力、履行职能要依赖整个组织。

②公共领导的职权具有服务性和公共性。公共领导行为赖以实施的基本权力来源于公众。公共领导以实现组织的公共利益而不是私人利益为宗旨，公共领导是公共部门的领导而不是私人部门的领导等。

③决策的“公断性”。公共领导在决策过程中，要尽量体现公众利益，实现公众目标，而不是仅仅体现自己的个人意志。

④公共领导以公共利益为价值取向。公共领导是为了实现公众利益而进行的社会活动，应成为组织本身与组织活动对象的公共性的领导与指引，即有公共精神的领导。

2. 联系实际分析公共领导在公共组织发展中的作用。

答：参见本章考研真题简答题第1题答案。

3. 分析特质理论、权变理论的优缺点。

答：(1)特质理论的优缺点，参见本章考研真题论述题第1题答案。

(2)权变理论：

①权变理论的内涵。权变理论又称情境理论。20世纪60年代以后关于领导有效性研究转入权变理论。领导权变理论主要研究与领导行为有关的情境因素对领导效力的潜在影响。该理论认为，在不同的情境中，不同的领导行为有不同的效果。领导权变理论是继领导者行为研究之后发展起来的领导学理论。这一理论的出现标志着现代西方领导学研究进入了一个新的发展阶段。

②权变理论的优缺点：

a. 优点：第一，注重环境因素的作用；第二，重视领导者与被领导者的行为和环境的相互作用，尤其是领导有效性的环境条件；第三，领导行为的效果，不仅依赖于领导者个人的素质和能力，而且受到诸多客观因素的影响。

b. 缺点：忽视了领导者本身所具有的某些特质。

4. 分析公共领导体制的含义、内容和各种类型的优缺点。

【真题链接】

(1)试述公共领导体制的基本类型。[论述题，贵州财大2017年研]

(2)简述层级制与职能制的含义及关系。[简答题，南航2018年研]

答：(1)公共领导体制的含义和内容，参见本章考研真题简答题第2题答案。

(2)公共领导体制各种类型的优缺点：

①首长制和委员会制：

a. 首长制，又称独立制、一长制或首长负责制，是指行政首长独自掌握决策权和指挥权，对其管辖的公共事务进行统一领导、统一指挥并完全负责的公共组织。

优点：权力集中，指挥灵敏，效率较高，易于保守秘密，易于考核优劣；责任明确，可以有效地防止推诿和扯皮，消除或减少个人意志、不负责任的现象。

缺点：个人的知识、能力、经验、精力等有限，处理事务难免有思考不周之处；在首长制下，主要负责人如果选择不当，还可能造成独断专行、滥用权力，从而出现营私舞弊、危害国家或集体的现象。

b. 委员会制，是指法定的决策权力由两位或两位以上的行政首长行使的领导体制。

优点：能集思广益，对问题能有较周全的考虑；能容纳各方面意见，反映各方面利益和需求；权力受到制约，能防止个人专政等现象出现。

缺点：权力分散，责任不明确，易推卸责任；决策效率较低，难以考核。

②集权制和分权制：

a. 集权制，是指一切重大问题均由上级机关制定，下级机关必须根据上级机关的决定处理事务的制度。

优点：政令统一，标准一致；力量集中；统筹兼顾，行政效率高；层级节制，指挥有效，贯彻有力；易于应对特殊情况，随机应变能力强。

缺点：不能因地、因时制宜，不利于发展个性，适应能力不强。

b. 分权制，是指下级机关在管辖的权限内，能独立自主地决定问题，而上级组织不加干涉的领导体制。

优点：可以使下级独立自主地工作，发挥自身的特长和创造性。

缺点：政令不统一，各方常常发生矛盾和冲突，难以协调，也容易产生本位主义、分散主义，使国家利益受到损害。

③层级制和职能制：

a. 层级制，是指公共组织纵向按等级分为不同的上下节制的层级组织结构，不同等级的职能目标和工作性质相同，但业务范围由上至下逐层缩小的组织类型。

优点：指挥统一，权力集中，节制严明，效率较高；各层领导者业务性质大体相同，易于沟通领导；便于培养统筹安排、综合平衡能力的"通才"；干部升迁或调动后能较快胜任新工作，适合政府机构。

缺点：专业分工缺乏，工作弹性小；行政首长权力高度集中，易造成独断专行；信息传达易失真，上级任务繁多，易顾此失彼。

b. 职能制又称分职制，指领导机关为完成机关总目标、总任务而横向设立的分管各具体行政事务的平行职能部门的一种领导体制。

优点：领导者的精力可以集中在行政机关的主要领导工作上，而各职能部门精通本职业务，有利于提高行政效率。

缺点：分工过细，机构臃肿，人浮于事；易产生割据状态，滋生本位主义；各专业部门只熟悉本部门的业务，易违反系统、经济与效率原则。

④完整制和分离制：

a. 完整制，是指同一层次各行政组织或同一行政组织各机构只受同一上级组织或首长的统一指挥和控制的组织体制。

优点：事权集中，统一计划和指挥，易于统筹全局，发挥组织的整体作用；统属关系明确，责任确定，不致相互推诿和扯皮；易于沟通协调，步调一致，避免各组织机构工作重复和权力冲突。

缺点：建立权力制约机制较难，可能导致领导机关或首长专断擅权，责重事繁，易造成指导不力或发生失误。

b. 分离制又称独立制或多元统属制，是指同一层级的各机关或同一机关的各单位，受两个及以上的机关或行政首长的指挥、监督与控制的组织领导体制。

优点：行政机关权力分散，独立性大，措施灵活，利于发挥各机关的主动性与创造性。

缺点：难以协调各机构，易造成各自为政、权力冲突和工作混乱，降低行政效率。

5. 分析和理解我国的公共领导体制存在的问题和改革路径。

答：(1)我国公共领导体制存在的问题，参见本章考研真题简答题第4题答案。

(2)我国公共管理领导体制改革的路径，参见本章考研真题论述题第2题答案。

6. 分析和理解协调、沟通、激励等领导方法及其实现途径。

答：(1)领导协调：

①领导协调是指领导者为实现其领导目标而对其影响因素及相互关系进行合理的配置和调整，使之发挥最佳整体效能的一种基本职能和方法。

②领导协调的实现途径：

a. 以人为本。处理好人际关系是协调的关键。要将对人的尊重、关心和理解贯彻协调工作的始终。

b. 客观公正。协调者及其制定的协调措施的客观公正，有利于被协调对象接受并认可。

c. 注重整体。在新的历史条件下，只有坚持团结协作、增强整体合力、形成优势互补的领导班子，才能充满活力、朝气蓬勃地带领干部职工前进。

d. 求同存异。客观全面地分析具体情况，找准彼此都赞同且事关全局的共同点，从而使各方统一思想，达成共识。

e. 互惠双赢。矛盾双方不仅要互相尊重、互相理解，有作出妥协让步的准备，也要让矛盾双方都能获得一定的利益，从而解决矛盾。

f. 灵活机动。协调既要遵循国家的方针政策和法律法规、公共道德、组织的规章制度，又要具体问题具体分析，根据实际情况灵活地采取合适的协调方式。

(2)领导沟通：

①领导沟通是组织及领导者为了实现组织目标，在履行管理职责、实现管理职能过程中，通过信号、媒介和渠道，有目的地交流观点、信息和情感的行为过程。

②领导沟通的实现途径：

a. 选择合理的沟通渠道，具体包括：

第一，正式渠道，指组织结构、层次及不同部门之间，上下级之间明文规定的信息与内容传递的路径。

第二，非正式渠道，指在非正式组织范围内或非正式场合进行的沟通。

b. 构建合理的信息沟通网络。沟通网络的五种模式如下：

第一，链式沟通，又称直线沟通，指信息链条似的逐级传递。

第二，轮式沟通，属于控制型网络，只有一个中心成员是各种信息的汇集、传递者。

第三，全通道沟通，属于开放式的网络系统，沟通渠道多，满意度高且差异小，士气高昂，合作气氛浓。

第四，环式沟通，属于封闭式控制结构，相当于链式两头相联结，每个人都可以同时与两侧人沟通信息，地位平等。

第五，Y 式沟通，是一个纵向沟通网络，实际上是“链式”“轮式”相结合，只有一个成员处于沟通中心，成为网络中拥有信息且具有权威和满足感的人。

c. 选择有效的沟通形式。其具体包括：

第一，口头沟通，如交谈、讲座、讨论会、电话等。

第二，书面沟通，指以文字为媒介的信息传递，形式主要包括文件、报告、信件、书面合同等。

第三，非语言形式，指采用声、光信号、体态、语调等形式的沟通。

第四，电子媒介沟通，指采用传真、互联网、电子邮件等形式进行的沟通。

(3) 领导激励：

①领导激励是指领导者通过设计适当的奖酬形式和工作环境，以一定的行为规范和惩罚性措施，借助信息沟通来激发、引导、保持和规范组织及其成员的行为，以有效地实现组织目标。

②领导激励的实现途径：

a. 物质激励。其主要是薪酬和奖金的制度激励，对政府工作业绩和公共组织运行产生持续影响。

b. 参与激励。即领导者让下属和群众参与决策、管理和监督，鼓励人们提建议并予以重视，积极采纳。

c. 目标激励。领导者在调动员工积极性时，可以设置适当的目标来激发员工的动机。合理的目标应该具有价值性、挑战性和可能性。

d. 情感激励。即倡导用情感的感召力去营造一个良好的人际环境，从而激发成员的工作积极性和创造性，使他们以饱满的热情、进取的精神和态度发奋工作。

e. 需要激励。即关于如何满足人的需要、调动人的积极性的原则和方法的激励方法。

f. 榜样激励。领导的个人形象对被领导者的思想和行为能够起到明显的激励作用，从而推动各项工作的开展。

g. 荣誉激励。这主要是把工作成绩与晋级、提升、选模范、评先进联系起来，以一定的形式或名义标定下来，主要方法是表扬、奖励、经验介绍等。荣誉激励必须遵守公平、公正的原则，否则起不到激励作用，反而会产生消极影响。

h. 信心激励。即领导者对下属要充分信任，放手让他们工作，大胆负责。

i. 赏识激励。赏识激励能较好地满足群体成员的归属心理。支持下属的工作，就要尊重他们，保护其积极性。领导者要经常与下属谈心，了解其要求，帮助他们克服种种困难，并为他们的工作创造有利的条件。

7. 分析领导能力的内容和提高领导能力的途径和方法。

答：领导能力是指领导者内在素质，即领导者的生理、心理、文化、思想、政治、道德等因素，以及由这些因素综合而形成的本质性能力。

(1) 领导能力的内容：

①领导的创新能力。创新能力又称创造力，是衡量一个领导者水平与能力的核心标准，也是一个领导群体永葆生机与活力的源泉。企业领导者必须具备创新能力，而创新能力的

基础在于品德才能俱佳，综合素质一流，其途径则是掌握正确方法，大胆实践探索。

②领导的战略思维能力。战略思维能力是各级领导干部特别是高级干部在处理重大而复杂的问题时应具备的基本素质。它要求领导者从讲政治、谋全局、顾长远、抓根本的高度，更加积极主动地做好领导工作。

③领导的执政能力。即领导通过执掌权力，管理公共事务的能力。

(2)提高领导能力的途径和方法：

①培养领导者的创新能力。创新思维意识是开拓认识新领域、解决新问题的一种思维定式，是领导干部应具备的一个重要能力，是加强领导干部队伍建设的一项战略任务。

②培养领导者的战略思维能力。其具体做法包括：a. 加强哲学修养，提高辩证思维能力；b. 努力拓展知识面，用丰厚的知识积累作为战略思维的材料；c. 在实践中锻炼；d. 善于利用外脑。

③培养领导者的执政能力。领导干部应善用权力、多出人才、做人为先，方能达到提高执政能力的境界。领导者应以对领导规律的科学把握和领导权力的恰当运用统御部属。

④选择合适的领导方式。合适的领导方式能高效达成组织目标，展现出领导水平。

⑤完善领导制度。领导制度是决定领导能力高低的重要变量，完善的领导制度对领导能力的提高有重要影响。

三、案例分析题

请认真阅读以下案例材料(材料略)，然后按照要求回答问题。

问题：

1. 为什么张处长退休后其威信也随之消失了？

答：(1)领导方式的内涵：

领导方式是指领导者与被领导者之间发生影响和作用的方式。领导者的行为方式会受到被领导者和环境的影响和制约。了解和认识领导方式，并且善于随着情境的变化转变领导方式，是实现领导目标、做好领导工作的重要条件。

(2)领导方式的类型：

①集权型领导方式，指领导者个人决定一切，要求下属绝对服从，以完成任务为直接目的，以权力控制手段为主要形式的一种领导方式。其特点为：a. 目标明确；b. 组织制度严格；c. 对下级的行为过程严密控制；d. 重视物质成果；e. 自上而下的行为方向。

②民主型领导方式，指领导者发动下属参与讨论、共同商量、集思广益，再进行决策，做到上下融洽、和谐一致地工作，以调动人的主动性为直接目的，以激励手段为主要形式的一种领导方式。其主要表现为被领导者自觉接受决策目标、自主选择决策实施方法。

③放任型领导方式，指下属享有完全自由，领导者的职责仅仅是为下属提供信息并与外部进行联系。

(3)结合材料分析：

从张处长上任后采取的一系列措施可以看出，其采用的是集权型的领导方式。他要求下属绝对服从，制定岗位责任制，以完成任务为直接目的，并确定明确的目标和严格的组织制度，严密控制下级的行为过程，注重物质成果，行为方向自上而下。这些是其在任期间威信很高的主要原因，但集权型领导方式容易忽略被领导者的感受，由于缺乏上下的感情交流，下级满意度低，下级通常是被动服从命令和指挥，主动性和积极性不易发挥。因此，下级对张处长的服从是基于张处长的职务权威，而非对张处长本人的认同，张处长离任后，职务权威与领导人权威分离，自然威信也随之消失。

2. 行政领导者怎样才能建立持久有效的威信？

答：(1)领导魅力理论是将工作结果归因于领袖气质的领导特质理论。它通过确定具有领袖气质的领导者与无领袖气质的领导者之间的行为差异，来寻找具有领袖魅力领导者的人格特质。豪斯认为，魅力型领导具有非凡的自身特征导致的魅力，能对下属产生深远的情感上的影响，使得下属表现出对领导的追随，对工作和组织有更高的满意度和绩效。

(2)行政领导者要建立持久有效的威信，可以着重培养个人魅力，使自己成为魅力型领导，可以从以下几方面进行培养：①培养自己的远见卓识和目标意识；②清晰地表达组织目标，使下属能明确理解；③始终如一并全身心地追求组织目标，坚定目标信念；④不循规蹈矩，敢于变革；⑤对环境敏感。

4.3 考研真题与典型题

一、概念题

1. 公共领导[内农大2023年研；上海理工2022年研；贵州财大2017年研]
2. 领导连续流理论[浙工商2018年研]
3. 领导的权变理论[中国地大2020年研]、权变理论[天津商大2022年研]
4. 公共领导体制[北化2023年研]、领导体制[天津商大2019年研]

相关试题：领导层次[天津商大2012年研]

5. 领导跨度[天津商大2014年研]
6. 首长制和委员会制[四川大学2007年研]

相关试题：首长制[东北财大2015年研；天津商大2012年研]、委员会制[天津商大2013年研]

7. 集权制[天津商大2012年研]、分权制[天津商大2015年研；对外经贸2009年研]
8. 层级制与职能制[南京大学2008年研]、层级制[对外经贸2015年研]
9. 完整制[天津商大2016年研]
10. 领导沟通[天津商大2016年研]
11. 参与激励[天津商大2013年研]
12. 目标激励[天津商大2014年研]
13. 情感激励[天津商大2013年研]
14. 榜样激励[天津商大2016年研]

二、简答题

1. 公共领导的作用是什么？[江苏大学2019年研]

相关试题：

(1)联系实际论述公共领导的作用。[论述题，天津商大2014年研]

(2)简答公共领导的作用。[贵州财大2013年研]

2. 什么是公共领导体制？它包括哪些内容？[贵州财大2014年研]

3. 什么是层级制及其优缺点？[对外经贸2018年研]

4. 简述我国公共管理领导体制中存在的问题。[浙工商2020年研；贵州财大2017年研]

相关试题：联系实际论述我国公共领导体制存在的问题。[论述题，天津商大2012年研]

5. 简述领导沟通的正式渠道、非正式渠道及其特点。

相关试题：

(1)简述领导沟通的正式渠道的特点。[天津商大2014年研]

(2)简述领导沟通的非正式渠道的特点。[天津商大2012年研]

6. 简述领导能力的主要内容。[天津商大2021年研]

相关试题：如何培养领导的战略思维能力？[贵州财大2018年研]

7. 领导方式有什么类型？[贵州财大2018年研]

8. 简述发挥领导能力的基本条件。[天津商大2022年研]

相关试题：联系实际论述领导能力发挥的基本条件。[论述题，天津商大2015年研]

三、论述题

1. 试述西方经典领导理论。[贵州财大2017年研]

相关试题：

(1)论述领导理论的思想演变过程。[西南财大2020年研]

(2)简述特质理论的优缺点。[简答题，天津商大2017年研]

(3)试论述公共领导特质理论的优点和缺陷。[贵州财大2016年研]

2. 联系实际论述我国公共领导体制改革的路径。[天津商大2013年研]

相关试题：简述我国公共管理领导体制存在的问题。你认为有哪些可能的改革路径？[简答题，暨南大学2021年研]

3. 联系实际论述领导方法的特征。[天津商大2015年研]

4.4 考研真题与典型题详解

一、概念题

1. 公共领导[内农大2023年研；上海理工2022年研；贵州财大2017年研]

答：公共领导是指公共领导者在一定环境条件下，指引和影响公共组织及其成员，实现组织目标的行动过程。其具体含义包括：①公共领导是一个由公共领导者、被领导者、环境三要素构成的社会组织系统；②公共领导的行为过程是动态的；③公共领导是公共领导者与被领导者之间的积极互动过程；④公共领导是权威和公共认可的关系；⑤绩效评估困难。

2. 领导连续流理论[浙工商2018年研]

答：参见本章考研真题论述题第1题答案。

3. 领导的权变理论[中国地大2020年研]、**权变理论**[天津商大2022年研]

答：领导的权变理论关注的是领导者和被领导者的行为与环境的相互影响。权变理论强调没有一种领导方式是适用于所有管理情境的，领导工作、领导方式受到内外部环境的多种因素的影响。领导方式是领导者特征、被领导者特征和环境的函数：$S=f(L, F, E)$。其中，S代表领导方式；L代表领导者特征；F代表被领导者特征；E代表环境。领导权变理论的实质是，有效的领导行为因时间、地点、条件的变化而变化。权变理论以分离出影响领导有效性的情境条件为研究重点，强化了环境因素的作用，发展并推进了领导特质理论和领导行为理论。

4. 公共领导体制[北化2023年研]、**领导体制**[天津商大2019年研]

相关试题：领导层次[天津商大2012年研]

答：参见本章考研真题简答题第2题答案。

5. 领导跨度[天津商大2014年研]

答：领导跨度是指一个领导者直接有效地领导的下属人数。任何领导人员，因受其精力、知识、经济等条件的限制，能够有效地领导下级人数是有限度的；超过一定限度，就不能做到具体、有效的领导。决定有效领导幅度的因素主要有：①处理问题的复杂程度和工作量的大小；②领导者及其下属的素质水平；③标准化水平和授权程度。一般而言，下层领导跨度较大，上层较小，即呈金字塔式的领导层次。但领导跨度应根据实际情况确定。

6. 首长制和委员会制[四川大学2007年研]

相关试题：首长制[东北财大2015年研；天津商大2012年研]、**委员会制**[天津商大2013年研]

答：根据公共组织中最高决策权所属的人数多少，领导体制可分为：

(1)首长制又称独任制，是指公共组织的最高决策权和责任归属于行政首长一人承担的组织领导体制。行政首长对组织的各项事务拥有最终决定权，一人决定一切重大措施，其他领导人均为首长的幕僚，只有建议权，而无决策权。其优点有：①权力集中，指挥灵敏，效率较高，易于保守秘密；②责任明确，有助于防止推诿和扯皮。其缺点在于：首长个人独揽全权，容易形成个人专制；首长容易滥用职权，拉帮结派，营私舞弊。

(2)委员会制又称合议制，是指由两个以上的委员通过委员会议集体执掌公共组织的法定最高决策权的组织领导体制。其优点有：①集思广益，容纳各方意见，集中众人智慧，考虑问题较全面；②集体承担责任，有利于协调一致地推行计划。其缺点包括：权力分散，责任模糊，易推卸责任；委员间难以协调，行动迟缓，决策效率较低。

7. 集权制[天津商大2012年研]、**分权制**[天津商大2015年研；对外经贸2009年研]

答：根据权力集中程度和行使特点不同，领导体制可分为：

(1)集权制，是指行政权力集中在上级机关，下级机关仅有有限的裁量权，须按上级指示或决定办事的组织领导体制。在这种体制之下，高层的机关往往包揽较多的事务决策。其优点是：政令统一，标准一致，便于集中力量，发挥优势，统筹兼顾。其缺点在于：层级节制过严，无法调动下级积极性，难以因地制宜；易导致机关及个人的独裁和长官意志。

(2)分权制，是指下级领导机关与上级领导之间相对独立，在一定范围内拥有独立自主权，上级领导无权干涉的一种组织领导体制。这一体制在联邦制国家中最为普遍。其优点是：各级组织可以从实际出发，具体问题具体分析，因地制宜；权责分明，集思广益，有利于充分发挥行政人员的主观能动性；有助于防止上级组织和个人的独断专行。其缺点是：权力过于分散，上级组织受下级牵制，难以实现其目标、意图；各自为政，易形成分散主义、地方主义与本位主义等，造成组织分裂。

8. 层级制与职能制[南京大学2008年研]、**层级制**[对外经贸2015年研]

答：根据公共组织构成单位的功能、职权性质与范围不同，领导体制可分为：

(1)层级制，是指将一个领导机关在纵向上划分为若干层级，每一个下属层级对上一个层级负责，从指挥中心到基层形成一个类似金字塔式的指挥系统，每一个层级的领导业务范围基本相同，但管辖的范围与规模随层级的降低而逐渐缩小的领导体制。其优点有：指挥统一，纪律严明，贯彻有力，责任明确，效率较高。其缺点有：①缺乏专业分工，工作弹性小；②权力过于集中，易造成独断专行；③信息传达易失真，上级任务繁多，难以有效指挥。

(2)职能制又称分职制，是指为完成总目标、总任务而横向设立的分管各具体行政事务的平行职能部门的一种领导体制。其优点是：行政领导者的精力可以集中在主要领导工作上，而各职能部门精通本职业务，有利于提高行政效率。其缺点有：①分工过细，机构臃肿；②滋生本位主义，难以协调；③易违反系统、经济与效率原则。

9. 完整制[天津商大2016年研]

答：完整制又称一体制、集约制或一元统属制，是指在一个复杂的组织系统中，同一阶层的各机构或同一机构的各组成单位，在权力结构上统一由一个领导机构或一个领导者进行指挥、控制和监督的领导体制。其优点包括：在同一级政府内权责集中，指挥统一，可令行禁止；在同一级政府领导下，各部门相互合作，协调配合，可减少单位间的冲突。其缺点包括：权力集中于地方，易形成一级行政首长的个人专权；易形成地方本位主义，不利于中央调控。

10. 领导沟通[天津商大2016年研]

答：领导沟通是指领导者为实现领导目标，通过一定的领导方法实现信息、思想和情感的传递与互动，以有效协调和实现公共利益的过程。领导沟通的作用有：①促进科学决策；②统一思想，提高组织绩效；③改善组织内部人际关系，增强组织的凝聚力。在领导过程中，应选择合适的沟通渠道，主要有：正式渠道和非正式渠道；选择有效的沟通形式，主要有：口头、书面、非语言、电子媒介等形式。

11. 参与激励[天津商大2013年研]

答：参与激励是领导激励的方法之一，是指领导者让下属和群众参与决策、管理和监督，鼓励人们提建议并予以重视，积极采纳。领导应与各级成员建立和谐的交流和沟通机制，上情下达、下情上传，应鼓励成员敢说真话、敢说实话，鼓励成员敢表达自己的不同见解，要营造一个和睦的上下级关系，领导要让每一位成员明白和了解当前工作的重点，领导也要礼贤下士和体察民情。

12. 目标激励［天津商大 2014 年研］

答：目标激励是指制定切实可行的目标，调动人的动机和行为，发掘人的才智，从而激励人们奋发工作。目标作为一种诱因，是组织对个体的一种心理引力，其具有引发、导向和激励的作用。因此，在实际工作中，公共领导者应根据不同的对象及其需要制定不同的目标，有目的地激励、引导个体，鼓舞和激发人们的积极性和创造性，从而有针对性地做好政府工作。

13. 情感激励［天津商大 2013 年研］

答：情感激励是指加强与下属的感情沟通，通过改善工作环境与条件，减轻工作强度，关注下属的疾苦，关心下属所思所想所求，使下属感受温暖，始终保持良好的情绪，激发下属工作热情和对群体的依恋的激励方式。为强化感情激励，公共领导必须深入一线，交流思想，沟通感情，增进彼此的理解和信任。

14. 榜样激励［天津商大 2016 年研］

答：榜样激励是指领导的个人形象明显激励被领导者的思想和行为，从而推动各项工作的开展。榜样的力量是无穷的。榜样是一面旗帜，使人学有方向、赶有目标，起到巨大的激励作用。领导者在团体内选择榜样，应该是成绩突出、品德高尚、作风正派的成员。

二、简答题

1. 公共领导的作用是什么？［江苏大学 2019 年研］

相关试题：

（1）联系实际论述公共领导的作用。［论述题，天津商大 2014 年研］

（2）简答公共领导的作用。［贵州财大 2013 年研］

答：公共领导是指公共领导者在一定环境条件下，指引和影响公共组织及其成员，实现组织目标的行动过程。其中，把实施指引和影响的人称为公共领导者，把接受指引和影响的人称为被领导者，一定的条件是指所处的环境因素。公共领导的本质是人与人之间的一种互动过程。公共领导在公共组织发展中的作用主要如下：

（1）总的来说，公共领导的作用主要表现为：

①公共领导是公共管理协调统一的保证。

②公共领导贯穿公共管理活动的全过程。

③公共领导正确与否关系到公共管理活动的成败。

（2）具体来说，公共领导的作用主要表现为：

①导向、统领的作用。作为领导来说，一定要为整个团队指明正确的方向。只有这样，整个团队才能按照正确的方向一直走下去。同时，当一个领导在遇到很多困难和挫折时，特别是遇到一些危急情况时，也要时刻保持头脑清醒，更要及时调整决策发展方向，勇敢地作出决断。因此，公共目标的制定和修正是领导者的重要职责之一。

②影响、表率的作用。领导者在领导活动中起影响、表率作用。领导者根据目标任务需要，设置组织机构，合理选人用人，安排计划实施，并在领导活动过程中视情况的变化

协调各种关系，不断修正、完善决策。这种作用不仅体现在领导者应拥有崇高的道德威望或道德人格，更在于公共领导者必须是守法的典范。

③协调、沟通的作用。在实现组织目标的过程中，领导者通过协调人们的关系和活动，使组织成员步调一致向着共同目标前进的活动，被称为领导的沟通、协调作用。

④迎接挑战、引发变革的作用。公共领导实际上是不断迎接挑战的过程。提高效率需要进行一定程度的变革，但变革无处不在，无法避免。因此，在这种情况下，催生变革，并促使变革成为发展核心的领导便成为提高工作效率的关键因素。

2. 什么是公共领导体制？它包括哪些内容？［贵州财大 2014 年研］

答：(1)公共领导体制的含义：

公共领导体制是指公共组织中领导职能、领导权力和领导责任的配置制度、方法及其运行机制。它用严格的制度保证领导活动的完整性、一致性、稳定性和连贯性。它是领导者与被领导者之间建立关系、发生作用的桥梁与纽带，对公共组织的发展具有重要意义。领导体制的好坏直接关系到领导能否有效履行职能、调动组织成员的积极性，实现组织目标。科学的领导体制有利于规范领导行为，保证领导活动正常进行，提高整体领导效能。

(2)公共领导体制的内容：

①领导结构，指领导体制或领导活动的组织形式。在任何社会中，领导活动总要以一定的组织结构形式为依托，并通过它发挥作用。

②领导的层次与跨度。领导层次是指组织结构中纵向的等级层次；领导跨度是指一个领导者能直接有效地管理下属的幅度。当组织人数确定后，领导跨度和层次之间呈反向关系，即领导跨度越大，层次越少；反之，领导跨度越小，层次越多。

③领导机构中各部门间的职责与权限划分。即建立严格的自上而下的领导行政法规和岗位责任制，对不同领导机构、部门之间以及领导者之间的职责权限作出明确规定。领导者的权力大小必须根据实际工作的需要确定，因此，要有一个科学的标准和实践的依据，不能随意缩小领导者的权力，更不能脱离实际而扩大领导者个人领导权力。领导者掌握的权力和履行的职责必须一致。

④领导干部的管理制度。即干部管理体系、管理制度及其工作机制的总称。其内容包括选举、招考、任免、考核、调动、轮换、回避、离(退)休等制度。它为干部队伍建设提供制度保证，为实现党的政治任务服务。在不同的历史时期，政党的历史使命和中心任务不同，对干部队伍建设的要求也不同，相应的干部制度也会有不同的特点。

3. 什么是层级制及其优缺点？［对外经贸 2018 年研］

答：(1)层级制的含义：

层级制又称分级制、层次制或系统制，是一种传统的领导体制模式。它是指领导系统纵向分为若干级别，每一级都对上一级别负责，各级别的职权性质相同，但领导的范围随着层级的降低而缩小。例如，部队中的军、师、团、营、连等建制。

(2)层级制的优点：

①指挥统一，步调一致，权力集中，节制严明，行动迅速。

②各层次领导者的业务性质基本相同，便于沟通领导。

③强调掌握与熟悉各方面业务，有利于培养具有统筹安排、综合平衡能力的“通才”。

④各级领导者业务性质大体相同，干部升迁或调动均能很快胜任，对政府机构很合适。

(3)层级制的缺点：

①缺乏专业分工，工作弹性小。

②权力过于集中，容易造成领导者事无巨细，事必躬亲。

③中间层次太多，信息传达容易失真，领导难以有效指挥。

4. 简述我国公共管理领导体制中存在的问题。[浙工商 2020 年研；贵州财大 2017 年研]

相关试题：联系实际论述我国公共领导体制存在的问题。[论述题，天津商大 2012 年研]

答：我国公共管理领导体制存在的问题有：

(1)领导职能相互混淆。许多应由政府管理、协调、组织、扶持和服务的经济活动没有受到应有重视，政府职能转变落后，政府宏观调控职能与服务职能还有待完善。

(2)领导权力高度集中。我国领导权限的最大问题是权力过于集中到公共领导机关和领导部门以及内部的几个主要负责人身上。领导权力应该大胆下放，让下级在国家统一计划的指导下有更多的经营管理自主权。

(3)领导权力的约束滞后。在我国领导体制中，始终缺乏对公共领导机关尤其是领导者有效的权力约束机制。由于领导管理制度严重滞后，以权谋私、贪污腐化等权力异化现象时有发生。

(4)公共组织机构过于膨胀。公共组织机构是实现领导职能的组织实体，是领导体制的组织表现形式。新公共管理强调政府的企业化管理，强调管理的高效率。由于长期实行计划经济体制，造成权力过分集中，组织机构不合理，机构重叠、臃肿、人浮于事，而使我国政府机构长期以来一直存在效率低下的现象。

(5)用人制度缺乏活力。我国的干部人事制度是为适应高度集中的计划体制而制定的，其弊端主要表现为：

①不能合理开发和利用公共部门的内部资源，导致人员素质低下、人才结构不合理、行政执法能力不足、工作效率低下等问题。

②公平竞争的激励机制和优胜劣汰的内部环境的缺乏，导致公共管理人员的素质结构失调，队伍难以优化组合。

③内部晋升流动过于呆板，造成能进不能出、能上不能下、能官不能民的现象。

④人治色彩浓重，缺乏法治精神，易产生任人唯亲、裙带关系等腐败现象。

5. 简述领导沟通的正式渠道、非正式渠道及其特点。

相关试题：

(1)简述领导沟通的正式渠道的特点。[天津商大 2014 年研]

(2)简述领导沟通的非正式渠道的特点。[天津商大 2012 年研]

答：(1)正式渠道及其特点：

①正式渠道，是指按照正规的方式建立的、在组织结构、层次及不同部门之间、上下级之间用来传递信息与内容的渠道。例如，法令、规章、通告，传达文件，召开正式会议，制定正式报告、手册；公共领导者因公务与下属进行的正式接触与会谈；下级机关对上级

的报告、建议、申请等。

②按照沟通方向，正式渠道分为：垂直沟通和横向沟通。垂直沟通是指群体或组织中在高低各个结构层次之间进行的沟通。横向沟通是指组织机构中具有相对等同职权地位的人之间的沟通，或者同一组织内同一层次的不同部门机构之间的沟通。横向沟通常被人们忽视，但其对提高工作效率、减少浪费，以及相互配合协调与形成组织的合力十分重要。

③正式渠道沟通效果好，比较严肃，约束力强；易于保密，可以使信息沟通保持权威性；适用于重要的信息和文件的传达、组织的决策等。但较刻板，缺乏灵活性；沟通速度慢；依靠组织系统层层传递。

(2)非正式渠道及其特点：

非正式渠道是指通过正式渠道以外的信息交流和传达方式。非正式渠道是非正式组织的副产品，它一方面满足了员工的需求，另一方面也补充了正式渠道的不足，是正式渠道的有机补充。其特点有：

①组织内的非正式团体是由于其成员具有类似的感情、兴趣爱好、经历，或精神上的相互需要而形成的。因此，沟通途径超越正式渠道，复杂多变。

②在许多组织中，决策时利用的情报大部分由非正式渠道传递。

③容易及时了解正式沟通难以提供的信息，真实地反映员工的思想、态度和动机。

④非正式渠道沟通不拘形式，传递信息速度快、简单明了。

⑤非正式渠道传递的信息不确切，容易失真，有时会出现“谣言”，难以控制。

⑥非正式渠道可能导致小集团、小圈子的形成，影响人际关系，影响组织的凝聚力和人心稳定。

6. 简述领导能力的主要内容。[天津商大2021年研]

相关试题：如何培养领导的战略思维能力？[贵州财大2018年研]

答：公共部门中领导者领导能力的主要内容有：

(1)领导的创新能力：

公共领导创新，是指公共部门的领导者通过自我创新进而影响、带动并服务被领导者创新，以实现领导目标的活动及过程。公共领导创新是建设创新型国家的题中之义，是国家创新体系的核心内容。公共领导创新具有全局性、战略性、导向性和服务性的特点。因此，公共领导必须在领导理念、领导角色、领导功能等方面进行自主创新。

(2)领导的战略思维能力：

战略思维，是指从全局视角和长远眼光客观辩证地观察、思考和处理问题的科学思维方式，体现的是一种战略整体观、全局观和敏锐的洞察力、预见性，是科学的世界观、方法论在实际工作中的自觉运用。在现代社会，战略思维作为人们分析和解决全局性、长远性、宏观性、前瞻性、政策性等重大战略问题的方法，是各级领导干部都必须具备的一项基本能力。领导战略思维能力的内容包括：

①战略洞察力和战略判断力。战略是一种从全局考虑谋划实现全局目标的规划，而洞察力是战略之魂，因为战略制定需要领导者对组织内外环境的洞察力；战略判断力，是人对现实做出什么样的态度和表现出什么样的行为方式的决定因素，是通过选择和抉择的形式将其价值观付诸在事件上的性格体现能力。

②战略分析力与战略综合力。战略综合能力是人在思维中把客观对象的各个部分结合成一个有机整体进行考察、认识的技能和本领。借助战略综合能力，可以使对决策对象的认识由小到大、由低到高、由零散到完整、由局部到整体，从而把握全局，立足长远，使决策不偏离方向。分析和综合经常交叉进行。

③战略预见力和战略创新力。战略思维能力要求有战略预见力，更重要的是要有时代的敏感性，要善于见微知著，善于从世界的变化中把握时代的脉搏，对客观事物未来发展有正确的认识。战略创新能力是组织取胜的关键，因此，从更广阔的视野来看，战略创新能力尤为重要。

④战略统筹力和战略决断力。战略统筹力是战略综合力与战略决断力的“中介”，表现为总揽全局、组合局部、筹划工作的能力。战略决断力是综合性能力，是快速判断事物发展趋势，作出有比较优势的决策能力。领导只有真正提升自己的决断力，在关键时刻敢做决断、做对决断、做好决断，才能带领团队走入飞速发展的轨道。

培养领导的战略思维能力，一是加强哲学修养，提高思辨能力；二是努力拓展知识面、积累知识，把丰厚的知识作为战略思维的材料；三是在实践中锻炼；四是善于利用外脑。

(3)领导的执政能力：

领导执政能力，是指公共领导者通过执掌和行使权力，管理公共事务的能力。在新的历史时期，领导执政能力的主要内容应包括：

①推动社会主义物质文明、政治文明、精神文明协调发展。

②驾驭社会主义市场经济。

③发展社会主义民主政治，坚持“执政为民”“以人为本”。

④建设社会主义先进文化，努力提高民众的科学文化素质。

⑤构建社会主义和谐社会，努力化解社会矛盾。

⑥应对国际局势、处理国际事务，具有国际视野。

7. 领导方式有什么类型？［贵州财大 2018 年研］

答：参见本章考点难点归纳相关内容。

8. 简述发挥领导能力的基本条件。［天津商大 2022 年研］

相关试题：联系实际论述领导能力发挥的基本条件。［论述题，天津商大 2015 年研］

答：领导能力是公共领导者素质的核心，其发挥的基本条件包括：

(1)领导能力的发挥，必须在一定的环境和组织结构中进行。

发挥好领导能力，迫切要求通过科学设置机构、合理配置职能、统筹使用编制、完善体制机制，要求从机构职能上解决好组织对一切工作领导的体制机制问题，使国家机构更好承载进行伟大斗争、建设伟大工程、推进伟大事业、实现伟大梦想的历史使命。

(2)明确组织的目标、责任与价值是领导能力发挥的重要条件之一。

领导者因为被授予职位而拥有了职权，因为被赋予一定权力而具有了支配性影响，但需要约束相应的职位与职权，承担相应的责任。权力与职责是一个行为的两个方面，是统一的。放弃职权，不依法行使职权，就是不履行义务，就是失职，就会被追究法律责任。职责离开权力就会失去支点，权力离开职责就会变味。

(3)领导者的基本素养是领导能力发挥的重要条件之一。

领导者的素养是领导者自我完善的需求，有利于有效发挥领导能力、增强领导者影响力、提高领导艺术水平。领导者的素养一般可分为政治素养、思想素养、道德素养、文化素养、业务素养、身体素养和心理素养等。领导者应加强自身修养，不断学习，发挥领导能力。

总之，领导能力的发挥，不仅需要国家和社会提供一个完善的制度体系和环境，更离不开领导者自身素养和影响力的提升。

三、论述题

1. 试述西方经典领导理论。[贵州财大2017年研]

相关试题：

(1)论述领导理论的思想演变过程。[西南财大2020年研]

(2)简述特质理论的优缺点。[简答题，天津商大2017年研]

(3)试论述公共领导特质理论的优点和缺陷。[贵州财大2016年研]

答：从20世纪30年代以来，西方组织行为学家、心理学家从不同角度对领导及其效能问题进行了大量研究，提出了内容十分丰富的诸多理论。按照时间顺序，大致经历了领导特质理论、领导行为理论、领导权变理论等的演进。到20世纪80年代，领导问题的研究又取得了巨大的发展，其中影响力较大的有交易型和变革型的领导理论、转换型领导理论和领袖魅力理论。西方经典领导理论具体如下：

(1)领导特质理论：

领导特质理论又称素质理论、品质理论、性格理论，重点研究领导本身的特质，包括领导的品行、素质、修养，目的是要说明好的领导者应具备的品质和特征。该理论认为，领导工作效率的高低与领导者的素质、品质和个性有密切的关系。传统领导特质理论认为，领导的品质和特性是人先天存在的，来自遗传；现今的领导特质理论认为，领导的品质和特性是一种动态的过程，是在后天的学习、实践、培养过程中形成的。

①优点：

a. 具有一种直觉吸引力，在一定程度和范围内符合人们的常识。

b. 把领导者作为领导系统的核心要素，具有一定合理性。

c. 在领导理论的发展过程中起承上启下的作用。

②缺点：

a. 直觉性。该理论更多依靠经验直觉，很难具有普适性。

b. 形而上学性。该理论只看到领导者的作用，忽视或弱化了被领导者和环境因素的作用，没有从三者的互动上考虑问题；将领导看作是静态的，有效的领导特质都是天生的。

(2)领导行为理论：

领导行为理论通过研究领导者在领导过程中的具体行为以及不同行为对下属的影响来寻找最佳领导行为。领导行为的基础是领导特征和技巧，领导风格是领导者特质、技巧及和下属沟通时行为的统一体。领导行为可以通过后天培养和锻炼获得。领导行为理论的主要研究成果包括：

①勒温等人的三种领导方式理论：

a. 集权式领导，又称权威式领导，采取命令式的领导方式，限制下属参与。所有决策均由领导者决定。

b. 民主式领导，指领导者鼓励与协助组织成员集体讨论决定组织的主要决策，领导者主要运用个人权力，与下属之间的心理距离较小，下属拥有较大的自由度和灵活性。

c. 放任式领导，指组织成员或全体享有完全的决策权，领导者仅仅是给组织成员提供工作所需要的条件或咨询，一般不主动干涉。

②领导连续流理论。该理论由美国学者坦恩鲍姆和施米特提出，认为在专权和放任两种极端情况之间存在着多种过渡类型的领导方式，它们构成了一个连续的统一体。具体来说，该理论主张按照领导者运用职权和下属拥有自主权的程度把领导模式看作一个连续变化的分布带，以高度专权、严密控制为其左端，以高度放手、间接控制为其右端，从高度专权的左端到高度放手的右端，划分七种具有代表性的典型领导模式。

③利克特的四种管理方式理论。这种理论把领导者分为两种基本类型：a. 以工作为中心的领导，其特点是：监督严密，工作激励，任务分工结构化，按照详细的规定办事；b. 以员工为中心的领导，其特点是：注重人员的行为反应及问题，通过群体来实现目标，赋予组织成员较大的自由选择的范围和权力。在此研究基础上，他提出了领导方式的四种类型：a. 专制式的集权领导；b. 仁慈式的集权领导；c. 协商式的民主领导；d. 参与式的民主领导。

(3)领导权变(或情景)理论：

领导权变理论关注的是领导者和被领导者的行为与环境的相互影响。权变理论强调没有一种领导方式是适用于所有管理情境的，领导工作、领导方式受到内外部环境的多种因素影响。即有效的领导行为因时间、地点、条件的变化而变化。

①菲德勒的权变理论：

a. 该理论认为，不同领导风格适用于不同情境，有效的团队绩效依赖领导风格与情境中控制力、影响力的合理匹配。关键点在于：界定领导风格和不同的情境种类，识别出领导风格和情境的匹配组合。费德勒提出个人的基本领导风格是成功领导的关键要素之一，这一基本风格可以是任务导向型或关系导向型。

b. 菲德勒权变理论的情境因素包括：职位权力、上下级之间关系、任务结构。他认为，职位权力是指领导职位本身所具有的权力；任务结构是指工作任务的程序化程度或任务的清晰度；而领导情境中最重要的因素是领导与下属的关系好坏。

②路径—目标理论。该理论建立在组织动力理论基础上，认为激励力量取决于他的期望值的大小(目标效价)以及通过自己努力得到这一期望值的概率高低(期望几率)。领导者的工作是帮助下属达到他们的目标，并提供必要的指导和支持以确保各自的目标与群体或组织的总体目标相一致。“路径—目标”的概念来自这种信念，即有效领导者通过明确指明实现工作目标的途径来帮助下属，并为下属清理各项障碍和危险，从而使下属的这一履行更为容易。豪斯区分了四种领导风格：

a. 指导型领导，指领导作决策，下属不参与，领导发布指示，明确下属做什么、怎么做。

b. 支持型领导，指领导帮助下级解决个人问题，在下级工作完成好时给予赞赏和表扬，领导不坚持一定按照自己的方式去做，不拒绝有关变更的建议，公平对待所有的下级，愿意解释自己的行为，友好并且容易接近。

c. 参与型领导，指领导请下属提供有关决策建议，并在最终决策中使用他们的建议。

d. 成就取向型领导，即领导为下级设置挑战性的目标，激励下级最大限度地发挥潜力。

上述四种领导风格可能同时出现在一个领导身上，应根据不同情况来选择，主要考虑两方面的因素：环境和下属的个人特点。

2. 联系实际论述我国公共领导体制改革的路径。[天津商大2013年研]

相关试题：简述我国公共管理领导体制存在的问题。你认为有哪些可能的改革路径？[简答题，暨南大学2021年研]

答：我国公共管理领导体制改革的路径主要有：

(1)完善领导职能分工，理顺各种关系：

①实行党政分开，在坚持党的领导的前提下，党组织要改变包揽一切的领导方法，与政权组织和其他群众组织实行职能分开，各司其职，各负其责；党在社会主义建设时期应适应新形势，更新领导意识，改变领导方式和工作方法，方能调动全社会、全体人民的积极性，建设具有中国特色的社会主义。

②坚持政企分开，明确划分国家各级政权机构和经济组织的权限，正确处理国家和企业的关系。

③要充分调动中央和地方两个积极性，中央在减少对地方微观事务干预的同时，也要增强宏观管理，对地方严格监管；地方政府要自觉维护党中央、国务院的权威。

(2)在保证政令统一的前提下，适当下放权力：

①在科学划分权限的基础上进一步下放权力。

②理顺中央与地方的关系，科学界定中央与地方的权限范围。

③给地方政府简政放权，激发地方政府的积极性。

④要以巩固中央统一领导为前提，进一步下放权力，反对分散主义。

(3)改革组织人事制度，增强党和国家的活力：

①在公务员序列之外全面推行聘任制。

②减少关卡，允许干部自然流动。

③坚决打破论资排辈，实行干部能上能下。

④增加透明度，体现"三公开"，即除少数特殊职位外，要把任职岗位、条件、拟选拔对象的情况向群众公开，并接受群众的评议与监督。

⑤实行竞争式选拔，提高群众的参与度，达到好中选优。

(4)继续推进机构改革，合理设置机构，克服机构臃肿：

①优化党和国家机构的设置和职能配置，坚持一类事项原则上由一个部门统筹、一件事情原则上由一个部门负责，避免政出多门、责任不明、推诿扯皮，实现党和国家机构设置的科学化、职能更优化。

②按照精简原则，精简机构。要尽可能减少纵向层次，不宜过细划分横向部门。依法设置国家机关，严格控制机构编制，定员定岗。

(5)加强权力制约与监督。充分发挥群众监督、舆论监督作用，把权力置于严密监督之下。强化权力制约监督，必须增强主动公开、主动接受监督的意识，以公开促公正、以透明保廉洁，让暗箱操作失去空间。

3．联系实际论述领导方法的特征。[天津商大 2015 年研]

答：领导方法是指领导者为达到某种领导目标而进行的认识活动和实践活动的方式和手段。简单地说，领导方法是领导者从事领导活动所运用的方式和手段。领导方法的特征如下：

(1)领导方法的目的性。领导方法是领导者为实现某种愿景或者组织目标而运用的方法。领导方法要为一定的领导目标服务，这就是领导方法的目的性。领导方法的选择取决于领导目的。

(2)领导方法存在正确与错误、有效与无效之分。领导者在领导工作中普遍运用领导方法，但领导方法可以分为科学与不科学、正确与不正确、有效与无效。

(3)领导方法的多层次性。在领导过程中，不同时期的领导目标不同，因此采取的领导方法自然也是不同、多层次的。

(4)领导方法的具体相关性。领导方法一般要根据具体目标来选用。且领导情境和被领导者的情形不同，应采取的具体领导方法也不同。

(5)领导方法的动态性。领导系统的不断发展变化，必然影响领导者对领导方法的选择和应变，即“随时而变，因俗而动”。在同一个领导系统发展过程中的不同阶段，也要采用不同的领导方法，这就是领导方法的动态性。

第5章　公共政策

5.1　复习笔记

【知识框架(庖丁解牛)】

- 公共政策
  - 公共政策概述
    - 公共政策的界定：含义、特征
    - 公共政策工具：兴起、含义、类型及特点、选择因素及应用
    - 公共政策的研究主线
  - 公共政策过程
    - 公共政策问题：含义、条件、特征、确认、建构
    - 公共政策议程：含义、种类、触发机制、模型
    - 公共政策制定：含义、流程[宏观、微观]
    - 公共政策沟通：含义、类型、途径、障碍
    - 公共政策执行：含义、途径、影响因素、失控与矫正
    - 公共政策评估：含义、类型、标准、政策风险评估与管控
  - 公共政策分析
    - 含义、内容
    - 定量分析方法：确定型、随机型分析技术
    - 定性分析方法
      - 头脑风暴法
      - 德尔菲法
      - 交叉影响分析法
      - 脚本写作法
  - 公共政策发展
    - 公共政策发展的趋向：公共性、合法性、有效性
    - 公共政策环境：社会总环境、工作环境
    - 公共政策的发展与公共管理价值的实现

【通关提要(提纲挈领)】

公共政策是当代公共管理的一种重要方式，其作用日益显著。本章主要围绕公共政策概念、政策工具、公共政策过程及分析方法、公共政策的发展等方面进行系统论述。学习时，既要掌握公共政策的基础理论知识，也要注重结合具体的政策案例进行分析，强化学习的实践性，并在此基础上进一步把握公共政策、公共管理和公共行政三者之间的内在联系。本章易考概念题、简答题和论述题，复习时应全面把握知识框架，避免遗漏重要知识点。

【考点难点归纳(厚积薄发)】

考点一：公共政策概述　★★★

1. 公共政策的界定(见表5－1)

表5－1 公共政策的界定

要点			主要内容
含义			指政府等[特定主体]为实现一定的政策目标[特定的价值取向]，通过对资源的战略性运用，以协调社会利益的一系列政策的总称[政治行动＋行为准则或规范]
界定	性质		运用公共权力区分社会利益需求，协调社会利益矛盾与冲突
	主体		决策者[政府立法、行政、司法机关；政党；利益集团；智库(思想库)等]
	客体		政策问题、政策受众[目标群体]
	范围	横向划分	主要包括：经济政策、教育政策、财税政策、环境政策等
		纵向划分	按决策权限范围划分
	目标		公共利益最大化[公共性]
	核心		是一种选择[集中体现统治阶级意志，推动社会经济文化进步，调节各种利益关系]
特征			①政治性、权威性与强制性；②应然与实然的对立统一；③回应性与普遍性的统一
研究主线			①政策主体的权力结构、权力运行机制与决策机制。 ②制定公共政策的过程与程序。[描述性] ③公共政策的内容与输出[政策分析等，评论多于描述]

2. 公共政策工具(见表5－2)

表5－2 公共政策工具

要点		主要内容
兴起		①政策失败的反思；②政治制定执行的实践需求；③福利国家的低效率；④经济学工具的流行
含义		指达成政策目标的手段[解决公共问题的制度化行动模式]
类型[按政府介入程度分]	自愿性政策工具	无或较少政府介入，由民间力量或市场自主运作，包括：家庭与社区、志愿组织和市场
	强制性政策工具[直接工具，指导或规制]	以强制或直接行动施加影响，包括：管制、公共企业和直接提供
	混合性政策工具	介于上述二者之间，适用情景最广泛，包括：信息与劝诫、补贴、产权拍卖、征税和用户收费
选择因素		①原则：以公共理性为主导的多元综合理性。 ②应有灵活性，适应政策环境。 ③有利于协调政策目标群体。 ④按环境和目标群体变化及时调整
应用	国家能力强，政策子系统高度复杂	自愿性政策工具，如市场工具
	国家能力强，政策子系统低度复杂	强制性政策工具
	国家能力弱，政策子系统高度复杂	自愿性政策工具，如家庭与社区、志愿组织[社会力量]
	国家能力弱，政策子系统低度复杂	混合性政策工具，按实际情况选择

【真题链接】

(1)论述政策工具。[论述题，中国政法大学2020年研]

(2)政策工具选择的影响因素。[简答题，中国地大2023年研]

考点二：公共政策过程 ★★★

1. 公共政策问题(见表5－3)

表5－3　公共政策问题

<table>
<tr><th>要点</th><th colspan="2">主要内容</th></tr>
<tr><td>含义</td><td colspan="2">指普遍性和共性的社会问题或公共问题，即实际状态与社会期望之间的差距[导致社会紧张状态的矛盾和冲突]，是基于公共问题[一部分]由政府列入政策议程并采取公共行动以期解决的问题</td></tr>
<tr><td>条件</td><td colspan="2">公共问题成为公共政策问题的条件：在政府权限范围内的特定公共问题，促使人们向政府及公共部门采取行动，在特定时期被列入政府政策议程</td></tr>
<tr><td rowspan="2">特征</td><td>基本特征</td><td>公共性：与公共利益相关</td></tr>
<tr><td>一般特征</td><td>选择性、动态性、时效性</td></tr>
<tr><td>确认</td><td colspan="2">即判断并界定问题的性质、领域、范围和程度[公共政策过程的基础]</td></tr>
<tr><td rowspan="2">建构</td><td>问题分类</td><td>①结构优良的问题[价值取向一致]；②结构适度的问题[类似囚徒困境]；③结构不良的问题[价值取向不明确]</td></tr>
<tr><td>建构步骤</td><td>问题搜索→界定→详述→感知</td></tr>
</table>

2. 公共政策议程(见表5－4)

表5－4　公共政策议程

<table>
<tr><th>要点</th><th colspan="3">主要内容</th></tr>
<tr><td>含义</td><td colspan="3">指政策问题被选中并进入政府具体决策的过程</td></tr>
<tr><td>种类</td><td colspan="3">①系统议程[公众议程]；②正式议程[政府议程]</td></tr>
<tr><td>触发机制</td><td colspan="3">①政治领袖的触发；②危机事件；③抗议活动；④通信媒介的注意</td></tr>
<tr><td rowspan="4">建立模型</td><td>科布的三种模型</td><td colspan="2">①外在创始型；②政治动员型；③内在创始型</td></tr>
<tr><td rowspan="3">金登的多源流分析模型</td><td>问题源流</td><td>①指标，表明意义；②焦点事件、危机及符号凸显问题；③按现行项目运作的反馈，意识到问题</td></tr>
<tr><td>政策源流</td><td>即政策“原汤”，由特定领域专业人员提供的备选方案和政策建议</td></tr>
<tr><td>政治源流</td><td>国民情绪、政府变更、利益集团、公众舆论、选举政治等</td></tr>
</table>

【真题链接】

(1)多源流分析模型。[简答题，华中师大2023年研；北大2020年研]

(2)简述社会问题进入政策议程的触发机制。[简答题，杭州师大2019年研]

3. 公共政策制定(见表5-5)

表5-5 公共政策制定

要点	主要内容	
含义	指从设计政策方案到政策合法化的一系列过程	
流程	宏观流程	基于伊斯顿对政治生活的系统分析，政策制定是政策信息、资源、行为的输入加工与政策产品输出反馈的过程
	微观流程	指按决策路径对政策的规划与设计，包括：发现问题→确立政策目标→政策方案拟订、评估与抉择→政策合法化
方法	①理性决策；②有限理性决策；③渐进决策	
政策合法化过程	决策者及其权力的合法化→政策决策程序合法化→政策内容合法化→政策内容法律化	

4. 公共政策沟通(见表5-6)

表5-6 公共政策沟通

要点	主要内容	
含义	指公共决策系统内部及其与外部环境之间信息的传播与交流过程，以促进公共决策的科学化、民主化	
类型	①内部沟通[系统内部横纵向沟通]；②外部沟通	
途径	①政策发布和信息公开；②政策和信息反馈；③双向互动和政府回应机制	
障碍	渠道阻塞	制度缺失、政府利益、传统观念等
	心理障碍	逆向反应
	技术障碍	信息失真、公众参与受限等

5. 公共政策执行(见表5-7)

表5-7 公共政策执行

要点	主要内容
含义	指公共政策主体将公共政策付诸实施的过程，即将政策内容转变为现实，以解决实际问题、实现政策目标
研究途径[西方]	①“自上而下”途径[“政策制定者透视”途径]；②“自下而上”途径
影响因素	①政策决定；②政策资源；③政策环境
执行失控	①政策敷衍；②政策附加或阻截；③政策抵制；④政策扭曲
失控的矫正	①强化执行体系的组织建设。 ②提高执行者素质。 ③加强对执行体系的监控。 ④促进执行的法治化和民主化建设

【真题链接】

(1)结合实践，论述政策执行偏差的主要原因及改进措施。[论述题，人大2023年研]

(2)简述公共政策执行偏差的主要表现、原因及其措施。[简答题，暨南大学2022年研]

(3)简述公共政策执行失控的表现。[简答题，浙工商2018年研]

6. 公共政策评估(见表5－8)

表5－8 公共政策评估

要点	主要内容	
含义	指按照一定的标准和程序，使用科学方法和技术，对公共政策过程的各阶段、各环节、各方面进行绩效评估和价值判断的活动[运行方式、效率、效果、效益和公众回应等]	
类型	①结果或影响评估；②过程评估；③事前评估[评估预期效果]；④事后评估[评估执行结果]；⑤各阶段评估	
标准	工具理性	关注政策效率与效果，即效率、效能、效益
	价值理性	关注政策价值效应，即4E：经济、效率、效果、公平
困难	①政策评估、政策效果的不确定性。 ②政策资源的混合、政策行为的重叠。 ③政策行动与环境改变的因果关系难以确定。 ④有关机构和人员的抵制。 ⑤评估经费缺乏	

考点三：公共政策分析(见表5－9) ★★★

表5－9 公共政策分析

要点	主要内容	
含义	指分析能够解决各类社会问题的政策的本质、产生原因及其实施效果等	
目的[解释＋开处方]	戴伊	主要关心解释，研究公共政策产生的前因后果
	邓恩	提供信息，以便发现和解决政策问题
七种类型	研究：①政策内容；②决策过程；③决策输出；④政策；⑤决策信息；⑥决策过程倡导；⑦政策倡导	
定量分析方法	确定型分析技术	①线性规划；②排队论；③马尔可夫预测法；④成本—收益分析
	随机型分析技术	①动态规划；②决策树[分层决策图]；③灵敏度分析
定性分析方法	头脑风暴法	①又称智力激励法、专家会议法，包括直接头脑风暴法和质疑头脑风暴法。 ②优点：智能互补、思维共振；缺点：成本较高，对参与者的素质要求较高
	德尔菲法	①又称专家调查法，由专家向调查人员提出看法和意见。 ②特点：匿名性、巡回反馈；优点：意志自由；缺点：耗时过长
	交叉影响分析法	又称交互影响矩阵法，通过事件的相互作用来预测发生的概率
	脚本写作法	即描述或预言一些将要发生的情况。优点：降低不确定性，运用于军事和外交

考点四：公共政策发展(见表5－10) ★★

表5－10 公共政策发展

要点	主要内容	
公共政策发展的趋向	公共性	①政策制定的公共利益取向；②政策运行的公共服务导向；③政策过程的公共参与性
	合法性	①形式合法，即合法律性。 ②实质合法[政治学意义]，即公共政策得到公众认可和接受
	有效性	①组织取向[组织效率]；②结果取向[管理效率]

续表

要点	主要内容
公共政策环境	①分为：a. 社会总环境[宏观大环境]；b. 工作环境[具体环境]。 ②公共政策发展要适应和顺应环境
公共政策发展促进公共管理价值实现	①公共政策在公共管理中的功能：a. 行为引导功能；b. 利益协调与分配功能；c. 调控和规制功能。 ②通过公共政策发展实现公共管理价值的途径：a. 实现公共管理价值导向；b. 构建稳定的公共管理运行平台

5.2　课后习题详解

一、概念题

1. 公共政策

答：参见本章考研真题概念题第 1 题答案。

2. 公共政策工具

答：公共政策工具又称为治理工具或政府工具，是指政府的行为方式以及通过某种途径用以调节政府行为的机制。依据政府在提供公共物品和公共服务过程中的介入程度，公共政策工具可分为三种类型：①自愿性工具，以不受或很少受政府影响为主要特征，包括：家庭与社区、志愿组织和市场；②强制性工具，又称直接工具，强制或直接地作用于目标个人或组织，包括：管制、公共企业和直接提供；③混合性工具，兼有自愿性工具和强制性工具的特征，包括：信息与劝诫、补贴、产权拍卖、征税和用户收费。

3. 公共政策过程

答：参见本章考研真题概念题第 3 题答案。

4. 公共政策议程

答：参见本章考研真题概念题第 5 题答案。

5. 公共政策制定

答：公共政策制定是指包括从政策方案规划设计、政策形成到政策合法化在内的一系列步骤的过程。公共政策制定和实施的主体是以政府为核心的公共机构。公共政策制定是整个公共政策过程中的重要阶段。公共政策制定一般包括目标确立、方案设计、方案评估、可行性论证、方案选择五个环节，具有目的性、内容特定性、前瞻性等特征。其原则是：连续性、可行性、预测性、信息完备等。

6. 公共政策沟通

答：公共政策沟通是指在公共政策制定和实施过程中，决策系统内部和外部环境交流信息的过程，主要强调政策主体的积极互动、交流，从而推进公共政策的有效执行。公共政策沟通的作用包括：①使全社会对政策的基本内容、精神、原则、要求、目的以及政策的重要性和必要性等，有充分的了解和理解，在决策过程中充分发扬民主，广泛听取意见，按照民主程序进行决策，从而促进公共决策的民主化。②各方主体定期对正在执行的政策进行意见交换，如政策运行过程中有无暴露出政策制订时未发现的失误或不当之处、政策有无执行不力、贯彻不透的情况、政策有无走样变形现象、政策的实际效应怎样等，促进公共决策科学化。

7. 公共政策执行

答：参见本章考研真题概念题第8题答案。

8. 公共政策评估

答：参见本章考研真题概念题第9题答案。

9. 公共政策分析

答：参见本章考研真题概念题第10题答案。

二、思考题

1. 分析选择公共政策工具应该考虑的因素。

答：关于公共政策工具选择应考虑的因素，西方学者作了不同的分析，他们各自强调影响工具选择的某一或某些方面的因素，甚至将某一影响因素推崇到极致而忽略其他因素。综合西方学者分析，并结合我国的实际情况，公共政策工具选择应考虑以下因素：

(1)政策目标。政策目标是政策制定者希望通过政策实施所达到的效果。政策目标来自政策问题，只有首先对问题进行诊断之后明确目标，才能找到一个全面的解决办法，选择有效的政策工具。政策目标为政策工具规定了方向，为判断政策工具的有效性提供了评判标准。

(2)工具的特性。每种工具都有其特征、适用范围和优劣。每种工具的倡导者都想让人们相信他们偏爱的工具是管理者的灵丹妙药。事实上，每种工具都有其适用范围，都有其价值，但不能包治百病。

(3)以前的工具选择。关于这一方面的影响，建构主义的论述最为充分。建构主义认为，工具选择不仅与工具的有效性相关，而且确立政策工具的“正当过程”在评价政策工具时也发挥着重要作用。在这一过程中，工具被赋予了组织的价值。

(4)意识形态。工具选择受到意识形态的影响。意识形态是一个信仰的体系，它为既存或构想中的社会，解释并辩护为人所喜好的政治秩序，并且为实现其秩序提供策略。不同的意识形态倾向使用不同的政策工具。

2. 如何理解金登的多源流分析模型?

答：参见本章考研真题简答题第4题答案。

3. 分析公共政策沟通的障碍、原因以及如何解决障碍。

答：公共政策沟通是指各级党政组织与广大人民群众之间，按照规定的原则和程序，就党和国家的政策及政策执行情况定期进行直接的信息交流。政策沟通强调通过政策相关主体的积极互动，促进政策过程的有序和有效推进。

(1)公共政策沟通的障碍及原因：

①沟通的技术障碍。即在政策信息传递过程中因技术因素而造成信息耗损或失真。由于公共政策本身的不确定性及话语上的高度概括性、极易产生信息传递过程中信息增减或改变的自然耗损，从而造成信息接收方的不解或误解。这一障碍在网络时代下尤为突出。

②沟通的心理障碍。我国传统政治体系的等级观念和政策信息的封闭，使决策者以及决策过程存在神秘性，这种神秘感会使公众和政府之间产生误会或者公众对政府盲从，从而产生政府及决策者自身在决策过程中的专断和随意，这在给政策本身带来不良后果的同时，也影响了公众对政策过程的信任度。

③沟通渠道的阻塞。市场经济下利益格局的多元化，使公民对利益的关注和表达需求高涨，对政策关注程度的提高也促进了政策沟通。在开放性社会体系尚未完全建立的背景下，政策沟通的渠道虽然较以往有了较大的扩展，但由于观念和体制等原因，沟通渠道的完善需要有一个渐进的过程，这一矛盾往往造成政策信息阻塞、截流。

(2)解决障碍的方法：

①加大技术扶持力度，推动技术突破性发展，减少政策信息在交流过程中的损耗。

②加强政策沟通的制度化建设，在政府及公共机构与公众之间形成共同的价值认同和共同的制度运作模式。特别是制定相关的法律规范，对公共决策过程和政策沟通的具体渠道、方式、程序和相关人员的权利义务关系进行明确规定。

③加强社会自治团体与第三部门建设，让中立的社会机构成为政府与公众之间新的桥梁，成为政策沟通的常规性渠道。

4. 分析政策执行失控的主要表现、原因以及如何矫正政策执行的失控。

答：公共政策执行是政策管理中最关键的一环，直接关系到公共政策目标的实现。由于多种因素的影响，公共政策在执行过程中往往产生失控。

(1)政策执行失控的主要表现：

①政策敷衍。即政策执行主体在政策执行过程中只做表面文章，敷衍塞责，进行一些简单的、一般性的号召，根本没有具体的执行措施。这种“跑马观花”式的政策执行，不但严重损害了政策的严肃性和权威性，使政策成为一纸空文，而且也极大地浪费了公共资源，给社会造成恶劣的影响。

②政策“复制”。即政策执行主体在政策执行过程中机械地照办政策，不能或根本就没有很好地理解和领会政策精神，而是简单地将政策“复制”在执行中，一旦政策出现“水土不服”，往往将过错归咎于政策本身。

③政策抵制。即公共政策的执行主体或执行对象对现有的政策不认同、不接受，从而产生抵制情绪。政策抵触有政策执行主体和政策执行对象两个方面。由于执行主体的政治觉悟和利益驱动原因，导致执行主体对政策产生抵触情绪；同样，出于利益驱动因素，政策执行对象对政策也根本不认同、不接受，加之执行主体抵触情绪的“潜移默化”，使其抵触情绪更严重，主要危害是致使政策执行中断或根本不能到位。

④政策扭曲。即政策在执行过程中失真，主要有如下几种现象：a. 政策执行主体，从自身利益出发，对政策进行截留，不向下级传达部署，导致下级组织和政策执行对象不能真实了解政策而无法落实；b. 政策执行主体采取“各取所需”，择其利而行之；c. 政策执

行主体在执行过程中加入一些与政策不符或相悖的附加型“土政策”。

(2)政策执行失控的原因(影响公共政策执行的因素):

①政策执行机制不健全。政策执行机制是政策执行运行的轨道。目前，我国公共政策执行机制存在一些问题。

②政策本身的质量问题。公共政策是跨学科的，其制定具有复杂性。因此，影响公共政策质量的因素是多方面的。政策本身质量的好坏直接影响政策的执行效果。

③政策执行者的综合素质缺陷。政策执行主体的综合素质与政策执行的效果密切相关。在公共政策实际执行过程中，由于执行者政治觉悟低、政策理解水平差、政策执行能力不高，直接导致政策失真、失效或失控。

④政策各方利益冲突因素。公共政策是公共利益的表达。但再好的公共政策都不可能绝对均衡地表达各方利益，即公共政策只能表达整体利益。

⑤政策执行环境的影响。政策执行的环境是政策执行过程中各种外部条件的总和。政策执行环境包括经济环境、文化环境、社会环境。这些因素的优化和整合程度对政策的有效执行有深刻影响。

(3)矫正政策执行失控的方法:

①加强公共政策执行体系的组织建设。一方面，实行组织结构扁平化，减少行政管理层次，裁减冗余人员，从而建立一种紧凑、干练的扁平化组织结构；另一方面，要加强政策执行机构组织内部与其他组织机构的联系，加强相互间的交流互动。

②提高公共政策执行者的素质。由于公共执行主体对政策自身的态度、理解水平和执行能力对政策执行的效果有较大的影响，因此，改进公务员的态度，提高其政策理解水平和执行能力是解决公共政策失控的对策之一。首先，应完善公务员的培训机制，将公务员接受培训作为工作内容之一；其次，完善公务员的责任追究机制。

③强化对公共政策执行体系的监控。在公共政策执行过程中，要及时监控公共政策的执行，否则就会影响政策运行的结果，损害公共政策对象的利益。因此，应建立公开、透明的公共政策执行体系，提高责任意识等。

④强化公共政策执行的法治化和民主化建设。继续完善各种法律法规，确保公共政策执行的严肃性和权威性，保持法制这只“无形的手”对执行主体和执行对象“有形的手”的威慑作用；同时运用各种手段，加强对全体社会成员的利益价值观和爱国主义教育，培养利他、利国、最后利己的公民精神，尤其要加强对执行主体的教育，让他们起到真正的表率作用，推动整个社会良性互动。

5. 比较分析公共政策分析的不同方法以及各种分析方法的优缺点。

答: 公共政策分析是对公共政策主体为解决各类社会公共问题所选择的政策的本质、产生原因及实施效果的研究。公共政策分析方法可分为定量分析方法和定性分析方法。

(1)公共政策的定量分析方法:

①确定型分析技术:

a. 线性规划，是运筹学中研究较早、发展较快、应用广泛、方法较成熟的一个重要分支。公共政策线性规划分析模型的结构主要包括决策变量、目标函数和约束条件三个基本构成要素。线性规划主要解决两个问题，一是如何有效地利用有限的人力、资本、物力等各种政策资源去实现政策目标的最大化；二是在政策目标既定的情况下如何耗用最少的政策资源去实现政策目标。建立政策问题数学模型的方法实际上是根据有关变量之间的关系，在考虑各种约束条件的基础上列出线性方程并求解的过程。因此，在公共决策中往往只能实现满意而非最优的选择。

b. 排队论又称随机服务系统理论，是通过对服务对象到来及服务时间的统计研究，得出这些数量指标(等待时间、排队长度、忙期长短等)的统计规律，然后根据这些规律来改进服务系统的结构或重新组织被服务对象，使得服务系统既能满足服务对象的需要，又能使机构的费用最经济或某些指标最优。它是数学运筹学的分支学科，也是研究服务系统中排队现象随机规律的学科。

c. 马尔可夫预测法，是以马尔可夫的名字命名的一种特殊的市场预测方法。该方法主要用于市场占有率和销售期望利润的预测，是一种预测事件发生概率的方法。

d. 成本—收益分析，是指以货币单位为基础对投入与产出进行估算和衡量的方法，是一种预先作出的计划方案。在市场经济条件下，任何一个经济主体在进行经济活动时，都要考虑具体经济行为在经济价值上的得失，以便对投入与产出关系作出尽可能科学的估计。这是一个普遍的方法，其前提是追求效用最大化。在经济活动中，进行成本—收益分析，就是要以最少的投入获得最大的收益。

②随机型分析技术，指对不确定型或风险型决策进行分析的技术和方法，包括：

a. 动态规划。通常用于求解具有某种最优性质的问题。即通过构建动态规划的随机模型来分析如何以最短的时间和最少的投资消耗来完成系统预期目标，以取得良好的经济效益。其常用来解决动态决策问题，即含有时间因素的决策问题。

b. 决策树，又称分层决策图，是用二叉树形图来描述决策问题。决策树是在已知各种情况发生概率的基础上，通过构成决策树来求取净现值的期望值大于等于零的概率，评价项目风险，判断其可行性的决策分析方法。这是直观运用概率分析的一种图解法。由于这种决策分支画成图形很像一棵树的枝干，故称决策树。

c. 灵敏度分析，是研究与分析一个系统(或模型)的状态或输出变化对系统参数或周围条件变化的敏感程度的方法。在最优化方法中，经常利用灵敏度分析来研究原始数据不准确或发生变化时最优解的稳定性。通过灵敏度分析还可以决定哪些参数对系统或模型有较大的影响。

(2)公共政策的定性分析方法：

①头脑风暴法又称智力激励法、BS 法、专家会议法，是指依靠一定数量专家的创造性思维来对决策对象未来发展趋势及其状况作出集体判断的创造性思维方法。在组织群体决策时，要集中相关专家召开专题会议，主持者要阐明问题，说明会议的规则，尽力创造轻松的会议气氛。主持者一般不发表意见以免影响会议的自由气氛，由专家们“自由”提出尽可能多的方案。

②德尔菲法又称专家调查法，1946 年由美国兰德公司创始实行，其本质是一种反馈匿名函询法，其大致流程是：在对所要预测的问题征得专家意见后，进行整理、归纳、统计，再匿名反馈给各专家，再次征求意见，再集中，再反馈，直至得到一致的意见。其缺陷在于：花费的时间较长，不适宜特别受时限制约的决策。

③交叉影响分析法，是技术预测方法之一。其主要步骤为：对一组相关事件分别进行预测；分析该组相关被预测事件的发生时间和概率以及事件之间相互影响的方向和大小，在这基础上对该组相关事件的原预测结果进行修正，得到一组修正预测。这在一定程度上克服了某些单项预测没有考虑相关事件影响的缺陷，也可用来分析一组预测中某一项预测对其他预测的敏感性。

6. 论述公共政策发展的价值取向。

答：参见本章考研真题简答题第8题答案。

7. 论述通过公共政策发展实现公共管理价值的具体途径。

答：公共政策发展对实现公共管理的价值具有重要意义。具体而言，其实现途径具体如下：

(1)实现公共管理的价值：

公共政策与公共管理密切联系，其基本属性都是公共性。二者的价值在整体上一致，都关注社会公共利益。通过实施公共政策可以具体体现并实现公共管理的整体价值，即通过公共政策发展的价值导向可以实现公共管理的价值。

(2)构建公共管理稳定的运行平台：

公共政策是公共管理的重要和主要的组成部分。公共政策的研究和发展必须要以公共管理为基础。如今我国很多学校都已开设公共管理相关课程，并且将公共政策也融入其中，这就为公共政策和公共管理学科的发展提供了进步的空间。这二者相互影响、共同发展，同时也能推动社会的整体发展和进步。具体而言：

①公共决策是公共管理的起点。公共政策过程是公共管理的重要路径。

②公共决策贯穿公共管理过程的始终。对公共决策的研究与探讨，有利于加快我国公共决策科学化、民主化和法制化的进程，提高公共决策的效率和质量，有效实现公共管理目标。

③公共决策是公共管理履行各项功能的基础。公共管理有决策、计划、组织、协调和控制等各项基本职能，而所有的这些公共管理职能都以公共决策为基础。没有公共决策，就没有公共管理各项职能的履行。

④公共决策是公共管理的首要环节。从一个孤立的管理过程来看，公共管理过程可分为决策和决策实施以及效果评估等环节。决策是实施行为的确定。公共组织通过制定决策实施方案，把决策目标分解为具体的执行目标或阶段目标。确定详细的、可操作的行动步骤，合理配置人力、财力、物力，把决策目标落到实处；决策目标实现及效果评估后，管理活动即告完结。可以说，没有公共决策，就没有公共管理。

三、案例分析题

请认真阅读以下案例材料(材料略)，然后按照要求回答问题。

问题：

1. 请运用公共政策的有关理论分析中国房地产政策变化的原因。

答：运用公共政策的有关理论对我国房地产政策变化的原因分析如下：

(1)公共性是现代公共政策首要的规范性价值取向。

公共性是公共政策的基本属性，其具体体现为政策制定的公共利益取向、政策运行的公共服务导向以及政策过程的公共参与性。具有公共性的公共政策，能促成社会资源的平等分配、促进公民参与政治生活、增进社会公共利益。而对政策工具的选择也应基于以公共理性为主导的多元综合理性原则。因此，本案中，房地产政策的范围扩大到二级市场和租赁市场，关注少数人的利益，解决最困难群体的住房问题，政策惠及更多人的居住问题，让更多人受益，都是公共政策“公共性”的体现和要求。

(2)有效性也是公共政策发展的取向之一。

正确合理的公共政策能够得到及时、完全和有效的执行，这样才能真正实现政策目标。公共政策应当体现有效性，这不但包括对社会秩序、公民行为的规范和约束，同时也包括对统治阶级行为的规范和约束，从而达到社会普遍的广泛的善即正义。它主要通过解决公共问题以谋求公共利益的合理平衡分配来实现国家、政府对社会公平的有效维持。本案中，房地产政策从关注房价到住房保障体系，从对房地产市场独立调节到将房地产领域紧密结合宏观经济运行状况的综合调控，正是从我国经济社会全面稳定发展的层面上考虑而作出的调整。控制房地产市场过热情况有助于稳定经济、保障人民的生活，这符合我国的长期发展利益；控制房价也有利于安抚社会情绪，提高房地产政策的被接受程度，从而起到稳定市场的功效。

(3)政策工具选择：

政策工具的选择还应考虑政策工具的特性。每种工具都有其特征、适用范围和优劣；每种工具的倡导者都想让人们相信他们偏爱的工具是有效的。事实上，每种工具都有其适用范围，都有其价值，但不能包治百病。因此，对有关工具的使用方式或使用的力度应及时予以调整。我国房地产政策在市场环境变化中不断作出调整，对国计民生发挥着重要作用。

2. 请运用公共政策的评估工具对中国房地产政策及其变化进行评估。

答：公共政策评估是指政策评估主体依据一定的标准和程序、运用科学的技术和方法，对政策的效益、效率、效果及价值进行判断的一种政治行为。其目的在于取得有关这些方面的信息并以此作出决定。以工具理性为主的政策评估关注政策效率与效果，以价值理性为主的政策评估关注政策价值效应。

本题可结合我国各阶段的政策目标来评估，具体如下：

本案中，2006年房地产政策是主攻一级市场的，到2007年则转变为针对二级市场和租赁市场，而人们的购房需求从租赁逐渐转向购买，也更加注重住房条件的提升。这与国家的政策目标有很大的关联。2006年，我国的整体经济发展还是比较快速的，但主要希望能够保障宏观政策的稳定性和连续性。2007年的宏观经济政策则在保持连续性和稳定性的基础上，针对国际、国内经济发展出现的新特点、新挑战作出了适度调整，主动引导社会预期，并增强执行力，促进经济又好又快发展。所以随着经济的不断发展，政策目标中公众的地位越来越高，从而引起了房地产政策的相应改变。

5.3 考研真题与典型题

一、概念题

1. 公共政策[华南理工2023年研；郑州大学2023年研；江苏大学2019年研；大连理工2018年研；湖南师大2016年研；首经贸2015年研；武大2012年研；中财2011年研]

2. 政策工具[天津商大2018、2014年研]

3. 公共政策过程[天津商大2013年研]

4. 公共政策问题[武大2021年研；西南大学2012年研；中国传媒2009年研]、政策问题[江苏大学2019年研]

5. 公共政策议程[浙工商2020年研；中国政法大学2020年研；天津商大2017年研；首经贸2008年研]、政策议程[河南大学2023年研]

6. 政府议程[人大2020年研]

7. 政策合法化[湖北大学2024年研；华中农大2023年研；天津商大2018年研]

相关试题：公共政策合法化[东北财大2017年研；华中师大2013年研；东华大学2011年研]

8. 公共政策执行[中南财大2021年研；对外经贸2017年研；天津商大2013年研]、政策执行[天津商大2023年研；人大2020年研]

9. 公共政策评估[浙江财大2020年研；湖南师大2019年研；天津商大2016年研]

相关试题：政策评估[中央民大2023年研；北邮2021年研；人大2019年研；南航2018年研；河海大学2013年研；中财2010年研]

10. 公共政策分析[贵州财大2015年研]、政策分析[天津商大2023年研]

11. 决策树[天津商大2014年研]

二、简答题

1. 简述政策问题的特征和结构。[对外经贸2017年研]

2. 辨析：所有的政策问题，都需要由公众议程转化成政府议程。[贵州财大2015年研]

3. 简述社会问题进入政策议程的触发机制。[杭州师大2019年研]

4. 多源流分析模型。[华中师大2023年研；北大2020年研]

相关试题：

(1)简述公共政策议程建立的多源流分析模型。[浙工商2020年研]

(2)以图示说明金登的政策议程多源流分析模型。[天津商大2017年研]

(3)简述公共问题是如何进入公共政策议程的。[暨南大学2016年研]

(4)什么是“多源流模型”？使用该模型对某一具体政策进行分析。[贵州财大2015年研]

5. 公共政策制定的程序。[中南财大2020年研]

6. 简述公众与政府之间政策沟通的障碍。[新疆农大2014年研]

7. 政策评估的标准。[中国政法大学2020年研]

相关试题：请简述公共政策评估的标准与方法。[对外经贸2020年研]

8. 简答公共政策发展的价值取向。[贵州财大2015年研]

相关试题：简答公共政策发展的趋向。[贵州财大 2013 年研]

9. 辨析：公共政策的合法化就是公共政策的法律化。[贵州财大 2015 年研]

10. 简述公共政策在公共管理中的功能。[浙工商 2021 年研]

相关试题：公共政策有哪些作用？[人大 2023 年研]

三、论述题

1. 论述政策工具。[中国政法大学 2020 年研]

2. 试论述治理工具选择的原则及影响因素。[天津商大 2020 年研]

相关试题：政策工具选择的影响因素。[简答题，中国地大 2023 年研]

3. 联系实际论述公共政策执行失控的主要表现及原因。[天津商大 2012 年研]

相关试题：

(1) 结合实践，论述政策执行偏差的主要原因及改进措施。[人大 2023 年研]

(2) 简述公共政策执行偏差的主要表现、原因及其措施。[简答题，暨南大学 2022 年研]

(3) 简述公共政策执行失控的表现。[简答题，浙工商 2018 年研]

四、案例分析题

北京 APEC 会议期间，政府采用了车辆限行、企业停产或限产等强制性措施。再加上天气条件的配合，保证了会议期间空气质量的优良。但其与 APEC 之前几乎成为常态的恶劣雾霾天气形成强烈对比，民众将其戏称为“APEC 蓝”。APEC 期间政府环保政策以强制性工具为主，平常时期的环保政策则包含税收、罚款等激励性工具及排放标准、市场准入(如汽车尾气排放标准、钢铁企业的技术与规范标准)等强制性工具。[北大 2015 年研]

请根据教科书关于不同政策工具特征(优势和劣势)以及公共政策工具选择等相关理论，对“APEC 蓝”的出现及平常时期政策效果欠佳的可能原因进行讨论。

答题说明：

(1) 此题为相对开放题目。答题者可从各个角度对问题进行尽量深入的讨论。

(2) 由于没有实地调研做基础，这里的讨论只需尽量考虑中国现实情况及环保政策制定和执行过程中的种种可能性。

5.4　考研真题与典型题详解

一、概念题

1. 公共政策[华南理工 2023 年研；郑州大学 2023 年研；江苏大学 2019 年研；大连理工 2018 年研；湖南师大 2016 年研；首经贸 2015 年研；武大 2012 年研；中财 2011 年研]

答：公共政策是政府为了解决和处理公共问题，达成公共利益或公共目标，经过政治过程所发展出来的原则、方针、策略、措施和办法。它具有以下几个方面的特性：①公共性。公共性是公共政策最本质的属性。②普遍性。公共政策针对的是具有普遍性的社会问题。普遍性是公共政策合法性与权威性的来源。③强制性。在公共政策制定出来后，政策执行就有了公共权力的保障，政策就具有了法律的效力，可以由公共部门强制执行。④权威性。公共性以及公共权力机构共同赋予了公共政策权威性。

2. 政策工具[天津商大2018、2014年研]

答：政策工具又称治理工具或政府工具，是指被设定为旨在实现一定政策目标的各种措施、策略、方法、技术、机制、行动、作为以及配置的人力、资金、设备、资源等手段。这里的“被设定”既包括在政策制定阶段决策者针对政策目标配置的政策手段，也包括在政策执行阶段执行者采取的超出政策方案的政策手段。根据政府在提供公共物品和公共服务过程中的介入程度，可以将公共政策工具分为自愿性、强制性和混合性三种类型。选择政策工具应考虑的因素包括：①应基于以公共理性为主导的多元综合理性原则；②应与政策环境相适应；③应能有利于协调政策目标群体；④政策工具的选择应具有灵活性；⑤及时调整相关工具的使用方式或力度。

3. 公共政策过程[天津商大2013年研]

答：公共政策过程是指由政策制定、政策执行、政策评估、政策终结、政策监督等一系列相互关联的环节所构成的实际运作过程。其具体包括：①政策制定，又称政策形成或政策规划，是公共政策过程的第一阶段。一般认为，政策过程包括政策问题界定、构建政策议程、政策方案规划、政策合法化等阶段。②政策执行，指在政策制定完成之后，将政策由理论变为现实的过程。③政策评估，是公共政策运行的重要阶段。加强公共政策评估，对检验公共政策效果、决定公共政策的存废都具有十分重要的意义。④政策终结，指公共决策者通过慎重的政策评估之后，采取必要措施，终止那些过时、多余、无效或失败的公共政策的过程。⑤政策监督，指监督主体依照法定的权限和程序对公共政策运行过程进行监察和督促，以衡量并纠正公共政策偏差，实现公共政策目标。它是公共政策过程的重要组成部分，是提高公共政策运行质量和效益的有力保证。

4. 公共政策问题[武大2021年研；西南大学2012年研；中国传媒2009年研]、**政策问题**[江苏大学2019年研]

答：公共政策问题泛指实际状态与社会期望之间的差距，这种差距往往是产生社会紧张状态的原因，即统治集团或社会大多数人感到现实中出现的某种情况与他们的利益、期望、价值和规范有相当严重的矛盾和冲突，进而通过团体或组织活动要求有关社会公共组织和政府采取行动加以解决，并被后者列入政策议程的社会问题或公共问题。公共政策问题的确认和建构既是公共政策过程的起点，也是现代政策分析的中心环节。政策问题认定的主要任务或内容是要了解政策问题的领域、范围及解决方式。

5. 公共政策议程[浙工商2020年研；中国政法大学2020年研；天津商大2017年研；首经贸2008年研]、**政策议程**[河南大学2023年研]

答：公共政策议程是指某一引起公共政策决定者深切关注并确定必须解决的公共问题，以及正式提起政策讨论，决定政府是否对其采取行动、何时采取行动、采取什么行动的政策过程。公共政策议程建立的条件如下：①事件或问题必须明朗而严重。一些问题必须充分暴露且表现得非常严重才有可能引发社会公众和政府组织的高度关注，从而进入政策议程。②要有政治权威领导人及专家学者的预测性发动。敏锐的政治权威领导人或有关专家学者对该问题将来的严重趋势有所察觉，那么他们就会及时地把它提出来。③要有正常、民主和开放的察觉机制与过程。

6. 政府议程［人大 2020 年研］

答：政府议程又称正式议程，是指受到政府注意并可能对之采取具体行动的一些事项。它本质上是一种行动议程，是决策机关和人员对有关问题，依照特定程度予以解决的实际活动过程，可分为旧有议程和新增议程。政府议程较系统议程更特定、具体，是对政策问题进行界定或陈述的阶段。

7. 政策合法化［湖北大学 2024 年研；华中农大 2023 年研；天津商大 2018 年研］

相关试题：公共政策合法化［东北财大 2017 年研；华中师大 2013 年研；东华大学 2011 年研］

答：政策合法化是指经政策规划得到的政策方案上升为法律或获得合法地位的过程。政策合法化是政策制定过程的重要阶段，又是政策执行的前提和基础。政策合法化要经过一系列政策审查、批准、签署和发布等环节。其主体是获得法定授权的国家机关。在现代民主与法治社会里，政策的制定都必须时时体现民主与法治精神，政策合法化是政策制定过程的重要环节。一项方案（草案）只有经过政策合法化过程，才能成为合法有效的政策，也才能进入政策过程的下一阶段——政策执行。

8. 公共政策执行［中南财大 2021 年研；对外经贸 2017 年研；天津商大 2013 年研］、**政策执行**［天津商大 2023 年研；人大 2020 年研］

答：公共政策执行是指公共政策主体将公共政策付诸实施的实践过程，即政策执行者通过建立组织机构，运用各种政策资源，采取解释、宣传、试验、实施、协调与监控等各种行动，将政策观念形态的内容转化为实际效果，从而使既定的政策目标得以实现的动态过程。公共政策执行是整个公共政策过程的关键环节，也是一项极为复杂的社会实践活动。其特点有：①目标的导向性。政策目标是政策执行的出发点和归宿点。②内容的务实性。公共政策执行必须具有可操作性和实践性。③行为的能动性。面对外部环境的复杂情况，执行者要能动地执行公共政策。④手段的权威性。公共政策执行具有强制性。公共政策执行应坚持下列原则：①严肃性与灵活性相结合；②实事求是与创造性相结合；③注重整体性原则；④强制执行和宣传教育相结合。

9. 公共政策评估［浙江财大 2020 年研；湖南师大 2019 年研；天津商大 2016 年研］

相关试题：政策评估［中央民大 2023 年研；北邮 2021 年研；人大 2019 年研；南航 2018 年研；河海大学 2013 年研；中财 2010 年研］

答：公共政策评估是指政策评估人员利用科学的方法和技术，系统地收集相关信息，评估政策方案的内容、规划与执行过程以及执行结果的活动。其目的在于利用这些政策相关信息，对政策结果和政策未来走向作出基本的判断。政策评估是决定政策变化、政策终结的基础依据。其内容包括：①对目标群体产生的影响；②对目标群体以外的群体产生的影响；③对近期以及未来产生的影响；④直接成本；⑤间接成本；⑥机会成本；⑦物质性影响与符号性影响。

10. 公共政策分析［贵州财大 2015 年研］、**政策分析**［天津商大 2023 年研］

答：公共政策分析是对公共政策主体为解决各类社会公共问题所选择的政策的本质、

产生原因及实施效果的研究。其目的在于协助政策制定者继续坚持或改进政策目标，实现社会发展和大多数人的利益。政策分析的基本步骤是：①收集信息。确定应考虑的因素及其中无法控制、纯由环境决定的因素。②用经济学和社会学的理论和数据来分析要素间的关系。③建立目标体系和评价指标体系。④建立模型。常用的政策模型有：理性模型、经济合理模型、启发式模型、程序决策模型、超理性模型和突变模型等。⑤对不同的政策方案进行评价。

11. 决策树[天津商大2014年研]

答：参见本章课后习题思考题第5题答案。

二、简答题

1. 简述政策问题的特征和结构。[对外经贸2017年研]

答：政策问题是指统治集团或社会大多数人感到现实中出现的某种情况与他们的利益、期望、价值和规范有相当严重的矛盾和冲突，进而通过团体或组织活动要求有关社会公共组织和政府采取行动加以解决，并被后者列入政策议程的社会问题或公共问题。

(1)政策问题的特征：

①公共性。政策问题应当从政策受众中选取议题，通过公众广泛参与以汇集各方诉求，在现有条件下最大程度达成各方利益共识，既维护个体利益，又实现公共利益。

②选择性。公共问题不等于公共政策问题，公共政策问题只是诸多公共问题中的一部分。政策问题并不能反映全部的社会问题，从这个意义上说，政策问题具有选择性。

③相互关联性。政策问题并非单独存在的孤立实体，事实上某一领域的政策问题往往会影响其他领域的政策问题，不同领域的政策问题是相互关联的。如能源问题会影响卫生与就业等政策问题。

④动态性。政策问题的动态性源于问题性质与解决方案的变化。政策问题的动态性主要是指，由于作用于政策问题的经济、政治、社会和自然环境发生了变化，那么政策问题的性质、程度、影响范围也随之发生变化。政策问题的动态性不仅体现为政策问题的性质、程度、影响范围等发生变化，还体现为旧政策问题的消失和新政策问题的产生。

⑤时效性。时效性是由该政策在实际的时空运行过程中决定的，其时效性决定了公共政策的运行后果：上升为法律，或被废止，抑或修改并经过实践检验后再上升为法律。但实际运行中因公共政策的确定标准没有得到细化而存在着诸多问题。

(2)政策问题的结构：

邓恩按照决策者、备选方案、价值、结果、概率等要素将政策问题分为三类：

①结构优良的问题。决策者较少，涉及一位或者几位，他们的价值观大致相同，因此最后的结果是确定的，风险较小，而且风险是可以提前测量得知的。公共机构中，较低层面的部分操作性问题可被视为结构优良的问题。

②结构适度的问题。有一位或者几位决策者，他们只能在有限的备选方案中进行选择，其价值取向趋于一致，但政策结果不确定，只能在一定的误差范围内计算风险。这类问题的原型是类似于“囚徒困境”的政策模拟或博弈。

③结构不良的问题。这种问题的决策者较多，而且其价值取向不明，各自的目标之间

可能存在冲突，因此这种政策的风险很大，且无法评估，所以很难选出最优方案。

2. 辨析：所有的政策问题，都需要由公众议程转化成政府议程。［贵州财大 2015 年研］

答：这种说法是错误的。在一般情况下，一个政策问题的提出，首先是作为社会公共问题进入公众议程加以讨论，然后引起决策者的关注，从而进入政府议程，最后才成为政策问题。但有时社会问题也有可能越过公众议程直接进入政府议程，如在政府组织系统内部发现问题，可以直接建立政策议程。

3. 简述社会问题进入政策议程的触发机制。［杭州师大 2019 年研］

答：詹姆斯·E. 安德森把公共问题进入政策议程的触发机制分为四种：

(1) 政治领袖的触发。政治领导者可能是决定政策议程的一个重要因素。政治领导者一般会密切关注某些特定问题，基于政治问题或者公众利益考虑，或者二者兼而有之，他们会将发现的问题公之于众，进而提出解决问题的方案。在美国，总统扮演着政策议程主要决定者的角色，国会中也有部分议员，他们怀着推动社会变革的愿望和渴望获得改革者的荣誉而热心于社会问题。

(2) 危机事件。突发性的重大事件往往会使形势发生逆转，从而成为社会各界关注的焦点，引起政府的高度重视。

(3) 抗议活动。这是一种激烈的利益表达形式，往往带有某些反常规的行动特征。其表现形式有：示威游行、静坐斗争、绝食抗议、暴力冲突、武装对抗等。抗议活动说明社会问题已经发展到非常严重的地步，只有新的政策选择才能平息由抗议所引发的混乱局面。

(4) 通信媒介的注意。当新闻媒介注意到一些社会问题并给予持续报道后，这些问题可能引起社会的广泛关注并进入政策议程。

4. 多源流分析模型。［华中师大 2023 年研；北大 2020 年研］

相关试题：

(1) 简述公共政策议程建立的多源流分析模型。［浙工商 2020 年研］

(2) 以图示说明金登的政策议程多源流分析模型。［天津商大 2017 年研］

(3) 简述公共问题是如何进入公共政策议程的。［暨南大学 2016 年研］

(4) 什么是“多源流模型”？使用该模型对某一具体政策进行分析。［贵州财大 2015 年研］

答：在借鉴科恩、马奇和奥尔森的垃圾桶模型的基础上，美国著名的公共政策学家金登提出了多源流理论。该理论最早出现于 1984 年金登出版的《议程、备选方案与公共政策》一书中。金登认为，一个项目被提上议程是由于在特定时刻汇合在一起的多种因素共同作用的结果，而并非它们中的一种或另一种因素单独作用的结果。这种共同作用也即多源流理论所讲的问题源流、政策源流和政治源流三者的连接与交汇。

(1) 问题源流：

问题源流主要关注问题的界定，包括问题是如何被认知的以及客观条件是如何被定义为问题的。问题常常通过以下三种途径而受到人们的广泛关注：①社会问题存在与否及其重要程度，可以用一系列指标（如公路死亡人数、发病率、免疫率、物价水平等）来反映；②一些重大事件或危机事件经常能够导致决策者对某个问题的关注；③从现行项目中所获得的反馈信息，可以推动对问题的关注。

(2)政策源流：

政策源流与解决问题的技术可行性、问题解决方案的公众接受度等有关。其重要方面在于针对政策问题而提出的各种建议，通常以听证会、论文和会谈等形式获得检验。各种各样的政策建议、解决办法相互碰撞、相互修正、相互结合，广为传播。这些建议能够存在需要满足多项条件，如其技术可行性、与主导价值观的适合程度、预算可行性以及政策制定者提出这些建议所可能遇到的支持或反对等。

(3)政治源流：

政治源流涉及政治对问题解决方案的影响，其因素包括：国民情绪、压力集团间的竞争、行政机构或立法机构的换届等。潜在的议程项目如果与目前的国民情绪相一致，能够得到利益集团的支持或者没有有组织的反对，符合立法机构或行政机构的一贯主张，那么它们就更容易获得议程上的优势地位。政治源流中各种力量通过政治艺术来实现平衡。

这三股独立的源流最后汇聚在政策窗口。当政策窗口打开时，政策问题就会被提上政策议程。实际上，政策之窗是“政策建议的倡导者提出其最得意的解决方案的机会，或者是他们促使其特殊问题受到关注的机会”。当出现引人注目的问题，或者产生强大的政治流时，政策之窗都将被打开。但这样的机会稍纵即逝。

政策议程的多源流分析及其关系如图 5 - 1 所示。

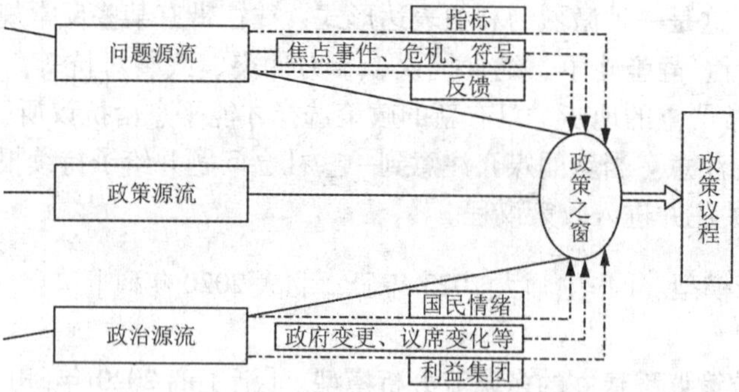

图 5 - 1　金登政策议程多源流分析示意图

5. 公共政策制定的程序。[中南财大 2020 年研]

答：公共政策的制定是指包括政策方案规划设计、政策形成到政策合法化在内的一系列步骤的过程。即为了解决某个公共政策问题而提出一系列可接受的方案或计划，在政策分析的基础上，进一步论证和审查备选方案，并最终形成正式政策的过程。这个过程主要包括：

(1)政策目标的确定。政策目标是政策制定者期望通过政策实施所要达到的解决问题的社会效果或所要避免的消极社会影响。政策目标可以确立政策制定的方向，可以为备选方案的设计和筛选提供依据，可以为政策执行和政策评估提供基本依据。政策目标的有效性取决于两个主要环节：①政策目标的设计正确，这是决策者的主要职责；②不同的参与者对政策目标的认同，这涉及民主参与问题。

(2)备选方案的设计。指以实现政策目标为目的而进行的设计、谋划、拟定解决方案的活动过程，即寻求解决政策问题的方法与途径。为了达到预定的目标，下级给上级提出的策略必须至少有两个以上，而且必须说明各自的优劣和得失，以供上级考虑和选择。

（3）备选方案的筛选。即在对备选方案进行全面评估的基础上择优的过程。评估的基本内容包括：对方案价值、方案可行性、方案效果、方案风险进行论证评估。对备选方案的筛选要遵循以下三个标准：①政治价值标准。科学合理的政治价值标准要体现出社会大多数人的利益。②成本—效益标准。能够以最小的成本换取最大预期的社会整体效益的政策方案才是高质量的政策方案。③伦理道德标准。良好的政策方案要符合社会普遍认同的道德规范和伦理准则。

（4）政策方案的最终抉择与合法化。在经过备选方案的筛选之后，将进入政策方案的最终抉择阶段。这一阶段就是在评估、论证各种备选方案的基础上进行比较，最后选择出最佳方案的过程。政策方案确定后，要通过一系列政策审查、批准、签署和发布等环节予以合法化，以获得法律地位和法定效力，即政策合法化。

6. 简述公众与政府之间政策沟通的障碍。［新疆农大2014年研］

答：参见本章课后习题思考题第3题答案。

7. 政策评估的标准。［中国政法大学2020年研］

相关试题：请简述公共政策评估的标准与方法。［对外经贸2020年研］

答：政策评估实质上是一种价值判断，而要进行价值判断，就必须建立相应的价值尺度，即评估标准。评估标准是政策评估者在政策评估过程中据以对政策方案和政策效果进行优劣判断的准则。确立评估标准是政策评估的基本前提和有效评估的保证。缺乏客观、具体的标准，评估就是一句空话。政策评估的标准如下：

（1）生产力标准。这是政策评估的首要标准。解放生产力、发展生产力是社会主义的本质要求，因此，评价一项政策好与坏、正确与错误、进步与落后，关键是看它有无或在多大程度上解放了生产力，促进了生产力的发展。

（2）效益标准。以实现政策目标的程度作为衡量政策效果的尺度。它所关注的是政策的实际效果是否与预定目标相符合，在什么程度上完成了预定目标，还存在哪些距离和偏差。

（3）公平标准。即政策执行后，导致与该政策有关的社会资源、利益及成本在社会不同群体间公平分配的程度。公正是衡量政策的一个重要标准。一项好的政策应该是努力实现公平、合理分配的政策。一项政策很有效率，又能取得较高的效益，但却不一定是一项好的政策，其原因有可能是造成了不公平的利益分配。一项好的政策必须兼顾公平与效率，只有建立在公平基础上的效率才是真正的效率。

（4）政策回应度。即政策实施后对特定团体需求的满足程度。以政策回应度为评估标准，其目的是从总体上衡量政策对社会的宏观影响。一项政策，只要政策对象认为满足了自己的利益要求，焕发出较高的热情和积极性来促进社会进步，政策的回应度就高；反之，政策的回应度就低。

8. 简答公共政策发展的价值取向。［贵州财大2015年研］

相关试题：简答公共政策发展的趋向。［贵州财大2013年研］

答：公共政策是指国家通过对资源的战略性运用，以协调经济社会活动及相互关系的一系列政策的总称。公共政策发展的价值取向主要表现为：

(1)公共性。公共性是公共政策的基本属性，是公共政策发展的首要规范性价值取向，其具体体现为政策制定的公共利益取向、政策运行的公共服务导向以及政策过程的公共参与性。因此，具有公共性的公共政策，应当具有促成社会资源公平分配、促进公民积极参与政治生活、促进公共利益的建设和维护三大基本社会职能。

(2)合法性。公共政策必须以公众利益为价值取向，从而赢得公众的认可和支持，这是政策内容具有合法性的应然要求。因为公共政策的效力源于公共权力，公共政策的对象是公共问题，公共政策在制定和实施过程中要承担公共责任，所以公共政策的终极目标理应是实现公共利益。只有符合公共利益的政策，才具有实质的合法性。

(3)有效性。有效性应体现在公共政策发展的方方面面，公共性和合法性是基础，有效性是延伸。它不但包括对社会秩序、公民行为的规范和约束，也包括对统治阶级行为的规范和约束，从而达到社会普遍的广泛的善。它主要通过解决社会公共问题谋求公共利益的合理分配来实现国家、政府对社会公平的有效维持。

9. 辨析：公共政策的合法化就是公共政策的法律化。[贵州财大2015年研]

答：这种说法是错误的。政策合法化是指经政策规划得到的政策方案上升为法律或获得合法地位的过程。政策法律化是指享有立法权的国家机关依照立法权限和程序将成熟、稳定而有立法必要的政策转化为法律的过程。公共政策法律化主要强调的是立法活动，也称政策立法。而政策合法化除了包括政策法律化之外，还包括公共管理主体实施的政策合法化过程。因此，公共政策的合法化外延比公共政策的法律化更为广阔，二者不能划等号。

10. 简述公共政策在公共管理中的功能。[浙工商2021年研]

相关试题：公共政策有哪些作用？[人大2023年研]

答：公共政策的功能，是指公共政策在社会公共事务管理中的功效与作用。从其对社会所起到的基本积极作用来讲，主要有以下几个方面：

(1)公共政策的行为引导功能。公共政策是规范人们行为的准则，是具有约束导引性的规范和准则。为了解决某个政策问题，政府依据特定的目标，通过政策对人们的行为和事物的发展加以引导，使得政策具有导向性。这种导向功能有直接引导和间接引导两种作用形式。从作用结果上看，有正向引导功能，也有负向引导功能。

(2)公共政策的利益协调与分配功能。公共政策具有价值或利益的分配功能。这种功能需要回答三个方面的问题：将那些满足社会需求的价值或利益向谁分配？如何分配？什么是好的乃至最佳的分配？在通常情况下公共政策倾向于把价值或利益分配给与政府主观偏好一致或基本一致者、最能代表社会生产力发展方向者以及普遍获益的社会多数。

(3)公共政策的调控和规制功能：

①公共政策的调控功能，指政府运用政策，在对社会公共事务中出现的各种利益矛盾，进行调节和控制的过程中所起的作用。政策的调控作用主要体现为调控社会各种利益关系，尤为重要的是物质利益关系。政策的调控功能有直接和间接两种形式，并且常常表现出特有的倾斜性。

②公共政策的规制功能。为避免影响社会良性运行的不利因素出现，公共政策就要发挥对目标群体的约束和管制功能。这种功能往往通过政策的有关条文规定明确地加以表现。

三、论述题

1. 论述政策工具。[中国政法大学2020年研]

答：政策工具是指人们为解决某一社会问题或达成一定的政策目标而采取的具体手段和方式。首先，政策工具存在的理由是为了实现政策目标，它是作为目标和结果之间的桥梁而存在的。其次，政策工具仅仅是手段，而不是目的本身。最后，政策工具的主体不仅仅是政府，其他主体也可以拥有自己的政策工具。

(1)政策工具的分类：

①市场化工具，指政府利用市场这一资源有效配置的机制来达到提供公共物品和公共服务目的的具体方式。民营化、用着付费、管制与放松管制、合同外包、内部市场等都可以用来帮助政府达成政策目标。

②工商管理工具，是把企业的管理理念和方式借鉴到公共部门中来，吸取有效经验达成政府的政策目标。它包括战略管理技术、绩效管理技术、顾客导向技术、目标管理技术、全面质量管理技术、标杆管理技术和企业流程技术等。

③社会化工具，指政府更多地利用社会资源，在一种互动的基础上来实现政策目标，如社区治理、个人与家庭、志愿者组织、公司伙伴关系等。

(2)政策工具研究的因素：

①应坚持以公共理性为主导的多元综合理性的原则。

②应适应相应的政策环境。

③应有利于保护协调政策目标群体的当前利益、中期利益和长远利益。

④灵活选择政策工具。政策工具多种多样，应根据实际情况进行选择，使得政策工具与相应的政策问题相适应。

⑤应及时有效地调整政策工具的使用方式和使用力度。

2. 试论述治理工具选择的原则及影响因素。[天津商大2020年研]

相关试题：政策工具选择的影响因素。[简答题，中国地大2023年研]

答：(1)治理工具即公共政策工具，其选择原则，参见本章考点难点归纳相关内容。

(2)影响治理工具的选择因素，参见本章课后习题思考题第1题答案。

3. 联系实际论述公共政策执行失控的主要表现及原因。[天津商大2012年研]

相关试题：

(1)结合实践，论述政策执行偏差的主要原因及改进措施。[人大2023年研]

(2)简述公共政策执行偏差的主要表现、原因及其措施。[简答题，暨南大学2022年研]

(3)简述公共政策执行失控的表现。[简答题，浙工商2018年研]

答：参见本章课后习题思考题第4题答案。

四、案例分析题

请根据教科书关于不同政策工具特征(优势和劣势)以及公共政策工具选择等相关理论，对“APEC蓝”的出现及平常时期政策效果欠佳的可能原因进行讨论。[北大2015年研]

答题说明：

(1)此题为相对开放题目。答题者可从各个角度对问题进行尽量深入的讨论。

(2)由于没有实地调研做基础，这里的讨论只需尽量考虑中国现实情况及环保政策制定和执行过程中的种种可能性。

答：(1)“APEC 蓝”出现的原因：

①采用了强制性的政策工具。强制性工具又称指导性工具，是指借助政府的权威和强制力，对目标群体的行动进行控制和指导以实现政策目标的手段，其具体形式有：

a. 管制，指政府通过一系列行政管理过程对个人和机构的行为作出要求和规定的活动。对于这些规定，目标群体必须遵守和服从，反之将受到惩罚。

优点：建立管制所需要的信息相对较少；管制较容易实施；管制的不确定性较低；相对于其他工具来说，管制更适用于危机管理；管制比其他工具的成本更低；采取管制措施能够表现出政府部门的快速行动，对公众而言具有政治感染力。

缺点：管制经常扭曲自愿性或私人活动，从而导致经济上的无效率；管制可能会抑制创新和技术进步；管制缺乏灵活性，过于刻板；管制所引起的社会服从成本可能会比较高。

b. 公共企业，又称国有企业，可被看作是管制的一个极端形式。

优点：在因高资本投入或无利可图而导致私人企业不愿提供社会需要的物品和服务的条件下，公共企业是一项有效率的经济政策工具；在许多情况下，建立公共企业所要求的信息比利用自愿性工具或管制时所要求的信息少；公共企业的利润能积累公共资金以用于公共支出。

缺点：政府难以有效地控制公共企业；公共企业缺乏有效的约束；在特定领域，许多公共企业处于垄断地位，运行无效率，并将成本负担转嫁到消费者身上。

c. 直接提供。由公共财政拨款并由政府及其雇员直接提供物品和服务，是一个基本的、最为常见的政策工具，大部分政府职能通过此政策工具来完成。

北京 APEC 会议期间，政府采取了车辆限行、企业停产或限产等强制性措施。这些措施直接有效，保证了政策效果。

②北京周边地区环保政策的保障以及政策贯彻落实。

③监督有力。

④建立了强有力的问责机制。

(2)平常时期政策效果欠佳的可能原因：

①采用自愿性和混合性的政策工具：

a. 自愿性工具，指在很少或几乎没有政府干预的情况下，以自愿为基础完成预定任务、实现政策目标的手段，主要包括：家庭与社区、志愿者组织和市场等。近些年来，随着私有化的扩展，人们对自愿性工具的使用不断增强。由于自愿性工具既具有成本效益上的优势，又与主张个人自由的文化相吻合，并且有助于维系家庭与社区的关系，因此，它在许多社会中成为首选的政策工具。正是由于自愿性工具的非强制性特征，导致市场经济的参与者没有足够的约束来规范自己的行为，总是从自身利益最大化出发，而忽视了公众利益。

b. 混合性工具，结合了自愿性工具和强制性工具的特征，指允许政府对非政府行为主体的决策进行不同程度的干预，但最终仍由私人作出决策的实现政策目标的手段。其具体形式有：

第一，信息与规劝。信息传播是一种消极工具，政府向个人和公司提供信息并期待它们的行为发生预期的变化。规劝是政府试图说服人们去做或不做某事，力求改变人们的偏好和行动，而不是仅仅向人们提供信息并期待其行为发生预期变化。该工具的优点是：较适用于问题尚没有明确解决办法的时候；改变或放弃工具比较容易；工具容易实施，成本很低；与强调自由和个人责任的民主理念相一致。缺点是：虚弱无力，不具有权威性、强制力。

第二，补贴。即政府（或者通过其代理）给个人、公司和组织的各种形式的财政转移，补贴的形式包括拨款、税收减免、凭单、低息贷款等。其优点是：易于确立并加以实施，是一种灵活的政策工具；能够鼓励创新；管理和实施成本较低；具有较高的政治可行性。缺点是：补贴需要增加的开支比较困难；收集关于补贴的相关信息的成本较高；这种工具发挥作用往往存在时滞，不适用于危机处理；补贴一旦建立起来，就难以取消。

第三，产权拍卖。政府通过产权拍卖，在不存在市场的公共物品和服务领域建立市场。

第四，税收与使用者付费。税收是一种法定的由个人或者公司向政府的强制性支付，使用者付费是税收作为一种政策工具的创新应用形式，是管制和市场两种政策工具的结合体。其优点是：比较容易确立；是一种灵活的政策工具；可以提供持久的财政激励；使用者付费工具有助于创新；减少了官僚机构的执行任务。缺点是：确定引发预期行为的税率和收费水平需要大量信息；不能满足危机时期快速反应的要求；比较繁杂，可能会提高管理成本。

北京平常时期采取的环保政策包含税收、罚款等激励性工具及排放标准、市场准入（如汽车尾气排放标准、钢铁企业的技术与规范标准）等强制性工具。这些政策工具不具有强制性，往往存在滞后的情况，所以，政策效果不是很理想。

②政策执行力度不够。平常时期的政策执行，由于没有强大的驱动力和足够的政策资源，导致政策的执行效果不佳，没有发挥其真正的效力。

③政策执行监督机制不健全。监督是管理的重要环节，现阶段我国环保政策的监督机制仍然缺乏，同时也缺乏一些有严格约束力的制度来保障监督与检查的力度，主要表现为体制不顺、党政不分和法制不健全等。

④政策本身的原因。我国现行的环保政策有些过于抽象，缺乏具体的可操作性；有些政策没有普遍适用性，在执行时可能与当地的实际情况不符，导致地方政府难以切实地执行政策。

第6章　公共人力资源管理

6.1　复习笔记

【知识框架(庖丁解牛)】

- 公共人力资源管理
  - 公共人力资源管理的基本理论
    - 人力资源与公共人力资源管理：含义、特点
    - 传统人事管理与现代人力资源管理的区别
    - 人力资源管理的理论演进
      - 科学管理时代
      - 行为主义时代
      - 现代管理时代
      - 企业文化时代
  - 公共人力资源管理的主要内容
    - 职务分析：含义、程序、方法
    - 人员招聘：过程管理、类型、方法
    - 人员培训与开发：需求分析、组织实施、新趋势
    - 绩效评估：含义、功能、有效要求、方法、实施
    - 薪酬管理：原则、影响因素、薪酬构成、设计的基本过程
  - 公务员制度
    - 概述
      - 含义：公务员、公务员制度
      - 特点：我国、西方公务员制度
      - 新时代我国公务员制度的内容
    - 改革：我国公务员制度存在的问题、改革思路与措施

【通关提要(提纲挈领)】

本章主要介绍公共人力资源管理，比较基础。学习时，要熟悉公共人力资源管理的基本理论、具体内容，掌握公务员制度的含义、特点与改革措施。要理解公共人力资源管理与社会发展之间的内在联系，进一步探究和思考公共人力资源管理的制度化、法治化途径。本章易考概念题、简答题和论述题，复习时要理解识记。

【考点难点归纳(厚积薄发)】

考点一：公共人力资源管理的基本理论　★★

1. 人力资源与公共人力资源管理(见表6-1)

表 6－1　人力资源与公共人力资源管理

要点		主要内容
人力资源	含义	指一定区域内具有劳动能力的人口总和或具有智力劳动和体力劳动的能力的人口之和
	特点	①生物性；②能动性[本质特征]；③时效性；④智力性；⑤再生性；⑥社会性
公共人力资源管理	含义	①指对公共部门人力资源从招聘、录用、培训、晋升、调动、考核、工资福利分配到离退等环节及人力资源的需求预测、规划和开发的一系列活动所实施的管理。 ②目标：调动人员积极性，提高工作能力，改善服务质量
	特点	①权威性；②公益性；③复杂性；④法制性

2. 传统人事管理与现代人力资源管理的区别(见表 6－2)

表 6－2　传统人事管理与现代人力资源管理的区别

	传统人事管理	现代人力资源管理
人性假定	人是成本，以事为中心	人是核心资本[第一资源]，以人为中心
工作性质	控制人工成本的“成本中心”，行政事务性工作	增加产出的“利润中心”，重视对人的开发利用，进入组织的战略决策
管理内容	传统人事管理内容	超越传统人事管理，形成全方位管理
管理部门地位	①非生产、非效益部门；②地位低	①中枢机构；②地位高
管理方式和手段	运用行政命令，强调刚性、标准化管理	参与式民主管理，强调柔性、人性化管理

【真题链接】简述传统人事管理与现代人力资源管理的主要区别。[简答题，天津商大 2021 年研]

3. 人力资源管理的理论演进(见表 6－3)

表 6－3　人力资源管理的理论演进

要点	主要内容	
科学管理时代 [19 世纪末 20 世纪初]	代表人物	①美国的泰勒；②法国的法约尔；③德国的韦伯
	理论共同点	①人是经济人，被动、理性，管理者要用“大棒加胡萝卜”[即纪律规章加经济刺激]进行控制。 ②管理重点在“物”“硬”方面。 ③存在一种普适的“最佳”管理模式
	科学管理的局限性	①把人当作“经济人”，忽略了社会性需要。 ②把人当作工具，要求人的动作标准化，抑制积极性和创造性。 ③主张金钱激励，严厉惩罚消极者。 ④人事管理注重日常事务性环节，忽视了人的潜能开发
行为主义时代 [20 世纪 20～40 年代]	①马斯洛的需要层次理论：人的需要分为生理、安全、社交、尊重和自我实现五个层次。 ②赫茨伯格的双因素[激励因素和保健因素]理论。 ③弗鲁姆的期望价值理论。 ④麦格雷戈的 X-Y 理论。[Y 理论：积极管理] ⑤布莱克和穆顿的“管理方格图”理论	

续表

要点	主要内容	
现代管理时代[二战后]	社会系统学派	代表人是巴纳德，认为组织是系统，个人效率形成系统效率
	经验主义学派	代表人是德鲁克，认为管理者的工作是激励、管理人
	系统管理理论学派	代表人是卡斯特和罗森茨韦克，用系统论和控制论的观点来研究企业管理问题，重视人力资源管理
	权变管理理论	人是"复杂人"，要针对不同的人和情境采取不同的管理方法
	人力资本理论	代表人物：美舒尔茨、贝克尔等，认为人是资本
企业文化时代[20世纪80年代]	企业文化理论：要满足员工的高层次[精神]需要，实现以人为中心的管理，用群体价值观激励员工	

考点二：公共人力资源管理的主要内容 ★★★

1. 职务分析(见表6－4)

表6－4　职务分析

要点	主要内容
含义	又称工作分析，是指对某一特定职务的工作作出明确规定，形成职位描述和职位要求
程序	①目标选择与组织；②制定计划和方案；③信息收集与分析；④结果表达；⑤结果运用
方法	①观察法；②访谈法；③问卷法；④工作实践法；⑤工作日志法；⑥典型事例法；⑦定量分析法

2. 人员招聘

(1)招聘筛选的方法，包括：①筛选求职申请表；②测试；③面试；④背景调查。

(2)招聘渠道的类型(见表6－5)：

表6－5　招聘渠道的类型

	内部招聘	外部招聘
含义	又称内部选拔，从组织内部选拔合适人才	从组织外部招聘德才兼备的能人
渠道	晋升、职务调动、岗位轮换	招聘广告、职业介绍机构、招聘会、猎头公司、校园招聘、网络招聘、职员推荐、申请人自荐
优势	①减少信息不对称。 ②强化组织文化，提高人员忠诚度。 ③成本低，效率高，流失率低。 ④利于员工职业生涯发展，提高士气	①新员工为组织带来更多创新机会。 ②产生"鲶鱼效应"。 ③缓和、平息内部竞争者间的紧张关系。 ④招聘到更优秀人才
不足	①不利于内部团结。 ②易出现"近亲繁殖""长官意志"。 ③论资排辈的选拔会打击人员积极性	①筛选难度大、成本高。 ②花费较长时间进行培训和定位。 ③打击内部人员积极性，或引发内外人才冲突。 ④外聘人员可能"水土不服"

3. 人员培训与开发（见表 6－6）

表 6－6　人员培训与开发

要点	主要内容		
培训需求分析	含义	指分析组织的未来发展、任务内容、人员个人情况，以发现培训需求	
	内容	组织层面	根据组织战略、目标、结构等因素，分析组织存在的问题
		任务层面	以职位说明书或任职资格为标准分析工作所需技能，确定培训需求
		个人层面	对比绩效标准、技能要求等分析差距
培训的组织与实施	步骤：确定培训目标→拟订培训计划→选择受训者、培训者→选择培训方式和方法→实施培训计划→培训效果评估→制定培训激励政策		
人员培训与开发新趋势	①凭借培训和教育功能，使组织成为“学习型组织”。 ②培训呈高科技、高投入趋势。 ③培训趋向社会化，向纵深发展。 ④质量是生命力		

4. 绩效评估（见表 6－7）

表 6－7　绩效评估

要点	主要内容	
含义	指根据综合指标体系，考核评价员工的工作业绩、工作能力、工作态度的过程	
功能	①控制功能；②激励功能；③开发功能；④沟通功能	
有效要求	有效绩效评估系统的要求：①敏感性；②可靠性[一致性]；③准确性；④可接受性；⑤实用性[收益必须大于成本]	
方法	排序法	①比较员工绩效的相对优劣，确定名次。 ②分类：简单排序法、交替排序法、配对比较法、强制分布法
	量表法	①应用最广泛；②通过分解纬度并划分等级，实现量化评估
	关键事件法	负责评价人员记录员工的特别有效行为和特别无效行为，形成书面报告。每隔一段时间（通常 6 个月）进行一次面谈，讨论工作绩效
	行为对照表法	①设计“规范工作行为”表格。 ②考评人员对比“员工的工作行为”和“规范描述”
	行为锚定评价法	综合量表法、关键事件法，兼具二者之长
	目标管理评估法	以目标管理理论为依据，层层分解组织目标，将员工日常工作与组织目标相关联
	360 度评估法	①多层次、多角度、多渠道、全方位的立体交叉方式。 ②考核人员涵盖被评估者所有的工作关系主体
实施	①职责分工；②选择并培训考评者；③确定评估时间；④绩效面谈	

5. 薪酬管理(见表6－8)

表6－8 薪酬管理

要点	主要内容
基本原则	①公平性；②竞争性；③激励性；④经济性；⑤合法性
影响因素	①外在因素[如当地生活水平]；②内在因素[如工作性质、工龄]
薪酬构成	①经济性薪酬；②非经济性薪酬
设计基本过程	确定付酬原则与策略→职务分析、评价→设计薪酬率→外部薪酬状况调查及数据分析→薪酬分级和定薪→薪酬制度的执行、控制与调整

【真题链接】

(1)简述公共人力资源管理的主要内容。[简答题，苏州大学2013年研]

(2)薪酬管理有哪些基本原则?[简答题，江苏大学2018年研]

考点三：公务员制度 ★★★

1. 公务员制度概述(见表6－9)

表6－9 公务员制度概述

要点		主要内容
概念	公务员	指依法履行公职、纳入国家行政编制、由国家财政负担工资福利的工作人员[须同时具备以上三个标准]
	公务员制度	①指国家管理公务员所依据的法律、法规和规章制度的总和。 ②实质：制度化、法律化的公务员管理
特点	我国	①坚持党管干部原则；②不搞政治中立；③不区分政务官与事务官
	西方	①严格区分政务官与事务官。[两官分途] ②强调政治中立。 ③公开考试，择优录用。[竞争制] ④实行"功绩晋升制"。 ⑤强调官风官纪、职业道德，重视公务员队伍的廉洁
内容	新时代中国公务员制度的内容包括：公务员范围；公务员的义务和权利；职务与级别；录用；考核；职务任免；职务职级升降；奖惩；培训；交流与回避；工资福利保险；辞职辞退；退休；申诉与控告；职位聘任	

【真题链接】

(1)简述西方国家公务员制度的主要特点。[简答题，云南财大2021年研]

(2)请简述我国公务员制度与西方公务员制度的区别。[简答题，江西财大2023年研]

(3)论述中西方公务员制度的区别。[论述题，郑州大学2023年研]

(4)简述我国公务员制度的主要内容。[简答题，新疆农大2015年研]

2. 我国公务员制度存在的问题、改革思路与措施(见表6－10)

表6－10　我国公务员制度存在的问题、改革思路与措施

要点	主要内容
存在问题	①缺乏整体性的人力资源管理体系构建。 ②管理基础工作薄弱，很难规范、科学化管理，不利于深化改革。 ③与以绩效为本的现代人力资源管理理念相背离。 ④仍是"重使用、轻开发"的传统用人观念。 ⑤人事管理权力过于集中，管人与管事相脱节。 ⑥业务部门主管技能不足，缺乏人力资源管理技能
改革思路与措施	①坚持并强化党的领导和党管干部原则。 ②引进先进管理理念，将传统人事管理转变为现代人力资源管理。 ③注重管理的基础工作，整体配套，系统推进。 ④分权管理，下放人事管理权力。 ⑤选择性借鉴企业和市场化方法，增强公务员管理效能。 ⑥树立绩效导向的管理理念。 ⑦推行基于能力和素质的人力资源开发模式。 ⑧培育公共伦理，弥补硬性管理的不足

6.2　课后习题详解

一、概念题

1. 人力资源

答：人力资源是指一定区域内人口总体具有劳动能力的总和或具有智力劳动和体力劳动能力的人口之和。人力资源是一定时期内组织中的人所拥有的能够被企业所用，且对价值创造起贡献作用的能力、技能、经验、体力等的总称。其本质是人所具有的脑力和体力的总和，即劳动能力，这一能力要能够被各种组织所利用。与物质资源和其他生物资源相比，其特点有：生物性、能动性、时效性、智力性、再生性和社会性。它对财富的创造起贡献作用，成为社会财富的源泉，是经济发展的主要力量，是企业的首要资源。

2. 公共人力资源管理

答：公共人力资源管理是指公共组织为实现既定的目标，运用现代管理措施和手段，对人力资源的取得、开发、保持和运用等进行管理的一系列活动的总和。其主要内容包括：①职务分析；②人员招聘；③人员培训与开发；④绩效评估；⑤薪酬管理。

3. 公务员制度

答：参见本章考研真题概念题第2题答案。

4. 职务分析

答：参见本章考研真题简答题第1题答案。

5. 公务员

答：公务员，根据《公务员法》的规定，是指依法履行公职、纳入国家行政编制、由国家财政负担工资福利的工作人员。公务员职位按职位的性质、特点和管理需要，划分为综合管理类、专业技术类和行政执法类等类别。我国公务员的范围包括：中国共产党机关、人大机关、行政机关、政协机关、审判机关、检察机关和民主党派中的工作人员。

6.《公务员法》

答：《公务员法》于2005年4月颁布，自2006年1月1日起正式实施，标志着我国公务员制度进入了成熟期。它是为了规范公务员的管理，保障公务员的合法权益，加强对公务员的监督，促进公务员正确履职尽责，建设信念坚定、为民服务、勤政务实、敢于担当、清正廉洁的高素质专业化公务员队伍，根据宪法制定的法律。它规定了中国公务员的范围、权利和义务、职务与级别、录用、考核、职务任免、职务职级升降、奖惩、培训、交流与回避、工资福利保险、辞职辞退、退休、申诉与控告、职位聘任。它对规范行政主体、加强公务员队伍建设产生了重要影响。

7. 公共人力资源管理变革

答：公共人力资源管理变革主要是指公共人力资源管理模式等的变革。传统公共部门的人事管理模式因与科层制相适应，适用于工业社会，但并不适合当今的信息时代。因此从20世纪80年代开始，西方国家掀起了一场规模庞大的政府改革运动。在这场运动中，人事管理也发生了巨大变化，现代人力资源模式逐渐被引入公共部门，即公共人力资源管理变革。国外公共人力资源管理变革的特点包括：①运用合同聘任制，实行弹性化的任用制度；②放松规制，由刚性管理变为弹性管理；③实行个人谈判工资制度；④进行工资体制改革，推行绩效管理和绩效工资；⑤改革僵化的职位分类制度和职业发展路线；⑥注重人力资源开发，根据职位要求对任职者进行培训教育；⑦下放人事管理权力，给予用人单位必要的管理手段。

二、思考题

1. 分析、理解人力资源的特点。

答：人力资源是指能够推动国民经济和社会发展的、具有智力劳动和体力劳动能力的人的总和。与物质资源和其他生物资源相比，人力资源具有以下特点：

(1)生物性。人力资源是有生命的，是一种“活”的资源，这是由其载体(人)决定的，与人的自然生理特征相联系。

(2)能动性。人力资源不同于自然界的其他资源，它具有主观能动性，能有目的地进行活动，有目的地改造外部物质世界。这也是人类劳动与其他动物本能活动的根本区别。劳动者按照在劳动过程开始之前已确定的目的，积极、主动、创造性地进行活动。

(3)时效性。人力资源的形成、开发、使用都具有时间方面的限制。对人力资源储而不用，其才能就会荒废、退化。从个体的角度看，作为生物有机体的人，有其生命周期；而作为人力资源的人，能从事劳动的自然时间又被限定在生命周期的中间一段。

(4)智力性。人类在劳动过程中，通过智力开发，使其自身的功能得到扩展；同时人的智力具有继承性，其能力会随着时间的增长而不断积累。

(5)再生性。人力资源是一种可再生性资源，在开发过程中，不会像不可再生性资源(如矿物资源)那样因为使用而减少。相反，其可能会因为被使用而提高水平，增强活力。人力资源的再生性除遵守一般的生物学规律外，还受人类意识的支配和人类活动的影响。

(6)社会性。人力资源处于特定的社会和时代之中。它既是人类社会活动的结果，也是构成人类社会活动的前提，因此具有社会性特征。

2. 比较分析传统人事管理与现代人力资源管理的差异。

答：参见本章考研真题论述题第 1 题答案。

3. 列举职务分析的基本程序与内容。

答：职务分析是指对某一特定的职务作出明确规定，并确定完成这一职务需要什么样的行为的过程。

(1)职务分析的基本程序：

①目标选择与组织。这一阶段的工作主要包括以下几个方面：a. 明确所获取信息的类型及范围，并确定该信息的使用目的；b. 选择恰当的职务分析人员，并取得相关人员的合作及认可。

②制定职务分析的计划和方案。这一阶段的工作具体包括：制定职务分析的工作计划、选择分析的目标职务、选择信息来源、确定信息收集的方法。

③信息的收集和分析。这一阶段主要是进行信息的收集，收集的信息应包括：学习要求、与其他工作的联系、作业姿势、工作环境、作业对身体的影响、所需的心理品质、劳动强度、工作内容、工作职责、有关工作的知识、灵巧程度、经验和适宜的年龄、所需教育程度等。

④结果表达。即信息分析的结果用文字表达出来，编写相应的职务说明书。编写职务说明书的主要目的在于为招聘、录用员工提供依据、对员工进行目标管理、为企业制定薪酬政策提供依据、为员工晋升与开发提供依据等。

⑤结果的运用。这一阶段的主要任务是应用分析结果，制定各种应用型文件，如招聘录用文件、培训文件、人员发展和晋升文件等，并且将这些文件实施下去，运用到实际的工作中去。

(2)职务分析的内容：

职务分析就是要为管理活动提供与工作有关的各种信息，这些信息可以用 6 个 W 和 1 个 H 来加以概括：

①Who，谁来完成这些工作？

②What，这一职位具体的工作内容是什么？

③When，工作的时间安排是什么？

④Where，这些工作在哪里进行？

⑤Why，从事这些工作的目的是什么？

⑥For whom，这些工作的服务对象是谁？

⑦How，如何进行这些工作？

职务分析从这些方面对职务工作开展调查研究，再书面描述该职务的任务要求并整理成文。

4. 分析提高面试工作质量的方法。

答：面试是指在特定的时间和地点，由面试者和应聘者按照预先设计好的目的和程序，进行面谈，相互观察、相互沟通的过程，是一种经常被使用的选拔工具。许多组织在决定录用人员之前，都必须与申请人面谈一次。为提高面试工作的质量，面试要做好以下几方面的工作：

(1)面试的准备：

①面试之前，要制定出面试指南，包括面试团队的组建、面试提问的分工和顺序、面试提问技巧、面试评分方法。

②准备面试问题，具体做法包括：

a. 分析该空缺岗位所需要的才能。

b. 分析专业技能与综合能力各自占的比重。

c. 分析综合能力包括的内容及占比等。

d. 用图表的方式将面试才能项目以及相应的权重列出。

e. 根据才能分析和评价要素权重准备问题形式和数量，可以将所提问题列表给出。

③确定评估方式，包括确定面试问题的评估方式和标准、确定面试评分表等。

④培训面试考官，包括提问的技巧、追问的技巧、评价标准的掌握等，只有面试考官掌握一定的面试技术，才能保证面试过程的有效实施，保证面试结果的科学性和客观性。

(2)控制面试过程：

①在关系建立阶段，面试考官可以从应聘者可以预料到的问题发问，如工作经历、文化程度等，消除应聘者的紧张情绪，创造轻松、友好的氛围，为下一步的面试沟通做好准备。

②在导入阶段，面试考官应提问一些应聘者一般有所准备的、比较熟悉的题目，如让应聘者介绍自己的经历，进一步缓解应聘者的紧张情绪，为进一步的面试做准备。

③在核心阶段，面试者通常要应聘者讲述一些关于核心胜任力的实例。面试考官将基于这些事实作出基本判断，对应聘者的各项核心胜任能力作出评价，为最终的录用决策提供重要的依据。

④在确认阶段，面试考官应进一步对核心阶段所获得的信息进行确认。

⑤在结束阶段，面试考官完成所有预计的提问之后，应给应聘者一份机会，询问应聘者是否还有问题要问，是否有需要补充说明的事项。

(3)面试结果的处理：

①综合评价，将多位考官的评价结果进行综合，形成对应聘者的统一认识，并给出面试结论。

②面试结果的存档。面试结束后，将有关面试的资料备案。这些资料体现用人单位对新员工的首次全面性的评价，是用人单位对新员工系统考评的开始。

(4)避免面试过程的评价误差：

面试结束后，应回顾整个面试过程，总结经验，为下一次的面试设计做准备，同时，要注重面试礼仪，不管应聘者通过与否，都应及时通知结果。

5. 通过具体实例分析说明如何实施对求职人员的背景调查。

答：背景调查又称“证明材料核查”，是指通过咨询应征者从前的上司、最近有机会观察其的人员、曾受教育机构、推荐人等对象核查候选人背景资料和证明材料等的真实性和有效性的方法。该方法可以核实、补充候选人资料信息。

运用背景调查的方法来了解求职者的真实信息，应该遵循以下原则：被调查人授权，背景调查要让被调查人知情；不涉及被调查人尚未离职的公司；不涉及被调查人个人隐私，第三方仅记录客观情况；不评价被调查人是否胜任；给予认为有问题的被调查人申辩权利；被调查人信息保密。

具体实例：A公司准备录取新员工B，在正式录用之前，通知他公司需要对其教育背景等情况进行调查，并承诺不会涉及其个人隐私。

6. 列举培训需求分析包含的层次。

答：培训需求分析是指通过对组织的未来发展、任务内容和人员个人情况的分析来发现培训需求。具体而言，培训需求分析包含三个层次：

(1)组织层面的分析。该分析主要是通过对组织的目标、资源、特质、环境等因素的分析，准确地找出组织存在的问题与问题产生的根源，以确定培训是否是解决这类问题的最有效方法。通过组织分析可以明确培训产生的背景和形式等。

(2)任务层面的分析。该分析是按照企业职务工作标准、胜任职务所需要的能力标准及企业各部状况，对员工有效完成某项任务时所需要的做法和应具备的素质等进行分析，进而确定企业的培训需求结构。其目的在于了解与绩效问题有关职务的详细内容、标准和达成工作需具备的技能。

(3)个人层面的分析。该分析主要通过分析员工现有状况与应有状况之间的差距来确定培训对象和培训内容。其重点是评价员工的实际工作绩效和工作能力。

7. 列举并分析一个有效的绩效评估系统应满足的要求。

答：绩效评估是一个系统的过程，是人力资源管理的核心职能之一，是指评定者运用科学的方法、标准和程序，对行为主体与评定任务有关的绩效信息(业绩、成就和实际作为等)进行观察、收集、组织、贮存、提取、整合，并尽可能作出准确评价的过程。

(1)绩效评估系统，一般由三部分组成：

①定义绩效。绩效定义对员工来说就是确定其行为方向和所要达到的目标，同时也是考核标准。这是进行绩效考评的关键和基础。

②考核绩效。在绩效定义的基础上制定出一个健全合理的考评方案并实施。考评方案包括考评的内容、方法、程序、组织者、考评结果的统计处理等。

③反馈绩效。通过反馈可以使上下级之间就员工的工作情况进行沟通，针对不足之处提出改进措施。

(2)一个有效的考核系统应满足以下几个方面的要求：

①敏感性。指绩效评估系统要具有可区分工作人员工作效率高低的能力，要调动工作人员的工作积极性，提高其工作效率。只有这样，才能促进人员发展，同时推动组织业绩

提升。

②可靠性。指不同的评价者对同一人员的评价要具有一致性，评价标准不可以因人而异。

③准确性。指在考核的过程中需要将工作标准与组织目标相联系，把评价内容与工作要素相联系。

④可接受性。指绩效考核系统应得到各级管理人员和工作人员的支持。只有这样才能让考核顺利进行，不引起人员的反感。

⑤实用性。指考核系统的设计、实施和结果利用要考虑成本问题。成本不应过高，最终的收益必须大于成本。

8. 联系实际，分析行为主义理论对人力资源管理的意义。

答：(1)行为主义理论的产生：

20 世纪 20～40 年代是行为主义理论的时代。行为主义的早期为人际关系学派，是通过霍桑实验而形成的。其代表人物是梅奥，主要观点如下：

①人是“社会人”而不是“经济人”。

②生产效率在很大程度上取决于人的工作态度或士气。

③企业中存在着“非正式组织”，且其对职工的积极性有很大影响。

(2)代表性的行为主义理论：

人际关系理论为行为科学理论奠定了基础，此后产生了许多有代表性的行为主义理论，具体包括：

①马斯洛的需要层次理论。该理论认为，人的需要可分为生理的需要、安全的需要、归属与爱的需要、尊重的需要和自我实现的需要五个层次。这五个层次需要由低到高逐层上升，尚未满足的需要才能影响个体行为。管理者应充分了解员工需要，激励员工为满足自身需要而努力工作。

②赫茨伯格的双因素理论。赫茨伯格把使职工感到满意的内在因素称作激励因素，如工作本身、责任、晋升等；使职工感到不满意的外部因素称作保健因素，如工作环境、薪酬等。管理者要重点关注激励因素，充分调动人的积极性。

③弗鲁姆的期望价值理论。该理论认为，个体完成工作任务的动机是由他对这一任务成功可能性的期待以及这一任务所赋予的价值决定的。个体认为达到目标的可能性越大，从这一目标中获取的激励值就越大，个体完成这一任务的动机也就越强。

④麦格雷戈的 X-Y 理论。X 理论认为，人性本坏，好逸恶劳、尽可能逃避工作，必须采取强制、监督的方式进行管理；Y 理论认为，人并不懒惰，愿意承担责任，热衷于发挥自己的才能和创造性，应通过诱导、鼓励的方式调动人的积极性。

⑤布莱克和穆顿的“管理方格图”理论。该理论由 81 个方格组成，纵向表示领导者对人的关心程度，横向表示领导者对生产关心的程度。其中，团队型管理最有效。

(3)行为主义理论对人力资源管理的意义：

行为科学运用心理学、社会学和人类学等理论研究人们行为的动机及其对外界刺激的反应等，以求在组织内部妥善处理人际关系，减少冲突，发挥工作积极性，为日后人力资本理论的形成奠定了理论基础，对人力资源管理学科的发展起到了十分重要的作用。

9. 比较分析中西方公共人力资源管理变革的原因、主要内容。

答：(1)国外公共人力资源管理变革的原因：

传统公共部门的人事管理模式是与科层制相适应的，其中的典型代表便是国家公务员制度。这种制度立足于政治中立和职务常任，有利于培养雇员忠于职守的精神，有利于政府工作的稳定性和连续性，有利于公务员公平执法。但是也存在严重的弊端，具体包括：

①刻板的规章制度和集权化的控制模式压抑人的自主性和创造精神，影响人的积极性。

②由于晋升的内部循环和僵化的科层制度使政府难以适应快速发展的社会需要。

③论资排辈的晋升办法使优秀人才难以脱颖而出。

④烦琐的人事规则容易导致政府的繁文缛节和低效率。

(2)国外公共人力资源管理改革的主要内容：

①实行弹性化的任用制度。其中最典型的是合同聘用制的运用。

②放松规制，由刚性管理变为弹性管理。这表现在两个方面：

a. 简化人事规则，废除过时的、多余的和过细的程序性和形式化规则。

b. 行政机构在经过授权或批准后，在人力资源管理中可以根据实际情况和需要，具有某些不受规则限制的“豁免权”。

③实行谈判工资制。公务员不仅可以通过工会与政府集体谈判工资报酬，在新公共管理运动中更是发展出了个人谈判工资制度，即在与政府雇员签署聘用合同之前，被雇者可以就自己的工资报酬与政府进行一对一的谈判。

④推行绩效管理和绩效工资。新公共管理运动倡导以结果为导向，其重要的一环就是建立和完善绩效管理制度，实行绩效工资制度。

⑤改革僵化的职位分类制度和职业发展路线。采取不同措施打破了公务员任用方面僵化的局面，突破了原有职位分类制度的制约。

⑥注重人力资源开发。这有利于提高工作效率的内容，将培训与提高公务员的潜在能力相结合，对不同层次和类型的公务员制定不同的培训计划。

⑦下放人事管理权力。指将人事管理权力下放给执行机构的负责人。

(3)我国公共人力资源管理变革的原因：

总的来说，目前我国公共人力资源管理还未完全摆脱传统人事管理的弊端，存在的问题主要有：

①缺乏整体性的人力资源管理体系构建。没有把人力资源管理提到战略高度来统筹管理。

②管理基础工作薄弱，很难规范、科学化管理，不利于深化改革。管理观念相对落后。

③与以绩效为本的现代人力资源管理理念相背离。缺乏规范的考核机制，重过程、轻结果，官僚主义，办事拖拉等。这极大地影响了人员的工作积极性。

④仍是“重使用、轻开发”的传统用人观念。如对员工个人发展不太重视，培训体系存在缺陷等。

⑤人事管理权力过于集中，管人与管事相脱节，激励机制不健全。如薪酬制度相对僵化、不合理，晋升空间有限，薪酬调整及分配过程不规范、透明等。

⑥业务部门主管技能不足，缺乏人力资源管理技能。

(4)我国公共人力资源管理变革的主要内容：

为适应社会经济发展的要求，我国公共部门需要从传统人事管理向现代人力资源管理转变，具体内容如下：

①在公共部门中引入先进的管理理念。改革人力资源管理模式的首要工作就是要对管理理念进行更新，要利用市场化理念、人本理念以及法治化观念等来开展公共人力资源管理工作。

②夯实管理的基础工作，整体配套，系统推进，构建人力资源管理的规范、系统化操作平台。

③健全激励机制，下放人事管理权力。这主要是指下放具体的人事执行和操作层面的一些权力，保持一定的相对集中，以激发公共管理活力。

④有选择地借鉴企业和市场化方法，提升公共人力资源管理效率。通过引入工商企业管理的管理理论和技术方法来革新传统人事管理，促使公共人力资源管理更具灵活性和适应性。

⑤完善考核机制，树立以绩效为导向的管理理念。具体措施包括：形成以绩效为本的管理文化；制定工作标准；实施绩效评估；将业绩与报酬、培训和职务升降挂钩等。

⑥实施立足于能力和素质的人力资源开发模式。具体措施包括：建设学习型组织；改变传统集中运动式的培训方式；开展以提高人员综合素质为主的培训等。

⑦培育公共伦理，弥补硬性管理的不足。具体措施包括：将一些成熟、重要的公职人员的伦理上升到法律层面；在现实生活中渗透培育公共伦理精神；发扬传统文化中的精华等。

6.3 考研真题与典型题

一、概念题

1. 公共部门人力资源管理[南京大学2018年研；对外经贸2014年研]

2. 人力资源管理与公务员制度[暨南大学2015年研]

相关试题：

(1)人力资源管理[深圳大学2020年研；中山大学2011年研]

(2)国家公务员制度[华南理工2024年研；中国传媒2011年研；中山大学2006年研]、公务员制度[武汉理工2021年研；浙江财大2018年研]

3. 职务分析[华侨大学2023年研；浙工商2018年研；贵州财大2015年研]

4. 公共人力资源管理制度[内农大2023年研；贵州财大2012年研]

二、简答题

1. 简述公共人力资源管理的主要内容。[苏州大学2013年研]

2. 简述公共部门人力资源管理中职务分析的典型事例法。[天津商大2013年研]

3. 简述人员招聘的内、外部招聘的优劣势。

相关试题：

(1)简述人员内部招聘的优劣势。[天津商大2014年研]

(2)简述人员公共部门外部招聘的优劣势。[天津商大2013年研]

4. 简述人员培训的组织与实施所包含的工作。[天津商大2015年研]

5. 简述人员绩效评估中的360度评估法。[天津商大2015年研]

6. 简答绩效评估在人力资源管理中的功能。[贵州财大2015年研]

7. 薪酬管理有哪些基本原则？[江苏大学2018年研]

相关试题：

(1)联系实际论述公共部门薪酬管理的基本原则。[论述题，天津商大2016年研]

(2)简答薪酬管理的基本原则。[贵州财大2013年研]

8. 简述西方国家公务员制度的主要特点。[云南财大2021年研；天津商大2019年研；南航2018年研；山东师大2016年研；北理2008年研；中财2007年研]

相关试题：

(1)20世纪以来，西方发达资本主义国家公务员制度的新特点。[山东大学2018年研]

(2)西方国家公务员制度有什么特点？[贵州财大2018年研]

(3)简述西方各国公务员制度的共同特点。[上海交大2013年研；天津商大2011年研]

9. 请简述中国公务员制度的特点。[武科大2016年研；电子科大2012年研；中山大学2010年研]

10. 比较我国公务员制度与西方国家公务员制度的区别。[西北大学2016年研；河北大学2015年研；厦门大学2009年研]

相关试题：论述中西方公务员制度的区别。[论述题，郑州大学2023年研]

11. 简述我国公务员制度的主要内容。[新疆农大2015年研]

相关试题：公务员制度。[新疆农大2016年研]

三、论述题

1. 请论述传统人事管理与现代人力资源管理的基础差别。[江苏大学2019年研]

相关试题：

(1)简述传统人事管理与现代人力资源管理的主要区别。[简答题，天津商大2021年研]

(2)简述传统人事管理与现代人力资源管理的差异。[简答题，暨南大学2016年研]

(3)传统人事管理与现代人力资源管理的区别。[简答题，山东师大2017年研；暨南大学2016年研；西南交大2016年研]

(4)比较分析传统人事管理与现代人力资源管理的差异。[贵州财大2015年研]

(5)人力资源管理与传统人事管理的区别。[苏州大学2010年研；华东师大2010年研；中财2010年研]

2. 试述公共人力资源管理制度的类型。[贵州财大2017年研]

3. 简要回答我国公务员制度建设中存在的问题。[厦门大学2008年研]

6.4　考研真题与典型题详解

一、概念题

1. 公共部门人力资源管理[南京大学 2018 年研；对外经贸 2014 年研]

答：公共部门人力资源管理是指公共部门中的各类公共组织依据人力资源开发和管理的目标，对其所属的人力资源开展的战略规划、甄选录用、职业发展、开发培训等多项管理活动和过程的总和，其目的是为社会提供更多、更好的公共物品和公共服务。公共部门人力资源管理的作用有：①提高行政管理质量和效率；②促进实现政治稳定、巩固国家政权；③推进政治民主化进程；④充分开发利用人力资源，极大地推动和促进生产力发展与社会的全面进步。

2. 人力资源管理与公务员制度[暨南大学 2015 年研]

相关试题：

(1)人力资源管理[深圳大学 2020 年研；中山大学 2011 年研]

(2)国家公务员制度[华南理工 2024 年研；中国传媒 2011 年研；中山大学 2006 年研]、**公务员制度**[武汉理工 2021 年研；浙江财大 2018 年研]

答：(1)人力资源管理是指在经济学与人本思想指导下，通过招聘、甄选、培训、报酬等管理形式对组织内外相关人力资源进行有效运用，满足组织当前及未来发展的需要，保证组织目标实现与成员发展的最大化的一系列活动的总称。

(2)公务员制度是指通过制定法律和规章，依法对政府中行使国家行政权力、执行国家公务的人员进行科学管理的一种人事制度。即对公务员的职位分类、考试、录用、培训、考核、奖惩、职务任免升降、工资福利、退职、退休等的一系列完整的法律和制度的总和。国家公务员制度的出现，是公共人力资源管理走向现代化的标志。在我国，建立国家公务员制度具有重大意义：①有利于加强和改善党对人事工作的领导；②有利于提高政府的工作效率和国家行政管理的稳定性；③有利于实现干部人事管理的民主化、科学化、法制化以及深化经济体制改革和政治体制改革。

3. 职务分析[华侨大学 2023 年研；浙工商 2018 年研；贵州财大 2015 年研]

答：参见本章考研真题简答题第 1 题答案。

4. 公共人力资源管理制度[内农大 2023 年研；贵州财大 2012 年研]

答：公共人力资源管理制度是指在公共人力资源的使用过程中，各有关组织的权力配置原则和关系模式，以及作为权力配置载体的组织制度和组织机构。公共部门选才用才的根本原则和人员成长的方式与途径，都由这些制度确立和衍生。根据公共人事管理权归属的不同，公共人力资源管理制度可分为集权型、分权型、人治型和法治型四种模式；根据公共人事管理的用人原则和方式的不同，公共人力资源管理制度可分为官僚型、贵族型和民主型三种。

二、简答题

1. 简述公共人力资源管理的主要内容。［苏州大学 2013 年研］

答： 公共人力资源管理的主要内容包括：

（1）职务分析，又称工作分析、职位分析，是指对某一特定职务作出明确规定，并确定完成这一职务需要什么样的行为的过程。即采用专门的方法获取组织内职位的重要信息，并以特定格式把该职位相关信息描述出来，从而使其他人能了解该职位的过程。具体来说，职务分析要为管理活动提供与工作有关的各种信息，职务分析的结果是形成职位描述和职位要求。

（2）人员招聘。这一环节的主要程序包括审查组织的用人策略、选择招聘人员、预览真实工作、实施招聘、划分招聘工作责任等程序。人员招聘的途径一般包括：

①内部招聘，又称内部选拔，即从组织内部选拔合适的人才来补充空缺或新增的职位。它包括晋升、职务调动和岗位轮换等。内部招聘具有成本低、效率高、忠诚度高等优点，但也容易出现“近亲繁殖”和“长官意志”现象，阻碍思想和管理方法的更新，同时论资排辈的选拔会削弱人员前进的动力。

②外部招聘，即在组织外部寻找符合岗位要求的合适人选。其渠道包括招聘广告、职业介绍机构、招聘会、猎头公司、校园招聘、网络招聘、职员推荐与申请人自荐等。外部招聘具有给组织带来新思想、新观点以推动组织创新，对内部员工施加压力形成“鲶鱼效应”等优点，但也存在因信息不对称而产生的筛选难度大、成本高，挫伤内部员工的积极性，外来人员水土不服等问题。

（3）人员的培训和开发，主要包括：

①培训需求分析，即基于对组织未来发展、任务的内容以及人员个人情况的分析来发现培训需求。它包括组织层面、任务层面、个人层面的分析。

②培训的组织与实施，包括确定培训目标、拟订培训计划、选择受训者、选择培训者、选择培训方式和方法、实施培训计划、培训效果评估、制定培训激励政策。

（4）绩效评估。指运用综合的指标体系对人员履行岗位职责所产生的工作业绩、工作能力、工作态度进行考察、测定和评价。绩效评估具有控制、激励、开发、沟通等功能。绩效评估的方法主要包括排序法、量表法、关键事件法、行为锚定评价法、目标管理评估法、360 度评估法等。绩效评估的过程包括职责分工、选择考评者、培训考评者、确定评估时间、绩效面谈等。

（5）薪酬管理。薪酬一般包括经济性薪酬和非经济性薪酬。实施薪酬管理一般需遵循公平性、竞争性、激励性、经济性、合法性等基本原则。决定薪酬水平高低的因素主要包括：①外在因素，如生活费用、当地物价、国家法律法规等；②内在因素，如组织经营状况、人员工作情况、工作年限等。

2. 简述公共部门人力资源管理中职务分析的典型事例法。［天津商大 2013 年研］

答：（1）典型事例法是由职务分析专家对一些熟悉职务的人员进行调查，通过他们对实际工作中特别有效或无效的典型事例进行的描述来获取工作信息以进行职务分析的方法。当大量的这类典型小事例收集起来以后，按照它们所描述的情形进行归纳分类，就能对实际工作的要求有一个非常清楚的认识。

(2)优点：直观、简单，揭示了工作的动态性，并且得到的结果可用于大部分工作的分析。

(3)缺点：①收集、归纳事例并加以分类要耗费大量时间；②只描述有代表性的工作行为，可能会遗漏一些不显著的工作行为，难以对工作实体有整体把握。

3. 简述人员招聘的内、外部招聘的优劣势。

相关试题：

(1)简述人员内部招聘的优劣势。[天津商大2014年研]

(2)简述人员公共部门外部招聘的优劣势。[天津商大2013年研]

答：人员招聘有内部招聘和外部招聘两种途径：

(1)内部招聘又称内部选拔，是指在单位出现职务空缺后，从单位内部选择合适的人选来填补这个位置。

①优势：内部选拔可以节省人力资源成本，提高招聘效率和信度。由于拟提拔员工从入职起就在本企业工作多年，企业和员工之间的信息是对称的，用人风险比较小，成功率较高。

②劣势：范围是在本企业内部，有一定的局限性。由于新的岗位总是有限的，内部员工竞争的结果必然是有人欢喜有人忧，有可能影响到员工之间的关系，甚至导致人才的流失；企业内部长期的"近亲繁殖""团体思维""长官意志"等现象，不利于个体创新和企业的成长，尤其是中小型企业。

(2)外部招聘，是从组织外部招聘德才兼备的能人。外部招聘渠道包括招聘广告、职业介绍机构、招聘会、猎头公司、校园招聘、网络招聘、职员推荐与申请人自荐等。

①优势：外部选拔可以吸取外部先进经验。外部选拔可选择范围广，可以吸纳各种不同条件和不同年龄层次的求职人员。同时，可以从不同的人员身上吸取外部先进的经营管理理念和管理经验，内外结合可以不断开拓创新，以满足企业发展需求。招聘学校应届毕业生将会给企业带来新鲜活力和正能量，加强老员工的危机感和紧迫感，促进企业人才梯队建设。

②劣势：外部招聘操作不当会增加招聘成本。外部招聘人才需要更长的时间或经过培训后才能熟悉本企业员工、工作环境与企业文化，由于与本企业员工缺乏了解，会导致进入角色慢，适应时间长，不能很好地与企业原有员工融合，会产生配合上的困难。甚至由于对外聘人才的不了解，导致招到的员工不合格，使招聘工作重复进行，增加招聘成本。

4. 简述人员培训的组织与实施所包含的工作。[天津商大2015年研]

答：培训的组织与实施是人员培训与开发的重要内容之一，包括以下几方面的工作：

(1)确定培训目标，如技能培养目标、知识的传授和态度的转变等。

(2)拟订培训计划，培训计划应涉及的内容包括培训目标、培训课程名称、培训的组织者、培训方式、培训时间、培训地点、培训对象名单、培训费用预算、培训的组织实施等。

(3)选择受训者。在选择受训者时要考虑以下参数：学员构成、工作可离度以及工作压力等。

(4)选择培训者。即具体承担培训任务、向受训者传授知识与技能的人。

(5)选择培训方式和方法。培训方法包括讲授法、演示法、案例法、角色扮演法等，主要根据方法特点和组织需要的培训形式进行选择。

(6)实施培训计划。即按制定的培训计划实施。

(7)培训效果评估。即在受训者完成培训任务后，对培训计划是否完成或培训效果等进行评价、衡量。其内容包括对培训设计、培训内容以及培训效果的评价。

(8)制定培训激励政策。将精神激励和物质激励相结合使用。

5. 简述人员绩效评估中的 360 度评估法。［天津商大 2015 年研］

答：360 度评估法又称全方位绩效考核法或多源绩效考核法，是指从与被考核者发生工作关系的多方主体那里获得被考核者的信息，以此对被考核者进行全方位、多维度的绩效评估的过程。

(1)信息的来源包括：①上级监督者的自上而下的反馈(上级)；②下属的自下而上的反馈(下属)；③平级同事的反馈(同事)；④企业内部的支持部门和供应部门的反馈(支持者)；⑤公司内部和外部的客户的反馈(服务对象)；⑥本人的反馈。

(2)这种绩效考核过程与传统的绩效考核和评价方法最大的不同是它不仅仅把上级的评价作为员工绩效信息的唯一来源，而是将组织内部和外部与员工有关的多方主体都作为提供反馈的信息来源。

6. 简答绩效评估在人力资源管理中的功能。［贵州财大 2015 年研］

答：绩效评估是指评定者运用科学的方法、标准和程序，对行为主体的与评定任务有关的绩效信息(业绩、成就和实际作为等)进行观察、收集、组织、贮存、提取、整合，并尽可能作出准确评价的过程。

绩效评估在人力资源管理中具有以下几方面的功能：

(1)控制功能。评估系统可以将组织战略转化成可衡量、可控制的要素，通过定期收集相关数据，可以清楚地看到战略和目标的执行情况，便于及时采取措施，保证组织战略和目标的实现。

(2)激励功能。绩效评估可以向员工表明哪些地方做得较好，哪些地方做得还不够，需要改进。公平合理的绩效评价对组织内成员非常重要。在此基础之上的报酬可以包括：薪酬、福利、职位晋升、职位调整、培训、淘汰等物质与非物质的内容。

(3)开发功能。通过绩效评估，便于发现组织中存在的问题，将问题界定清楚，将原来隐藏在冰山之下的问题突显出来，推动管理者去寻找解决问题的方法，最终达到改善绩效的目的。

(4)沟通功能。绩效评估是一个沟通、反馈，再沟通、反馈的过程，在这个过程中，上下级不是在绩效结果产生之后才进行评估，而是在这个过程中就要不断沟通与反馈，从而能及早发现问题，有利于组织内部的信息交流。

7. 薪酬管理有哪些基本原则？［江苏大学 2018 年研］

相关试题：

(1)联系实际论述公共部门薪酬管理的基本原则。［论述题，天津商大 2016 年研］

(2)简答薪酬管理的基本原则。[贵州财大 2013 年研]

答：薪酬管理的基本原则主要包括：

(1)公平性。这是设计薪酬体系和进行薪酬管理的首要原则，包括：外部公平(同一行业或同一地区或同等规模企业类似职务的薪酬大致相应)、内部公平(同一企业中不同职务所获得薪酬正比于各自的贡献)、个人公平(企业应根据员工的个人因素诸如业绩，对完成类似工作的员工支付大致相同的薪酬)。公平性原则有利于员工不断寻求进步的空间，营造良好的企业竞争氛围。

(2)竞争性。企业薪酬管理展现出竞争性，即整体收入水平位居行业中上游水平。竞争性有助于鞭策员工不断创新，学习新的技能，提升企业在行业领域的地位。

(3)激励性。薪酬不主张平均主义，而是依据岗位性质合理调整薪酬结构，加大变动收入比例，提高薪酬制度的激励效应。

(4)经济性。报酬制度要受到经济性的制约。因为过高的劳动报酬会提高组织的经营成本从而影响其最终服务的质量。

(5)合法性。要求薪酬符合国家的法律法规。如我国颁布的《劳动合同法》《最低工资保障法》等规定。

8. 简述西方国家公务员制度的主要特点。[云南财大 2021 年研；天津商大 2019 年研；南航 2018 年研；山东师大 2016 年研；北理 2008 年研；中财 2007 年研]

相关试题：

(1)20 世纪以来，西方发达资本主义国家公务员制度的新特点。[山东大学 2018 年研]

(2)西方国家公务员制度有什么特点？[贵州财大 2018 年研]

(3)简述西方各国公务员制度的共同特点。[上海交大 2013 年研；天津商大 2011 年研]

答：19 世纪中叶，公务员制度首先在英国创立，其后推广到西方各国。其主要特点有：

(1)严格区分政务官与事务官。

政务官属于公务员的范畴。政务官的选举、任命由宪法、选举法或其他专门法律加以规定。事务官的考试录用、考核培训、工资福利等则由公务员法加以规定。

(2)强调政治中立。

西方公务员制度是在两党制的背景下产生的。西方国家为了在不稳定的斗争环境中维持政府相对稳定，强调公务员“政治中立”，不介入政党活动，即，文官工作不受党派斗争的影响，不得偏向某个政党，也不对政治决策的成败负责，公务员不得参加政党或介入党派活动。因此，西方许多国家都以立法的形式确立了政治中立原则。

(3)公开考试，择优录用。

这是西方公务员制度的又一个重要原则。西方各国以人事部门为主对公务员进行考核。一般以领导考核为主，考核结果不公布。西方发达国家比较注重职务上所需要的知识能力。采取的方法是客观公正的竞争考试，以保证真正优秀的人才有机会担任公职。这样有利于提高公务员的素质，克服政府官员任用中的不正之风。同时在任内对公务员进行各种考核，保证其素质。

(4)实行“功绩晋升制”。

1870 年英国为反对恩赐制首先实行功绩制。此后，美国为了克服联邦政府文官任用中普遍实行的政党分赃制，美国国会于1883年制定了彭德尔顿法，正式确定在联邦政府职位任命中实行功绩制原则。主要内容包括：公开考试；机会均等；择优录用；按工作实绩评定升迁、奖励；实行统一工资和同工同酬；非因过失不得辞退等。公务员晋升以考核为依据，坚持功绩主义原则，这一原则以工作成绩作为考核依据，体现“任人唯贤”和“奖优罚劣”的思想。

(5)强调官风官纪和职业道德，重视公务员队伍的廉洁。

在北欧国家，以权谋私被视为令人唾弃的行为，官员平民化，政府不给官员任何特权，官员也不会把权力当商品，当谋私工具，更不会有“当官不发财，请我都不来”的奇谈怪论，官场风气自然文明净化。这种以廉洁为荣、贪污为耻的道德传统和社会氛围，对公务员的廉洁自律有极大的影响力，有利于防止腐败。在立法的基础上，许多国家还成立了相应的道德建设与管理机构。

9. 请简述中国公务员制度的特点。[武科大2016年研；电子科大2012年研；中山大学2010年研]

答：公务员制度作为国家政治制度的一个组成部分，必然取决和服务于国家的根本社会制度。我国是社会主义国家，与西方资本主义国家有着本质的不同。中国公务员制度虽然参考了西方国家公务员制度中的一些基本原则及有益的科学管理制度，但从本质上看，它是在与中国特色社会主义制度相适应的前提下，从我国现阶段国情出发，在总结了长期以来干部人事制度的基本经验基础上形成的，主要有以下特点：

(1)不搞政治中立。我国实行的是中国共产党领导的多党合作制，不存在“政治中立”的问题。我国建立公务员制度的目的是要为贯彻和执行党的基本路线提供制度保证。因此，公务员必须始终与党中央保持一致，坚决捍卫和执行的党的路线、方针、政策。公务员中的共产党员必须根据党章的规定贯彻执行党的基本路线和各项方针、政策，自觉遵守党的纪律，执行党的决定，服从组织分配，积极完成党的任务，参与党的组织生活，接受党组织的监督并宣传党的主张。

(2)分类管理与统一领导相结合。我国不搞“两官分途”的制度，实行国家统一的公务员制度，虽然公务员在产生方式上有所不同，但若无另行规定，《公务员法》对所有公务员的权利、义务和管理都适用。我国要求公务员在政治上与党中央保持一致，所有公务员均是人民的公仆。我国公务员队伍不是一个封闭系统，公务员可以在部门内部交流，也可以在中央机关与地方机关之间交流，还可以与公务员队伍外的国有企事业单位、人民团体和群众团队中从事公务的人员进行交流。

(3)始终党管干部。公务员制度是党的干部制度的一个组成部分，公务员队伍也是党的干部队伍的一个组成部分，公务员各项具体管理制度是按照党的干部路线、方针、政策制定的，公务员要接受党的统一领导。按照现行干部管理体制，政府机关中的高级公务员是党委组织部门管理的，党的机关与人大、政协等机关也是党委组织部门统一协调和管理等。具体而言，各级机关的领导成员和其他重要干部由各级党委管理，他们由党委组织部门考察，党委讨论决定，依法由各级人民代表大会选举，或由各级人大常委会决定人选或决定任命，或由各级政府或部门任命。

(4)宗旨是为人民服务。我国《公务员法》规定：“公务员必须坚持全心全意为人民服务的宗旨，接受人民监督。”我国的公务员不是特殊的利益集团，没有自己的特殊利益，公务员的利益与政府利益、国家利益和人民利益一致。做人民公仆、为人民办事、对人民负责、受人民监督，这是中国公务员最根本的行为准则。

10. 比较我国公务员制度与西方国家公务员制度的区别。［西北大学 2016 年研；河北大学 2015 年研；厦门大学 2009 年研］

相关试题：论述中西方公务员制度的区别。［论述题，郑州大学 2023 年研］

答：公务员制度起源于西方的文官制度，西方文官制度经历数百年的发展较为完善，虽然我国公务员制度发展时间不长，但也形成了自身的特色。二者的区别主要体现在以下几方面：

(1)动因不同：

①西方公务员制度是为了保证多党制之下的政策连续性，同时也是为使政府一般行政人员避免受政治变迁的冲击而建立的，目的是促进资本主义社会的发展。我国公务员制度的建立是经济建设发展的需要和改革的必然结果，是实现行政管理科学化、法制化的要求，有利于促进社会主义经济的发展。

②从制度创新来看，西方国家公务员制度创建的诱因是传统官僚制无法胜任社会经济发展管理，是在资产阶级要求下政府改革结果，是诱致性制度创新。我国公务员制度的建立则是通过理性思考，为节约成本而作出选择、学习与建设，是自上而下推行的结果。

(2)基本原则不同。西方公务员制度强调政治中立，对公务员的政治行为进行了严格的限制；我国公务员制度必须坚持四项基本原则，在政治上同党中央保持一致，带头积极参与国家的政治生活。

(3)管理方式不同。西方公务员是独立的，由专门机构进行管理；我国公务员各项具体事项是按党的干部原则制定，强调德才兼备，并把政治立场和思想品德放在考核首位。

(4)服务宗旨和利益关系不同。西方公务员秉持政治中立原则，是一个独立的利益集团，与政府之间的关系是雇员与雇主；而我国公务员秉持全心全意为人民服务的根本宗旨，并随时接受人民的监督。

11. 简述我国公务员制度的主要内容。［新疆农大 2015 年研］

相关试题：公务员制度。［新疆农大 2016 年研］

答：公务员制度是国家政治制度的重要组成部分，是对公务员进行管理所依据的法律、法规和规章制度的总称，其实质是制度化、法律化的公务员管理。我国公务员制度的主要内容包括：

(1)公务员的范围。《公务员法》规定，我国的公务员是指依法履行公职、纳入国家行政编制、由国家财政负担工资福利的工作人员。

(2)公务员的义务和权利：

①公务员的法定义务包括：a. 忠于宪法，模范遵守、自觉维护宪法和法律，自觉接受中国共产党领导；b. 忠于国家，维护国家的安全、荣誉和利益；c. 忠于人民，全心全意为人民服务，接受人民监督；d. 忠于职守，勤勉尽责，服从和执行上级依法作出的决定和命令，按照规定的权限和程序履行职责，努力提高工作质量和效率；e. 保守国家秘密和工

作秘密；f. 带头践行社会主义核心价值观，坚守法治，遵守纪律，恪守职业道德，模范遵守社会公德、家庭美德；g. 清正廉洁，公道正派；h. 法律规定的其他义务。

②公务员的法定权利包括：a. 获得履行职责应当具有的工作条件；b. 非因法定事由、非经法定程序，不被免职、降职、辞退或者处分；c. 获得工资报酬，享受福利、保险待遇；d. 参加培训；e. 对机关工作和领导人员提出批评和建议；f. 提出申诉和控告；g. 申请辞职；h. 法律规定的其他权利。

(3)职务与级别：

①我国实行公务员职务与职级并行制度，是以公务员职位类别和职责为基础来设置公务员的领导职务和职级序列。

②公务员的领导职务、职级与级别的对应关系由国家进行相应规定。

(4)录用。各级录用管理机构并不相同：

①中央公务员主管部门负责组织中央机关及其直属机构公务员的录用。

②省级公务员主管部门负责组织地方各级机关公务员的录用，必要时可以授权设区的市级公务员主管部门组织。

(5)考核：

①公务员的考核内容包括“德、能、勤、绩、廉”，其中重点考核政治素质和工作实绩。

②根据不同的职位类别和层级机关设定考核标准。

(6)职务任免：

①公务员领导职务实行选任制、委任制和聘任制。

②公务员职级实行委任制和聘任制。

③选任制公务员在选举结果生效时即任当选职务；任期届满不再连任或者任期内辞职、被罢免、被撤职的，其所任职务即终止。

(7)职务职级升降：

①公务员晋升领导职务，应当具备拟任职务所要求的政治素质、工作能力、文化程度和任职经历等方面的条件和资格。

②公务员领导职务应当逐级晋升，其中特别优秀的或者工作特殊需要的，可以按照规定破格或者越级晋升。

(8)奖惩。对公务员的管理要遵循奖惩分明：

①对工作表现突出，有显著成绩和贡献或者有其他突出事迹的公务员给予奖励的制度；奖励要坚持精神奖励和物质奖励相结合，以精神奖励为主的原则。

②机关应当对公务员的思想政治、履行职责、作风表现、遵纪守法等情况进行监督，开展勤政廉政教育，建立日常管理监督制度；对公务员监督发现问题的，应当区分不同情况，予以谈话提醒、批评教育、责令检查、诫勉、组织调整、处分。

(9)培训：

①机关根据公务员工作职责的要求和提高公务员素质的需要，对公务员进行分类分级培训。

②国家应建立专门的公务员培训机构；机关根据需要也可以委托其他培训机构承担公务员培训任务。

③要通过多种形式，有计划、有组织地对公务员进行政治理论、文化知识、科学技术、操作技能等方面的培养和训练。

(10)交流与回避：

①公务员可以在公务员和参照本法管理的工作人员队伍内部交流，也可以与国有企业和不参照本法管理的事业单位中从事公务的人员交流；交流的方式包括调任、转任。

②回避是为了避免腐败、违法乱纪等不公平现象的发生。回避的种类分为职务回避、亲属回避和地域回避。

(11)工资福利保险：

①国家统一规定工资制度，贯彻按劳分配的原则，体现工作职责、工作能力、工作实绩、资历等因素，保持不同领导职务、职级、级别之间的合理工资差距，并建立公务员工资的正常增长机制。

②公务员按照国家规定享受福利待遇，待遇水平根据国家经济社会发展水平而定。

(12)辞职辞退：

①公务员可以根据自己的意愿向任免机关提出申请，辞去公职。

②国家任免机关可以根据公务员的职务履行情况辞退公务员。

(13)退休。公务员达到国家规定的退休年龄或者完全丧失工作能力的，应当退休。公务员退休后，享受国家规定的养老金和其他待遇，国家为其生活和健康提供必要的服务和帮助，鼓励发挥个人专长，参与社会发展。

(14)申诉与控告：

①公务员申诉，是指公务员对所在机关作出的涉及本人权益的人事处理决定不服时，按照有关法律法规的规定，向原处理机关、原处理机关的上一级机关、同级公务员主管部门或者监察机关提出重新处理要求的行为。

②公务员控告，即公务员认为所在机关及其领导人员侵犯其合法权益的，可以依法向上级机关或者监察机关提出控告。

(15)职位聘任。机关根据工作需要，经省级以上公务员主管部门批准，可以对专业性较强的职位和辅助性职位实行聘任制。

三、论述题

1. 请论述传统人事管理与现代人力资源管理的基础差别。[江苏大学2019年研]

相关试题：

(1)简述传统人事管理与现代人力资源管理的主要区别。[简答题，天津商大2021年研]

(2)简述传统人事管理与现代人力资源管理的差异。[简答题，暨南大学2016年研]

(3)传统人事管理与现代人力资源管理的区别。[简答题，山东师大2017年研；暨南大学2016年研；西南交大2016年研]

(4)比较分析传统人事管理与现代人力资源管理的差异。[贵州财大2015年研]

(5)人力资源管理与传统人事管理的区别。[苏州大学2010年研；华东师大2010年研；中财2010年研]

答：(1)人事管理和人力资源管理的含义：

①人事管理是指组织运用一定的手段和方法，有效地把人的因素与物的因素合理地组合在一起，从而发挥他们各自的作用，实现组织管理目标。它既指一种管理实践活动，即如何让人做事和事得其人，又指一门科学，即研究人事管理活动的科学。

②现代人力资源管理是指对人力资源进行有效开发、合理配置、充分利用和科学管理等活动的总和。

(2)人事管理与现代人力资源管理之间的区别：

人事管理与人力资源管理为完善组织管理和保证组织目标实现的目的是一致的，都是在不断变化的新经济条件下如何把“人”这一能动资源充分利用、开发，使之为组织、为社会创造财富。但二者之间也存在着一些差别，主要体现在以下几个方面：

①关于人性的假定不同：

a. 传统的人事管理以物为中心，将人看作一种成本，管理的主要任务是如何尽可能减少人工成本。

b. 现代人力资源管理视人为最核心的资本，认为人力资本的投资收益率高于其他形态资本的投资收益率。人是第一资源，是支配和利用其他资源的资源，是唯一可以连续投资、反复开发利用的关键性资源。

②工作的性质不同：

a. 传统的人事管理与企业的经营发展脱节，工作没有前瞻性和预测性，因此工作中时常出现被动局面，对员工管理的规范不能事前约定，而是事发后根据结果作应急性处理，从而失去了管理的意义。

b. 现代人力资源管理是以企业的经营效益与发展为中心，以劳动力管理与开发为基础进行综合管理。从员工的选择录用到岗位的设置、从提高工作技能到激发员工积极性、从员工的培养到合理开发利用，达到员工职业生涯成长与企业的发展相结合获取最大的双赢效益。

③管理内容不同：

a. 传统的人事管理内容相对简单，部门的功能是招录新人、填补空缺，即所谓“给适当的人找适当的事，为适当的事找适当的人”，人事相匹配之后，就是一系列管理环节督导执行了，视组织编制为固定不变，只是提供所需人力，形成了日常事务性操作的办事机构，没有发挥其管理部门的职能作用。

b. 现代人力资源管理的内容更为丰富，不仅具备原有的各种功能，还要担负进行工作设计、规划工作流程，并且随着时代的发展更加关注工作岗位、人与人的关系以及在岗人员积极性、创造性的发挥。因此对各种岗位进行重新设计，使工作面更宽、内容更丰富、具有挑战性，就成为一种必然的要求，从而突出了部门的管理职能。

④管理部门的地位不同：

a. 传统人事管理是某一职能部门单独使用的工具，似乎与其他职能部门的关系不大。

b. 现代人力资源管理却与此有着截然不同。实施人力资源管理职能的各组织中的人事部门逐渐成为决策部门的重要伙伴，从而提高了人事部门在决策中的地位。人力资源管理涉及企业的每一个管理者，现代的管理人员应该明确：他们既是部门的业务经理，也是这个部门的人力资源经理。

⑤管理的方式和手段不同：

a. 传统的人事管理强调标准化的管理，管理手段比较刚性，比较多地采用行政命令。

b. 现代人力资源管理强调以人为中心的管理，管理手段偏柔性，重视员工的需要，注重参与式的民主管理。

2. 试述公共人力资源管理制度的类型。［贵州财大 2017 年研］

答：公共部门人力资源管理权划分和归属的不同组合方式，构成了公共部门人力资源管理制度的不同模式。公共人力资源管理制度主要包括以下几种类型：

(1)根据公共人事管理权归属的不同，公共人力资源管理制度可分为四种模式：

①集权型。这种模式在西方都曾经出现过。党在人力资源管理权上的高度行政化，几乎控制了政府人力资源管理的所有重要权力，行政机关在人力资源管理权上严重缺乏自主性和独立性。这种模式，由于人力资源管理权高度集中，且管理方式单一，极易造成政府工作中用人和治事的脱节，人员的任用以党派关系和利益为主。

②分权型。一般说来，政党和行政机关人力资源管理权划分的分界点主要依据高级公务员和中低级公务员的区分。政党在高级公务员的选拔和任用上拥有决定性的权力，而中低级公务员的管理则由行政机关掌管。其中，西方国家高级文官和中低级文官属于两个相对独立的管理系统，分途而治，不能相互流动。

③人治型。该模式的根本特征表现在其人员选拔和任用上，即在人员选拔和任用中，以管理者的情感、偏好、亲疏关系和利益关系，或以被任用者的家庭背景、身份地位和政治关系，作为任用的根本原则。在人力资源管理中，它以管理者的主观随意性为本，不经过法定程序作出人员裁决。

④法治型。此模式依照法律的精神和原则从事人力资源管理活动。它将政党、行政机关以及国有企事业组织的人力资源管理的权限、内容和过程都纳入法制的轨道，要求管理者遵守法律规定和法定程序，而不是按党派利益和个人意志行事。

(2)根据公共人事管理的用人原则和方式的不同，公共人力资源管理制度可分为三种：

①官僚型。在这种模式中，文官系统具有明显的统属和主从关系的特征，按照权力、职级以及责任进行排序，每个层级都有各自的权力及责任，上级统辖下级，下级服从上级，权责分明，统属关系明确。政府官员都是经过公开考试择优录用的，由于职务常任，因此有较高的职业的稳定性和较优越的社会地位。

②贵族型。在这种模式中，政府官员的录用有学历和年龄的限制，看重教育水平及社会地位，政府官员们被分成了不同的等级，有各自的权力和职责并且界限分明。

③民主型。在这种模式中，政府官员的录用不再看重学历及社会地位，也不注重出身及层级，而是注重人员自身的实际能力，各级官员之间都可以平等交流，没有贵族型那样严格的等级。

3. 简要回答我国公务员制度建设中存在的问题。［厦门大学 2008 年研］

答：从《国家公务员暂行条例》到 2006 年《中华人民共和国公务员法》的出台及其 2018 年的最新修订，中国的公务员管理取得了巨大成效。但目前我国公务员管理中仍未完全摆脱传统人事管理的窠臼，还存在诸多管理问题：

(1)缺乏整体性的人力资源管理体系的构建。我国公务员管理中仍遵循“头痛医头，脚痛医脚”，大多时候未触及真正核心问题，这一情况导致人力资源管理工作过于琐碎而不具备整体性，难以发挥其在组织管理中系统整合和提升效能的功能。公共部门人力资源的开发与管理涉及多领域，牵一发而动全身，在推进人力资源开发的同时更要加强配套综合改革，要建立与社会主义市场经济相配套的社会保障体制。严格落实公务员考试、升降、轮岗，竞争、离职等制度，坚持任人唯贤、择优选用，通过科学手段达到人尽其才，才尽其用，人事相宜，事竞其功；促进人力资源的合理流动，打破人才流动中的所有制和身份，建立人事争议仲裁制度，妥善解决人事纠纷保障和维护人才与用人单位的合法权益；工资制度中引入绩效考核，以绩效考核为依据进行奖惩，发挥绩效考核的导向作用，建立人力资源客观布局和结构调整的激励机制；结合社会主义市场进行配套完善公共部门人力资源的社会保险制度，提高社会化程度完善保障措施。

(2)基础工作薄弱，管理不够规范和科学，不利于管理的深化改革。

①公务员队伍缺乏活力，这主要是因为公务员队伍的“进口”趋紧、“出口”不畅、交流不够，能进能出的新陈代谢机制没有真正形成，公务员队伍年龄趋于老化，专业结构不够合理。

②年度考核有待规范。目前的考核指标过于笼统，由于各部门、各职位之间工作性质和特点差异大，部门之间、被考核者之间缺乏可比性。考核方法多是采用“写评语”这种定性、主观性随意性较强的办法，很难保证考核的客观性。

③分类管理不够合理，缺乏一套科学、规范的职位分析和评价方法，对每个职位所要求的素质能力没有准确科学的界定，过于模糊的职位设定和不够科学的层级上升通道一定程度上遏制了公务员的积极性，也阻碍了管理的进一步改革。

(3)与以绩效为本的现代人力资源管理理念相背离。几千年的封建历史所形成的政治文化在一定程度上影响了人们对于公务员制度的理解，传统专制、集权、人治的思想影响了现代公务员制度的改革。主要表现在：

①“官本位”。传统官文化集中表现为“官本位”，官职成为社会唯一的价值尺度，不仅误导公务员自身的心理预期，造成拜权主义心态，而且误导公众的价值评判标准，形成公务员“能上不能下、能进不能出”困境。

②“官利一体化”。权力与金钱挂钩等内容在公众意识中根深蒂固，而高度集权的党政不分、政企不分的体制以及神秘主义更是助长了这种思想和行为。在公务员实际工作与管理的过程中，“重过程，轻结果”“不求有功，但求无过”“官僚主义”“办事拖拉”的思维和情况较多。

(4)用人观念仍是“重使用、轻开发”的传统观念。未充分考虑对公务员的专业培训和技能发展，不注重人才的提升与发展，实际上损害了公共部门长久的发展资源与动力。当前对公务员的管理未能建立起系统的“培训、考核、晋升”的开发性制度，对公务员的开发过于简单、碎片化。这还涉及以下几个方面的制度问题：

①工资制度的问题。工资制度关乎公务员队伍的稳定、优化、高效、廉洁，福利待遇与企事业单位的差距使公务员的积极性受挫；缺乏绩效激励，难以有效地调动公务员发挥

潜能；提高工资待遇可能使精简机构和人员的改革难以开展；公务员系统内，存在着职级、职能、业绩与工资不匹配的现象。

②职务分类制度的问题。我国公务员制度实行以职位分类为主、品位分类为辅，二者相结合的分类制度。这二者具体的结合程度、如何做到横纵向平衡等都要研究。实践中，对职务等级的划分近似于“职等标准”，缺少职位调查、评价等环节，缺乏充足的科学依据。而这种分类也造成了诸多问题，如非领导职务的“虚职化”现象严重，即许多高层非领导职务成为享受高一级职务待遇的“虚职”和领导职务的退路。

③考核制度的问题。与西方一百多年的发展历史相比，我国推行公务员考核制度的时间仍然较短，加上特殊的国情，现阶段针对公务员的考核工作还存在一些不足之处，如考核缺乏科学性、有效性，使得制度效力锐减；考核标准笼统、区分差距小、不称职人员的认定难等问题。

(5)人事管理权力过于集中，管人与管事相脱节。这就容易造成权力的滥用与腐败的滋生。公务员制度的核心是公开、民主、公平和竞争，要求对公务员管理实行公开考试、考核、竞争择优。公务员制度改革涉及权力关系、组织架构、职能划分等多领域，改革必然涉及利益的重新分配，会对原有干部管理体制产生冲击，打破人才部门、单位所有的限制；公共部门体制中论资排辈现象严重，考核无法有效发挥作用；党政组织架构不清、职能交叉，在公务员管理方式上有所差别。因此推行现代公务员制度需要理顺权力关系、完善组织架构、明确职能。

(6)业务部门主管技能不足，缺乏人力资源管理技能。人力资源管理技能涉及招聘、培训、考核等多个方面，而当前对公务员的管理存在管理人员自身专业性不强的问题，这就要求切实提高业务部门主管及相关工作人员的人力资源管理水平，在公务员的考试、任用、培训、考核、提拔、薪酬等各方面注入专业力量，用专业的人负责专业的事。

第7章　公共预算管理

7.1　复习笔记

【知识框架(庖丁解牛)】

- 公共预算管理
  - 公共预算概述：内涵、功能、目标、要素
  - 我国的公共预算管理
    - 预算的参与者及其职能
    - 我国的公共预算周期
    - 公共预算编制
      - 含义、基本原则、编制方法
      - “两上两下”的预算编制过程
    - 预算执行
      - 含义、原则
      - 内容：预算收入、支出执行；预算变更
    - 政府决算
      - 含义、分类
      - 编制草案的准备工作
      - 决算草案的编制、审核
  - 立法机关预算审查监督
    - 各级人大职权
    - 人大预算审查监督
      - 预算审查批准
      - 预算执行监督
      - 决算审查与监督

【通关提要(提纲挈领)】

本章主要介绍公共预算管理，深刻剖析了我国的公共预算管理实践，可结合《预算法》来学习。学习时，要掌握公共预算的功能，熟悉我国公共预算管理的预算周期、公共预算编制、预算执行、政府决算以及立法机关预算审查和监督等内容。本章从理论到实践，对提高我国的公共预算管理水平、推进政府的预算改革具有重大意义，要理解掌握。本章易考概念题和简答题，复习时应结合实际来理解记忆。

【考点难点归纳(厚积薄发)】

考点一：公共预算概述(见表7-1)　★★

表 7－1　公共预算概述

要点	主要内容	
概念	指以会计报告为形式、经法定程序批准的一定时期内的财政收支计划	
内涵	政治维度	政治性：预算分配实际反映了政府政策的优先性
	管理维度	作为管理工具，要求运用特定管理方法和技术提高公共管理效率
	经济维度	作为经济平衡工具，具有资金配置、经济稳定和再分配的功能
	财务管理维度	作为微观财务管理工具，能明确约束参与者行为
功能	①计划；②管理；③控制；④优先性排序；⑤预算问责	
目标	①宏观：总额控制；②中观：配置效率；③微观：运作效率[最终目标：财政问责]	
要素	①资源申请；②资源分配；③资源保护	

【真题链接】简述公共预算的功能。[简答题，首师大2020年研]

考点二：中国的公共预算管理 ★★★

1．预算参与者和公共预算周期(见表7－2)

表 7－2　预算参与者和公共预算周期

要点	主要内容		
预算参与者	以省级政府为例，包括：省人大、省人大常委会、省政府、财政厅、各部门[一级预算单位]、各单位[一级预算单位下属的各单位]		
中国公共预算周期	预算年度	12个月，每年的1月1日至12月31日	
	完整预算周期[省级政府]	预算编制阶段	省政府、财政厅和各支出部门及其下属单位参与
		预算审批阶段	各级人民代表大会审查和批准本级预算草案
		预算执行阶段	各级预算由本级政府组织执行，具体工作由本级政府财政部门负责
		决算和审计	各级政府、各部门、各单位在每一预算年度终了后按照国务院规定的时间编制决算草案

2．公共预算编制(见表7－3)

表 7－3　公共预算编制

要点	主要内容
含义	指各级政府、部门和预算单位制定筹集和分配预算资金计划的活动，即预测并确定政府预算收支计划[预算过程的核心]
基本原则	①合法性原则；②科学性原则；③真实性原则；④完整性原则；⑤重点性原则；⑥绩效性原则；⑦透明性原则
方法	三类支出的编制方法和优先性排序，见表7－4

续表

要点		主要内容
“两上两下”的预算编制过程	“一上”	财政部门下发年度预算编制通知→支出部门测算下一年度支出→报送财政部门
	“一下”	财政部门职能处室审查收到的各部门预算→下达控制数和审查意见给各部门
	“二上”	支出部门按控制数和审查意见重新修改预算上报财政部门→财政部门审查后汇总编制政府预算，报政府常务会议讨论→财政部门根据政府常务会议意见修改预算后报同级党委审查→财政部门将政府预算草案报人大常委会初审→初审后形成的政府预算提交人大会议审议
	“二下”	人大通过预算→财政部门批复给各部门→各部门执行

表 7－4　公共预算的支出类型、编制方法和优先性排序

支出类型		预算方法	优先性排序
基本支出	人员支出	定员定额	1
	公用支出	定员定额和渐进预算	2
专项支出		零基预算和渐进预算	3

【真题链接】简述公共预算编制的“两上两下”。[简答题，云南财大 2023 年研]

3. 预算执行(见表 7－5)

表 7－5　预算执行

要点		主要内容
含义	指实现预算收支平衡和监督过程的总称	
原则	①依法组织收入；②合理调度预算支出；③确保收支平衡；④强化预算监督	
内容	预算收入执行	入库方式：①直接缴库；②集中汇缴
	预算支出执行	①按预算[批准的年度预算和用款计划]拨款；②按规定的预算级次和程序拨款；③按实际用款进度拨款
	预算变更	应进行预算调整的情形：①需增加或减少预算总支出；②需调入预算稳定调节基金；③需调减预算安排的重点支出数额；④需增加举借债务数额。 注意：当发生自然灾害等突发性事件，必须及时增加预算支出时，应先动支预备费；预备费不足时，各级政府可先安排支出，属于预算调整的列入预算调整方案
问题	①人大批准预算前的问题，如政府预算尚未经过人大审批。 ②预算执行进度偏慢，导致大量的预算结转。 ③预算调整问题，如预算变更的随意性仍然比较大。 ④收支过程中仍存在违规行为，如超收、短收问题	

4. 政府决算(见表 7－6)

表 7－6　政府决算

要点	主要内容
含义	指经法定程序批准、反映年度政府预算收支最终结果、总结政府预算执行的会计报告，包括报表和文字说明

续表

要点	主要内容	
分类	级次	总决算、本级决算、部门决算和单位决算
	内容	一般公共预算、政府性基金、国有资本经营预算、社会保险基金收支决算
草案审核	基本流程	预算部门审核→财政部门审核→审计部门审计后报政府审定
	审查方式	①就地审查；②书面审查；③派人到上级机关汇报审查
	具体形式	①自审；②联审互查；③上级部门审查
	类型	①政策性审查；②技术性审查

考点三：立法机关预算审查监督(见表7－7) ★★★

表7－7 立法机关预算审查监督

要点	主要内容		
各级人大职权	①全国人大审查和批准国家的预算和预算执行情况的报告。 ②全国人大常委会在全国人大闭会期间，审查和批准国民经济和社会发展计划、国家预算在执行过程中所必须作的部分调整方案。 ③县级以上地方人大审查和批准本行政区域内的国民经济和社会发展计划、预算及其执行情况的报告		
人大预算审查监督的基本框架	预算审查批准	阶段	①预算审查前期工作；②初步审查；③大会审查；④表决批准
		内容	①支出预算的总量与结构；②重点支出与重大投资项目；③部门预算；④财政转移支付；⑤政府债务；⑥政府预算收入编制
	预算执行监督	监督：①预算批复；②预算执行进度；③预算执行合规性；④重点支出；⑤预算变更	
	决算审查与监督	①每年6月，国务院将上一年度的中央决算草案提请全国人大常委会审查和批准。 ②每年6～9月，县级以上地方各级人民政府将上一年度的本级决算草案提请本级人大常委会审查和批准。 ③各级人大常委会每年听取和审议本级人民政府提出的审计机关关于上一年度预算执行和其他财政收支的审计工作报告。 ④在人大常委会会议听取和审议审计工作报告后的6个月内，人大常委会会议听取审计查出突出问题整改情况报告	

7.2 课后习题详解

一、概念题

1. 公共预算

答：参见本章考研真题概念题第1题答案。

2. 公共预算管理

答：公共预算管理是一种管理活动，可以从以下三个角度来理解：①从政治概念的层面来看，公共预算管理是政府依据法律有计划地对预算资金的筹集、使用进行的组织、协调和监督等管理活动。②从行政概念的层面来看，公共预算管理是政府依据法律对预算计划进行编制、执行和决策的管理活动。③从管理或方法的角度看，公共预算管理主要有五种基本模式：分项排列预算模式、规划—计划—预算模式、目标管理预算模式、零基预算模式和绩效预算模式。

3. 公共预算编制

答：公共预算编制是指各级政府、部门和预算单位对未来一段时间内公共部门收支进行测算和计划的活动。预算编制是公共预算过程的第一步，也是整个预算过程的核心部分。其具体包括一个财政年度内政府的收入(及具体来源)和支出规模(及具体使用去向)。预算编制的形式有单式预算和复式预算，其原则包括：合法性原则、真实性原则、完整性原则、科学性原则、重点性原则、绩效性原则和透明性原则。

4. 预算执行

答：预算执行是指各个部门根据批复的预算筹集财政收入、进行支出、开展各项活动、履行其职能的过程。预算执行必须以党和国家的方针政策为指针，以促进国民经济的平衡发展为重点，始终坚持以下原则：①按批准的国家预算组织预算活动的计划管理原则；②正确划分预算级次管理范围与权限的统一领导、分级管理原则；③多种管理手段并用的原则；④专业人员管理和群众相结合的原则。

5. 政府决算

答：参见本章考研真题概念题第3题答案。

6. 预算审查与监督

答：预算审查与监督是指立法机构对预算进行审查与监督，是建立责任政府的重要途径。预算审查大体可分为两个阶段：①预算草案编制过程中的个别审查监督，即由单位主管负责人和主管部门对单位预算分别逐个进行审查，各级财政机关除审查本级单位预算外还负责审查下级总预算草案。②国家预算草案编制完毕后的总体审查监督，即财政部报送的国家预算草案及所附说明书由国务院审查后，提交全国人民代表大会审查。

7. 绩效预算

答：参见本章考研真题概念题第4题答案。

二、思考题

1. 如何理解公共预算的基本问题?

答：公共预算的基本问题是要回答应该以什么为基础来进行资金的分配，即如何实现资源的有效配置。

(1)要实现资源的有效配置，从根本上讲，需要政府能够制定合理的战略计划，并能运用这个计划引导资金分配，将资源从低效率项目转向高效率项目。为此，需要一个理性的预算资金分配模式，需要整合计划、政策和预算。

(2)改进资源配置效率非常重要。在实行市场经济的国家，有两大基本资源配置机制：

市场机制和公共预算。实现资源的有效配置，不仅需要一个能有效配置资源的市场机制，还必须有一个理性的、负责的公共预算制度，将稀缺资源有效率地配置，以实现公共利益、增进人民福利。对于财政资金短缺的发展中国家来说，提高资源配置效率意义重大。

2. 我国政府编制预算的基本方法和过程是怎样的?

答: 我国政府编制预算的基本方法和过程的具体内容如下:

(1)在实践中，我国政府编制预算主要由人员支出、公用支出、项目支出三个部分组成，其中人员支出和公用支出属于基本支出。具体如下:

①基本支出。这是行政机构的经常性支出，包括人员经费和公用经费两部分，按财政部分类核定的“人均支出水平”和部门的行政人员编制计算决定。渐进预算是公用支出常用的预算方法。

②项目支出。这是行政单位为完成特定的工作任务或事业发展目标，在基本的预算支出以外，财政预算专项安排的支出，包括大型购置、大型修缮、专项课题等，要求专款专用。常用的预算方法有零基预算和渐进预算。

(2)我国政府编制预算的过程是“两上两下”的预算过程，具体如下:

①“一上”: 部门编报预算建议数。部门编制预算从基层预算单位编起，主要是按照每年预算编制通知的精神和要求编制项目预算建议数，并提供与预算需求相关的基础数据和相关资料，主要涉及基本支出核定的编制人数和实有人数、增入增支的文件等；然后层层审核汇总，由一级预算单位审核汇编成部门预算建议数，上报财政部。

②“一下”: 财政部下达预算控制数。对各部门上报的预算建议数，由财政部业务主管机构进行初审，预算司审核、平衡，在财政部内部按照规定的工作程序反复协商、沟通，最后由预算司汇总成中央本级预算初步方案报国务院，经批准后向各部门下达预算控制限额。涉及有预算分配权部门的指标确定，由财政部相关主体司对口联系，其分配方案并入“一下”预算控制数，统一由财政部向中央部门下达。

③“二上”: 部门上报预算。部门根据财政部下达的预算控制限额，编制部门预算草案上报财政部，基本支出科目由部门根据自身情况在现行相关财务制度规定内自主编制。

④“二下”: 财政部批复预算。财政部根据全国人民代表大会批准的中央预算草案批复部门预算。财政部门在对各部门上报的预算草案审核后，汇总成按功能编制的本级财政预算草案和部门预算，报国务院审批后，再报人大预工委和财经委审核，最后提交人民代表大会审议。在人民代表大会批准预算草案1个月内，财政部预算司组织部内部门预算管理司统一向各部门批复预算，各部门应在财政部批复本部门预算之日起15日内，批复所属各单位预算，并负责具体执行。

3. 人民代表大会在预算过程中应该发挥怎样的作用?

答: 人民代表大会在预算过程中应发挥的作用具体如下:

(1)人民代表大会在预算过程中的参与者职能:

根据《宪法》规定，人民代表大会是权力机关。因此，人民代表大会对政府的预算行使最高决定权，这些权力具体包括:

①审查本级总预算草案及本级总预算执行情况的报告。

②批准本级预算和本级预算执行情况的报告。

③改变或者撤销本级人民代表大会常务委员会关于预算、决算的不适当的决议。

④撤销本级政府关于预算、决算的不适当的决定和命令。

(2)人民代表大会在预算过程中的立法作用:

全国人民代表大会常务委员会通过立法的方式确定预算标准，规范预算流程。同时，对报送全国人大审查批准的预算草案的内容和时间也作了明确规定。

(3)人民代表大会对预算的审查监督作用:

我国的人大享有预算审查与监督权。人民代表大会及其常委会受人民委托，依法审查批准本级人民政府预算、监督预算执行和审查批准决算。这是宪法和法律赋予的一项重要职权，是人民行使管理国家事务权力的具体表现，是人大对政府进行制衡和监督的重要方式。

三、案例分析题

请认真阅读以下案例材料(材料略)，然后按照要求回答问题。

问题:

1. 如何设计预算民主恳谈的实施方案。

答: 根据材料中所提供的信息，现对预算民主恳谈的实施方案作如下设想:

(1)做好民主恳谈之前的准备工作:

①制定预算民主恳谈指导性文件。邀请多方代表，尤其是专家，参与起草设计《预算民主恳谈实施办法(草案)》，作为预算民主恳谈的指导性文件，具体规定预算民主恳谈和预算的执行与监督的原则、程序、形式、内容等。

②对人大代表和公民进行培训。邀请高校教授和其他地方政府人大相关人员对人大代表和百姓进行培训，培训的主要内容包括：政府预算和百姓之间的关系；政府预算的编制、执行和监督；公民参与和政府治理；地方人大代表的权利和义务等。

③各村发布关于民主恳谈会的通知，让群众进行参与。

④邀请各村村委会及镇人大代表参加民主恳谈。

⑤重新组织镇人大的财经委，在原有成员的基础上，可吸收新成员，具体负责初期预算民主恳谈的组织工作，并在人民代表大会期间向全体代表报告初期预算民主恳谈的情况。

(2)进行预算报告初审民主恳谈:

①根据参与者的特征，预算初审恳谈分为不同小组分别进行，如按参与者职业分为工业组、农业组、社会发展组。每个人大财经委成员负责一个小组。

②小组长宣读《财政收支预算执行情况和财政预算(草案)的报告》与《财政预算细化说明》。

③所有参会者自由发表意见，小组长及时记录每一项意见和建议。

④在每个小组成员充分表达他们的意见后，小组长向小组成员宣读初审意见，以确保初审意见全面、真实反映小组成员的意见和建议。

(3)进行人民代表大会财政预算民主恳谈:

①人民代表大会首先对《预算民主恳谈实施办法(草案)》进行审议表决。

②代表表决通过后，由分管财政的领导人代表镇政府做《财政收支预算执行情况和财政预算(草案)的报告》和《财政预算细化说明》的报告。

③财经委各小组长分别向大会报告预算初审民主恳谈的情况。

④代表们自由发表意见，对预算草案提出疑问、意见和建议，由行政首长现场解答。

⑤镇人大主席团成员和镇政府代表召开联席会议。会议主要是根据预算初审报告和预算恳谈会上代表们提出的意见和建议，对该报告作部分修改，提出《财政预算(草案)报告的修改方案》。

⑥领导人向大会代表报告《财政预算(草案)报告的修改方案》，主要目的是让代表们了解政府对预算报告的修改情况，为下一轮的分代表团讨论做准备。

⑦全体代表按代表团分为几个组讨论。在分组讨论的基础上，代表们对《财政预算(草案)报告的修改方案》不满意的部分，联名提出预算修正议案。

⑧人大主席团对代表提出的修正议案进行形式审查，通过的议案可以提交人民代表大会表决。

⑨向大会报告《财政预算修正案》，由全体出席的代表举手表决。

2. 根据2006年浙江温岭市新河镇预算民主恳谈的过程及成果，请运用公共预算管理的有关理论知识分析预算民主恳谈对落实国家权力机关预算审查与监督权的现实意义。

答：预算民主恳谈对落实国家权力机关预算审查与监督权的现实意义主要有：

(1)确保了普通公民参与的机会。

在具有协商性的民主恳谈实践中，公民通过平等的交流协商，能够在听取他人意见后修正自己的最初意见，并站在公共利益的角度考虑问题，最终达成一致意见。

(2)激活了人大代表的作用。

在中国地方政府的预算过程中，人民代表大会的作用没能很好地发挥出来。温岭市参与式预算实践起到了促进人大制度改革、健全人大职能的积极作用。公民以民主恳谈为主要形式参与政府年度预算方案讨论，人大代表审议政府财政预算并决定预算的修正和调整，实现实质性参与预算审查监督相结合。在参与式预算中，人大代表和群众直接参与政府的年度预算编制，并对其实施加以监督。自此，民主恳谈与人大工作结合起来，成为一种群众自觉参与民主决策、民主管理、民主监督的新型基层民主形式，有效地激活了地方人大的功能，将基层人大的法定权力落到了实处。

(3)确保了人大在预算决策过程中的权威地位。

人民代表大会在整个决策过程中具有权威地位，如果代表们对政府提出的草案不满意，那么此草案就不能通过，人大代表可以提出新预案，然后交给人民代表大会进行表决。

(4)增进了公众、人大代表与政府官员之间的相互沟通和理解。

民主恳谈最初作为一种对话机制，加强了干群联系和交流，使普通民众将其意见和意愿直接表达出来，拉近了基层党委、政府与民众之间的距离，缓和了干群关系。开展参与式预算之后，民主恳谈不仅是一种对话机制，而且开始被纳入公共政策制定过程。民众参与公共政策制定，掌握了更大的话语权，可以直接影响财政预算。

7.3　考研真题与典型题

一、概念题

1. 公共预算[南京理工2023年研；中国地大2023年研；天津商大2021年研；东北大学2019年研；东北财大2017年研；山东师大2016年研；南昌大学2016年研]

2. 预算执行[天津商大2022年研]

3. 政府决算[天津商大2023年研；浙工商2021年研；贵州财大2017年研]

4. 绩效预算[人大2019年研；中央民大2010年研]

5. 预算调整[贵州财大2017年研]

6. 零基预算[杭州师大2018年研；东北财大2014年研；北邮2007年研]

二、简答题

1. 公共预算的特点及其作用。[南开大学2009年研]

相关试题：简述公共预算的功能。[首师大2020年研]

2. 简述零基预算的优点。[武大2012年研]

3. 政府预算编制的原则。[广工大2020年研；人大2015年研]

相关试题：简述公共预算编制的原则。[青岛大学2020年研]

三、论述题

1. 请简述各级人民代表大会、人大常委会和政府作为财政预算参与者的各自职责。[电子科大2013年研]

2. 结合实际，谈谈人民代表大会在预算过程中应发挥怎样的作用。[暨南大学2016年研]

3. 请详细论述我国政府部门预算编制的主要方法，以及当前我国政府预算执行存在的主要问题。[电子科大2014年研]

相关试题：

(1)我国预算执行存在的主要问题有哪些？[简答题，华南理工2017年研]

(2)我国预算执行存在的主要问题。[简答题，山东师大2014年研]

7.4　考研真题与典型题详解

一、概念题

1. 公共预算[南京理工2023年研；中国地大2023年研；天津商大2021年研；东北大学2019年研；东北财大2017年研；山东师大2016年研；南昌大学2016年研]

答：公共预算是以会计报告为形式、经法定程序批准的一定时期内的财政收支计划。该计划发生在政治领域，是参与各方冲突、协调的产物，但一经批准，政府部门就必须严格执行，并接受立法机构与社会的监督和控制。它是存在于市场经济中并且与公共财政相适应的国家预算类型。可以从四个维度来理解公共预算：①政治维度。公共预算分配公共资源时必须考虑不同利益相关者的需求，这反映了公共预算的政治性。②管理维度。

公共预算可作为管理工具，利用特定的管理方法和技术使公共服务和公共项目的提供更有效。③经济维度。公共预算具有三大基本功能，即资金配置、经济稳定和再分配功能。④财务管理维度。公共预算作为一种微观的财务管理工具，可用来明确约束参与者的行为。

2. 预算执行[天津商大2022年研]

答：参见本章课后习题概念题第4题答案。

3. 政府决算[天津商大2023年研；浙工商2021年研；贵州财大2017年研]

答：政府决算是指经法定程序批准、反映年度政府预算收支最终结果、总结政府预算执行的会计报告，包括报表和文字说明。决算的目的是集中反映一年来预算活动的基本情况及政府绩效，并为新的预算编制提供参考依据。政府决算并不主要是财政部门的职责，事实上，决算涉及所有使用政府财政资金的部门和机构。根据层级，政府决算由中央总决算和地方总决算组成。中央总决算由中央直管部门行政事业单位决算、企业财务决算、基本建设财务决算、国库年报和税收年报等汇总而成；地方总决算由省(区、市)总决算汇总而成。

4. 绩效预算[人大2019年研；中央民大2010年研]

答：绩效预算是基于政府的职能、业务与计划所编制的预算。绩效预算的目的在于便利政府在会计年度内完成各项工作计划与所列举的具体建议，其编制以政府应做的工作或应提供的服务事项为基础，并总汇表示每一工作与服务的事项所需的成本。绩效预算的特征有：①注重最后的产出而非投入；②强调各种产出或计划所需投入时间的关系；③尽量使计划包罗无遗，并关注于活动所具有的全部贡献及其发生的全部成本。

5. 预算调整[贵州财大2017年研]

答：预算调整是指由各级政府在执行过程中通过改变预算收入来源、支出用途以及收支规模等方法，组织新的预算平衡，以适应经济形势变化需要。即经过批准的各级预算，在执行中因特殊情况需要增加支出或者减少收入等。预算调整必须经过各级人民代表大会常务委员会的审查和批准；未经批准，不得调整预算。各部门、各单位的预算支出，不同科目间需要调整使用的，必须按国务院财政部门的规定报经批准。

6. 零基预算[杭州师大2018年研；东北财大2014年研；北邮2007年研]

答：零基预算是指不考虑过去的预算项目和收支水平，以零为基点编制的一般预算模式。其基本特征是不受以往预算安排和预算执行情况的影响，一切预算收支都建立在成本效益分析的基础上，根据需要和可能来编制预算。其编制过程是：确定预算所要达到的目的，然后按不同的预算目标订立几个不同的预算方案，并进行成本效益分析，说明其成本、效益和风险程度；再进一步根据组织效益递减的顺序，把这些方案排列起来，由此确定对有限资源和资金的最佳分配；最后编制详细的行政预算。其优点是可以对非优先项目删减，以便控制支出、提高效益，但需要较好的经济技术条件和管理制度。

二、简答题

1. 公共预算的特点及其作用。［南开大学2009年研］

相关试题：简述公共预算的功能。［首师大2020年研］

答：公共预算是指必须经法定程序批准的、政府及其部门在一定时期的财政收支计划。这个计划由政府准备，提交立法机构审查批准。它必须全面、分类清晰、标准统一、信息准确、编制严密、有明确时效和约束力；必须经立法机构批准与授权后方可实施。

(1)公共预算的特点：

①预测性。在编制预算时，要根据对社会经济发展的预计，预测能收取多少收入，根据社会管理和发展的需要安排支出。当客观经济形势发生变化，原来预计能取得的收入和安排的支出已不可能实现时，就要及时对预算进行调整。

②法定性。只有经过权力机关批准，政府编制的预算才得以成立。预算一经权力机关批准，即成为具有法律效力的文件，执行机关必须照此执行。非经法定程序，不得改变。

③完整性。国家预算是政府的基本财政收支计划。一般来说，政府所有的收入和支出都必须纳入进来。我国由于历史原因和管理需要，目前还有相当一部分政府收支没有纳入预算。

④时段性。政府预算必须是未来一段时期内的计划，不能随意地向权力机关报批。只要国家存续，就需要不停地进行收支活动，以维持其正常运转，实现其职能。但为了方便核算和管理，往往要设定一定的时段，这种时段一般以一年为界。

⑤公开性。由于国家预算的收入和支出都与人民群众的关系极为密切，因此一般要求其公开透明。无论是权力机关的审查批准过程，还是批准以后的预算以及预算的执行情况，都应当向社会公开。

⑥责任性。政府对预算的执行负责，预算的执行结果必须向权力机关报告并得到权力机关的认可。

(2)公共预算的作用：

①控制功能。控制的目的是确保有效实施特定工作任务，对象是具体的人、财、物。控制常常建立在对预算支出详细分类的基础上。其控制性集中体现在已形成的分项列支预算。它以详细收支科目体系为基础编制政府预算，罗列了详细收入信息，方便控制。

②管理功能。组织目标一经确定，管理者就要有效获得和利用资源以实现组织目标，这一过程非常关注管理绩效。

③计划功能。即以组织目标及实现目标所需的资源为基础，决策如何获取并使用资源的一系列计划过程。

除了这三个功能，公共预算还必须具备优先性排序和预算问责两个职能。优先性排序反映了决策者的政策偏好，决定了预算分配的结果。预算问责职能的内容包括：对上负责；对公众负责；对预算结果负责；保证公民能直接影响或控制预算分配过程和结果。

总之，通过预算的特点和作用，可以看出建立一套完备的预算体系的重要性。各国的预算体制也在不断改革，以更好地适应社会发展需求，促进预算目标实现。

2. 简述零基预算的优点。[武大2012年研]

答：零基预算是指不考虑过去的预算项目和收支水平，以零为基点编制的一般预算模式。即财政收支计划指标的确定，只以当时社会经济发展的实际为依据，不考虑以前的财政收支状况。其优点具体如下：

(1)有利于提高员工的“投入—产出”意识。零基预算不考虑过去的预算项目和收支水平，以零为基点编制，一切从实际需要出发，并结合财力状况在综合平衡的基础上编制预算。这种科学的现代预算方法能够动员企业的全体员工参与预算编制，排除不合理因素，从投入开始减少浪费，通过成本—效益分析，提高产出水平，从而使投入产出意识得以增强。

(2)有利于合理分配资金。经过成本—效益分析，对每个业务项目是否应该存在、支出金额，都进行分析计算，精打细算，量力而行，能使有限的资金流向富有成效的项目，所分配的资金能更加合理。

(3)有利于发挥基层单位参与预算编制的创造性。在零基预算的编制过程中，企业内部易于沟通和协调，企业整体目标更趋明确，多业务项目的轻重缓急容易达成共识，有助于调动基层单位参与预算编制的主动性、积极性和创造性。

(4)有利于提高预算管理水平。零基预算极大地增加了预算透明度。预算支出中的人头经费和专项经费一目了然，各级之间争吵的现象会得到缓解。预算会更加切合实际，会更好地起到控制作用。整个预算的编制和执行也能逐步规范，预算管理水平会得以提高。

3. 政府预算编制的原则。[广工大2020年研；人大2015年研]

相关试题：简述公共预算编制的原则。[青岛大学2020年研]

答：政府预算编制的原则有：

(1)合法性原则：

部门预算的编制要符合《预算法》和国家其他法律法规的要求，充分体现党和国家的方针政策，并在法律赋予的职能范围内进行。具体来讲：

①收入方面。组织基金收入要符合国家法律法规的规定；行政事业性收费要按财政部、国家发展改革委核定的收费项目和标准测算等。

②支出方面。支出预算要结合本部门的事业发展计划、职责和任务测算；对预算年度收支增减因素的预测要充分体现与国民经济和社会发展计划的一致性，要与经济增长速度相匹配；项目和投资支出方向要符合国家产业政策；支出的安排要体现厉行节约、反对浪费、勤俭办事的方针；人员经费支出要严格执行国家工资和社会保障的有关政策、规定及开支标准；日常公用经费支出要按国家、部门或单位规定的支出标准测算；部门预算需求不得超出法律赋予部门的职能。

(2)真实性原则：

部门预算收支要做到真实性，即要做到实事求是，不得虚报数字。机构、编制、人员、资产等基础数据资料要按实际情况填报；各项收入预算要结合近几年实际取得的收入并考虑增收减收因素测算，不能随意夸大或隐瞒收入；支出要按规定的标准，结合近几年实际支出情况测算，不得随意虚增或虚列支出；各项收支要符合部门的实际情况，测算时要有真实可靠的依据，不能凭主观印象或人为提高开支标准编制预算。

(3)完整性原则:

部门预算的编制要体现综合预算思想。各种预算外资金要严格执行“收支两条线”管理,应将所有收入和支出全部纳入部门预算,改变预算内外资金“两张皮”的状况,取消收支挂钩的预算核定方法,对单位的预算内、外各项财政资金和其他收入,统一管理,统筹安排,统一编制综合财政预算。编制预算时,要将部门依法取得的包括所有财政性资金在内的各项收入以及相应的支出作为一个有机整体进行管理,对各项收入、支出预算的编制做到不重不漏,不得在部门预算之外保留其他收支项目。

(4)科学性原则:

部门预算编制要具有科学性,主要体现在:

①预算收入预测和预算支出安排的方向要科学,要适应国民经济社会发展状况,要有利于促进国民经济健康、可持续发展。

②预算编制的程序设置要科学。合理安排预算编制每个阶段的时间,既要以充裕的时间保证预算编制的质量,也要注重提高预算编制的效率。

③预算编制的方法要科学。预算的编制要制定科学规范的方法,测算的过程要有理有据。

④预算核定要科学。要科学制定基本支出的预算定额。项目支出预算编制中要对项目进行遴选,分轻重缓急,科学合理地选择项目。

(5)重点性原则:

部门预算编制要做到合理安排各项资金,本着“一要吃饭,二要建设”的方针,在兼顾一般的同时,优先保证重点支出。根据重点性原则,首先要保证基本支出,然后安排项目支出;先重点、急需项目,后一般项目。基本支出是维持部门正常运转所必需的开支,因此要优先安排预算,不能留有缺口;项目支出根据财力情况,按轻重缓急,优先安排党中央、国务院交办的事项,符合国民经济和社会发展计划、符合国家财政宏观调控和产业政策的项目。

(6)绩效性原则:

部门预算应建立健全绩效考评制度,追踪监测预算的执行过程和完成结果,不断提高预算资金的使用效益。在项目申报阶段,要对申报项目进行充分的可行性论证,以保障项目确实必需、可行;在项目执行阶段,要建立严格的内部审核制度和重大项目建设成果报告制度,以对项目进程和资金使用情况进行监督,对阶段性成果进行考核评价;在项目完成阶段,项目单位要及时组织验收和总结,并将项目完成情况报中央部门,中央部门要将项目完成情况汇总报财政部。

(7)透明性原则:

部门预算要体现公开、透明原则。对于单位的经常性支出,要通过建立科学的定员定额体系,以实现预算分配的标准化。对于部门为完成特定行政工作任务或事业发展而发生的各类项目支出,要通过填报项目文本、建立项目库、科学论证、采用择优排序的方法确定必保项目和备选项目,结合当年的财力状况与财政支出重点,优先安排急需、可行的项目,从而减少预算分配中存在的主观随意性与“暗箱操作”,使预算分配更加规范、透明。

(8)稳妥性原则:

部门预算编制要做到稳妥可靠，收支平衡，量入为出，而且不得编制赤字预算。收入预算要留有余地，没有把握的收入项目和数额，不要列入预算，以免收入不能实现时，造成收小于支；预算要先保证基本工资、离退休费和日常办公经费等基本支出，以免预算在执行过程中被不断调整。项目预算的编制要量力而行，有多少钱办多少事。

三、论述题

1. 请简述各级人民代表大会、人大常委会和政府作为财政预算参与者的各自职责。[电子科大 2013 年研]

答：根据《预算法》等相关规定，财政预算参与者的职责具体如下：

(1)中央层面：

①全国人民代表大会：a. 审查中央和地方预算草案及中央和地方预算执行情况的报告；b. 批准中央预算和中央预算执行情况的报告；c. 改变或撤销全国人民代表大会常务委员会关于预算、决算的不适当的决议。

②全国人民代表大会常委会：a. 监督中央和地方预算的执行；b. 审查和批准中央预算的调整方案；c. 审查和批准中央决算；d. 撤销国务院制定的同宪法、法律相抵触的关于预算、决算的行政法规、决定和命令；e. 撤销省、自治区、直辖市人民代表大会及其常务委员会制定的同宪法、法律和行政法规相抵触的关于预算、决算的地方性法规和决议。

③全国人民代表大会财政经济委员会：对中央预算草案初步方案及上一年预算执行情况、中央预算调整初步方案和中央决算草案进行初步审查，提出初步审查意见。

④国务院：a. 编制中央预算、决算草案；b. 向全国人民代表大会报告关于中央和地方预算草案的内容；c. 将省、自治区、直辖市政府保送备案的预算汇总后报全国人民代表大会常务委员会备案；d. 组织中央和地方预算的执行；e. 决定中央预算预备费的动用；f. 编制中央预算调整方案；g. 监督中央各部门和地方政府的预算执行；h. 改变或者撤销中央各部门和地方政府关于预算、决算的不适当的决定、命令；i. 向全国人民代表大会、全国人民代表大会常务委员会报告中央和地方预算的执行情况。

⑤国务院财政部门：a. 具体编制中央预算、决算草案；b. 具体组织中央和地方预算的执行；c. 提出中央预算预备费动用方案；d. 具体编制中央预算的调整方案；e. 定期向国务院报告中央和地方预算的执行情况。

(2)地方层面：

①县级以上地方各级人民代表大会：a. 审查本级总预算草案及其执行情况的报告；b. 批准本级预算和本级预算执行情况的报告；c. 改变或者撤销本级人民代表大会常务委员会关于预算、决算的不适当的决议；d. 撤销本级政府关于预算、决算的不适当的决定和命令。

②县级以上地方各级人民代表大会常务委员会：a. 监督本级总预算的执行；b. 审查和批准本级预算的调整方案；c. 审查和批准本级决算；d. 撤销本级政府和下一级人民代表大会及其常务委员会关于预算、决算的不适当的决定、命令和决议。

③县级以上地方各级人大相关专门委员会及工作委员会：对本级预算草案初步方案及上一年预算执行情况、本级预算调整初步方案和本级决算草案进行初步审查，提出初步审

查意见。

④县级以上地方各级政府：a. 编制本级预算、决算草案；b. 向本级人民代表大会作关于本级总预算草案的报告；c. 将下一级政府报送备案的预算汇总后报本级人民代表大会常务委员会备案；d. 组织本级总预算的执行；e. 决定本级预算预备费的动用；f. 编制本级预算的调整方案；g. 监督本级各部门和下级政府的预算执行；h. 改变或者撤销本级各部门和下级政府关于预算、决算的不适当的决定、命令；i. 向本级人民代表大会、本级人民代表大会常务委员会报告本级总预算的执行情况。

⑤乡、民族乡、镇的人民代表大会：a. 审查和批准本级预算和本级预算执行情况的报告；b. 监督本级预算的执行；c. 审查和批准本级预算的调整方案；d. 审查和批准本级决算；e. 撤销本级政府关于预算、决算的不适当的决定和命令。

⑥乡、民族乡、镇政府：a. 编制本级预算、决算草案；b. 向本级人民代表大会报告关于本级预算草案的有关内容；c. 组织本级预算的执行；d. 决定本级预算预备费的动用；e. 编制本级预算的调整方案；f. 向本级人民代表大会报告本级预算的执行情况。

⑦地方各级政府财政部门：a. 具体编制本级预算、决算草案；b. 具体组织本级总预算的执行；c. 提出本级预算预备费动用方案；d. 具体编制本级预算的调整方案；e. 定期向本级政府和上一级政府财政部门报告本级总预算的执行情况。

⑧各部门：a. 编制本部门预算、决算草案；b. 组织和监督本部门预算的执行；c. 定期向本级政府财政部门报告预算的执行情况。

⑨各单位：a. 编制本单位预算、决算草案；b. 按照国家规定上缴预算收入，安排预算支出，并接受国家有关部门的监督。

2. 结合实际，谈谈人民代表大会在预算过程中应发挥怎样的作用。［暨南大学2016年研］

答：参见本章课后习题思考题第3题答案。

3. 请详细论述我国政府部门预算编制的主要方法，以及当前我国政府预算执行存在的主要问题。［电子科大2014年研］

相关试题：

(1)我国预算执行存在的主要问题有哪些？［简答题，华南理工2017年研］

(2)我国预算执行存在的主要问题。［简答题，山东师大2014年研］

答：(1)我国政府部门预算编制的主要方法：

预算编制过程即资金分配过程。目前，部门预算支出主要包括：人员支出、公用支出和项目支出，每部分支出采用不同的方法编制。具体包括：

①人员支出：据实核算。一个部门的人员支出取决于两个要素：一是公务人员的工资福利标准，二是单位的编制人数和实有人数。部门只是根据现行的人事政策标准和编制情况(或实有人数)据实核算本部门的人员支出。因此，人员经费预算具有“公式预算”的特征。

②公用支出：定额管理。定员定额是编制基本支出的基本方法。定员是指根据行政事业单位的工作性质和业务量确定的机构人员的编制数，定额是指各部门履行职能及开展业务工作所需的公用经费的人均额度标准。因此，它们的预算实际上是一种公式预算，即根

据核定的人员数和固定的标准按特定的公式计算，即：人员经费或公用经费＝定额×定员。

③项目支出。项目支出是部门预算的重要组成部分，是指部门为完成特定的工作任务或事业发展目标，在基本支出预算之外的年度支出计划。中央部门的项目按照部门预算编报要求分为国务院已研究确定项目、经常性专项业务费项目、跨年度支出项目和其他项目四类。项目支出预算管理的基本原则包括：综合预算的原则；科学论证、合理排序的原则；追踪问效的原则。项目的申报、审核和批复是部门预算编制的重要环节，也是预算管理的一个重要组成部分。

(2)我国预算执行存在的主要问题：

①执行进度偏慢，导致大量的预算结转。近几年来，中央预算执行所存在的执行慢问题，总体上呈现一种“前慢后快”的特点。这一问题在中央层面和地方预算执行中都相当普遍。财政支出进度偏慢，一方面会降低财政资金运行效率和使用效益，造成财政资金的闲置、浪费、效益低下以及大量资金的结转，冲击下年预算；另一方面会使得国家的方针、政策不能得到及时有效的落实。

②收支过程中仍然存在违规行为。这主要表现在：

a. 违规拨付和支付财政资金，如将预算内资金支付到与本单位无拨款关系的单位；将预算内资金转拨到原来的实拨资金账户；无预算、超预算拨款等。

b. 截留、挪用财政资金，如截留财政资金，挪作他用；挪用行政事业费，弥补行政经费、支付基建工程款、增加职工福利；对外借出财政资金；以预算调整为借口，挪用财政资金；滞留应当下拨的财政资金等。

c. 在基本支出中，常见的违规行为包括：无预算的支出；擅自扩大支出范围以提高开支标准；未经批准随意调整基本支出预算；虚列支出套取财政资金等。

d. 在项目支出中，常见的违规行为包括：挪用项目资金用于基本支出；对达到政府采购标准的商品和服务支出不执行政府采购程序；对应纳入招标投标的工程项目直接规定工程承包商或施工单位等。

③预算变更的随意性仍然比较大。从我国目前情况看，一些地方和部门部分资金的分配和使用脱离预算管理，预算约束力还不够强，预算调剂的随意性问题仍然比较突出。各国对预算追加都实行严格的审批程序，预算追加必须经立法机构审查批准方可生效。我国目前的预算追加，尤其是年底进行预算追加比较频繁，而且资金量大。最近这些年，我国预算执行年年出现巨额超收收入。但是，由于对预算超收收入的使用管理监督不严，导致大量超收收入随意用于安排支出，导致大量年底预算追加进而结转，同时也助长了各种违规行为的滋生。

第8章　政务信息资源管理

8.1　复习笔记

【知识框架(庖丁解牛)】

- 政务信息资源管理
  - 政务信息资源管理概述
    - 信息资源管理：含义、层次、要素
    - 政务信息资源管理：含义、目标、研究视角
    - 政务信息资源管理标准化
      - 含义、内容、方法
      - 基础标准
  - 政务信息资源管理的内容
    - 政务信息资源管理体制：机构、职能、人员
    - 政务信息资源采集管理：过程、渠道、方法
    - 政务信息存储：数据仓库、资源库构建
    - 政务信息资源分级分类
    - 政务信息资源公开：含义、原则、制度、措施
    - 政务信息资源交换共享
  - 政务信息资源开发利用
    - 概述：含义、二者关系、框架
    - 战略：我国、西方；“互联网+政务服务”
    - 政务信息资源法制建设

【通关提要(提纲挈领)】

本章主要介绍政务信息资源管理，内容较基础。学习时，要熟悉政务信息资源管理的含义、目标和标准化，熟悉其具体的管理过程和开发利用，可根据实践分析政务信息资源在实现公共部门资源共享、提高公共服务能力等方面所发挥的作用。本章易考概念题和简答题，要理解记忆。

【考点难点归纳(厚积薄发)】

考点一：政务信息资源管理概述　★★★

1. 信息资源管理(见表8－1)

表8－1　信息资源管理

要点	主要内容
含义	指基于信息技术、为满足信息需求而实施的集约化管理活动，包括对信息活动要素的规划、组织、控制和协调等

续表

要点	主要内容		
层次	微观	环节管理	最基层
	中观	系统管理	本地区、本行业的信息资源管理
	宏观	产业管理	一种战略管理
要素	①架构[总体架构的设计是关键];②组织[基础];③环境;④服务;⑤技术[支撑平台]		
管理过程	①信息资源生产;②信息资源利用;③信息再开发		

2. 政务信息资源管理(见表8-2)

表8-2 政务信息资源管理

要点	主要内容	
含义	指基于现代信息技术,为满足公共部门自身及社会信息需求而对政务信息和信息活动各要素进行的集成性、综合性的管理活动	
目标	基础目标	实现科学管理
	根本目标	提高开发利用能力
	直接目标	信息活动经费最小化
	终极目标	促进公共管理正常运转、经济良性运行和社会和谐发展
研究视角	①内容视角;②技术视角;③经济视角;④人文视角	

【真题链接】简述政务信息资源管理的目标。[简答题,天津商大2018年研;贵州财大2015年研]

3. 政务信息资源管理标准化(见表8-3)

表8-3 政务信息资源管理标准化

要点	主要内容
含义	标准化是指为获得最佳秩序和社会效益,在各项社会实践中,对重复性事物和概念通过制定、发布和实施标准来达到统一
内容	①标准化技术;②标准化设施;③标准化术语;④标准化管理过程
方法	①简化法;②统一法;③组合法;④综合法;⑤程序化法
基础标准	①数据元素标准;②信息分类编码标准;③用户视图标准;④概念数据库标准;⑤逻辑数据库标准

【真题链接】简述政务信息资源标准化建设的主要内容。[简答题,天津商大2019年研]

考点二:政务信息资源管理的内容 ★★★

1. 政务信息资源管理体制(见表8-4)

表 8－4　政务信息资源管理体制

<table>
<tr><th>要点</th><th colspan="3">主要内容</th></tr>
<tr><td rowspan="4">“谁来管”</td><td>管理机构</td><td colspan="2">①信息化领导小组；②专门管理部门；③工作部门或机构</td></tr>
<tr><td rowspan="2">管理职能</td><td>宏观</td><td>①统筹规划；②组织协调；③业务指导；④监督控制</td></tr>
<tr><td>微观</td><td>管理和开发利用本部门政务信息资源［以宏观为指导］</td></tr>
<tr><td>管理人员</td><td colspan="2">①信息技术专业人才；②信息管理专业人才</td></tr>
<tr><td>“如何管”</td><td colspan="3">制定相关法律、法规和政策</td></tr>
</table>

2. 政务信息资源采集管理（见表 8－5）

表 8－5　政务信息资源采集管理

<table>
<tr><th>要点</th><th colspan="2">主要内容</th></tr>
<tr><td>含义</td><td colspan="2">指按政务信息用户需求，选择、提取各种信息并加以聚合和集中的过程</td></tr>
<tr><td rowspan="3">过程</td><td>准备阶段</td><td>①需求分析；②明确采集目标；③确定采集源；④选择采集方法、工具；⑤制定采集策略</td></tr>
<tr><td>实施阶段</td><td>①识别、筛选信息；②提取信息；③汇集信息</td></tr>
<tr><td>评估阶段</td><td>核心：确定评估指标体系［采准率、采全率、及时率、费用率和劳动耗费等］</td></tr>
<tr><td>渠道</td><td colspan="2">①媒体渠道；②机构性渠道；③制度性渠道；④行文渠道；⑤公共部门交流渠道；⑥个人渠道</td></tr>
<tr><td>方法</td><td colspan="2">①调查法；②检索法；③阅读法；④观察法；⑤交换、索取法；⑥与会法</td></tr>
</table>

【真题链接】政务信息资源采集的过程包括哪些阶段？［简答题，贵州财大 2018 年研］

3. 政务信息存储（见表 8－6）

表 8－6　政务信息存储

<table>
<tr><th>要点</th><th colspan="2">主要内容</th></tr>
<tr><td>含义</td><td colspan="2">指将加工后的政务信息资源按一定规则记录在相应信息载体上并将其组织成系统化检索体系的过程</td></tr>
<tr><td rowspan="2">数据仓库</td><td>作用</td><td>提供集成化、历史化的数据，集成应用系统，组织并存储数据，是信息资源的存储机制和分析、处理的决策支持系统</td></tr>
<tr><td>相关技术</td><td>联机分析处理、决策支持系统和数据挖掘</td></tr>
<tr><td rowspan="2">资源库构建</td><td>目标</td><td>①面向社会服务，实现政务信息公开，提高社会服务质量。
②提高公共管理和回应社会需求的能力，以实现科学高效的宏观管理和决策。
③及时发布政务信息，引导经济发展和社会进步，减少盲目性</td></tr>
<tr><td>措施</td><td>①健全和完善统一管理标准和规范。
②按由易到难、分步实施的原则，建立适应力强的政务处理系统。
③强化系统运行规范管理。
④建立高效、可操作的质量评价体系</td></tr>
</table>

4. 政务信息资源分级分类(见表8-7)

表8-7 政务信息资源分级分类

	分级	分类
含义	按性质不同确定公开与保密的级别	按公共部门业务和信息资源特点对信息资源进行分类
具体内容	①社会公开类；②部门共享类；③依法专用类	①主题类；②行业类；③服务类；④资源形态类

5. 政务信息资源公开和交换共享(见表8-8)

表8-8 政务信息资源公开和交换共享

要点	主要内容	
公开	含义	指有权部门主动或依公众申请公开政务信息
	原则	①合法性原则；②及时性原则；③真实性原则；④利益平衡原则；⑤不收费原则；⑥责任原则
	制度	①确立和强化政务信息资源公开是政务部门的义务和责任。 ②列举式明确信息公开范围。 ③确立信息公开的监督和保障制度
交换共享	实现政务信息资源交换共享的管理措施： ①编制政务信息资源交换共享目录体系。 ②健全与完善政务信息资源交换共享标准规范、管理制度。 ③加强政务信息资源共享交换平台和共享库的建设。 ④发布《促进大数据发展行动纲要》	

【真题链接】

(1)简述政务信息资源公开的原则。[简答题，浙工商2018年研；天津商大2017年研]

(2)论述政务信息资源公开的措施。[论述题，华东政法2023年研]

考点三：政务信息资源开发利用 ★★★

1. 政务信息资源开发利用概述(见表8-9)

表8-9 政务信息资源开发利用概述

要点	主要内容		
开发	含义	狭义	指对政务信息内容资源的开发
		广义	既包括狭义的，又包括信息技术研究、信息系统建设、信息机构和管理体制的建立、信息人员培养等活动
	类型	①本体开发；②应用开发	
	评价	指基于评估指标体系和评估程序对政务信息资源开发的行为、成果及社会效应进行评价的活动[质、量、社会效应]	
利用	含义	指公共部门、企业、其他社会组织和个人为实现需求、解决问题而有意识地利用政务信息资源的过程	
	层次	①社会利用；②组织利用；③个体利用	

续表

要点	主要内容
二者关系	开发是手段，利用是目的，二者相辅相成、相互促进、辩证统一
框架	①机制框架；②经济框架；③建设工程框架；④建设内容框架

2. 政务信息资源开发利用战略(见表 8－10)

表 8－10　政务信息资源开发利用战略

<table>
<tr><th>要点</th><th colspan="3">主要内容</th></tr>
<tr><td>西方国家</td><td colspan="3">①推崇市场化的政策取向。
②依托先进信息技术，科学开发政务信息资源。
③重点建设数据库资源，促进网络信息资源开发。
④完善相关政策法规，创造良好环境。
⑤重视信息人才开发和培养</td></tr>
<tr><td>我国</td><td colspan="3">①完善相关政策法规。
②完善管理体制，建立管理机构。
③重视政务信息内容的完善和服务。
④进一步改进基础建设。
⑤强化标准化建设。
⑥重视人才的开发利用</td></tr>
<tr><td rowspan="5">“互联网＋政务服务”</td><td rowspan="3">指导思想</td><td>发展理念</td><td>创新、协调、绿色、开放、共享</td></tr>
<tr><td>目标</td><td>简政放权、放管结合、优化服务改革措施落地</td></tr>
<tr><td>手段</td><td>运用现代信息技术创新行政审批和公共服务方式</td></tr>
<tr><td>重点任务</td><td colspan="2">重点建设：①业务支撑体系；②基础平台体系；③关键保障技术体系；④评价考核体系</td></tr>
<tr><td>主要内容</td><td colspan="2">指各级机构运用各种技术手段，构建“互联网＋政务服务”平台，整合各类服务事项和业务办理等信息，通过多种形式，结合第三方平台，提供一站式办理的政务服务</td></tr>
</table>

3. 政务信息资源法制建设(见表 8－11)

表 8－11　政务信息资源法制建设

<table>
<tr><th>要点</th><th colspan="2">主要内容</th></tr>
<tr><td>美国 A-130 通告</td><td colspan="2">阐述了联邦政府的信息资源管理政策，包括信息管理政策、信息系统和信息技术管理政策</td></tr>
<tr><td rowspan="2">我国政务信息资源法制化建设</td><td>特点</td><td>起步晚、发展迅速</td></tr>
<tr><td>问题</td><td>分散性、不配套性、间接性、模糊性等</td></tr>
<tr><td>政务信息资源管理法制建设内容</td><td colspan="2">①确定信息资源法为一个独立的法律部门。
②内容框架：
a. 政务信息资源管理法律制度。
b. 政务信息机构组织管理法律制度。
c. 政务信息安全、保密法律制度。
d. 国际信息合作与交流法律制度</td></tr>
</table>

8.2 课后习题详解

一、概念题

1. 信息资源

答：信息资源的定义有狭义和广义之分：①狭义的信息资源，指人类社会活动中经过加工处理的、有序化并积累起来的、可产生特定效用的信息集合。它包括所有记录在载体上的信息内容，如文字、音像、印刷品、图形、图像、电子信息等。②广义的信息资源，是人类社会信息活动中积累起来的信息、信息生产者、信息技术等信息活动要素的集合，包括：a. 人类社会经济活动中经过加工处理有序化并大量积累起来的有用信息的集合；b. 为某种目的而生产信息的信息生产者的集合；c. 加工、处理和传递信息的信息技术的集合；d. 其他信息活动要素(如信息设备、设施、信息活动经费等)的集合。除了具有一般经济学意义上的资源特性外，信息资源的独有特征包括：共享性、动态性、时效性、不可分性、不同一性、支配性等。

2. 政务信息资源

答：参见本章考研真题概念题第1题答案。

3. 信息采集

答：信息采集是指按信息用户需求，选择、提取各种信息并加以聚合和集中的过程。信息采集工作的好坏，直接关系到整个信息管理工作的质量。为保证信息采集的质量，应坚持以下原则：①可靠性原则，指采集的信息必须真实、可靠；②完整性原则，指采集的信息要广泛，全面完整；③实时性原则，指要及时获取所需的信息；④准确性原则，指采集到的信息与应用目标和工作需求的关联程度要高；⑤易用性原则，指采集到的信息按照一定的形式表示，便于使用；⑥计划性原则，即采集的信息既要满足当前需要，又要兼顾未来的发展；⑦预见性原则，即采集的信息既要着眼于现实需求，又要有一定的超前性。

4. 数据开放

答：数据开放是指政府向社会公布自己所拥有的，并经过脱敏的数据，包括天气数据、GPS数据、金融数据、教育数据、交通数据、能源数据、医疗数据、政府投资数据、农业数据等。这些原始数据本身并没有明显的商业价值，但经过一些公司的加工之后，可以产生巨大的商业价值。

5. 信息交换共享

答：信息交换共享是指政府部门出于履职的需要而为其他部门提供或是向其获取政务信息资源的行为。实现政务信息资源交换共享是充分开发利用政务信息资源的有效途径。政务信息资源交换共享包括两个阶段：数据抽取汇集阶段和数据整合共享阶段。

6. 信息存储

答：信息存储是指将处理后的公共信息资源(包括文件、图像、数据、报表、档案等)按照一定的规定记录在相应的信息载体上，并将其组织成系统化的检索体系过程。即将组织好的信息固化下来，以便检索、利用的过程。它追求安全性、保密性、简便可靠。信息的存储范围、方式取决于存储条件和信息的价值大小。它是信息资源管理中继加工之后的重要内容或环节。科学合理的信息存储，有利于用户检索、资源共享及信息资源管理，便于延长信息使用寿命。

7. A-130 号通告

答：A-130 号通告又称《联邦政府信息资源的管理通告》，是美国联邦政府管理与预算局于 1985 年 12 月 24 日发布的旨在为联邦信息资源管理规定总的政策框架的公告。它首次从政府的角度对信息资源管理的概念进行了界定，这标志着现代政务信息资源管理思想已经形成。该通告规定，信息资源管理的总目标是：最大限度减轻公众的文书负担；充分利用政府信息同时降低政府信息活动的费用。

8. 政务信息资源目录体系

答：政务信息资源目录体系是指通过对政务信息资源依据规范的元数据描述，按照一定的分类方法进行排序和编码的一组信息体系。政务信息资源目录体系可以描述各个政务信息资源的特征，以便于对政务信息资源进行检索、定位与获取，是实现政务信息资源共享、业务协同和数据开放的基础，是各政务部门之间信息共享及政务数据向社会开放的依据。

9. 政务信息资源开发利用

答：政务信息资源开发利用是指政务部门、社会以及公众对政务信息资源的使用与增值性开发。就开发与利用的关系而言，政务信息资源的开发是手段，政务信息资源的利用是目的，二者相辅相成，互相促进。政务信息资源开发与利用的框架包括：机制框架、经济框架、建设工程框架和建设内容框架。

10. 大数据

答：大数据通常是指以巨量、复杂、多样性为特点的数据。技术美国基金会将大数据定义为："迅速、复杂以及多元的大量数据，需运用先进的技术，方能撷取、储存、分配、管理以及分析信息。"我国《促进大数据发展行动纲要》明确指出："大数据是以容量大、类型多、存取速度快、应用价值高为主要特征的数据集合，正快速发展为对数量巨大、来源分散、格式多样的数据进行采集、存储和关联分析，从中发现新知识、创造新价值、提升新能力的新一代信息技术和服务业态。"大数据得益于物联网和其他数字技术作为数据的来源，得益于云计算强大的计算功能。其基本特征在于：巨量、迅速、多元、真实。数据的价值来源于其中蕴含的有价值的信息。大数据分析技术及其软件工具被运用于数据挖掘、文本挖掘、机器学习、预测并优化数据。大数据分析能够促进新的产品服务、市场和组织模式的产生，并改变现有的产品和服务。

11.《促进大数据发展行动纲要》

答：《促进大数据发展行动纲要》是国务院于 2015 年 8 月 31 日印发的旨在加快政府数据开放共享，推动资源整合的纲要。该纲要分为四部分：发展形势和重要意义、指导思想和总体目标、主要任务、政策机制。其主要任务是：推动产业创新发展，培育新兴业态，助力经济转型;强化安全保障,提高管理水平,促进健康发展。政策机制是:完善组织实施机制,加快法规制度建设,健全市场发展机制,建立标准规范体系,加大财政金融支持,加强专业人才培养,促进国际交流合作。

12. "互联网+政务服务"

答:"互联网+政务服务"是2016年国务院办公厅印发的《"互联网+政务服务"技术体系建设指南》中提到的概念。"互联网+政务服务"是贯彻落实党中央、国务院决策部署,促进简政放权、放管结合、优化服务改革的关键环节。"互联网+"进政府主要体现在两个方面:①信息采集、信息监控等技术手段上的创新创意,信息通过互联网被采集、输送,大大舒缓信息传递的资金、人力、时间成本。②"互联网+政务服务"概念,体现了简政放权中放管结合的理念,让政府的服务功能得到提高。

二、思考题

1. 如何理解政务信息资源管理的含义?

答:政务信息资源管理是指以政府为核心的公共主体为了有效利用公共信息资源,以信息技术为手段,对政务信息资源实施计划、预算、组织、指挥、控制、协调的一种管理活动。政务信息资源管理的含义包括以下几个方面:

(1)政务信息资源管理包含政务信息资源开发利用全过程。

政务信息资源管理的最终目的是实现政务资源的合理应用。而促进其合理应用的前提和手段是信息资源的有效开发。同时,信息资源的合理应用又为资源开发提供了努力的方向。

(2)政务信息资源内容是政务信息资源管理的核心对象。

信息资源管理的研究对象包含众多方面,因为信息资源管理活动是一种宏观调控行为。从宏观的角度考虑,无论是协调信息资源管理活动与其他社会活动的关系,还是对所有信息资源管理活动实施集中统一的管理,都需要国家有关部门统一规划和组织落实。

(3)政务信息资源管理具有综合性和集成性。

政务信息资源管理是对整个组织信息资源开发利用的全面管理。除了整合资源外,还需要构建一个有效的信息资源管理体系,其中最为关键的是从事信息资源管理的人才队伍建设;其次是架构问题;第三是环境要素,主要是标准和规范。信息资源管理最核心的基础问题是信息资源的标准和规范。

2. 列举政务信息资源管理标准化的内容。

答:参见本章考研真题简答题第4题答案。

3. 分析影响政务信息资源采集的主要因素。

答:影响政务信息资源采集的主要因素有:

(1)政策法规因素。相关的政策法规为政务信息资源采集提供了依据与保证,同时也规定了政务信息资源采集的程序和范围等内容。

(2)知识产权因素。由于政务信息资源采集涉及多种类型、多个领域的网站,逐一就知识产权问题与网站管理者沟通将耗费大量人力和资金。因此,如何处理可能涉及的知识产权问题极大地影响着政务信息资源采集的效率和质量。

(3)质量控制因素。对采集到的政务信息资源质量进行有效控制，是采集过程的关键。如不能有效控制信息资源的采集质量，很容易产生如信息重复、信息相关性小、背景信息不准确等问题。

(4)数据环境因素。政务信息资源的产生依赖于不同的技术、方法、工具和管理机制。在政务信息资源采集过程中，除采集内容本身外，也要保存相关的数据环境信息，包括：数据信息流、数字格式与处理信息、数字信息处理环境、数字信息的内容检验、身份认证、版本演变、知识产权的管理机制等，以确保能可靠合法地鉴别、使用被采集信息。

(5)政府对信息资源的独占性。目前国内约80%的社会信息资源由政府部门控制，这种局面是在长期的计划经济体制下形成的。改革开放以来，虽然信息服务市场的需求情况已发生了很大变化，但在信息服务供给方面，信息资源开发以政府为主、信息系统建设为政府服务、相关投入由政府资助的基本格局并没有发生根本性的改变。

(6)信息技术水平的限制。信息产业在总量上具有相当规模，但总体规模小，质量并不高，总体技术水平低，自主创新能力差。信息技术发展相对滞后，开发能力明显不足。

(7)政务信息采集方法的使用。政务信息采集方法是指为了解整个政务过程中的信息而采取的方法和基本操作。信息源不同，采集的方法也有所不同。若使用不恰当的采集方法，不仅可能耽误采集速度，而且可能会出现错误。

4. 列举构建政务信息资源库的具体措施。

答：当代信息革命迅猛发展，越来越凸显了政府信息公开在国家治理中的重要作用。而政务信息资源库建设是我国电子政务建设的基础性工作，为电子政务网络平台提供基础的、公用的信息资源，因此更要加快建设步伐。构建政务资源信息库可以采取以下措施：

(1)建立健全政务信息资源管理的制度和规范，促进整个管理过程的合理运作。

①应采用标准化的方式进行政务信息资源管理。必须制定和施行严格的、统一的政务信息资源管理标准和政策，并监督该政策的执行过程，促进政务信息资源管理原则、方针的实施。

②评估相关政务信息化管理部门的信息管理活动，并确定其适用性、有效性，以及是否符合国家颁布的政策、原则、标准、方针等。

③以公共投入和市场化运作相结合的手段推进政务信息资源开发利用。

(2)有计划、有步骤地建设和整合统一的电子政务网络平台，为在网络环境下实现各主要业务系统的互联交换和资源共享以及规范政府管理与服务创造必要条件。

(3)继续完善和建立一批重点的政务、业务系统，规划和开发一批具有战略性、宏观性、基础性和公益性的政务信息资源。

(4)基本建立起电子政务安全保障体系，建立电子政务标准化体系，完善公务员信息化培训和考核体系，建立并完善电子政务法律法规和制度。

5. 列举并分析实现政务信息资源交换共享的管理措施。

答：政务信息资源交换共享是指不同层次、不同部门信息系统间，信息和信息产品的交流与共用，即把信息这一种在互联网时代中重要性越趋明显的资源与其他人共同分享，以便更加合理地达到资源配置，节约社会成本，创造更多财富的目的。这是提高信息资源利用率，避免在信息采集、存贮和管理上重复浪费的一个重要手段。实现政务信息资源交换共享的管理措施包括：

(1)完善政务信息资源交换共享目录体系。

交换共享目录体系为部门之间提供与获取行政信息的行为提供了查询、检索和定位的服务工具——可称之为一个智能合约，对行政信息的共享起标引、检索和导航作用，并在规定的安全机制下，通过交换体系来实现行政信息的提供与获取，编制交换共享目录体系。

(2)完善政务信息资源交换共享标准规范。

标准规范是政务信息资源共享交换体系成功建设、规范化运行及后续推广的有力支撑和可靠保障，是对政策法规、国家标准、地方标准的有益补充。管理制度建设会促进整个政务机制的逐步完善。

(3)完善政务信息资源交换共享管理制度。

管理制度本身是由人来制定和执行的，所以应尽量做到科学全面，符合实际情况，使人们在接受制度管理时能够乐于接受。实现行政信息交换共享，应在部门间建立起通畅的内部信息交换制度。

(4)建设政务信息资源共享交换平台和共享库。

需要对行政信息采用标准化的方式进行管理，制定和施行严格的、统一的信息资源管理标准，并监督该标准的执行；需要建立行政信息共享库的管理、维护、更新和使用的长效机制；采取集中与分布式相结合的建设模式进行具体的分级部署和实施。

(5)发布《促进大数据发展行动纲要》。

《促进大数据发展行动纲要》部署了三个方面的主要任务：

①大力推动政府部门数据共享，稳步推动公共数据资源开放，统筹规划大数据基础设施建设，支持宏观调控科学化，推动政府治理精准化，推进商事服务便捷化，促进安全保障高效化，加快民生服务普惠化。

②推动产业创新发展，培育新兴业态，助力经济转型。发展大数据在工业、新兴产业、农业农村等行业领域应用，推动大数据发展与科研创新有机结合，推进基础研究和核心技术攻关，形成大数据产品体系，完善大数据产业链。

③强化安全保障，提高管理水平，促进健康发展。

6. 分析政务信息资源开发利用的框架。

答：政务信息资源开发利用的框架具体如下：

(1)机制框架。机制是指一个系统内部各部分之间或这个系统与外部环境之间相互作用的方式，即事物之间推动或制约的作用原理或机理。合理的机制是推动信息资源开发利用的动力。理顺机制对推动信息资源开发利用至关重要。特别是对宏观政策的制定和顶层政策的设计来说，理顺信息资源开发利用中的机制关系有着更为重要的意义。行政机制、公益机制和市场机制是机制框架的构成要素。

(2)经济框架。从经济学角度看，信息资源开发是信息的生产，信息资源利用是信息的消费。而促进政务信息资源开发利用的根本目的是提高人们对信息的利用效果，满足人们的信息需求。

(3) 建设工程框架。该框架包括六个体系：政务信息技术支撑、政务信息开发与维护、政务信息资源目录与定位、政务信息资源交换与服务、政务信息资源管理制度和政务信息资源安全保障。从当前情况看，在建设工程框架中，目录与定位体系的建设仍然是十分薄弱的环节，应该加强各类信息资源的目录建设，要努力在信息搜索定位技术及相关服务上有较大突破。对信息资源交换和服务体系来说，要加强信息交换的制度制定以及信息服务标准的制定。

(4) 建设内容框架。该框架表明现阶段政务信息资源开发利用工作的重点。在政务信息资源开发利用领域，工作重点集中在：政府信息公开，政务部门间信息的共享，以及政务信息资源的社会化增值开发。

7. 分析政务信息资源管理法制化建设的主要内容。

答：政务信息资源管理法制化建设要处理众多社会关系，主要涉及“管什么”“谁来管”和“如何管”的问题。其主要内容如下：

(1) 将信息资源法确定为独立法律部门：

①总体上看，我国信息资源开发利用的法律法规体系还不健全，法律法规滞后，立法重点不明确，缺乏相应的立法计划，有必要及时颁布相关法律法规，为信息资源开发利用工作提供有力的法律保障。

②中共中央明确提出了加快国家信息化建设的战略举措，充分表明了在现代市场经济条件下，谁拥有更多、更新的信息资源，谁就会在市场竞争中立于不败之地。为了保护信息资源传递、贮存和使用方面的合法权益，必须重视信息资源的立法保护问题，并把它作为建立和完善社会主义市场经济法律体系中的一个重要组成部分来研究，以便更好地保证我国现代化建设在信息高速公路上畅通无阻、顺利发展。因此，要从信息资源公开、信息资源占有和使用、信息资源使用手段、信息资源自动化检索系统等方面，完善立法保护体系，从更广阔的空间来依法获取、保护和使用最新信息资源，这样才能大力发展我国科技，发展社会生产力，更好地为完善社会主义市场经济发展服务。

(2) 政务信息资源管理法制化建设的内容框架：

参见本章考研真题简答题第 8 题答案。

8.3　考研真题与典型题

一、概念题

1. 政务信息资源[天津商大 2023 年研；西南民大 2020 年研；贵州财大 2017 年研]

2. 政务信息资源管理[天津商大 2021 年研；浙工商 2019 年研；江苏大学 2018 年研；贵州财大 2015 年研]

二、简答题

1. 简答信息资源管理包括哪些要素。[贵州财大 2014 年研]

2. 简述政务信息资源管理的目标。[天津商大 2018 年研；贵州财大 2015 年研]

3. 简答政务信息资源管理的基础标准。[贵州财大 2017 年研]

4. 简述政务信息资源标准化建设的主要内容。[天津商大2019年研]
5. 政务信息资源采集的过程包括哪些阶段?[贵州财大2018年研]
6. 简述政务信息资源公开的原则。[长安大学2020年研;浙工商2018年研]
7. 简答实现政务信息资源交换共享的管理措施。[贵州财大2017年研]
8. 简述行政信息管理法制建设的内容框架。[天津商大2012年研]

8.4 考研真题与典型题详解

一、概念题

1. 政务信息资源[天津商大2023年研;西南民大2020年研;贵州财大2017年研]

答: 政务信息资源是政府在履行职能过程中产生或使用的信息。狭义政务信息资源是指一切产生于政府内部或虽然产生于政府外部但对政府活动有影响的信息资源的统称。广义政务信息资源是指政府行政工作中产生和利用的信息资源及其相关人员、设备、技术、环境和资金等要素的集合。

2. 政务信息资源管理[天津商大2021年研;浙工商2019年研;江苏大学2018年研;贵州财大2015年研]

答: 参见本章课后习题思考题第1题答案。

二、简答题

1. 简答信息资源管理包括哪些要素。[贵州财大2014年研]

答: 信息资源管理有狭义和广义之分。狭义的信息资源管理是指对信息内容实施管理的过程。广义的信息资源管理是指对信息内容及与信息内容相关的资源进行管理的过程。信息资源管理的五大要素包括:

(1)信息资源管理的架构,是组织中信息的流程运转、部门设置及职能规划等最基本的结构依据。只有在这个框架下进行系统的设计与布局,才能有效满足信息资源管理的需求。

(2)信息资源管理的组织。这是信息资源管理的基础。在信息资源管理中,CIO作为信息资源管理系统高级主管,其地位必须从在信息资源建设阶段的一个简单甚至是附属性的职能部门上升为战略性部门,从行政管理的大局与战略出发,来全盘统筹信息资源的整合与提升。

(3)信息资源管理环境,是组织中信息生存发展的物质条件的综合体,它存在于组织界限之外,并可能对管理当局的行为产生影响。在相应的组织上,E-GIF即"电子政府互操作框架"也设立了各类工作小组,以有效保障E-GIF的执行。

(4)信息资源管理的服务。如何借助丰富资源和服务平台,建立新型服务系统,创新服务模式,满足用户的个性化需求值得深入研究。此外,把服务管理外包出去是信息资源管理阶段的新趋势。

(5)信息资源管理技术。即管理、开发和利用信息资源的有关方法、手段和操作程序的总称,是信息资源管理的支撑平台。

2. 简述政务信息资源管理的目标。［天津商大 2018 年研；贵州财大 2015 年研］

答：（1）政务信息资源管理的含义：

参见本章课后习题思考题第 1 题答案。

（2）政务信息资源管理的目标：

①实现政务信息资源的科学管理。这是政务信息资源管理的基础性目标。

②提高政务信息资源开发利用的能力。这是政务信息资源管理的根本性目标。

③最大限度地降低公共部门信息活动的费用。这是政务信息资源管理的直接目标。

④促进公共管理正常运转、经济良性运行和社会和谐发展。这是政务信息资源管理的终极性目标。

3. 简答政务信息资源管理的基础标准。［贵州财大 2017 年研］

答：政务信息资源管理的基础标准是指决定信息系统质量、进行信息资源开发利用的最基本标准。其内容具体如下：

（1）数据元素标准。数据元素是最小的不可再分的信息单位，是一类数据的总称，包括：数据元素命名标准、标识标准和一致性标准。

（2）信息分类编码标准。信息分类编码的对象是一些数据元素，其步骤为：①确定分类编码对象；②制定编码规则；③编制编码表。

（3）用户视图标准。用户视图包含众多数据元素，反映人们对数据实体的看法。用户视图是数据在系统外部的样子，是系统输入或输出的媒介或手段。

（4）概念数据库标准。概念数据库反映人们对数据存储的看法，反映用户综合性信息需求。概念数据库一般用数据库名称及其内容的列表来表达。

（5）逻辑数据库标准。逻辑数据库是一组规范化的基本表。逻辑数据库标准的内容包括：各基本表的命名标识、主码、属性列表及基本表间的结构关系。

4. 简述政务信息资源标准化建设的主要内容。［天津商大 2019 年研］

答：标准化是为了在既定范围内获得最佳秩序，促进共同效益，对现实问题或潜在问题确立共同使用和重复使用的条款以及编制、发布和应用文件的活动。标准化以制订、发布和实施标准达到统一，确立条款并共同遵循来实现最佳效益。政务信息资源管理标准化建设的内容具体如下：

（1）标准化技术。信息技术标准化是整个政务信息资源管理的重点，是政务信息资源开发利用的基础和保证。它包括信息资源的生产技术、识别技术、处理技术、存储技术以及利用技术等。

（2）标准化设施。标准化设施为整个行政过程提供物质保障，其包含以下内容：①建立健全有关操作标准和制度；②了解并贯彻执行相关行业标准等。

（3）标准化术语。即为开展标准工作、推进标准化进程而对相关用语实施规范，是标准化工作中最重要的一项基础内容，按照严格的理解似应称为用语标准化。

（4）标准化管理过程。标准化管理是指为在公共部门的生产经营、管理范围内获得最佳秩序，对实际或潜在的问题制定规则的活动。标准化工作能不能在市场竞争中发挥作用，决定着标准化在企业、政府中的地位和存在价值。

5. 政务信息资源采集的过程包括哪些阶段?[贵州财大2018年研]

答:政务信息资源采集指各政务部门依据职责范围,根据政务信息用户的需求,选择、提取并聚合集中有关信息源或载体内各种形态信息的过程。采集过程主要包括以下阶段:

(1)准备阶段。该阶段的主要工作有:进行需求分析、明确采集目标、确定政务信息采集源、选择采集方法和工具及制定采集策略。

(2)实施阶段。该阶段的主要工作是:识别及筛选信息、提取信息和汇集信息。

(3)评估阶段。该阶段通过全面总结采集工作,为未来的采集工作提供经验。通过衡量采集过程前半部分的采集方法、策略和工具的选择恰当与否,对其进行及时调整和修改,以便更好地满足信息用户的需求。

6. 简述政务信息资源公开的原则。[长安大学2020年研;浙工商2018年研]

答:政务信息资源公开必须依据一定的原则,这些原则起到宏观指导和控制作用,具体包括:

(1)合法性原则。即相关政务信息资源在公开的过程中必须符合相关法律法规,不能违背法律,要做到有法可依。

(2)及时性原则。政务信息公开不及时,容易给谣言传播留空间。此外,公众会被舆论、谣言所欺骗,造成政府信誉度降低、恐慌等情况。为此要及时公开信息让广大群众及时获得有效的信息,确保信息全覆盖,让人民群众及时了解。

(3)真实性原则。真实性是政府信息公开的前提,只有客观准确地公开政府信息,才能实现公民的知情权和监督权,转变政府职能,树立阳光形象。确保公开的真实性不仅需要严谨的公开程序、完备的争议解决机制,也需要社会力量的推动和法治精神的觉醒。

(4)利益平衡原则。公众在行使知情权的过程中,可能会与其他权益发生一定的冲突。规定利益平衡原则,是为了保证更有效地行使知情权。当然,利益平衡原则不得随意解释或适用为限制或剥夺当事人的信息权。

(5)不收费原则。即政府机关不得借信息谋取利益,不能根据信息本身的价值收费。但为了减轻政府机关的负担,也为了杜绝各种不合理的申请行为,还必须由申请人承担检索、复制与寄送信息的成本费用。

(6)责任原则。我国的政府信息公开法应从政府责任的角度去设计。要将信息公开明确为行政机关负有的职责,以强化政府的责任意识。

7. 简答实现政务信息资源交换共享的管理措施。[贵州财大2017年研]

答:参见本章课后习题思考题第5题答案。

8. 简述行政信息管理法制建设的内容框架。[天津商大2012年研]

答:政务信息资源管理法制化建设的内容框架主要包括:

(1)政务信息资源管理法律制度。它主要包括:行政信息保护和开发的基本原则、调整范围和对象;各参与主体的权利、义务,侵权责任的承担;行政信息安全等基本问题,涉及包括行政信息的采集、加工处理、存储、分级分类、交换共享、公开、开发利用等各项专门法律或法规。

(2)政务信息机构组织管理法律制度。首先,应该筹建一个具有最高权威的国家信息安全组织管理机构，由其制定完善的管理制度。其次，组织内部应制定严格的管理规章制度，配备专职部门或人员负责电子政务信息安全工作。此外，还需要结合实际工作情况，不断修正、完善各项规章制度，使政务信息安全管理工作日趋规范化。

(3)政务信息安全、保密法律制度。互联网的快速发展，带来了如何利用法律保护国家秘密和个人隐私，如何在保证行政信息公开的基础上保障计算机信息系统和信息网络的安全、维护行政信息安全等信息安全问题。应建立相关的信息安全、保密法律制度。

(4)国际信息合作与交流法律制度。当前，国际科技交流与合作更为广泛和深入，国际科技交流与合作的法律调整问题也被提到了前所未有的高度。因此，在与其他国家进行交流合作的过程中，也要完善相应的法律制度，防止国家机密泄露。

第9章 应急管理

9.1 复习笔记

【知识框架(庖丁解牛)】

- 应急管理
  - 应急管理概述
    - 风险、突发事件、公共危机
    - 应急管理
      - 含义、定位和使命、体系
      - 组织结构
      - 职能：预防→准备→响应→恢复
  - 应急管理体制：含义、原则、内容、体制建设
  - 应急管理机制
    - 监测预警机制
    - 应急管理决策机制
    - 应急资源配置与保障机制
    - 应急管理新闻发布机制
    - 应急管理控制处理机制
    - 应急管理善后处理机制
    - 应急管理评估机制
  - 应急管理法制
    - 应急管理法制的含义、特点
    - 我国应急管理法制的体系组成、原则
    - 行政紧急权力法治和公民权利保障
  - 应急管理过程
    - 概述：突发事件生命周期、动态管理模式
    - 突发事件应急管理过程

【通关提要(提纲挈领)】

本章主要介绍应急管理，内容新且重要。风险治理与应急管理越来越成为当代公共管理的重要内容，成为社会治理的重要方面。学习时，要熟悉应急管理的含义、体系和法制建设，掌握应急管理体制的原则和内容，着重掌握应急管理的机制、过程，并结合具体的案例深入理解。本章各种题型都有可能考查，复习时应全面掌握，并注重结合实际案例加以理解分析。

【考点难点归纳(厚积薄发)】

考点一：应急管理概述 ★★★

1. 风险、突发事件、公共危机(见表9－1)

表9－1 风险、突发事件、公共危机

要点		主要内容
风险	含义	指突发事件发生及造成危害结果可能性的组合
	内容	①风险识别；②风险分析；③风险评估；④风险管控
突发事件	含义	指突然发生，造成或可能造成重大人员伤亡、财产损失、生态环境破坏和严重社会危害，危及公共安全和社会秩序的紧急事件
	分类	按发生过程、性质和机理分为：①自然灾害类；②事故灾难类；③公共卫生类；④社会安全类
公共危机	含义	指因突发事件诱发的、严重威胁生命财产而导致的一种紧急或非常态的社会情境[社会状态]
	要素	①未曾预料的意外情境；②有严重的危害及社会影响；③可供反应的时间有限
	特征	①突发性、紧急性；②高不确定性；③社会影响性

【真题链接】试述突发事件的主要分类并举例说明。[简答题，天津商大2023年研]

2. 应急管理(见表9－2)

表9－2 应急管理

要点		主要内容
含义		指公共管理主体为避免或减少风险和突发事件所造成的损害而采取的预防、预警、应急响应、处置救援和恢复等一系列活动的总称
定位		①是国家治理体系、治理能力的重要组成部分；②是社会治理的重要方面
使命		保护人民群众生命财产安全、维护社会稳定
体系	应急管理体系	①一案三制：应急预案，应急管理体制、机制和法制。 ②主要包括：法律法规和标准体系、职能和组织体系、工作机制和应急预案体系等
	应急体系	①应急管理基础能力；②核心应急救援能力；③综合应急保障能力；④社会协同应对能力；⑤应急管理体系
组织结构		五部分：①指挥与协调机构[核心]；②实际操作机构[主体]；③信息传递机构；④物资保障机构；⑤财务管理机构
职能		预防→准备→响应→恢复

考点二：应急管理体制(见表9－3) ★★★★

表9－3 应急管理体制

要点	主要内容
含义	指以政府为核心的各类主体在从事应急管理时在机构设置、领导隶属关系、管理权限划分和运行程序等方面的职责划分、制度、方法等的总称
原则	①统一领导；②综合协调；③分类管理；④分级负责；⑤以属地管理为主

续表

要点	主要内容
内容	主要包括：监测预警体制、信息管理体制、决策指挥体制、组织协调体制、行动响应体制、处置救援体制、社会动员体制等
体制建设	①建立统一指挥体制。形式：a. 设置领导机构、总体协调机构；b. 建立分类管理应急事务的专业机构。 ②建立分级响应和属地管理相结合的体制。 ③建立健全应急管理联动协同体制

考点三：应急管理机制(见表9-4) ★★★

表9-4　应急管理机制

要点		主要内容
监测预警机制	含义	监测预警是指应急管理主体根据风险现象相关资料，科学推断出风险出现时的约束条件、发展趋势和演变规律等，并发出警示信息，使公共部门和公众提前了解风险发展状态，及时采取措施，防止或消除不利后果的活动
	功能	①信息收集与分析；②风险预报；③风险监测；④信息发布与媒体管理；⑤信息沟通
	框架体系	①监测系统，包括：信息收集、加工、决策、警报子系统；②咨询系统；③组织网络；④法规体系
应急管理决策机制	决策特点[非程序化决策]	①在信息、资源和时间有限的条件下寻求满意方案。 ②利益群体和公众参与有限，媒体协助社会动员，专家不多但作用突出。 ③在紧急状态下，政策合法化主要由已有法律事先授权
	决策主体	①中枢决断系统；②参谋咨询系统；③协调系统
应急资源配置与保障机制	管理机制	①应急管理资源的整合机制；②公共财政预算与支付制度；③应急管理的监督与审计
	监督途径	①内部控制；②第三方评估；③社会舆论监督
应急管理新闻发布机制		①新闻发布应急响应机制；②新闻发布机制；③中外记者采访管理机制；④境内外舆情跟踪和通报机制；⑤互联网信息安全管理机制；⑥突发事件分类处理新闻发布机制
应急管理控制处理机制		①前馈控制；②同期控制；③反馈控制
应急管理善后处理机制		①灾后重建和秩序恢复；②清算损失；③赔偿损失、救济群众；④心理创伤的安抚和慰藉；⑤事故调查与直接责任人员处理
应急管理评估机制		①原则：客观性、准确性和时效性。 ②评估内容：应急管理架构、公共危机预警情况、应急管理计划完备性、应急管理沟通、公共危机媒体管理、应急管理措施及应急管理效果。 ③科学构建评估指标体系，合理运用评估方法

考点四：应急管理法制（见表 9－5）★★★

表 9－5　应急管理法制

要点	主要内容		
应急管理法制	含义		指针对突发事件引起的公共紧急情况制定或认可的处理各种社会关系的法规和原则的总和
	特点		①内容、对象的综合性和边缘性。 ②适用的临时性和预备性。 ③实施过程中的行政紧急性。 ④立法目的的权利保障性。 ⑤法律制裁的严苛性
我国应急管理法制体系	组成		①战争与政治突发事件法律规范；②恐怖性突发事件法律规范；③骚乱性社会突发群体事件法律规范；④灾害性突发事件法律规范；⑤危机法律规范；⑥其他
	原则	基本原则	①法治原则；②应急性原则；③基本权利保障原则
		具体原则	①公共利益原则；②主动性和防范性原则；③比例原则；④积极责任原则；⑤权益救济原则
其他	行政紧急权力法治和公民权利保障，见表 9－6		

表 9－6　应急管理中的行政紧急权力法治和公民权利保障

要点	主要内容		
行政紧急权力法治	行政职责	事前职责	预防和应急准备
		事中职责	应急预警、应急处置
		事后职责	恢复与重建
	依法行政		行政机关须有法律授权并按法律规定行使权力、管理公共事务
	法律规制	范围规制	政府应对危机所应具有的权力
		程度规制	范围限制和程度约束，要符合比例原则［禁止过度］
		程序规制	应遵循必要、明确的法律程序
		目的和条件规制	①明确规定授权目的。 ②通过紧急状态法和其他相关法律确定行使条件
公民权利保障	必要性		①国家紧急权力更具权威性和强制性，易被滥用，侵害公民权利。 ②行使紧急权力或限制公民权利的最终目的是更好地保障人权。 ③宪法要求在应急管理中保障公民权利
	公民权利		①不可克减的基本人权；②知情权；③监督权；④紧急救助请求权；⑤申请行政复议或提起行政诉讼权；⑥补偿和赔偿请求权

【真题链接】简述应急管理法制的原则。［简答题，山西财大 2023 年研］

考点五：应急管理过程 ★★★

1. 应急管理过程概述（见表 9－7）

表9-7 应急管理过程概述

要点	主要内容	
突发事件生命周期	前兆[预防]阶段	突发事件发生前出现先兆危机，是突发事件的生成和发展阶段
	发生阶段	突发事件已发生，迅速演变
	应急响应和处置阶段	应对处置突发事件、控制事态
	恢复和总结评估阶段	社会价值和行为准则回归常态
应急管理过程	①初期阶段——反应；②恢复管理时期——恢复	
动态管理模式	主要包括：事前预防、事发监测预警、事中处置救援、事后恢复重建与总结评估等	

2. 突发事件应急管理过程(见表9-8)

表9-8 突发事件应急管理过程

时间	主要内容	
爆发前	应急预防	①动态预测、排查安全隐患；②建立应急体制、机制和管理机构，编制应急预案；③应急演练；④普及知识、培训人员；⑤构建应急救援支撑体系
	应急准备	①设立应急机构、落实职责；②编制应急预案，培训并演习；③排查安全隐患、评估和管控风险；④准备与维护应急队伍建设、应急设备和物资；⑤与外部应急力量的衔接
爆发时	①迅速成立处置小组。 ②完善突发事件监测制度，将专业监测和社会监测相结合。 ③制订应急处置计划	
爆发后	①应急处置活动包括：信息报送与管理、情况通报、应急决策、人员疏散、应急联动、急救与治疗、外部救援等。 ②应急处置对象范围：做对、说对。 ③应急联动：分工[明确责任]+整合[建立应急联动机制、体系]。 ④后方应急指挥部的运行。 ⑤现场应急指挥体系及其运行：a. 现场应急处置人员报到与编组；b. 设置警戒区域；c. 设置事件现场设施与场所；d. 信息汇总与应急指挥；e. 与后方应急指挥部联络互动；f. 新闻发布与管理；g. 指挥权限转移；h. 应对领导现场视察	
事态控制后	①实施善后处置工作，及时制定恢复重建措施。 ②开展社会救助，切实保障受灾群众的基本生活。 ③调查评估，形成报告。 ④开展危机学习，总结经验教训	

【真题链接】结合新冠疫情防控谈谈你对推进我国应急管理体系和能力现代化的理解。[论述题，天津商大2021年研]

9.2 课后习题详解

一、概念题

1. 风险

答：风险是一种不确定性，是指突发事件发生及其造成危害后果的可能性的组合。在突发事件爆发后，社会会进入紧急或非常态的状态，风险则反映了突发事件生成和发展阶段的状态。风险管理的内容包括风险识别、风险分析、风险评估和风险管控。

2. 突发事件

答：参见本章考研真题概念题第1题答案。

3. 公共危机

答：公共危机是指在社会运行过程中，由于突发事件诱发、给人们的生命财产造成严重威胁的一种紧急或非常态的社会情境或社会状态。公共危机包含三个共同要素：①突然爆发的一种意外或非常态的社会情境；②严重的危害及社会影响；③时间压力大，反应时间有限。公共危机的程度会随着时间推移和事件扩散而不断提高。公共危机一般具有三个特征：突发性和紧急性、高度不确定性、影响的社会性。

4. 应急管理

答：应急管理是指为应对公共危机而采取的一系列措施，有广义和狭义之分。狭义的应急管理是指应急救援处置，即以政府为主导的应急管理主体在突发事件发生后，采取应急联动和应急处置等相关措施来控制事态，从而减少或降低人民生命财产损失。该定义侧重对危机的反应和处理。广义的应急管理是指相关应急管理主体为避免或减少突发事件产生的危害和损失，采取预防、预警、应急响应、处置救援和恢复等活动过程，并从危机中发现新机遇。该定义涵盖危机从开始到结束的全过程的管理。

5. 监测预警

答：参见本章考研真题简答题第6题答案。

6. 应急响应

答：应急响应是指一个组织为了应对各种意外事件的发生所做的准备以及在事件发生后所采取的措施。其内容包括情况通报、应急决策、人员疏散、应急联动、急救与治疗、外部救援等各种处置措施的采取。应急响应机制是由政府推出的针对各种突发公共事件而设立的各种应急方案，通过该方案使损失减到最小。应急响应机制的强度由一级至四级依次减弱。

7. 应急处置

答：应急处置又称应急救援，是指有关应急管理主体为有效控制危机事态蔓延，采取应急处置行动来解决爆发的突发事件。其内容主要包括信息报送与信息管理、情况通报、应急决策、人员疏散、应急联动、急救治疗、外部救援等。应急处置过程涉及应急指挥、情境监测与信息管理、应急资源保障和管理这三个系统。应急处置的对象范围包括：①对突发事件本身的处置，需要做对；②对新闻媒体和社会舆情的处置，需要说对。

8. 应急决策

答：应急决策是指为避免和应对突发事件而作出的决策。其本质是一种非程序化决策，是必须依据法律进行的重要公共管理行为。应急决策行为的法律制度需要明确防范或处理特定突发事件的决策主体、决策主体的决策权限、应急决策的程序、最终决策采用的方式。与正常决策相比，应急决策的主要特点体现在：①应急决策要在信息、资源、时间有限的条件下作出满意方案；②应急决策中多方参与主体的力量相对薄弱，但专家作用更突出；③应急决策一般通过已有法律事先授权，只要不违背基本法律、不超越权限，就自动具有合法性。

9. 应急联动

答：应急联动是指在突发事件爆发后，多个利益相关主体之间相互合作、履行职责，从而实现共同目标，并对突发事件进行干预和处置的一种集体行为。应急联动过程中采用的主要手段包括：①明确责任，确定权力边界；②建立应急联动机制，推动多主体间的协调合作；③以“后方＋现场”的方式建立整体应急联动体系。

10. “一案三制”

答：“一案三制”是一种具有中国特色的应急管理体系。“一案”是指应急预案；“三制”是指应急管理体制、机制和法制。应急管理体制主要是指建立健全集中统一、坚强有力、政令畅通的指挥机构；运行机制主要是指建立健全监测预警机制、应急信息报告机制、应急决策和协调机制；而法制建设方面，主要通过依法行政，努力使突发公共事件的应急处置逐步走上规范化、制度化和法制化轨道。“一案”与“三制”相互依存，共同发展，确保能起到应急救援的作用。

11. 应急体系

答：应急体系是指应对突发事件的各种能力和应急管理体制、机制等的总和。应急体系内容包括：①应急管理基础能力，主要指风险管控、基础设施、监测预警、风险管理的能力和水平；②核心应急救援能力，以形成突发事件应对的核心力量，承担急难险重抢险救援责任；③综合应急保障能力，即统筹社会资源和新技术的应用，完善保障能力和体系建设；④社会协同应对能力，即公众自救互救、社会应急力量、科技支撑以及应急产业发展的能力；⑤应急管理体系，指以“一案三制”为核心的应急管理体系和标准体系。

12. 应急管理体系

答：应急管理体系是指国家层面处理紧急事务或突发事件的行政职能及其载体系统，是政府应急管理的职能与机构之和。加强应急管理体系建设，就要根据突发事件或紧急事务，把握并设定应急职能和机构，进而形成科学、完整的应急管理体制。应急管理体系的内容主要包括：法律法规和标准体系、职能和组织体系、工作机制和应急预案体系等。

二、思考题

1. 分析风险、突发事件、公共危机与应急管理之间的关系。

答：风险、突发事件、公共危机与应急管理是具有紧密内在关联的四个概念，其关系具体如下：

(1)风险是一种不确定性，是指突发事件发生及其造成危害后果的可能性的组合。在突发事件爆发后，社会会进入紧急或非常态的状态，风险则反映了突发事件生成和发展阶段的状态。风险管理主要包括四个方面的内容：风险识别、风险分析、风险评估和风险管控。

(2)突发事件是指突然发生、给人们的生命和财产造成或者可能造成一定危害的紧急事件。突发事件呈现出多元与共时的特征，在特定情境下带来“涟漪效应”。突发事件的类型主要包括：自然灾害类、事故灾难类、公共卫生类和社会安全类。

(3)公共危机是指在社会运行过程中，由突发事件引起，严重威胁、危害社会公共利益和公共安全的一种紧急或非常态的社会情境或状态，是各种不利情况、严重威胁、不确定因素的高度积聚。公共危机的特征有：

①突发性和紧急性。公共危机发生的时间、地点是不可预见的。当危机从常态向非常态转变时，需要公共管理者在有限的约束条件(信息、资源、时间)下快速决策以制定满意的危机处置方案，并采取有效行动。

②高度不确定性。无法判断突发事件发生的时间、性质、形态和发展过程，其后果及影响一般没有经验作参考。

③影响的社会性。公共危机的影响广泛、具有社会性，一般会引起社会恐慌，破坏社会正常秩序。

(4)应急管理是指为应对公共危机而采取的一系列措施。狭义的应急管理是指应急救援处置，即以政府为主导的应急管理主体在突发事件发生后，采取应急联动和应急处置等相关措施来控制事态，从而减少或降低人民生命财产损失。该定义侧重对危机的反应和处理。广义的应急管理是指相关应急管理主体为避免或减少突发事件产生的危害和损失，采取预防、预警、应急响应、处置救援和恢复等活动过程，并从危机中发现新机遇。该定义涵盖危机从开始到结束的全过程的管理。

(5)四者的关系如下：

①风险、突发事件是应急管理的对象。任何突发事件都有生成、发展、演化、爆发、衰退的过程，这构成了应急管理的生命周期。

②风险反映突发事件生成和发展阶段的状态；公共危机反映在突发事件爆发后社会进入的紧急或非常态的状态。

③应急管理是为了应对公共危机而采取的一系列措施。

2. 根据我国行政体制的情况，分析如何合理构建应急管理体制。

答：我国政府职能部门一般实行的是“条块结合、以块为主、分级管理”的行政管理体制，即属地管理体制。此外针对中央和地方委托代理关系下地方政府的选择性执行、共谋、偏离等弊端，为了加强条对块的制约，部分职能部门实行垂直管理体制。综合来看，我国行政管理体制改革涉及的是不断寻求权力、资源在纵横向上划分与集中的平衡。在我国行政体制的大框架下，构建合理的应急管理体制要综合考虑统一指挥的集中有力和协调各方的灵活全面，才能从体制上保证有效整合资源，形成合力，共同应对公共危机，减少危机带来的社会影响和生产生活损失。

一个合理的应急管理体制一般应具有监测预警、信息管理、决策指挥、组织协调、行动响应、社会动员等部分。在对公共危机进行分类、分级、分期的前提下遵循“职责分工、条块结合”“分级管理、重心下移”“预防为主、平战结合”原则，采取以下措施来构建合理的应急管理体制：

(1)建立统一指挥体制：

设置统一领导、总体协调的职能部门，建立分类管理的专业机构。统一的指挥体制是高效决策、调动资源、达成共识、形成合力的关键。将应急管理涉及的多部门负责的业务整合，形成从中央到省市县级别“一元化”的应急管理部门，在部门下分设不同类别的危机管理委员会(即自然灾害类、事故灾难类、公共卫生类和社会安全类等)。由于党中央、国务院对应急管理具有全局意义，根据公共危机的发生级别、类别和地域范围，明确不同的公共危机事件管理的牵头部门和单位，由相应层级党委、政府作为主力统一指挥管理，并接受中央和上级指导，从而形成从中央到地方相互配合、共同行动的应急管理体制。

(2)建立分级响应和属地管理相结合的体制：

为增强应对的及时性、灵活性，要发挥条块结合的优势，具体做法如下：

①按应对突发事件的能力建立分级响应体制。跨行政区域，跨层级、部门的公共危机让更高层级的领导、协调机构来协调和处理。

②遵循属地管理原则。即使在中央的直接指导下，也要对当地的党委、政府等部门给予充分尊重。

③由一个主管部门牵头负责、其他部门予以配合。

(3)建立健全应急管理协同联动体制：

应急管理的联动协同能够提高效率，增大合力，提供体制保障。加强同一层级政府内部、不同层级不同地域政府之间以及同社会组织、市场企业等其他危机管理主体之间的协调统一，统筹规划、资源整合和整体协同，以有效避免重复建设和资源浪费。

3. 分析应急管理各个阶段的管理内容与措施。

答：应急管理是指公共管理主体为避免或减少风险和突发事件所造成的损害而采取的预先防范措施、事发时采取的应对行动、事发后采取的各种善后措施及减少损害的行为。

广义的应急管理包括四个阶段：事前预防、事发监测预警、事中处置救援以及事后恢复重建与总结评估。突发事件应急管理过程，参见本章考点难点归纳相关内容。

【拓展】另一种思路：

为了有效地管理危机，危机管理者需要在不同的阶段采取不同的政策和措施，其管理内容及具体措施如下：

(1)危机的疏缓：

管理者采取各种各样的预防措施，通过持续不断的努力和行动，以降低或消除灾害及其影响的风险。危机的疏缓着眼于长期的预防性工作，具体包括：

①风险源的确认和控制。根据历史资料和现实的探查，确认可能出现的灾害类型，建立风险档案，确认风险源，在此基础上绘制风险地图。

②通过工程项目防范灾害。通过建设一些工程项目，如疏通河道、修建大坝、建设和加固大堤等，预防一些自然灾害对人们所造成的影响。

③通过科学规划地区发展疏缓风险和灾害。地方政府在规划和管理发展的过程中，可通过发展规划，如土地使用规划、城市建设规划、市政建设规划、人口控制规划等有效地降低发生风险的可能。

④通过实行严格的管制措施疏缓风险和灾害。通过制定和实施涉及经济和社会生活各方面的管制来有效疏缓各种灾难和危机，如建筑标准和质量管制、安全生产管制、食品安全管制等。

⑤通过公共信息和教育疏缓风险和灾害。通过学校、社区、公共传媒等各种机构，利用各种方式传播危机管理的信息和知识，提高公民的危机管理意识，增强其危机管理的能力。

⑥通过政府的财政和诱因政策疏缓风险和灾害。政府的诱因政策在疏缓中主要通过政府的财政补贴和税收发挥作用。对有利于提高社会抵御力的项目和事业，政府可以提供补贴，甚至通过减免税方式予以鼓励；反之则通过提高税负的办法加以限制。

(2)危机的准备：

危机准备直接针对危机的应对及灾后恢复和重建，其核心是制定危机管理的规划。危机准备包括制定应急的计划和预案、提前准备应急的资源等，其中应急管理计划包括基本计划、功能性计划和特殊计划。具体而言，危机的准备阶段需要做好以下工作：①确定参与危机准备工作的部门和机构；②确认可行的应急和灾害恢复行动；③确保应急组织有效运作，保障其有效运作的资源充分；④充分做好应急准备工作。

(3)危机的应对：

危机应对阶段的主要任务是保护人们的生命安全，降低灾害的最初影响和损失，最大限度地减少危机产生的次级影响和损失。危机应对阶段的主要工作包括：

①通知和警示。一些自然灾害，如台风、洪水等的发展是有一个过程的。因此，有关灾害的监测部门需要向有关政府部门和社会公众发出警示和通知。此时，应急部门处于待命状态，社会公众同时也需要采取相应的行动，如随时了解和掌握危险发展的程度；采取一些准备措施，如储存一些必需的资源，准备撤离危险地带等。

②发布警告信息。应急部门要立即通过广播、电视等传播途径向当地居民发出警告信息，以便居民采取迅速的预防措施。

③保护生命和财产。一旦危机事件发生，应急部门和社会公众需要立即采取必要的措施和行动保护人们的生命和财产的安全。对于应急部门而言，需要提供的主要服务包括安全保卫、消防、医疗救助、人员搜救、人员撤离、提供临时避难场所等。

④向公众提供基本的生活服务。灾害发生后，应急部门要及时向受灾地区的民众提供基本的服务，如衣、食、住、医疗等。

⑤恢复和重建。在灾害发生之后，要立即开始灾后的恢复和重建工作，政府联合受灾居民采取措施恢复正常的生活、生产秩序。

(4)危机后的恢复和重建：

恢复和重建阶段开始于危机的应对阶段，一直持续到社区恢复到正常的生活状态。最终的目标是确保社区居民的生活质量恢复到灾前的状态。恢复的措施有短期的和长期的。

①短期措施主要是救济和安置。工作主要包括：清理灾害的现场、恢复经济的活动、恢复政府的服务、为灾民提供基础性的公共服务。

②长期的措施包括：灾害后的重建工作和社会经济的发展措施，重建工作包括基础设施的重建，重振地方经济和社会的活力等。灾害后的恢复和重建工作一定要与灾害的疏缓工作紧密地结合在一起，把恢复和重建计划与疏缓计划有机地整合在一起。

4. 如何科学剖析应急管理的动态模式?

答：应急管理是一个动态的过程，包括四个阶段，即减缓或预防、准备、响应、恢复。

它们分别代表应急管理中的四种活动。努纳梅克提出危机发展的三阶段，即危机爆发前、危机发生期间以及危机解决后三个阶段，然后以此来规划各阶段所需的管理活动。

(1)危机爆发前的活动，分为预防和准备两个方面：

①应急预防的具体活动包括：a. 加强监测预警；b. 降低社会的脆弱性；c. 提高社会的恢复力。

②应急准备的具体活动包括：a. 应急救援队伍的建设；b. 应急预案的编制；c. 应急保障体系建设；d. 加强公共安全教育。

(2)危机爆发时的活动：

①危机爆发时的活动主要是应急响应，是指采取行动以挽救生命、减少损失，如激活应急预案、启动应急系统、提供应急医疗援助、组织疏散与搜救等。通过采取以上措施来尽快制止危机的进一步发展，降低各种损失，保障人民生命财产安全，向危机处理的组织提供信息及资源等支持。

②对公共危机事件的应对处置包括对危机事件本身以及对新闻媒体和社会舆情的处置。

(3)危机后的活动：

评估工作绩效并给予反馈，为之后的应急管理工作提供经验和教训，这个阶段的主要任务有：①成立评估调查系统，确定危机成因；②促进各项工作恢复；③做好计划预案。

5. 列举应急管理包含的各种机制及功能。

答：参见本章考研真题简答题第5题答案。

6. 如何正确处理突发事件应对处置与行政紧急权力规制之间的关系?

答：参见本章考研真题论述题第3题答案。

7. 如何全面理解应急管理的意义和使命?

答：(1)应急管理的使命：

应急管理是国家治理体系和治理能力的重要组成部分，承担着防范化解重大安全风险、及时应对处置各类灾害事故的重要职责，担负保护人民群众生命财产安全和维护社会稳定的重要使命。应急管理是各级地方党委政府“促一方发展、保一方平安”的政治责任。

(2)应急管理的意义：

做好应急管理工作，直接关系到人民群众切身利益、经济社会发展和“两个一百年”奋斗目标的实现。具体体现如下：

①增强忧患意识，防患于未然。坚持预防与应急相结合、常态与非常态相结合，在发生突发公共事件时，能作好应对突发公共事件的思想准备、预案准备、组织准备以及物资准备等。

②通过加强应急管理，建立健全社会预警机制、突发事件应急机制和社会动员机制，可以最大程度地预防和减少突发事件及其造成的损害，保障公众的生命财产安全，维护国家安全和社会稳定，促进经济社会全面、协调、可持续发展。

③加强应急管理，有利于提升政府能力、升级政府形象。应急管理机制的建立与完善能够促进政府机构设置的优化，减少推诿扯皮、重复设置浪费资源，强化政府的职能作用；强化防范意识，从危机中捕捉积极进步的机会与力量，洞悉管理漏洞，提升政府形象。

总之，加强应急管理，提高预防和处置突发事件的能力，是关系国家经济社会发展全局和人民群众生命财产安全的大事，是构建社会主义和谐社会的重要内容；是坚持以人为本、执政为民的重要体现；是全面履行政府职能，进一步提高行政能力的重要方面。

8. 如何科学理解习近平总书记关于“两个坚持、三个转变”的重要论述?

答: (1)习近平总书记提出“两个坚持、三个转变”的论断:

①坚持以防为主、防抗救相结合，坚持常态减灾和非常态救灾相统一。

②努力实现从注重灾后救助向注重灾前预防转变，从应对单一灾种向综合减灾转变，从减少灾害损失向减轻灾害风险转变。

该论述强调形成“防灾减灾救灾”联结的完整应急管理过程，注重工作理念由直接救灾转向全面应急管理，将应急管理重心由灾害修复转向灾前防范。

(2)要树立应急管理思维并完善应急管理的各个阶段。必须明确应急管理是国家治理体系和治理能力的重要组成部分，关系社会治理水平。在应急管理过程中，事前预防、事发时的监测预警、事中处置救援、事后恢复重建和总结评估这四个阶段，是相互作用影响的循环过程。

(3)我国要继续坚持“一案三制”的应急管理体系建设，提升应急管理基础能力、核心应急救援能力、综合应急保障能力、社会协同应对能力和应急管理体系建设。

(4)建设应急管理体制应主要坚持以下几项原则:

①统一领导。应急指挥机构要作出统一领导和指挥，有关各方主体依照法律和规定展开具体各项应对处置工作。

②综合协调。协调整合各方保障力量和应急资源，形成包括突发事件信息、应急指挥、救援队伍以及物资储备在内的系统，打造部门配合、社会参与的联动工作局面。

③分类管理。在集中统一的指挥体制下，针对不同突发事件进行分类管理。

④分级负责。有效明确各级政府在应对突发事件中的责任。

⑤属地管理为主。地方政府是有效遏止突发事件发生、发展的关键，是突发事件应急处置的第一责任人。当重大突发事件出现时，地方政府必须及时、如实向上级报告，必要时可以越级报告。

(5)要加快应急管理机制的建设和应用。其主要包括:

①监测预警机制。应急管理主体应根据过去经验和现有数据资料推断未来的风险及趋势，发出确切的警示信号，使公共部门和公众提前了解潜在的风险，以便及时采取应对策略，防止或消除不利后果。

②应急管理决策机制。应急决策是一种重要的公共管理行为。由于事态的严峻性、时间的紧迫性、信息的不充分性和可利用资源的有限性，应急管理决策在本质上是非程序化决策，主要包括中枢决断系统、参谋咨询系统和协调系统。

③应急资源配置与保障机制。要完善应急管理资源的整合机制、公共财政预算与支付制度、应急管理的监督与审计。

④应急管理新闻发布机制。推动应急管理新闻发布工作的规范化和制度化，确保信息的准确度。该机制主要涉及新闻发布应急响应机制、新闻发布机制、中外记者采访管理机制、境内外舆情跟踪和通报机制、互联网信息安全管理机制、突发事件分类处理新闻发布

机制。

⑤应急管理控制处理机制。该机制强调前馈控制，即提早发现问题、在实际工作开始之前防止问题发生，从而避免产生重大损失。要将问题消灭在萌芽状态，而非出现问题后再补救。

⑥应急管理善后处理机制。该机制强调危机发生后的完善措施，应采取包括追究直接责任者、增强社会保险和保障援助、普及心理咨询等措施重建灾后正常生产生活秩序。

⑦应急管理评估机制。这是应急管理的阶段总结，是一种评估和反馈，要将防范意识和评价专门化、制度化，将非常规的突发事件和危机转化为常规防范工作，减少不必要的损失。

三、案例分析题

请认真阅读以下案例材料(材料略)，然后按照要求回答问题。

问题：

1. 分析海啸造成的生命财产损失与应急管理之间的关系。

答：(1)应急管理是指公共管理主体为避免或减少风险和突发事件所造成的损害而采取的预先防范措施、事发时采取的应对行动、事发后采取的各种善后措施及减少损害的行为。它是一个系统的连续循环过程。

(2)案例中，地震海啸造成的生命财产损失很大程度是由于印度洋沿岸的国家并未做好应急管理工作造成的，具体表现在：①缺乏应急管理意识，未能意识到公共危机的重要作用，没有及时向国民发出海啸预警，没能认真对待地震预警警告，甚至为了经济发展忽视民众面临生命威胁；②尚未建立完善的应急管理体制机制，没有做好应对破坏性海啸来袭的准备工作，缺乏对民众应对海啸的常识教育；③应急管理能力滞后，没有一定的资金储备、预警设备等硬件条件落后。因此，应急管理是应对不确定威胁的现实需求；提高应急管理的能力和意识，能有效预防并降低各类公共危机、突发事件造成的损害。

(3)要提升政府应急管理能力，树立科学的应急管理理念。树立预防为主的理念，凡事预则立，不预则废。应按照预防为先、教育为先、人才培养为先的思路，将危机预警作为危机管理的第一道防线，在危机爆发之前做好预判，作最坏的打算、最好的准备，将危机的危害降到最低，将危机意识及应急自救技能纳入各级各类教育的重要内容，全面增强公民的危机意识和应急自救能力。

2. 结合案例，运用应急管理机制的有关理论分析预警机制、信息沟通机制的作用。

答：应急管理机制是一系列机构和职能运行的路径与程序，是包括预警和监测、决策应对、信息沟通、善后评估等措施的动态管理。应急管理机制中的监测预警机制、信息沟通机制的作用具体如下：

(1)监测预警机制的作用：

监测预警机制的功能就在于：在危机发生之前就识别出所存在的各种威胁，并在此基础上采取适当的措施发出警报，敦促社会公众采取行动。监测预警机制如果不能及时发现潜在的风险并传递相关的警情，也就不能为提前采取相应措施赢得宝贵时间，其存在也就失去了意义和价值。完善的预警机制可以实现从被动抵御到主动出击的转变。应急管理的

监测预警系统具有以下作用:

①信息收集与分析。对有关危机风险源和危机征兆等信息进行收集，并定期信息沟通，提供与危机有关的研究报告，提出危机处置的建议和意见等。

②危机预报。危机预报是根据危机评估的结果，对危机的爆发，演进及其危害，向组织内外的利益相关者发出警报，以唤起各方注意，采取预控措施。从传播学的视角看，危机预报是危机信号从传者发向受者，并期望得到反馈的一个循环过程。

③危机监测。搜集危机实时关键信息，并进行整理和归类、识别和转化，对危机演变作出预判，向危机处置指挥机构及时反馈。

④信息发布与媒体管理。与媒体良性互动，及时通报地震以及当地人的避难情形、海啸的危害程度等信息；或进行实况转播，客观报道灾情稳定社会、安定民心。

⑤信息沟通。与政府内部、社会力量等主体及时高效沟通，减少误解，增进彼此协调配合。

案例中，根据科学知识，大地震可能会引发海啸，这是可以预测到的，但印尼当地政府没有做到及时预报，造成了重大的人员伤亡与经济损失，没有发挥预警机制的作用。

(2)信息沟通机制的作用:

公共危机事件具有突发性、不确定性和破坏性，使得公共危机事件应急管理与常态的日常管理之间存在着较大的差别。有效的信息沟通对政府处理非常态的公共危机事件、防止危机扩大与裂变至关重要。

①充分动员民众力量。促进其他社会力量的共同参与，以达到资源互补、风险共担的效果，从而更好地应对公共危机事件。

②合理引导社会舆情。政府部门要及时跟踪信息，全面监测舆情，研究分析事件发展阶段的可能趋势和特点，寻找合理的对策和疏导办法，从而有效化解负面公共舆论影响。

③有效辅助危机决策。及时、全面、准确地获得和利用信息，直接关系到危机决策者能否及时和自主有针对性地采取必要的紧急措施，减少或避免危机决策的失误。

④积极有效地改善政府形象。政府与民众之间进行开诚布公的对话与合作，有利于塑造诚信形象，增强政府在公众中的凝聚力和美誉度。

案例中，印度洋沿岸国家的政府没有及时做出海啸预警，严重损害了政府形象，未能发挥信息沟通机制的作用。

9.3 考研真题与典型题

一、概念题

1. 突发事件[天津商大2020年研；贵州财大2014年研]

2. 公共危机[青岛大学2017年研；山东师大2012年研；中山大学2010年研；中财2009年研]

3. 公共危机管理[华东政法2023年研；天津商大2022年研；华侨大学2018年研；山东师大2013年研；河海大学2013年研；贵州财大2013年研]

4. 公共危机管理的控制[浙工商2018年研]

二、简答题

1. 试述突发事件的主要分类并举例说明。[天津商大 2023 年研]

2. 简析突发事件与公共危机的关系。[山东大学 2013 年研]

相关试题：突发事件与公共危机[概念比较，贵州财大 2018 年研]

3. 简述应急管理体制建设所要解决的核心问题。[天津商大 2016 年研改编]

4. 简述应急管理的基本阶段和程序。[杭州师大 2019 年研改编]

相关试题：简述应急管理的主要环节。[天津商大 2018 年研改编]

5. 简述应急管理的运行机制。[新疆农大 2015 年研改编]

6. 简述应急管理监测预警的含义。[天津商大 2015 年研改编；新疆农大 2014 年研改编]

7. 简答应急管理监测预警机制的功能。[江苏大学 2018 年研改编；贵州财大 2017 年研改编]

8. 简述我国应急管理法制的具体原则。[贵州财大 2015 年研改编]

相关试题：简述应急管理法制的原则。[山西财大 2023 年研]

三、论述题

1. 结合新冠疫情防控谈谈你对推进我国应急管理体系和能力现代化的理解。[天津商大 2021 年研]

2. 联系实际论述突发事件的善后处理机制。[天津商大 2014 年研改编]

3. 如何正确处理突发事件应对与行政紧急权力规制之间的关系？[天津商大 2019 年研改编]

四、案例分析题

2008 年 6 月 28 日位于兰州市的解放军第一医院收治了首例患“肾结石”病症的婴幼儿，据家长们反映，孩子从出生起就一直食用河北石家庄三鹿集团所产的三鹿婴幼儿奶粉。7 月中旬，甘肃省卫生厅接到医院婴儿泌尿结石病例报告后，随即展开了调查，并报告卫生部。随后短短两个多月，该医院收治的患婴人数就迅速扩大到 14 名。9 月 11 日，除甘肃省外，陕西、宁夏、湖南、湖北、山东、安徽、江西、江苏等地都有类似案例发生。经相关部门调查，高度怀疑石家庄三鹿集团股份有限公司生产的三鹿牌婴幼儿配方奶粉受到三聚氰胺污染。9 月 11 日晚，石家庄三鹿集团股份有限公司发布产品召回声明称，经公司自检发现 2008 年 8 月 6 日前出厂的部分批次三鹿牌婴幼儿奶粉受到三聚氰胺的污染，市场上大约有 700 吨。9 月 13 日，党中央、国务院对严肃处理三鹿牌婴幼儿奶粉事件作出部署，立即启动国家重大食品安全事故Ⅰ级响应，并成立应急处置领导小组。近年来，公共危机已成为我国政府行政管理面临的常态环境，能否迅速、有力、有效地在危难中寻找契机、谋求更大的发展已成为检验政府应对危机能力和执政能力的试金石。[中山大学 2011 年研改编]

请以上述案例为背景，回答并分析下列问题：

1. 什么是公共危机？

2. 我国政府的应急管理存在哪些问题？

3. 你对完善我国应急管理应对机制的建议。

9.4 考研真题与典型题详解

一、概念题

1. 突发事件[天津商大2020年研；贵州财大2014年研]

答：突发事件是指突然发生，造成或者可能造成重大人员伤亡、财产损失、生态环境破坏和严重社会危害，危及公共安全和社会秩序的紧急事件。按照突发事件的发生过程、性质和机理，其可分为四类：①自然灾害类突发事件；②事故灾难类突发事件；③公共卫生类突发事件；④社会安全类突发事件。不同类别的突发事件可能并存，并在特定情况下可能相互转化，带来“涟漪效应”。

2. 公共危机[青岛大学2017年研；山东师大2012年研；中山大学2010年研；中财2009年研]

答：参见本章课后习题概念题第3题答案。

3. 公共危机管理[华东政法2023年研；天津商大2022年研；华侨大学2018年研；山东师大2013年研；河海大学2013年研；贵州财大2013年研]

答：公共危机管理是一种有组织、有计划、持续动态的管理过程，是指政府针对潜在的或者当前的危机，在危机发展的不同阶段采取一系列的控制行动，以期有效地预防、处理和消弭危机。对其含义的理解包含了对以下几个问题的理解：①管理的主体是建立健全管理体制；②管理的对象是对其分级分类分期；③管理活动的具体内容与方式是管理机制。

4. 公共危机管理的控制[浙工商2018年研]

答：公共危机管理的控制是指公共管理者监控危机管理过程中的各项活动以保证其按照计划进行并纠正各种重要偏差的过程。其具体内容包括：①前馈控制，指提前采取措施，将可能发生的偏差消除在萌芽状态中。②同期控制，指针对行动过程，一旦发生偏差，马上予以纠正。③反馈控制，指在某一行动和任务完成之后，将实际结果进行比较，从而对下一步行动的进行产生影响。

二、简答题

1. 试述突发事件的主要分类并举例说明。[天津商大2023年研]

答：突发事件是指在一定范围内突然发生、危及公众生命财产、社会秩序和公共安全，乃至影响到国家利益和全球稳定，需要政府立即采取应对措施加以处理的公共事件。根据突发事件的发生过程、性质和机理，其可分为以下四类：

(1)自然灾害类，主要包括：干旱、洪涝、台风、冰雹、沙尘暴等气象灾害，地震、山体滑坡、泥石流等地震地质灾害，风暴潮、海啸、赤潮等海洋灾害，森林草原火灾，农作物病虫害等生物灾害等。

(2)事故灾难类，主要包括：铁路、公路、民航、水运等交通运输事故，工矿商贸等企业的安全生产事故，城市水、电、气、热等公共设施、设备事故，核与辐射事故，环境污染与生态破坏事故等。

(3)公共卫生类，主要包括重大传染病疫情、群体性不明原因疾病、食品安全和职业危害、动物疫情以及其他严重影响公众健康和生命安全的事件。

(4)社会安全类，主要包括恐怖袭击事件、民族宗教事件、涉外突发事件、经济安全事件、重大刑事案件以及规模较大的群体性事件。

此外，按照事件性质、可控性和影响范围等因素，还可以分为一般、较大、重大和特别重大突发性公共事件四类。

2. 简析突发事件与公共危机的关系。[山东大学2013年研]

相关试题：突发事件与公共危机[概念比较，贵州财大2018年研]

答：(1)突发事件与公共危机的含义：

①突发事件，是指突然发生，造成或可能造成重大人员伤亡、财产损失、生态环境破坏和严重社会危害，危及公共安全和社会秩序的紧急事件。

②公共危机，是指由于突发事件引起，严重威胁与危害社会公共利益和公共安全，并引发社会混乱和公众恐慌，需要运用公共权力、公共政策和公共资源紧急应对和处理的危险境况和非常事态。

(2)突发事件与公共危机的关系：

突发事件强调事件发生的突然性、不可预测性、结果的不确定性，需要紧急处置，其造成的危害可能很大，也可能有限，影响范围既可能是公共范畴，也可能是私域范畴；而公共危机的危害涉及范围更广，属于公共领域，是由突发事件引起，并随时间推移逐步扩散到爆发形成的。因此，突发事件与公共危机的内涵基本一致，但公共危机的外延比突发事件稍大，具体表现在：

①危机的突发期是解决突发事件的第一时机。如果在突发期应对得当，可将公共危机扼杀于萌芽状态，从而最大限度地避免或限制公共危机给公共利益、社会秩序等带来的威胁与损害。但由于事件突发，快速全面地搜集信息有一定难度，因此很难对事件作出准确的判断。往往突发期内的决策会有一定失误。

②危机的扩散期是突发事件发展的关键时期，也是解决突发事件的最佳时机。在这一时期，突发事件的信息相对充分，如果对危机的判断和处理得当，事件就能够得到相对有效的解决，反而，如果错过这个最佳时期，突发事件所带来的损失和解决成本都会大幅增加，公共危机的程度也大大提高。

3. 简述应急管理体制建设所要解决的核心问题。[天津商大2016年研改编]

答：合理有效的应急管理离不开系统完善的应急管理体制建设。要建设统一领导、分工协调的应急管理体制，以整合资源、形成合力。应急管理体制建设所要解决的核心问题有：

(1)明确指挥关系，确立集中统一的指挥体制。设立专门的应急管理指挥机构，自上而下按照统一指挥、分工协作、协调行动的要求，合理划分纵向不同层级机构和横向各机构的职责和权限。

(2)明确管理流程，建立高效畅通的管理流程。提前做好应对预案，形成一整套高效、迅速、规范、有序的管理程序。

(3)明确管理责任，建立清晰分明的责任制度。完善行政法规规则和危机管理预案的制定，明确每一项危机应对工作中的政府机构和工作人员的职责，同时根据实践进一步明确、调整各项责任。

(4)加强监管，建立及时透明的监督制度。其包括党政机关内部监督和人民群众的外部监督。内部监督分为上级领导检查监督与专门从事检查监督的督查部门检查监督；外部监督要发挥媒体与公众的作用。大众媒体应与政府积极合作，获取更多权威的公共信息，掌握信息发布的主动权，发挥新闻舆论监督的作用。同时，媒体要作为沟通桥梁，促进政府、媒体、公众三者良性互动。

4. 简述应急管理的基本阶段和程序。［杭州师大2019年研改编］

相关试题：简述应急管理的主要环节。［天津商大2018年研改编］

答：参见本章课后习题思考题第3题答案。

5. 简述应急管理的运行机制。［新疆农大2015年研改编］

答：应急管理运行机制，是指在危机管理组织体系和职能体系中各要素之间的结构关系和运行方式。应急管理机制及其功能具体如下：

(1)监测预警机制。其主要功能在于：预测可能发生的公共危机及其危害程度，督促社会公众做好应急准备，启动应急响应，最大限度地降低危机所导致的损失，为有效地应对危机赢得宝贵的时间。监测预警的关键点主要包括：①获取丰富的实时数据以支撑预警；②根据数据，判断报警的临界点；③采用受众易接受的标准化预警术语；④通过多种通信渠道，将警报发送给处于风险中的公众及有关应急响应者；⑤教育、培训公众，使其有能力采取适当的行动；⑥定期评估监测预警的效能等。

(2)应急管理决策机制。即应对公共突发事件时，为尽快降低或限制危机所带来的危害，在有限的时间、信息、人力资源等约束条件下，以最快的速度作出非常规的应对策略。在确定决策主体后，判断危机成因、性质、可控性、影响范围等基本要素，根据优先顺序确定决策目标，形成并确定最适合的决策方案。

(3)应急资源配置与保障机制。这里的资源既包括人力、财力、物力等有形资源，也包括文化、信息、政治等无形资源。及时高效地配置资源，保障各项资源供应得当是影响危机应对效果的关键因素之一。要在权威机制支持下，建立健全资源动员与动态协调管理的组织体系、制度体系。此外，相关的配套制度如财政预算与支付制度、监督与审计制度等也要相应跟进完善。

(4)应急管理新闻发布机制。其具体包括：①新闻发布应急响应机制；②新闻发布机制；③中外记者采访管理机制；④境内外舆情跟踪和通报机制；⑤互联网信息安全管理机制；⑥公共危机事件分类处理新闻发布机制。

(5)应急管理控制处理机制。危机管理者通过监督、监察有关活动，保证危机应对活动按照危机应对计划进行，并不断纠正各种偏差的过程。有效的应急管理控制处理机制的特征有：①信息应该准确；②信息提供应该及时；③应有利于纠正偏差；④应该经济合理；⑤应该选择好关键点控制。

(6)应急管理善后处理机制。当危机消除后，需要对危机应对的工作绩效进行评估和测量，从中得到经验和教训，为之后的危机应对提供借鉴；做好危机后的基础设施重建、群众生命健康的照料、心理疏导慰藉、生活必需品配给等措施，以尽快恢复正常生活秩序。

(7)应急管理评估机制。应急管理评估作为阶段性总结，是根据科学的评估指标体系，按照科学方法，以严格的程序评估应急处置结果。

6. 简述应急管理监测预警的含义。［天津商大 2015 年研改编；新疆农大 2014 年研改编］

答：(1)应急管理监测预警是指对突发事件的提前监测预知和警示，即应急管理主体根据过去和现在的相关风险资料，通过逻辑推理和科学预测推断风险现象出现的约束条件、发展趋势和演变规律，并向公共部门和公众及时发布确切警示信息，从而及时采取措施，减少损害。预警的效果可以用一个公式来表示：监测预警的效果 = 及时性 × 准确性 × 全面性。换言之，监测预警的效果与其及时性、准确性和全面性成正比。监测预警越及时、越准确、越全面，则监测预警的效果越好。

(2)应急管理监测预警是危机应对的第一步，如预警得当、及时，能有效降低甚至是消除危机对公共利益造成的巨大损失，加强应急管理监测预警是现代应急管理从被动应对到主动预防的体现，也是现代应急管理机制的基础和前提。

7. 简答应急管理监测预警机制的功能。［江苏大学 2018 年研改编；贵州财大 2017 年研改编］

答：应急管理监测预警机制的功能主要包括：

(1)信息收集与分析。通过之前的各种危机数据留存和汇总，得出危机发展的演变规律和应对经验，并将危机信息全面、及时、高效地传达给公共危机指挥机构，为危机决策和应对提供有效的信息支持。

(2)危机预报。在对信息收集分析后，对信息分类汇总，预测危机成因、演变规律、影响程度，及时向危机管理机构和可能受其影响的人员发出警报，尽可能降低危机损害。

(3)危机监测。对危机发生动态和演变态势进行实时监测，并将相关数据信息及时依流程传递，使危机应对部门及时掌握动向、调整对策，保持应对工作顺利进行。

(4)信息发布与媒体管理。发生公共危机时，要高度重视突发公共事件的信息发布、舆论引导和舆情分析工作，加强对相关信息的核实、审查和管理，为积极稳妥地处置突发公共事件营造良好的舆论环境。

(5)信息沟通。在畅通的信息沟通下，保持危机应对流程的正常运作和适时调整，有利于在预警下提前做好应对准备。在对抗性危机事件的处理中，信息沟通包括两个方面：

①构建冲突双方的沟通渠道，加强双方交流，减少误会的产生。

②深入了解冲突双方心理诉求，有针对性地制定危机解决方案。

8. 简述我国应急管理法制的具体原则。［贵州财大 2015 年研改编］

相关试题：简述应急管理法制的原则。［山西财大 2023 年研］

答：我国应急管理法制的具体原则，是遵循应急管理基本原则的前提下对其中某一方面进行指导的、更为细致的具体要求。其主要包括如下原则：

(1)公共利益原则：

应急管理要始终以维护公共利益和公共安全为目的，尽可能减低或消除危机带来的损害。尽管在行使紧急权力时可能对人们的部分权利进行限制，但最终还是为了更好地保障公民的权利，更好地实现公共利益。

（2）比例原则：

比例原则是指在限制人民基本权利的时候，必须使得目的和手段之间达成某种均衡，符合一定的比例。国家机关在行使对公民权利加以必要限制的正当的国家紧急权力时，为了避免权力滥用对公民权利的过度侵害，要求对该紧急权加以限制，减少对公民不必要的损害，使得可能的损害降到最低。

（3）主动性和防范性原则：

加强应对危机的主动性和防范性，改变被动应对的滞后管理模式，重视危机预防、预警、预案以提高应对危机的反应速度，尽最大可能将危机扼杀在萌芽阶段。

（4）积极责任原则：

应急管理法制提倡政府应对的积极责任。应急管理是政府部门公共管理的职能之一，挑战并体现着政府的工作效率和能力，要求政府意识到公共危机蕴含的巨大风险和损害，运用科学高效的管理理念，建立健全应急管理体制机制，提升责任感，主动积极应对。

（5）权益救济原则：

①对造成公共危机的责任人，一般包括政府和企业，需对受到权利侵害的群众进行赔偿。

②自然灾害类的公共危机无法找到确定的责任人，政府应当积极应对，尽全力降低损害。

③面对紧急情况，为了遏制危机进一步扩展，可在权衡之下牺牲小的利益保护较大的利益。

三、论述题

1．结合新冠疫情防控谈谈你对推进我国应急管理体系和能力现代化的理解。［天津商大 2021 年研］

答：突如其来的新冠肺炎疫情，是对国家治理体系和治理能力现代化的一次大考。当前新冠肺炎疫情防控取得重大战略性成果，充分展现了我国应急管理体制机制的突出特色、显著优势和超强能力。应急管理体系和能力是国家治理体系和治理能力的重要内容，直接影响一个国家的总体安全和永续发展。

（1）我国持续大力推进应急管理法治建设，强化应急预案编制和演练，不断提升应急管理能力，逐步形成自身的显著特色和独特优势。

①充分发挥党的领导这一根本制度优势。实践证明，推进应急管理体系和能力现代化，必须充分发挥党的集中统一领导特色和优势，建立健全常态化的应急管理领导体制，为突发事件应急管理提供根本保障。

②积极创新“两坚持、三转变”的应急管理理念。“两坚持”是指坚持以防为主、防抗救相结合，坚持常态减灾和非常态救灾相统一；“三转变”是指从注重灾后救助向注重灾前预防转变，从应对单一灾种向综合减灾转变，从减少灾害损失向减轻灾害风险转变。

③不断完善应急管理体制机制。从体制机制着手，建立健全协调高效的应急管理组织

协调机构，正确处理好“统”和“分”的关系。“统”的职能是统筹指导、综合协调。“分”的职能由各成员单位、各行业主管部门共同承担，按照各自职责分工，发挥各自专业优势，认真履行各类突发事件应急处置职责。

④加快健全应急管理法治体系。要注重通过立法形式，强化应急管理全过程标准化。在事前预防阶段，尽快研究制定应急预案编制和演练、不同类型应急力量的管理办法和物资分布、储备、调运办法等规章制度。在事中处置阶段，要以现场指挥工作规范、第一响应标准为重点，加强相关标准化立法工作。在恢复重建阶段，要注重把突发事件损失评估、赔偿标准、救助标准等以法律法规形式固定下来。

⑤切实加强应急预案管理。健全应急预案体系，落实各环节责任和措施。实施精准治理，预警发布要精准，抢险救援要精准，恢复重建要精准，监管执法要精准。

⑥大力提升应急管理能力。重点是提升应急基础能力、应急处置能力、综合保障能力、社会协同能力。

(2)当前我国应急管理体系在此次疫情中展现出的特色和优势，包括四种机制的运行：

①中央应对新冠肺炎疫情工作领导小组，为集中化协同机制的形成提供了组织保障。

②中央赴各地指导组，为提升纵向维度的府际协同提供了运行机制。

③大规模“对口支援”，为开展横向维度的府际协同提供了运行机制。我国以“对口支援”为主要形式的横向府际协同在应对巨灾中具有不可替代的优势。

④国务院联防联控机制，为改进政府内部的跨部门协同提供了运行机制。国务院联防联控机制召开新闻发布会，多部门共同解读政策、发布信息，显示良好的跨部门合作。

(3)积极推进我国应急管理体系和能力现代化，不仅需要继续发挥我国优势，不断提升应急响应的效能，也要推动事前的风险预防和改进事后的危机学习。

①持续推动常规风险的识别和消除。要跳出“运动式治理”的窠臼。

②努力加强对新兴风险的会商与研判。要广泛搜集各类风险信息并进行汇总分析，充分尊重专业人士的意见和判断。

③同时强调风险规制和风险沟通。

④改进和拓展突发事件调查制度。

⑤大力培育新的危机学习文化，为风险预警提供更宽厚的容错氛围，为政策改进提供更弹性的“政策窗口”，从危机中学会如何与风险共生。

2. 联系实际论述突发事件的善后处理机制。[天津商大2014年研改编]

答：突发事件善后处理机制是指当危机的紧急状态被控制后，以政府为主体的公共部门为了尽快消除危机带来的各项损害，使得基础设施、社会秩序、人民生命健康和心理状态等恢复正常状态所做出的各项工作，是应急管理机制的重要环节。政府及其他组织通过持续跟踪应对后续情况，以确保此次突发事件问题的根本解决。突发事件善后处理机制包括以下基本内容：

(1)恢复与重建。这是突发事件过后必须做好的环节，包括对基础设施进行检修和重建、照料在危机中受伤的群众的生命健康、抚慰群众心理、恢复生活必需品等各项物资正常供应渠道等以树立群众信心，尽快恢复正常的生产生活秩序。

(2)评估与改进。把握学习机会，对突发事件应对的工作绩效进行全盘评估和反馈，发现疏漏，补足短板，从中得到经验和教训，为之后的突发事件应对提供借鉴，建立健全突发事件应急管理应对体制机制，增强突发事件应急管理能力。

(3)赔偿和处理。通过信息梳理和溯源，确定突发事件的类别和发生根源，对突发事件进行彻底调查。一方面根据程序清算损失，根据权益救济原则，责令造成公共危机的责任人对权利受损群众进行赔偿，政府积极承担责任并积极利用社会保险、社会救助等社会保障项目对群众进行救济帮助。另一方面，根据调查所获得的事件性质和发生原因等信息，及时向社会各界公开透明展示，对突发事件责任人进行追责，提出处理建议，提高全社会警醒意识，避免类似事件再次发生。

3. 如何正确处理突发事件应对与行政紧急权力规制之间的关系？［天津商大 2019 年研改编］

答：(1)行政紧急权力的含义：

行政紧急权力是指政府公共部门在应对公共危机紧急状态时所行使的较平时更多、更广泛和更具权威性的公共权力，以更及时高效地控制公共危机的进一步发展，降低或消除公共危机造成的社会危害。其包括紧急确认权、紧急决定权、紧急强制权、紧急征用权及采取其他紧急措施的权力等，须在法律法规要求下行使从而保证政府公共部门有效应对突发事件，同时避免权力滥用、侵犯公民基本权利和自由。

(2)正确处理突发事件应对与行政紧急权力规制之间的关系，更好地应对突发事件，要对行政紧急权力进行以下几方面的规制：

①范围规制。虽然为了更好地应对突发事件，在政府行使权力时可能会对公民权利造成一定损害，但是我国法律对政府在紧急状态下权力行使有相应的较为明确而详尽的规定，使得行政紧急权力在法律的范围内合理有效行使，以防止权力滥用对公民权利造成的随意、过度伤害。

②程度规制。即符合比例原则，要求突发事件应对措施得当，以降低制止危机损害、维护公共利益的目的为限，尽可能选择对群众权益损害最小的手段和方法，最大程度降低损害，造成的损害不得与达成目的所获的利益过分失衡。

③程序规制。行使行政紧急权力时也需要遵循正当程序原则，即遵循法律规定的在紧急状态下应当遵守的特定程序，而为了这一原则正常施行，需要以政务公开制度作为保障，让公众知晓程序有哪些、是否遵守。

④目的和条件规制。为了避免行政紧急权的滥用，在法律授予权力时明确规定授予政府公共部门行政紧急权的目的和权力行使条件，在达成目的和条件允许的范围内合理运用权力。

四、案例分析题

请以上述案例为背景，回答并分析下列问题：［中山大学 2011 年研改编］

1. 什么是公共危机？

答：参见本章课后习题概念题第 3 题答案。

2. 我国政府的应急管理存在哪些问题?

答: 我国政府的应急管理存在以下问题:

(1)应急管理体制不够完善，表现在应对突发事件的责任不够明确，统一、协调、灵敏的应对体制尚未形成。此外，目前我国的突发事件应对是以政府管理为主，而社会大众的广泛参与对应急管理有积极意义，因此，需要让包括政府在内的公共部门、私人部门、非政府组织等都以不同的方式参与应急管理，使公共危机得到更为高效、恰当的应对。

(2)应急管理机制有待进一步完善。这体现在一些政府官员的危机意识不强、危机应对的专业知识需要加强。我国的应急管理受到大规模的重视是在2003年的"非典"危机后，经验不足，应对能力尚需提高。此外，突发事件的监测与预警机制、应急处置与救援、信息管理与新闻发布等制度也不够完善，导致一些突发事件未能得到有效预防，有的突发事件引发的社会危害未能得到及时控制。

本案例中，直到有多名婴儿有患病情况，波及多个省份，政府才意识到问题的严重性，应对缓慢，导致"三聚氰胺"事件未得到及时控制。

(3)公众的危机意识有待提高，风险承受能力、自救与互救能力等有待加强。同时，专家咨询队伍的建设还需加强，一方面是专家人才库的建设，便于在危机发生的第一时间找到相关专家提供专业的咨询意见；另一方面是为专家参与应急管理提供体制上的便利，即让专家可以"名正言顺"地参与突发事件决策。

3. 你对完善我国应急管理应对机制的建议。

答: 突发事件的应急处理是政府应急管理的核心部分。由于突发事件具有突发性、紧急性和破坏性的特点，突发事件应对的关键是要迅速反应，尽最大努力控制局势，迅速查明原因，积极采取措施，防止损失扩大和事态升级。完善我国应急管理应对机制的建议如下:

(1)完善监测预警机制:

①培养危机意识。各级政府必须要有忧患意识，要能将应急管理融入日常的制度建设和管理之中，优化政府常态管理。在日常的公共决策中，以广大群众利益为先导，采取科学民主的决策方式，在源头上降低突发事件发生的可能。

②进行危机监测。即对可能引起突发事件的各种因素和危机的表象进行严密监测，搜集有关突发事件发生的信息，及时掌握第一手资料。

③编制应急预案。针对引发突发事件的各种可能性因素，采取应对措施和制定各种危机预案，以有效避免突发事件的发生或尽量使损失减至最小。

④发出危机预警。对监测得到的信息进行鉴别、分类和分析，对未来可能发生的突发事件类型及其危害程度作出估计，并在必要时发出预警。

(2)完善应急管理处理机制:

①快速反应机制。政府对突发事件的反应越迅速，就越使自己处于有利地位。突发事件发生后，政府应针对具体问题，果断采取措施，动用各种所需的社会资源，迅速确定处理对策，控制事态发展，尽快恢复正常秩序。

②高效沟通机制。政府应在第一时间向社会公众公开突发事件真相及相关信息，以官方的权威来稳定民心。

③高效信息管理机制。信息管理机制主要需要建立应急管理信息报告制度、信息分析制度和信息发布制度。

④科学危机决策机制。科学决策的重要前提之一是建构完善的法律体系。明确决策主体，高效及时决策。

(3)完善应急管理决策机制：

应急管理决策需要遵循的原则有：①权力集中原则；②结果优先原则；③短期目标优先原则；④强制原则；⑤勇于承担风险原则。

(4)完善应急管理善后机制：

①恢复与重建机制。政府部门要帮助相关人员及组织恢复正常的生产、生活秩序，做好受害群众及家属的身心抚慰工作。

②评估与反馈机制。在危机结束后，应全面对突发事件的产生原因及影响进行调查与评估，总结经验教训、反思应急管理过程中各种应对行为是否得当，并将之反馈到今后的应急管理中，以提供有效指导和改进。评估与反馈的重要内容之一是加强官员问责制度。

“三聚氰胺”事件的出现与爆发暴露了我国应急管理的短板，要反思政府应急管理过程中的失误，总结经验教训，以完善我国对突发事件的应急管理应对机制。

第10章　公共管理技术与方法

10.1　复习笔记

【知识框架(庖丁解牛)】

- 公共管理技术与方法
  - 传统行政方法
    - 行政手段
    - 法律手段
    - 经济手段
    - 思想教育手段
  - 当代公共管理新方法
    - 市场化工具
      - 民营化、用者付费、合同外包、
      - 特许经营、凭单制、分散决策、
      - 放松管制、产权交易、内部市场
    - 工商管理技术
      - 全面质量管理、
      - 目标管理、顾客导向、
      - 标杆管理、流程再造
    - 社会化手段
      - 社区治理
      - 志愿者服务
      - 公众参与及听证会
  - 战略管理
    - 战略管理概述：含义、特征
    - 公共部门战略管理
      - 含义、性质[公共性]
      - 过程：管理系统、三阶段

【通关提要(提纲挈领)】

本章主要介绍公共管理技术与方法，内容包括传统的行政方法、当代公共管理新方法和战略管理等，是本书的重要基础章节。公共管理技术与方法在不同时期的内涵不同，因此，在掌握基本理论和概念的前提下，需要加强其在当代公共管理实践中的应用学习，并进一步思考公共管理工具和方法如何应用于实践，为公共管理目标的实现而服务。本章易考概念题、简答题和论述题，复习时应整体把握，分点记忆。

【考点难点归纳(厚积薄发)】

考点一：传统行政方法(见表10－1)　★★★

表10－1　传统行政方法

	行政手段	法律手段	经济手段	思想教育手段
含义	指依靠行政权力，通过颁布政策、指令、计划来实现公共管理目的	指依靠制定并实施国家法律、法规来实现公共管理目的	指利用价格、利率、税收等经济杠杆和方式实现公共管理目的	指通过思想教育如宣传、说服、沟通等方式实现公共管理目的
特点	①权威性；②强制性；③垂直性；④具体性；⑤无偿性；⑥封闭性	①权威性；②强制性；③规范性；④稳定性	①利益性；②间接性；③多样性	①潜在性、长期性；②内在稳定性；③主动超前性
具体方式	①行政命令；②行政引导；③行政信息；④行政咨询	①行政决定；②行政检查；③行政处置；④行政强制执行	①物价调整；②利率升降；③税收调控	①行为激励；②参与管理；③公共责任
优点	①简便灵活；②无偿性；③直接迅速	①利于集中统一，维持秩序；②利于提高管理效率	能调动积极主动性，促进横向沟通与合作	利于沟通，增强凝聚力，从根本上调动积极性，作用持久稳定
缺点	①纵向传递慢，易失真，横向沟通困难；②缺乏民主精神，易打击积极性	缺乏一定弹性和灵活性，阻碍管理系统发展	无法解决精神需要和社会需求问题；可能对思想产生消极影响	耗时长，效果不确定

【真题链接】简述思想教育手段的特点。［简答题，天津商大2016年研］

考点二：当代公共管理新方法　★★★★

1．市场化工具（见表10－2）

表10－2　市场化工具

要点	主要内容	
民营化	含义	指将政府的部分职能承包或出售给企业，依靠市场力量来提高生产力；向私人部门开放公共服务及垄断行业
	方式	①向公众出售股份；②特许投标、合同承包
	形式	①委托授权；②撤资；③政府淡出
	优点	①利于缩小公共部门规模，扩大企业自主权。②利于在公共部门引入竞争机制，改善公共管理绩效
用者付费	含义	指引入价格机制，对部分公共服务进行收费
	优点	①可有效应用市场机制，利于高效配置资源，提高服务质量。②便于克服免费导致的资源配置不合理和浪费，增进社会公平。③可增加公共收入，缓解财政危机
合同外包	在公共管理中引入合同机制，常使用竞争性招标投标［竞标］方式	
特许经营	由公共部门通过特许协议授予私人企业经营和管理某项公用事业的权利	
凭单制	运用市场凭单的理念和技术来改造公共服务供给［代金券］	

续表

方法	主要内容
分散决策	通过财政分权、建立内部代理机构等来实现权力下放
放松管制	由行政制定并执行直接干预市场配置机制的规则，如规章、标准、许可、禁止等。 规制可分为经济规制、社会规制
产权交易	在所有权和收益权不变的前提下，通过出让一些公共设施的使用权来获得经济效益
内部市场	在公共部门内部人为划分生产者和购买者，形成内部竞争以提高服务质量[公对公的竞争]

【真题链接】当代公共管理的市场化工具。[论述题，广工大2024年研]

2. 工商管理技术(见表10-3)

表10-3　工商管理技术

要点		主要内容
全面质量管理TQM	内容	①以质量为中心；②以顾客满意为目的；③以全员参与为基础；④取得高层支持是关键
	特点	①对象的全面管理；②全过程管理；③全员管理；④全面运用各种方法；⑤提高社会效益
	PDCA循环	四个阶段：①P，计划制订阶段；②D，计划执行阶段；③C，执行结果检查阶段；④A，处理阶段
目标管理	含义	指通过参与式的目标设置、实施和评价等活动来管理
	特征	①分权与自我控制；②参与式；③面向成果；④系统化
顾客导向		以顾客为中心，追求顾客满意
标杆管理		认识和引进最佳实践[发现更高绩效水平——标杆]，以提高绩效
流程再造		对业务流程进行根本性再思考和彻底性再设计，其核心是“服务链”

【真题链接】请结合实例论述工商管理技术在当代公共管理中的具体应用。[论述题，天津商大2022年研]

3. 社会化手段(见表10-4)

表10-4　社会化手段

要点			主要内容
含义			指利用社会资源，在互动的基础上实现公共管理目标
具体方法	社区治理		①减轻财政负担；②促进公民积极参与
	志愿者服务	优点	①无偿性、自愿性；②能减轻政府负担
		缺点	①应用范围有限；②易变成准官僚机构，效能降低
	公众参与及听证会	形式	直接选举、全民公决和公共决策听证会等
		优点	①增强决策的民主化、科学化；②扩大决策参与；③增加决策透明度、公开性

【真题链接】

(1)简述公共管理的社会化手段及其应用。[简答题，天津商大2023年研]

(2)试述当代政府治理的新工具类型。[论述题，中财2016年研]

考点三：战略管理 ★★★

1. 战略管理概述（见表 10－5）

表 10－5　战略管理概述

要点	主要内容
含义	指组织适应外部环境变化，确立和调整组织长期目标，整合组织资源来实现组织战略目标的一种管理方式
特征	①注重达成整体战略目标［全面性］，是多重目标的统一。 ②关注长期，未来导向。 ③具有持续性和循环性，寻找发展机会并规避威胁。 ④直觉分析和理性分析相结合。 ⑤要根据外部环境变化主动调整战略规划［动态性］

【真题链接】简述战略管理的基本特征。［简答题，湘潭大学 2022 年研；人大 2020 年研］

2. 公共部门战略管理（见表 10－6）

表 10－6　公共部门战略管理

要点	主要内容		
含义	指公共部门根据环境变化确立和调整长期战略目标，通过政策选择、整合资源来实现公共管理目标的过程		
性质	根本性质	公共性	
	目标	创造公共价值，实现公共利益	
	综合性	内容和过程与其特殊背景相结合	
系统	三要素：主体、客体、环境		
三阶段	战略规划	PEST 分析方法［宏观］	收集、分析并评价宏观环境四要素：政治法律（P）、经济（E）、社会文化（S）和技术（T），确定关键战略因素
		SWOT 分析方法［微观］	又称自我诊断法，收集、分析本组织的优势（S）和劣势（W），把握外部的机会（O）、规避威胁（T），从而制定良好的行动战略
	战略实施	指将战略管理方案转化为现实的过程	
	战略控制	内容	前提控制、实施控制、战略调整
		基本环节	确立标准→衡量绩效→纠正偏差

【真题链接】简述公共部门战略管理过程。［简答题，厦门大学 2023 年研；华东政法 2020 年研］

10.2　课后习题详解

一、概念题

1. 传统行政方法

答：传统行政方法是指在传统行政过程中，公共部门保证行政活动朝着预定方向发展，达到公共管理目的的各种专门的方式、手段、技术和措施的总称。主要包括：①行政手段，指公共部门凭借行政权力，依靠行政机关内部层级节制的机制，通过命令、指令、规定和计划等以实施国家对公共事务的领导、组织和管理活动的方法。②法律手段，指公共管理者运用各种法律方法进行管理的方法。③经济手段，即公共部门根据经济运行规律，运用价格、信贷和利润等各种经济杠杆和方式，通过调整利益关系而确保公共管理目标实现的方法。④思想教育手段，指管理者通过对被管理者思想观念的生产和再生产、精神生活和精神状况的存在和发展，科学地进行控制和塑造，促进思想意识和认识的转化，从而改变行为，达到公共管理目标的方法。

2. 市场化工具

答：参见本章考研真题概念题第2题答案。

3. PPP

答：PPP（Public-Private Partnership），又称PPP模式，即政府和社会资本合作，是指公共部门通过与私人部门建立伙伴关系来提供公共产品或服务的一种项目运作模式。通过这种合作形式，让非公共部门所掌握的资源参与提供公共产品和服务，从而实现政府公共部门的职能，同时也为民营部门带来利益。在PPP的具体运作中，政府（Public）与私人（Private）之间，基于提供产品和服务的出发点达成特许权协议，形成“利益共享、风险共担、全程合作”的伙伴合作关系。其优势在于使合作各方达到比单独行动预期更为有利的结果，即政府的财政支出更少，企业的投资风险更轻。PPP以市场竞争的方式提供服务，主要集中在纯公共领域、准公共领域。PPP不仅是一种融资手段，还是一次体制变革，涉及行政体制改革、财政体制改革和投融资体制改革。

4. 工商管理技术

答：工商管理技术是指将企业的先进管理理念和方法应用到公共部门中，充分利用其成功经验来达成公共部门目标的管理方法。工商企业管理的各种方法在当代公共管理中的具体应用包括：全面质量管理、目标管理、战略管理、绩效管理、顾客导向、标杆管理和流程再造等。

5. 社会化手段

答：社会化手段是指公共部门通过与其他社会主体互动，运用社会资源来实现管理目标、解决社会问题的方法。具体而言，社会化手段主要包括：①社区治理，强调治理主体的多元化及互动、治理过程复杂化和长期化以及治理内容多样化。②个人与家庭，可以做好许多政府无法做或做不好的事情，减轻政府的负担，响应“小政府，大社会”的倡导。③志愿者服务，具有很强的创造性，能积极及时响应现实需求，减轻政府负担，但其应用范围有限，大量的经济与社会问题不能通过这种手段来处理，并且志愿者组织易蜕变成准官僚机构，从而降低其效能和效益。④公众参与，是在公共政策的形成过程中，确保政策符合民意及政策合法化的根本途径。

6. 战略管理

答：参见本章考研真题概念题第7题答案。

7. PEST分析方法

答：PEST分析方法是一种常见的宏观环境战略分析方法，用于分析组织所处的宏观环境对组织战略的影响，即在宏观上对政治(politics)、经济(economy)、社会(society)、技术(technology)信息的收集和分析。其中，政治法律分析，是指对国内外政治制度与体制、政局、政府的态度以及政府所制定的法律法规等政治法律环境的分析；经济分析，是对国内外经济状况、发展趋势等的分析；社会文化分析，其内容包括国内风俗、习惯、观念、信仰的现状及变化趋势，国家间的文化交流与合作等；技术分析，包括国内外的科技进步开发情况，以及与组织有关的新技术、新工艺、新材料的出现、发展趋势和应用背景等。这些都会对组织产生间接的影响。

8. SWOT分析方法

答：SWOT分析方法是最常用的内外部环境综合分析技术，是优势(strengths)、劣势(weaknesses)、机会(opportunities)、威胁(threats)分析法的简称。这种方法把环境分析结果归纳为优势、劣势、机会、威胁四部分，形成环境分析矩阵。即分析组织本身的优势和劣势、环境的机会和威胁，从而将组织战略与内部资源、外部环境有机结合、系统分析，进而制定最优战略的方法。它是目前战略管理与规划领域广泛使用的分析工具，其优点在于考虑问题全面，是一种系统分析方法，可以把对问题的“诊断”和“开处方”紧密结合在一起，条理清楚，便于检验。

二、思考题

1. 比较分析传统行政方法与当代公共管理新工具之间的联系与区别。

答：(1)传统行政方法与当代公共管理新工具的联系：

传统行政方法和公共管理新工具都是达成公共部门目标的具体技术和方法。直至今日，传统行政方法仍然是公共管理的重要方法。

(2)传统行政方法与当代公共管理新工具的区别：

①二者达成公共管理目标的具体技术和方法不同：

a. 传统行政方法的具体技术和方法主要有行政手段、法律手段、经济手段和思想教育手段等。

b. 公共管理新工具的具体技术和方法主要有：

第一，市场化工具，是指公共部门充分发挥市场在资源配置中的决定性作用，通过市场来为社会提供相应的公共产品和服务的一种管理方法。

第二，工商管理技术，包括：全面质量管理、战略管理、绩效管理、顾客导向、目标管理、标杆管理、企业流程再造等。

第三，社会化手段，包括：社区治理、个人与家庭、志愿者组织和公众参与等方法。

②二者的方法侧重点不同：

传统行政方法更加重视政治的、法律的和制度的方法，主要凭借国家权威和行政权力；公共管理新工具更加重视经济的、管理的方法，主要凭借市场规律和管理技术。

2. 举例说明市场化各种工具在当代公共管理中的具体应用。

答：参见本章考研真题简答题第2题答案。

3. 举例说明工商管理技术的各种方法在当代公共管理中的具体应用。

答：工商管理技术是指将企业的先进管理理念和方法应用到公共部门中，充分利用其成功的经验来达成公共部门目标的管理方法。工商管理技术的各种方法在当代公共管理中的具体应用如下：

(1)全面质量管理：

①全面质量管理是指一个组织以质量为中心，以全员参与为基础，目的在于通过让顾客满意和本组织所有成员及社会受益而达到长期成功的管理途径。政府全面质量管理的核心内容是：以全员参与为基础、以顾客满意为目的、以质量为中心、取得高层支持是关键。

②全面质量管理的基本方法是 PDCA 循环，主要包括四个环节：计划(plan)、执行(do)、检查(check)、处理(action)。这一循环不断周而复始地运转。PDCA 循环可以反复使用，大环套小环，小环保大环，相互衔接，相互促进，不断推进质量改进过程。

③将全面质量管理引入政府公共部门的管理过程当中，有如下注意事项：a. 注意逐步实施，做好各项配套工作；b. 注意发挥激励机制；c. 制度文化支持。

(2)目标管理，参见本章考研真题简答题第4题答案。

(3)顾客导向：

①顾客导向是指以顾客满意为导向，最初广泛应用于企业管理过程中，其基本取向是：必须把顾客的需求放在第一位，以顾客导向的理念设计产品和提供渠道，方便顾客购买。后来，为了提高政府公共部门的行政水平，顾客导向被借鉴到公共管理改革当中。

②顾客导向要求公共部门以顾客为中心，将公众排在前面，提供符合社会公众需求的产品，追求顾客满意，以社会和顾客的期待为理想目标。顾客导向的运用，有助于提高公共管理服务的公众满意度，提高公共管理效率。

(4)标杆管理：

①标杆管理，又称标杆法、水平对比法和基准考核法，是一个通过衡量比较来提高组织管理水平的过程，强调以最佳的组织实践作为学习对象，通过持续改善来强化本身的优势，减少不足与劣势。在这个过程中，公共部门尽量了解其他组织达到高绩效的做法和程序，并将其运用到自己的组织机构中。

②标杆管理较好地体现了现代组织中追求竞争优势的本质特征，蕴含科学管理规律的深刻内涵，其特点主要有：瞄准学习、界定差距、变革创新、最佳实践。标杆管理在公共部门中的运用，有助于激活公共组织的发展活力，提高组织对环境的适应能力。

(5)流程再造：

①流程再造是指对企业的业务流程进行根本性的再思考和彻底性的再设计，从而使企业在成本、质量、服务和速度等方面获得巨大改善。其强调以业务流程为改造对象和中心、以关心客户的需求和满意度为目标，通过对企业原有业务流程的重塑来提高企业整体竞争力。

②在公共部门中，流程再造则是要对公共治理的理念、原则、组织结构、行为方式等管理模式、组织结构模式、业务模式和服务传递方式进行根本性再思考和彻底性再设计，

以提高公共管理绩效、改善公共服务质量。“服务链”是公共部门流程再造的核心。

4. 举例说明社会化手段的各种方法在当代公共管理中的具体应用。

答：参见本章考研真题简答题第5题答案。

5. 分析战略管理各学派的特点，并正确区分“战略的管理”与“管理的战略”。

答：(1)战略管理各学派的特点：

战略管理着眼于公共组织与外部环境的相互作用，系统考虑组织的未来远景、长期目标和近期目标，将关注的焦点由内部转向外部，从注重日常管理、常规管理转向未来的发展管理和危机管理。安索夫在其出版的《从战略规划到战略管理》一书中提出了“企业战略管理”。他认为：企业的战略管理是指将企业的日常业务决策同长期计划决策相结合而形成的一系列经营管理业务。总的来说，目前战略管理主要有三类理论：

第一类是说明性的学派，如设计学派、计划学派和定位学派，主要关注战略应如何准确地表述。

第二类学派，如企业家学派、认识学派、学习学派等，重点描述战略的形成过程，关注战略的具体制定与执行。

第三类是结构学派，认为战略的形成是一个变革的过程。这一学派一方面将组织和组织周围的状态描述为结构，另一方面将战略形成过程描述为转变。结构学派提供了一种调和不同学派的方式，认为不同学派都有自己的时间、自己的位置，为战略管理的研究带来了秩序。

(2)正确区分“战略的管理”与“管理的战略”：

①目的与视角不同。“管理的战略”处理的是企业与环境的关系，这个环境既包括本行业的竞争对手，也包括上下游的企业和宏观环境等。一个好的战略一般要先从外部视角进行审视并作出相应反应。而“战略的管理”更多的是从企业内部视角进行审视，如何在企业内部进行各种改进以提高效率、降低成本，使员工能力更强大等。

②二者有一个明确的先后顺序，即先向外布局(“管理的战略”)，再向内夯实基础(“战略的管理”)。换句话说，如果确定外部存在机会的话，一般要先利用好外部的机会，再处理企业内部问题。

6. 请分析在采用市场化工具推行公共服务民营化过程中，应考虑的限制因素或条件。

答：参见本章考研真题简答题第3题答案。

10.3 考研真题与典型题

一、单项选择题

当代政府治理新工具中，产权交易属于(　　)。[暨南大学2019年研]

A. 市场化工具　　B. 社会化手段

C. 工商管理技术　　D. 全面质量管理方法

二、概念题

1. 行政手段[贵州财大2017年研]

2. 市场化工具[贵州财大2014年研]

3. 民营化[中财2017年研；人大2014年研；首师大2014年研；中国传媒2009年研]

4. 合同外包[安徽财大2022年研；华南理工2021年研；浙工商2019年研]

5. 特许经营[天津商大2021年研；浙工商2018年研]

6. 全面质量管理[北理2023年研；中南大学2022年研；人大2016年研]

7. 战略管理[天津商大2019年研；东财2015年研；武大2013年研]

8. 战略规划[南京师大2021年研；华南师大2013年研]

9. SWOT分析[华南师大2017年研；湖南师大2012年研；武大2008年研]

10. 公共部门流程再造[天津商大2018年研]

三、简答题

1. 简述思想教育手段的特点。[天津商大2016年研]

相关试题：简述传统行政方法中思想教育手段的特点。[天津商大2014年研]

2. 简述公共服务市场化的主要工具。[天津商大2018年研]

相关试题：

(1)当代公共管理的市场化工具。[论述题，广工大2024年研]

(2)简述政府治理的市场化工具。[郑州大学2023年研]

3. 在采用市场化工具推行公共服务民营化过程中，应考虑哪些限制性因素？[暨南大学2016年研]

4. 简述目标管理的特征。[贵州财大2012年研]

5. 简述公共管理的社会化手段。[天津商大2021年研]

相关试题：

(1)简答当代公共管理新方法中的社会化手段的内容。[贵州财大2013年研]

(2)试述政府工具的社会化手段。[论述题，首师大2013年研]

6. 简述战略管理的基本特征。[湘潭大学2022年研；人大2020年研；武大2012年研；湖南师大2008年研]

相关试题：

(1)简述战略管理的特征。[新疆大学2023年研；宁波大学2020年研]

(2)试述公共部门战略管理的基本特征与发展新趋势。[论述题，中财2016年研]

7. 简述公共部门战略管理过程。[厦门大学2023年研；华东政法2020年研]

相关试题：简述公共部门战略管理过程的几个主要阶段。[中财2014年研]

8. 简述公共部门战略管理的限制因素和对策。[人大2013年研]

四、论述题

1. 联系实际论述传统行政方法中法律手段(行政执法)的具体方式。[天津商大2012年研]

2. 请结合实例论述工商管理技术在当代公共管理中的具体应用。[天津商大2022年研]

3. 试述公共部门战略管理的性质。

相关试题：现阶段公共部门战略管理的特点。[山西大学2010年研]

4. 试述当代政府治理的新工具类型。[中财 2016 年研]

相关试题：简述政府治理工具的类型。[简答题，人大 2013 年研；中央党校 2013 年研]

10.4　考研真题与典型题详解

一、单项选择题

A 【解析】市场化工具是指将政府公共管理与市场机制相结合，促进政府管理方式变革，以实现公共管理目标的方法。市场化工具的形式多样，其中，产权交易就是市场化工具的一种具体方法。

二、概念题

1. 行政手段[贵州财大 2017 年研]

答：行政手段，是指公共部门凭借行政权力，依靠行政机关内部层级节制的机制，通过命令、指令、规定和计划等方法来实现国家对公共事务的领导、组织和管理。其特点有：①权威性。政府机关以公共权力为基础，强调垂直领导关系和下级服从上级的权威与尊严，保证公共政策执行。②强制性。以命令、指示、规章、纪律等形式出现，以行政处罚作为保证，任何单位和个人在规定范围内必须遵守。③具体有限性。公共政策执行的行政手段是就某一具体问题、某一具体任务而作出的，因此公共政策执行的内容、对象、时间、范围、限度和措施等也是具体有限的。④无偿性。上级机构根据公共政策执行的需要，使用行政手段对下级的人、财、物等进行调动，无偿使用。⑤效用性。由于公共政策执行的行政手段具有强制性、权威性、无偿性等特征，其与其他手段相比发挥的作用更迅速、及时、有力、发挥的效用更好。

2. 市场化工具[贵州财大 2014 年研]

答：市场化工具是指政府等公共部门利用市场、经济、竞争等有效配置资源的手段来提供公共物品和服务的方式。市场化工具的具体方法有民营化、用者付费、合同外包、内部市场等。它们都可以用来帮助政府提供公共物品和服务，以达成政府目标。凡是那些在某一方面具有明显市场特征的方式、方法和手段，都是市场机制的反映，都可以称为市场化工具。

3. 民营化[中财 2017 年研；人大 2014 年研；首师大 2014 年研；中国传媒 2009 年研]

答：民营化是指将政府的部分职能承包或出售给企业，依靠市场力量来提高生产力，或向私人部门开放公共服务及垄断行业。萨瓦斯将民营化归纳为三种类型：①委托授权。它要求政府在公共服务的提供上依然承担全部责任，只不过把实际生产活动委托给私人部门或社会其他机构。②撤资。政府通过直接的一次性行动放弃某些公共企业或公共资产的产权，转由民营部门拥有和经营。③政府淡出。随着市场发展，政府某些职能和部门逐渐被民营部门取代。民营化的优点有：a. 缓解政府的财政压力；b. 减少政府人事压力；c. 改善政府绩效，提高服务质量；d. 增加公众的选择权。

4. 合同外包[安徽财大 2022 年研；华南理工 2021 年研；浙工商 2019 年研]

答：参见本章考研真题简答题第 2 题答案。

5. 特许经营[天津商大 2021 年研；浙工商 2018 年研]

答：参见本章考研真题简答题第 2 题答案。

6. 全面质量管理[北理 2023 年研；中南大学 2022 年研；人大 2016 年研]

答：参见本章课后习题思考题第 3 题答案。

7. 战略管理[天津商大 2019 年研；东财 2015 年研；武大 2013 年研]

答：战略管理是指对战略的制定、实施、控制和修正进行的管理。战略是关于组织将如何经营、如何在竞争中获得成功以及如何吸引和满足顾客以实现组织目标的各种方案。战略管理具有全局性、长远性、纲领性、适应性和竞争性等特征。公共部门战略管理是指公共部门根据环境变化确立和调整长期战略目标，通过政策选择、整合资源来实现公共管理目标的过程。其根本性质是公共性，目标是创造公共价值，实现公共利益。

8. 战略规划[南京师大 2021 年研；华南师大 2013 年研]

答：战略规划是指在环境分析的基础上研究拟定战略的过程，即将战略意图转化为战略决策的过程。一般而言，它包括以下几方面的主要活动：①展现愿景和确认、陈述任务；②确认重要的环境变化及趋势的议题；③决定机关要强调的主要价值；④选择重大的关切性议题领域；⑤设定基本的、明确的策略方向；⑥选择恰当的策略；⑦创设执行这些策略方向的行动议程。战略规划是一个一体化决策系统的形式、产生并发出连贯协调的结果的正规化程序。战略规划的目的在于识别环境对组织的挑战，并指导组织对此作出反应，以获取更长期的竞争优势。

9. SWOT 分析[华南师大 2017 年研；湖南师大 2012 年研；武大 2008 年研]

答：参见本章课后习题概念题第 8 题答案。

10. 公共部门流程再造[天津商大 2018 年研]

答：公共部门流程再造是要对公共治理的理念、原则、组织结构、行为方式等管理模式、组织结构模式、业务模式和服务传递方式进行根本性再思考和彻底再设计。其目的是在成本、质量、服务和速度等方面取得极大的改善，使公共部门能最大限度地适应以顾客、竞争、变化为特征的现代治理环境，而不是简单的组织精简和结构重组。公共部门流程再造的原则有：①以顾客为导向；②以流程为中心；③以人为本的团队式管理；④信息科技的运用；⑤强调按过程流向进行组织设计。

三、简答题

1. 简述思想教育手段的特点。[天津商大 2016 年研]

相关试题：简述传统行政方法中思想教育手段的特点。[天津商大 2014 年研]

答：(1)思想教育手段的含义：

思想教育手段是指公共管理者通过对被管理者的政治思想教育、心理诱导和行为激励等，从理性方面激发人们的理想，使之成为人们组织行为的动机，从而实现公共管理目标的方法。思想教育手段是现代人本主义管理思想的体现，主张在管理过程中以人为中心，尊重人的价值、尊严、情感和信仰追求，注重建立良好的人际关系。

(2)思想教育手段的特点：

①潜在性和长期性。思想教育手段要发挥功效，就必须进行长期、反复的宣传教育工作，通过丰富多彩的宣传教育途径，使得教育对象将宣传教育的内容转化为自身的自觉行动。

②内在稳定性。不同于其他的行政方法可以通过经济利益机制来影响外在物质激励，思想教育手段通过内在的精神动力来激励人们的行为，因此这一手段对人们产生的影响是内在的，具有稳定性。

③主动超前性。思想教育手段一旦对教育对象发挥作用，就能独立于施加教育的主体本身，让管理主体和被管理对象自觉自发地按照社会价值要求规范自己的行为。

④间接性和激励性。思想教育手段通过宣传、教育和鼓励等方式影响社会公众的价值观、信念和行为动机，从而间接影响社会公众的行为选择。同时思想教育手段所借助的激励机制是教育对象的精神动力，而非经济利益的物质力量。

2. 简述公共服务市场化的主要工具。［天津商大 2018 年研］

相关试题：

(1)当代公共管理的市场化工具。［论述题，广工大 2024 年研］

(2)简述政府治理的市场化工具。［郑州大学 2023 年研］

答：市场化工具是指政府等公共部门利用市场、经济、竞争等有效配置资源的手段来提供公共产品和公共服务的方式。公共服务市场化的主要工具有：

(1)民营化。即将政府的部分职能承包或出售给企业，依靠市场力量来提高生产力，或向私人部门开放公共服务及垄断行业。这样更多地依靠民间机构，更少地依赖政府来满足公众的需求。在产品或服务的生产和财产拥有方面减少政府的作用，增进社会其他机构作用的行动。日本政府早在 20 世纪 80 年代中期就开始对国有企业管理制度进行改革。其目标是提高经营效率，主要措施是逐步下放国有企业的经营自主权，减少政府对其经营活动的干预，广泛推行国有企业的民营化。

(2)用者付费。指在提供一些公共服务时，公共部门有权对使用者进行一定的收费，用以抵消在提供这些服务时的部分或全部成本的方式。公众想要获得这种服务就要支付相应的费用。在实际应用过程中，用者消费一般会与特许经营这一方式结合使用。其优点有：①有利于表明公众对公共产品和服务的真实需求，有效配置资源、提高服务质量；②防止因免费提供而导致的资源浪费和不合理配置；③避免因无偿提供而导致的无目的补贴和资助，维护社会公平；④通过价格机制来发挥警示作用；⑤增加政府的公共财政收入，缓解公共财政压力。

但用者付费的运用也存在一些局限性：主要适用于准公共物品；由于其管理的复杂性，会产生额外的管理成本(如定价、收费监督)；由于公共物品和服务的投资规模大而回收周期长，用者付费的收费水平很难准确定价。

(3)合同外包：

合同外包是把民事行为中的合同引入到公共管理领域中来，政府一改过去单方面的强制行为，转而与第三方组织(包括企业、非营利组织等)签订合同，基于协商一致的前提，依靠这些社会力量向公众提供公共产品和服务。在这种新的公共服务提供模式中，政府不再扮演服务提供者角色，而是通过合同方式向第三方组织购买公共产品和服务，并由这些组织来向公民提供公共产品和服务。

合同外包常常要进行竞标，竞标一般包括四个步骤：确定可以由私营企业承包的公共产品和服务领域；私营企业向政府提交应标书；涉及定价问题时，私营企业必须向政府作出明确的定价意向；在上述步骤的基础上，政府通过评审确定竞标成功的私营企业。

对于合同外包的管理，政府通常会采取两种合同模式：①按服务付费。政府对承包商在投入和生产上有明确的规定，对生产和提供服务进行严密监督，按照提供服务的数量来偿付承包商。②按绩效付费。政府对承包商需达到的绩效指标有明确的规定，承包商在生产和提供服务中享有高度自主权，合同偿付取决于承包商是否达到绩效指标。

(4)特许经营。指由公共部门根据公共事业、公共安全和社会福利的需要或法律规定，授予私人部门生产某种特定的产品或使用公共财产或在某地区享有经营和管理某项公用事业的权利，通过特许协议明确双方的权利与义务，从而实现公共管理目标的一种工具。政府特许经营根据特许权力的来源不同可分为两类：①由国家或地方各级政府允许私人部门提供公共服务、承担公共工程或利用公共资产的权力；②国家或政府有关部门根据企业或个人的申请，在认定其经营条件符合法律规定的条件下，发给特许证授予其在特定时期享有特定领域的垄断经营权或设施利用权。

(5)凭单制。即渊源于新自由主义经济学，从消费者角度通过强化其选择权而巧妙植入市场竞争机制，实质上是在公共服务中引入市场机制的一种制度安排。凭单又称有价证券、代金券、消费券，是“政府公共部门向有资格消费某种物品或服务的个体发放的优惠券”。凭单有三个特征：①凭单是针对特定物品而对特定消费者群体实施的补贴；②凭单直接补贴消费者而非生产者；③与传统补助多采用现金模式不同，凭单通常采取代金券的形式。在公共事业供给过程中，使用凭单制存在很多好处，凭单让消费者成为安排者，消费者的自由选择使公共事业的生产部门为赢得顾客而展开竞争、降低成本和提高质量。但它在成本和效益、公平以及信息不对称上仍存在问题。

(6)分散决策。指分权及权力下放的过程，即通过分离政治和执行来赋予执行者更大的自主权，使被授权的下级组织或单位能够拥有更多的独立空间，自由地根据自身需求采取措施与其他组织进行竞争。这种方法既涉及中央与地方的关系，又涉及政府内部上下层级之间的关系。

(7)放松管制。管制是指政府凭借其法定的权力对社会经济主体的经济社会活动所施加的某种限制和约束，其目的是规范市场运行及市场主体行为以建立相应的规则，维护和实现特定的公共利益。放松管制主要是取消一些经济性的管制，而对社会性管制的放松则需要谨慎。

(8)产权交易。指交易双方当事人，依照法律规定和合同约定，通过购买、出售、兼并、拍卖等方式，将一方当事人所享有的产权转让给另一方当事人的法律行为。事实上，产权的划分越明晰，就越能够发挥产权的整体效益。

(9) 内部市场。指在由公共部门提供并负责生产的公共服务领域，将提供公共服务的公共部门人为地划分为生产者和购买者两方，建立模拟市场，推行公共服务企业制度，用明晰的委托代理关系来限制公共服务提供者的权力，并对其施加压力，同时促使内部组织之间进行竞争，达到提高服务质量、增强用户回应性的效果。但由于公共产品本身的特殊性和内部市场机制存在的缺陷，在公共部门施行这一机制存在较大的局限性，包括：①道德风险和逆选择问题；②契约或协议的完备性问题；③交易成本问题；④需求方的偏好表达问题。

3. 在采用市场化工具推行公共服务民营化过程中，应考虑哪些限制性因素？［暨南大学 2016 年研］

答：市场化工具是指政府等公共部门利用市场、经济、竞争等有效配置资源的手段来提供公共物品和服务的方式。在采用市场化工具推进公共服务民营化的进程中，应考虑的限制因素或条件如下：

(1) 民营化领域的选择。民营化有助于缩小公共部门的规模，在短期内减轻财政支出，并获得出售股份的收入。但由于民营化涉及各种关键的性质问题，可推行的范围有限，应当审慎选择可以实施民营化的领域，不能盲目一刀切式推行。

(2) 民营化方式的选择。民营化方式主要有两种：①采取向公众出售股份或租赁经营等形式，将原来由政府直接经营、直接管理的企业转为民间经营；②通过特许投标、合同承包的形式，鼓励私人部门向社会公众提供可市场化的公共产品或公共服务。在推行公共服务民营化的过程中，应根据公共服务的种类选择合适的民营化方式。

(3) 正确处理“破”和“立”的关系。把政府公共服务职能通过民营化、合同外包、出租、委托代理等形式交给非公共部门来履行，是我国公共管理改革的重要方式之一。但在打破原有的政府行政体制结构、引入竞争机制之后，如果制度建设没有跟上步伐，各竞争主体监督制约机制的缺位极易导致其行为失范。因此，在将民营化引进政府的同时应加快行政体制改革，不仅要“破”，更要“立”。在打破原有政府行政体制之后，必须建立健全各项配套制度，特别是行政主体的监督制约保障机制，避免产生监督制约的真空。即要加强对民营化之后经营和管理行为的规范，以维护公共秩序和社会公平，确保公共利益实现。

4. 简述目标管理的特征。［贵州财大 2012 年研］

答：目标管理理论是由德鲁克根据目标设置理论提出的目标激励方案。德鲁克于 1954 年在其名著《管理的实践》中最先提出了“目标管理”的概念。目标管理是这样的一个过程：通过这个过程，组织的上级管理人员和下级管理人员共同确定组织的目标，根据对每个人所预期的结果来规定其主要责任范围，并利用这些指标来指导他们所管部门的活动，评价每个成员作出的贡献。相对于其他的管理方法，目标管理具有以下四个特征：

(1) 目标管理是一种分权与自我控制的管理。德鲁克认为：“目标管理的主要贡献在于，我们能够以自我控制的方式来取代强制性管理。”目标管理可以把客观的需要转化为个体目标，通过自我控制取得成就。

(2) 目标管理是一种参与式管理。奥迪奥恩认为，目标管理的优点在于实行“参与式管理”，通过要求上级部门充分发挥下级的能动作用，吸收下级参与到各项管理决策中来，在这一上下结合的过程中进行反复协商和综合平衡，使得目标可以对员工起到激励作用，并使员工采取行动。

(3)目标管理是一种面向成果的管理。目标管理以制定目标为起点，以目标完成情况的考核为终结。工作成果是评定目标完成程度的标准，也是人事考核和奖评的依据，成为评价管理工作绩效的唯一标志。德鲁克注重管理行为的结果，而不是对行为的监控，这一转变将管理的整个重点从工作努力(即输入)转移到生产率(即输出)上来。

(4)目标管理是一种系统化的管理。目标管理在组织内部建立了一个相互联系的目标体系，而这种体系把员工有机组织起来，使集体力量得以发挥。同时目标管理的实行就意味着组织管理民主化、员工管理自我控制化、成果管理目标化。

目标管理既来源于组织管理理论，又推动了组织管理理论的发展，目前已被广泛应用于私人部门和公共部门。目标管理以目标为导向，以人为中心，以成果为标准，而使组织和个人取得最佳业绩。它是责任制的一种重要形式。

5. 简述公共管理的社会化手段。[天津商大2021年研]

相关试题：

(1)简答当代公共管理新方法中的社会化手段的内容。[贵州财大2013年研]

(2)试述政府工具的社会化手段。[论述题，首师大2013年研]

答：社会化手段是指政府更多地利用社会资源，在一种互动的基础上来实现政策目标，如社区治理、个人与家庭、志愿者组织、公私伙伴关系等。

(1)社区治理：

①社区治理是社会化管理的基本手段。社区治理是治理理论在社区领域的实际运用，是指政府、社区组织、居民及辖区单位、营利组织、非政府组织等基于市场原则、公共利益和社区认同，协调合作，有效供给社区公共物品，满足社区需求，优化社区秩序的过程与机制。

②在我国大力发展社区建设和社区服务的实践中，社区治理是一种重要的政策工具。其具体表现为：

a. 在社区内建立敬老院、福利院等设施，照顾老年人、儿童和残疾人。

b. 调动社区居民参与保护社区环境的活动中。

c. 强化社区治安管理等。

③社区治理的优点在于：a. 不花或者很少花政府的钱，减少政府公共支出；b. 提高公民的参与程度。

(2)个人与家庭：

①在任何社会中，家庭和个人都提供了无数的物品和服务，政府也往往有意识来拓展它们在达成政策目标上的作用，以培育民间自我支持的能力。安装警报器预防火灾、锁上门锁防止偷盗等是最早和最基本的个人服务方式，人们自己包扎伤口、存钱养老等都是个人服务行为。

②家庭是人们在住房、健康、教育、福利和养老等方面最古老也最有效的服务部门，它为其成员提供了广泛而又重要的服务。如在中国，养儿防老是自古以来的传统观念，家庭养老也一直是中国目前最主要的养老方式。

③作为一种政策工具，个人与家庭具有很强的自主性，可以做好很多政府无法做或做不好的事情，可以在一定程度上减轻政府负担。但个人与家庭的能力是有限的，而且抗风险的能力较差，因此往往只能作为一种辅助性工具来使用。

(3)志愿者服务：

①志愿者组织的活动不受国家权威和市场中经济利益的驱动影响。志愿者提供的服务包括为穷人提供医疗保健、教育和食品。

②在我国，随着政府职能的转变，志愿者或非营利组织的地位和作用在公共治理过程中日益彰显其重要性。由志愿者提供社会服务，可以创造性地迅速确认并满足需求，减轻政府负担。但其具有一定的局限性：a. 有大量的经济社会问题并不能通过该手段解决；b. 志愿者组织容易蜕变成准官僚机构。

(4)公众参与：

公众参与是指在行政立法和决策过程中，政府相关部门通过允许、鼓励利害关系人和一般社会公众，就立法和决策所涉及的与利益相关或涉及公共利益的重大问题，以提供信息、表达意见、发表评论、阐述利益诉求等方式参与立法和决策过程，并进而提升行政立法和决策公正性、正当性和合理性的一系列制度和机制。伴随着日益增长的民主化浪潮，公共管理中的公众参与越来越成为一种重要的手段。尽可能地让更多人参加，让公众充分表达对公共政策的看法和意见，增进政策制定者和公众的互动，有助于提升公共政策的合法性，拓展民主的广度和深度。但我国现在尚不具备将所有的立法及公共决策都纳入听证程序的经济实力，公民素养和法律观念也有待提高。

6. 简述战略管理的基本特征。［湘潭大学 2022 年研；人大 2020 年研；武大 2012 年研；湖南师大 2008 年研］

相关试题：

(1)简述战略管理的特征。［新疆大学 2023 年研；宁波大学 2020 年研］

(2)试述公共部门战略管理的基本特征与发展新趋势。［论述题，中财 2016 年研］

答：战略管理是为应对环境变化需要和实现目标而进行的一种管理方式，其主要特征有：

(1)战略管理注重整体目标的达成。战略管理关注全局，重视组织整体目标，通过对各部门进行协调来实现整体的稳定发展。

(2)战略管理是未来导向的，着眼于长远的、总体的谋略。战略管理为组织未来的发展设立愿景，规划蓝图。从某种意义上来讲，战略管理是在一个组织的现在和未来之间架起桥梁。通过战略管理，使组织管理及组织成员理解组织的愿景、使命、目标。

(3)战略管理是组织发现自身优势和劣势，寻求机会、识别威胁的过程。战略管理基于 SWOT 分析，在分析组织外部环境变化和内部资源状况的基础上，了解本组织的优势和劣势，抓住组织外部的机会，规避组织外部的威胁，从而制定行动战略。

(4)战略管理是多重目标的统一。战略管理目标的制定需要整合和协调公共管理各个阶段、层次的多个小目标，从而避免战略管理实施过程中的资源浪费，保证总体目标的实现。

(5)战略管理是直觉和理性分析的结合。战略管理是理性的，会对定性和定量的信息进行分析、作出决策。同时，战略管理在理性的基础上，也要借助经验、判断等直觉分析。

(6)战略管理是持续性和循环性的过程。由于组织外部环境是不断变化的，组织应持续不断地关注内外环境变化及其发展趋势，以便在必要时及时地作出调整。战略管理的目标便是使组织能够具有适应变化的能力，持续不断地对外在环境作出反应。

(7)战略管理要求公共管理者适应并能动地影响环境，要主动了解并分析外部环境信息，依此主动调整战略目标。

(8)战略管理是前瞻性思考和由外而内的管理哲学。

①前瞻性思考，其特征为：a. 向前看；b. 寻找问题和机会；c. 寻找重构问题的新方式，以便将负面的东西转为潜在的正面性，开启新的发展途径；d. 把握、形成和发展机会，使其能够实现。

②由外而内的管理哲学，即脱离自我中心，从他人或外在环境的观点来看组织问题，而非从自己组织内部去诠释外在问题。

7. 简述公共部门战略管理过程。[厦门大学 2023 年研；华东政法 2020 年研]

相关试题：简述公共部门战略管理过程的几个主要阶段。[中财 2014 年研]

答：公共部门战略管理是指对一个公共组织在一定时期的全局的、长远的发展方向、目标、任务和政策，以及资源调配作出的决策和管理艺术。公共部门战略管理主要包括以下几个阶段：

(1)战略规划。在战略规划阶段，主要包括：确定组织的任务、组织的外部机会与威胁、内部优势与弱点，建立长期目标，制定战略，以及选择特定的实施战略。

(2)战略实施。在战略实施环节，主要包括：树立年度目标、制定政策、激励员工和配置资源，以便使制定的战略得以贯彻执行。

(3)战略控制。战略控制可以界定为：依据一定的标准和程序，对战略实施的效益、效率、效果及价值进行评估，以判断实施结果是否符合原定目标和要求，发现问题并及时依据反馈采取措施，以保证战略实施结果与战略规划的要求相匹配的过程。

8. 简述公共部门战略管理的限制因素和对策。[人大 2013 年研]

答：(1)公共部门战略管理的限制因素：

①政府任期的短期性行动取向。政府是有任期的，在 2 ~ 4 年的政治任期之内很难发展长期战略，人事频繁更替使得政策难以持续。

②公共管理战略的许多方面都是立法者所确立的。即法律规定了政府机关在什么时候、什么地点将如何做。战略管理的途径除了仔细研究执行战略外，还应该阐明立法意图。

③公共规则大部分是在组织内部进行的，而选民、媒介等要求参与，且参与过程虽可以改进普遍接受的程度，但冲淡了战略的焦点议题。

④可靠性分析通常是费力又费钱的。同时，定量分析方法如成本—效益方法也不能抓住那些无形的东西。

⑤公共机构对问题解决的非正式群体过程不太熟悉，政府机构习惯于层级的、下达文件报告的过程。创造性、非正式性、弹性在公共组织文化中还不成熟。

⑥由于预算约束和短期观念，公共战略规划者的工作通常很难被证明是合理的。

⑦与私人部门相比，公共战略通常是通过组织设计、预算和财务控制、人事制度和政

策来实现的。

(2)针对公共部门战略管理限制因素的对策：

①公共管理者必须树立长期观，打破短期主义的思考，发展前瞻性思考。

②政府部门必须打破职责的限制，克服“功能性短视”，打破部门主义的限制，发展一种全局观，强调整合的管理途径。

③在重大问题的战略决策和规划过程中提供政治参与的权利与机会，这不仅有利于获取广泛的信息，也有利于克服实施战略管理的障碍。

④重视更高层次的问题。将问题放在更高层次上去看，就会发现很多短期利益可以让位于长远利益。

⑤追求满意。在战略管理中，满意比最佳更为重要。用可以接受的战略实现满意结果，这比用不受欢迎的战略而没有实现最佳结果要好得多。

⑥殊途同归。通过不同的方法或途径达到类似的结果是可能的。得到成功的结果远比规定得到这一结果的方法更为重要。

四、论述题

1. 联系实际论述传统行政方法中法律手段(行政执法)的具体方式。[天津商大2012年研]

答：法律手段是指行政机关以法律为武器，根据法律活动的规律、程序和特点实施行政管理。即国家行政机关在行政管理领域内，依照法定职权和程序，把国家法律、法规实施到具体的行政活动中，以达到有效而合理的管理目的。行使法律手段具有不同的方式，按行政执法方式进行分类，法律手段可分为：

(1)行政决定。即行政机关及其行政工作人员依法针对特定对象所作出的具体的、单方面的、能够直接处分相对人权利义务的行政执法行为。它是行政机关运用最广泛的一种执法行为。

(2)行政检查。即行政主体依据法定职权，对行政管理相对人遵守法律、法规和规章，执行行政命令、决定的情况进行检查、了解和监督的行政行为，具有义务性、限制性和单方自主性。行政检查的具体形式有：①检查，如根据人民警察法可进行的当场盘问；②鉴定，如根据种子法可进行的种子质量优劣鉴定等。

(3)行政处置。即行政机关及其工作人员对危害国家和社会利益、正在妨碍或即将妨碍国家行政活动和行政秩序的情况而采取的紧急执法行为。行政处置必须在国家利益、公共利益或者行政相对人的合法权益处于或者将要处于危害的紧迫情况下才能实施；如果是在非紧迫情况下采取行政处置，则构成违法。

(4)行政强制执行。即行政机关或由行政机关申请法院对不履行行政机关依法作出的行政处理决定中规定的义务，采取强制手段，强迫其履行义务，或达到与履行义务相同状态的行为。行政强制执行具有以下三个特征：

①行政性。在主体上，行政强制执行是由特定行政机关——国家行政机关或者人民法院实施的一种强制行为。这种主体上的双重性与行政强制措施及其他许多行政行为不同。

②强制性。行政强制执行是发生在不得已的情况下，即相对人在法定期限内既不申请

复议或者提起行政诉讼，又不履行行政决定时，由国家行政机关或者人民法院发动实施的一种强制行为。即以强制的方式迫使当事人履行义务，或达到与履行义务相同的状态。

③执行性。行政强制执行的目的是保障基础行政行为被执行。在客体上，行政强制执行是有权机关对行政决定的执行。从行为的过程上考察，行政强制执行是一个最终封闭的行为。

2. 请结合实例论述工商管理技术在当代公共管理中的具体应用。［天津商大 2022 年研］

答：参见本章课后习题思考题第 3 题答案。

3. 试述公共部门战略管理的性质。

相关试题：现阶段公共部门战略管理的特点。［山西大学 2010 年研］

答：公共部门战略管理是公共部门在结合外部环境变化和内部资源状况的基础上，通过确立和调整长期战略目标、选择适当的政策、整合资源以实现公共管理战略目标的过程。公共部门战略管理的性质具体如下：

（1）公共性是公共部门战略管理的根本性质。

①公共部门战略的性质是公共性的。公共部门的运行依托公共权力，其目的是解决公共问题、服务社会公众，其追求的价值基点是公共利益，即公共性贯穿于公共部门战略的所有领域。而公共性也应是公共部门战略管理的本质属性。

②"公共性"是现代公共管理的首要规范性取向。公共管理的公共性使得公共部门战略管理也具有公共性，要求公共部门要遵循公共价值，秉持公共精神，维护并增进公共利益，这些是构成公共管理实践的合法性基础。

（2）公共部门战略管理致力于实现公共利益，创造公共价值。

①效率和利润是私人部门战略管理最根本的目标，但公共部门的战略管理目标却很难界定，相对模糊。由于环境的复杂性、不确定性以及政治的不断变化，公共部门的目标比较模糊且不断变化，同时不同目标之间还会有冲突。

②在管理过程中，公共部门追求效益、效率、公平和公正；在一定情形下，公共管理还必须牺牲效率以换取公平。由此可知，在公共部门推行战略管理非常有必要。公共管理的公共性要求，公共部门战略管理在考虑经济增长的同时，必须兼顾经济平等和社会进步。公共部门战略管理的最终目标是创造并实现公共价值。

（3）公共部门战略管理的内容和过程与其特殊的背景结合在一起。

①在战略内容上，公共部门战略管理的公共性表现在：

a. 公共部门战略管理是宏观上的规划和管理，其内容大多是对人类某些价值和理想的追求。

b. 公共部门战略管理在内容的广度、深度上具有广泛性和复杂性，其涉及范围广，包括团队和个人，所包含的利益关系也更复杂。

c. 虽然从私人部门引入的战略管理带有某种竞争性，但即便如此，公共部门为了获得顾客而进行的竞争也是和公共性紧密联系的，它的竞争是为了更好地为社会公众服务。而且在战略规划中，事实上它与其他机构也更多的是协作关系。

②在战略实施过程中，公共部门管理者必须考虑政策、法令、资金来源以及政治权威

等因素的限制。

③关于战略管理过程，公共部门还具有一定的公开性。根据社会契约理论，公民授权政府，政府的工作必须要对公民负责，战略管理过程也不例外。因此，本着对公众负责、维护社会利益的宗旨，公共部门战略管理过程相对于私人部门，也要坚持公开化、透明化的原则，并推动公民的积极参与，实现公众利益的最大化。

4. 试述当代政府治理的新工具类型。［中财 2016 年研］

相关试题：简述政府治理工具的类型。［简答题，人大 2013 年研；中央党校 2013 年研］

答：当代西方各国政府改革与治理中应用了许多新工具。虽然学者们对政府工具或治理工具有不同的分类，但他们所列举的当代政府工具或治理工具中相当大的部分是市场化工具及工商管理技术。可以粗略地将当代政府治理中常用的工具分为市场化工具、工商管理技术和社会化手段三类。

(1)市场化工具：

①民营化。即将政府控制或拥有的部分职能交给企业承包或出售给私人，通过市场作用来提高生产力；向私人部门开放公共服务及垄断行业。其中最典型的做法是将国营公司一半以上的股票出售给私人或全部直截了当地出售给私营企业(私有化)。

②用者付费。公众在消费政府提供的公共服务时也要适量缴费，谁消费谁付费。在实践中，用者付费常常与特许经营相结合，它要求对一些公共服务采取收费的方式，目的是把价格机制引入公共服务中。

③合同外包。即将合同引入公共管理领域，常使用竞标方式。

④特许经营。即由公共部门授予私人企业经营和管理某项公用事业的权利，通过特许协议明确双方的权利与义务，承担相应的风险。

⑤凭单制。即借用私人市场凭单的理念和技术来改造公共服务供给。

⑥分散决策。即分权及权力下放的过程。

⑦放松管制。从总体上看，管制大致可以划分为经济管制和社会管制两大类。放松管制就是在市场机制可以发挥作用的行业完全或部分取消对价格和市场进入的管制，使企业在制定价格和选择产品上有更多的自主权。

⑧产权交易。产权是指人们拥有的一项事物的排他性权利，由使用权、收益权、决策权和让渡权等组成。对一些公共设施，在财产所有权、收益权不变的前提下，通过出让使用权来实现资源配置最大化。

⑨内部市场。广义的内部市场是指任何把生产和购买职能相分离的公共部门改革；狭义的内部市场是指对行政部门自身提供的某种服务供自己使用的模式进行改革。

(2)工商管理技术：

①全面质量管理。即以质量为中心、以全员参与为基础，通过让顾客满意和本组织所有成员及社会受益来达到长期成功的管理途径。

②目标管理。指一种参与的、民主的、自我控制的管理方法，也是一种把个人需求和组织目标结合起来的管理方法。目标管理主要有三大特征：面向成果的管理、分权与自我控制的管理、参与式管理。

③绩效管理。即收集绩效信息，进行绩效衡量，设计与执行有效管理，并推动绩效不断持续改进的整体活动和过程。绩效管理过程一般包括三个最基本的功能活动：绩效评估、绩效衡量、绩效追踪。

④战略管理。即对战略目标形成、战略对策制定和战略方案实施的整个过程进行计划、组织、指挥、协调、控制的活动。

⑤顾客导向。其基本取向是：以顾客为中心；以社会和顾客的期待为理想目标。

⑥标杆管理。即认识和引进最佳实践(标杆)，将其运用到自己的组织机构之中，从而提高绩效的过程。

⑦流程再造。即对业务流程进行根本性再思考和彻底再设计。流程再造技术可以提高提供公共物品和服务的效率和质量，帮助组织应对风险和变化，是一种鼓励个人创造性的新途径。

(3)社会化手段：

①社区治理。即公共组织基于市场原则、公共利益和社区认同，协调合作，有效供给社区公共物品，满足社区需求，优化社区秩序的过程与机制。其优点在于：a. 节约政府财政支出。b. 调动公民积极参与，受到广泛的支持和欢迎。但社区治理往往只能作为一种辅助工具来使用。

②个人与家庭。作为一种辅助工具使用，可减轻政府负担，提供许多政府无法做或做不好的服务。

③志愿者服务。其免受国家强制力和经济利益分配的约束，最大优点是创新，即创造性地迅速确认并满足需求的能力。其优点在于可以缓解政府负担，缺点在于适用范围有限且易变成准官僚机构。

④公私伙伴关系。即公共部门和私人部门之间多样化的制度安排，即传统上由政府提供的公共物品或公共服务部分或全部由私人来安排。

a. 优点：弥补政府资源的不足，推动基础设施建设；分担公共部门风险；促进技术转让，为政府培训人才。

b. 缺点：要求高，形式复杂，需要双方具备相当的专业知识；风险的合理分担问题。

⑤公众参与及听证会。公众参与的具体形式很多，包括直接选举、全民公决和公共决策听证会。公众参与和听证会扩大了决策参与，推进了决策的民主化和科学化进程，增加了决策的透明度和公开性。

第 11 章　公共管理规范

11.1　复习笔记

【知识框架(庖丁解牛)】

- 公共管理规范
  - 公共管理伦理
    - 内涵：含义、构成要素、思考方式
    - 实质——公共利益：含义、特征、评价功能
    - 具体化——公共责任：含义、特征、责任冲突与选择
    - 公共管理伦理建设：原因、途径
  - 公共管理法律
    - 公共管理的法律逻辑
      - 公共管理的法律从属性
      - 法律途径：基本理念、主要内容
    - 西方国家法治行政的历史演进
    - 我国公共行政的法治化
      - 法治行政的必要性
      - 法治政府建设的目标和主要任务
      - 我国行政法治化的主要内容
  - 公共管理监督
    - 公共管理监督的含义
    - 公共权力制约的基本理论：分权制衡理论、人民主权理论、社会契约论
    - 公共管理监督体系
      - 公共管理监督体系的含义
      - 公共管理监督的内容
      - 内部监督体系：一般、专门、特种监督
      - 外部监督体系：权力机关、司法机关、政党、社会监督
      - 构建我国权威高效的监督体系
    - 我国公共管理监督机制的完善

【通关提要(提纲挈领)】

本章主要介绍公共管理规范，属于重点章节。公共管理规范是现代公共管理的重要内容，是提高公共管理效能和服务质量的重要途径。学习时，要掌握公共管理伦理的内涵和实质、我国公共行政法治化的主要内容、公共管理监督体系以及我国公共管理监督机制的完善。不仅要掌握基本理论，而且要结合我国公共管理的实践进行分析，提高理论应用于实践的能力。本章各种题型均有可能考查，复习时应全面把握，并能结合实际灵活运用。

【考点难点归纳(厚积薄发)】

考点一：公共管理伦理(见表11-1) ★★★★

表11-1 公共管理伦理

要点	主要内容		
内涵	含义	指基于责、权、利的统一，以协调个人、组织与社会的关系为核心的公共管理领域的基本伦理维度、公共管理行为的基本道德规范和公共伦理精神	
	构成要素	①观念形态；②实践形态；③准则评估形态	
	思考方式	①情感表达层次；②道德规则层次；③伦理分析层次；④后伦理层次	
实质：公共利益	含义	指一定范围内不特定多数人的共同利益	
	特征	①社会公共性；②广泛性[内容、辐射地域、主体范围等]；③超越个体性；④一定层次性	
	评价功能	①公共管理伦理的主要实体内容是维护公共利益。 ②评判公共管理行为是否正当合理的价值标准是公共利益。 ③促进公共利益实现是公共管理伦理的最终目的	
具体化：公共责任	含义	层次一	在公共管理过程中应依法履行的职责
		层次二	因违反规定义务和职责而导致不良后果时应承担的责任
	基本特征	①普遍义务；②一种任务；③监控、制裁的约束方式	
	形式	主观责任	指内心主观上认为应承担的责任，主要包括忠诚、良心和认同等[伦理自主性]
		客观责任	指由制度和职业关系所客观决定的责任，主要包括公共义务和问责
	冲突	①权力冲突；②角色冲突；③利益冲突	
建设	原因	①公共伦理是现代公共管理理论和实践的必然要求。 ②公共行政的自由裁量权强化了公共伦理诉求。 ③公共伦理是公共管理的内在组成部分和内在诉求	
	途径	①强化公共管理伦理教育。 ②加强立法，将更多伦理规范纳入法律规则体系。 ③完善社会干预和监督公共管理活动的机制。 ④将公共管理伦理作为人员奖惩、升降、任免的必要条件	

【真题链接】

(1)简述公共责任的基本特征。[简答题，贵州大学2023年研；浙工商2020年研]

(2)公共管理伦理中的责任冲突有哪些？怎样解决这些冲突？[简答题，湘潭大学2023年研]

(3)结合实际情况，论述公共管理伦理建设的原因和途径。[论述题，南航2020年研]

考点二：公共管理法律 ★★★

1. 公共管理的法律逻辑（见表 11－2）

表 11－2　公共管理的法律逻辑

要点	主要内容	
公共管理的法律从属性	①公共权力具有双重性，需要法律约束和规范。 ②公共管理的法律从属性是现代民主和法治的基本要求	
公共管理研究的法律途径	基本理念	法律至上、善法之治、自然公正、平等适用、制约权力、权利本位、正当程序
	主要内容	①强调宪法价值：公正、程序、权利和平等。 ②公共部门是一种争端解决的结构形式。 ③侧重建立明确的公共管理行为准则和监督机制。 ④注重保障个人权利。 ⑤关注结果合理性

【真题链接】简述公共管理法律途径的主要内容。[简答题，天津商大 2016 年研]

2. 西方国家法治行政的历史演进（见表 11－3）

表 11－3　西方国家法治行政的历史演进

要点	主要内容
自由资本主义时期	①核心：政府法治主义，最好政府、最少管理。 ②实质：根据法律行政，无法律则无行政
垄断资本主义时期	①核心：合法及适法行政，为法律支配下的行政，以法律指导行政。 ②最好政府、最多服务：要主动地为公众谋福利
政府改革运动时期	自 20 世纪 70 年代以来，西方国家掀起了政府改革运动，所采取的措施有： ①将市场竞争机制引入公共管理中，强化公共部门的责任和“服务意识”。 ②变过程控制和规则控制为绩效控制、结果控制

【真题链接】简述西方国家法治行政的历史演进过程。[简答题，暨南大学 2015 年研]

3. 我国公共行政的法治化（见表 11－4）

表 11－4　我国公共行政的法治化

要点	主要内容	
法治行政的必要性	①法治国家的基本要求；②市场经济运行的基石；③保障公共利益实现	
法治政府建设	法治政府	合法行政、合理行政、程序正当、高效便民、诚实守信和权责统一
	主要原则	①坚持党的全面领导；②坚持以人民为中心；③坚持问题导向；④坚持改革创新；⑤坚持统筹推进
	总目标	到 2025 年，政府行为全面纳入法治轨道，政府治理体系日益健全，为到 2035 年基本建成法治国家、法治政府、法治社会奠定坚实基础

续表

要点	主要内容	
法治政府建设	主要任务	①依法全面履行政府职能。 ②完善依法行政制度体系。 ③推进行政决策科学化、民主化、法治化。 ④坚持严格规范公正文明执法。 ⑤强化对行政权力的制约和监督。 ⑥依法有效化解社会矛盾纠纷。 ⑦全面提高行政人员的法治思维和依法行政能力
我国行政法治化的主要内容	①培养行政法治意识，包括：法律至上意识、服务意识、责任意识。 ②行政组织法治，即依法设立、管理组织，是影响全局的关键。 ③行政职权法治，即职权法定，须规范职权立法、执法和监督。 ④行政程序法治，即行政行为、组织、诉讼程序要合法、适当，规范行政权力、保障公民权利	

【真题链接】

(1)简述公共管理的法律逻辑与我国行政法治化建设的目标。[简答题，暨南大学2022年研]

(2)简述法治化政府建设的主要任务和具体措施。[简答题，西南民大2023年研]

(3)简述我国公共行政法治化的主要内容。[简答题，天津商大2023年研]

考点三：公共管理监督 ★★★★

1. 公共管理监督的含义

公共管理监督是指政党、行政机关、立法机关、司法机关、社会团体和公民等各类监督主体依法对公共组织机构及其工作人员，行使公共权力所实施的监察和督导活动。

2. 公共权力制约的基本理论

(1)分权制衡理论——以权力制约权力。

(2)人民主权理论——以权利制约权力。

(3)社会契约论——以道德制约权力。

3. 公共管理监督体系(见表11－5)

表11－5 公共管理监督体系

要点	主要内容	
监督内容	决策	要科学、合法
	公共管理行为	要合理、合法
	公共管理人员	要廉洁勤政、不滥用权力
	自由裁量权	要合理、不违规滥用
内部监督体系	一般监督	形式：审议工作报告、执法检查、审查批准、备案、行政复议、惩戒等
	专门监督	专门监察机关实行的监察活动
	特种监督	针对某种公共管理活动的专业性监督，如审计监督

续表

要点	主要内容		
外部监督体系	权力机关监督	指国家立法机关实施的具有最高法律效力的异体监督	
	司法机关监督	指国家司法机关[人民检察院和人民法院]实施的强制性监督	
	政党监督	西方	①制造社会舆论；②政党议员监督
		我国	以共产党监督为主、各民主党派监督为辅
	社会监督	①社会团体监督；②公民监督；③社会舆论监督	
构建权威高效的监督体系	思路方向	构建党统一指挥、全面覆盖、权威高效的监督体系，把党内监督同国家机关监督、民主监督、司法监督、群众监督、舆论监督贯通起来，增强监督合力	
	监督机构	国家监察委员会	
	要求	依照科学设置机构、合理配备人员、装备手段先进的要求构建反腐败国家监察体系	

【真题链接】

(1)简述公共管理监督的主要内容。[简答题，浙工商 2021 年研]

(2)简述公共管理监督体系的构成。[简答题，上海理工 2022 年研]

(3)分析公共权力制约有哪些基本理论？如何完善公共管理监督体系？[简述题，暨南大学 2020 年研]

4. 我国公共管理监督机制的完善(见表 11－6)

表 11－6　我国公共管理监督机制的完善

要点	主要内容
存在问题	①监督机构内在动力不足。 ②监督体系设置不合理。 ③法律制度不健全，监督缺乏可操作性。 ④权力机关监督的实际效力比较小。 ⑤新闻舆论和人民监督的实际效力弱
完善措施	①健全和完善我国公共管理监察体系。 ②强化监督机构的动力机制。 ③建立公共管理监督体系的协调机制。 ④健全和完善监督法律机制。 ⑤强化人大监督机制。 ⑥完善新闻舆论和人民监督制约机制。 ⑦深化国家监察体制改革

【真题链接】

(1)试述我国公共管理监督机制中存在的问题与解决措施。[论述题，西南大学 2022 年研]

(2)运用公共管理的相关理论知识，从公共利益、公共责任以及行政法治化的视角谈谈如何进一步完善中国地方政府公共管理监督机制。[论述题，暨南大学 2020 年研]

(3)结合我国目前公共管理监督中存在的问题，论述我国公共管理监督体系的完善。[论述题，暨南大学 2018 年研]

11.2 课后习题详解

一、概念题

1. 公共伦理

答：参见本章考研真题概念题第1题答案。

2. 公共责任

答：参见本章考研真题概念题第3题答案。

3. 公共管理法律途径

答：公共管理法律途径主张将公共管理视为一种在特定情境中应用和实施法律的活动，使整个公共管理都处于一个法律价值系统中。其基本理念是重视法律的公正性价值，既包括实体公正又包括程序公正。其主要内容有：①强调宪法上的公正、程序、权利和平等价值；②把公共部门视为一种能够通过公正的抗辩程序来解决争端的结构形式；③注重建立明确的公共管理行为准则和监督机制；④把公共管理的对象看作完整和独立的个体，关心个人宪法权利和法律权利的保障；⑤重视公共管理结果的合理性，不仅要求公共管理行为的主体和程序合法，还要求有利于保护公共管理相对人的合法权益和提高效率。

4. 法治

答：法治即法律的统治，是指任何一个人或组织都应接受法律的统治，无人可凌驾于法律之上，法律具有最高的权威。亚里士多德曾经将法治定义为，“已成立的法律获得普遍的服从，而大家服从的法律又应该本身是制定得良好的法律”。这个定义在形式意义上对法治作了经典性的表述。如果从实质意义来看，法治即“法的统治”，是以民主为前提和目标，以法律至上为原则，以严格依法办事为核心，以制约权力为关键的国家治理方式、社会治理机制、社会活动方式和社会秩序状态。法治通过预先规定的规则划分政府和个人的权利范围，建立决策和解决纠纷的程序，控制政府的权力不超出其法律规范，以此来保护公民不因权力滥用而受到侵害。

5. 分权制衡理论

答：分权制衡理论又称权力制约论，即为防止公共权力的腐败或滥用，国家权力应受到制约，“必须以权力约束权力”，强调不同权力之间的相互制约。作为近现代西方国家政治制度和监督制度的重要理论基础，分权制衡理论是西方国家重要的理论基石，它不仅提供了西方国家权力架构的依据，而且奠定了各种监督方式拓展的基础。该理论受到后世很多西方思想家的推崇、继承与发展。

6. 人民主权理论

答：人民主权理论认为，人民拥有主权，国家的权力来源于人民，国家权力要对人民负责，国家权力机关要为人民服务。人民主权是指国家中绝大多数人拥有国家的最高权力。该理论基于社会契约论和主权论，主张以权利制约权力，人民对国家有天然的监督权，其著名代表是法国的莫奈和孟德斯鸠、英国的洛克。该理论是近代西方政治发展史上的一个重要理论成果。

7. 社会契约论

答：社会契约论是一种将国家与法律看作是人们通过契约而产生的理论，强调以道德制约权力。其基本内容是，人在历史上或至少是在理论上是独立且自由的存在，进而由彼此自由的人因为各种原因组成了社会和政府。即政府权力的产生是公民与政府之间订立契约的结果，其直接动力和目的都是维护全体公民的利益。政府权力的行使必须服从这个目的，为公民的利益负责。以社会契约论为基础、以道德制约公共权力的权力制约模式主要通过权力执掌者的自律和他律两种方式来实现对公共权力的约束。

8. 内部监督

答：公共管理内部监督是指公共管理系统内部的各种监督主体进行的监督检查，即公共管理上级部门对下级部门、专门监督机关对一般机关及其所属工作人员进行的监督。内部监督的目的是维护和实现公共利益。我国公共管理内部监督体系包括三种基本形式：一般监督、专门监督和特种监督。其特点是监督内容的全面性、监督方式的多样性和监督程序的时效性。

9. 外部监督

答：参见本章课后习题思考题第 3 题答案。

二、思考题

1. 分析公共利益、公共责任在公共管理伦理中的地位和作用及其具体体现。

答：(1)公共利益在公共管理伦理中的地位和作用及其具体体现：

公共利益是指在一定社会条件下或特定范围内不特定多数社会主体的共同利益，是公共伦理的价值基础。公共利益是公共管理伦理的实质，是公共管理的价值准则和评价尺度。公共利益在公共管理伦理中的地位和作用突出表现在其评价功能上，具体表现为：

①公共管理伦理的主要实体内容是维护公共利益。人类社会普遍存在着利益冲突，调节公共管理主体、公共权力和公共利益之间的关系，即在私人利益与公共利益的紧张关系中规范公共权力的运行，使其始终按照公共意志的命令行事成为公共伦理的主要内容。

②公共利益为判断公共管理行为的正当性提供了价值标准。公共管理是代表社会施政，是源于社会公共事务管理的需要，其存在的合理性及合法性在于对公共利益的保护和促进。公共管理的本质是各类公共管理主体运用公共权力、按照法定程序、实现和维护社会公共利益的调控过程。实现公共利益是一切公共管理活动施行的最终目标，是判断公共权力运行是否合法、公共管理行为是否正当的价值标准。

③公共管理伦理的基础价值取向和最终目的是实现公共利益。公共管理是以公共组织为依托，运用公共权力，为有效实现公共利益而进行的管理活动。公共伦理在规范与调节公共管理组织和公共管理者行为时，也必须使之导向实现公共利益的途径。公共利益作为一种价值观念，是公共权力的基础和价值导向。

(2)公共责任在公共管理伦理中的地位和作用及其具体体现：

公共责任包含两个层次的含义：第一个层次是指公共部门及其管理人员在公共管理过

程中依法应当履行的职责；第二个层次是指公共部门及其管理人员在公共管理过程中由于不履行、不完全履行或违法履行其应当履行的职责而引起不良后果时所必须承担的责任。公共责任在公共管理伦理中的地位和作用及其具体体现如下：

①公共管理伦理与公共责任是紧密相连、内在统一的。公共责任是现代公共权力运行实现制度化、规范化和程序化的重要保障，是公共管理伦理的价值导向。公共伦理法制化建设要求在管理实践中建立相应的公共责任制度，以促进公共管理目标的实现。所以说公共责任在公共管理过程中的地位至关重要。

②公共责任是公共管理伦理的具体化、契约化，体现了公共管理伦理的本质属性。公共管理伦理的核心价值取向是承担公共责任。责任本身就是与义务、权利互相联系的，而在公共责任中起保证作用的因素则很多是由个人伦理道德、责任感综合而成的。公共责任有着丰富的内涵，涉及国家、政府以及人民之间的利益关系。

2. 分析法治行政的科学内涵以及推行法治行政的具体措施。

答：法治行政是指政府的一切权力来源于法律，法律优于行政，行政受制于法律，政府受法律支配，并严格按照法的规定以及法的宗旨和原则行事。

(1)法治行政的科学内涵：

①行政行为必须依据法律。行政机关职能在法律授权的范围内活动，不能自由采取行动，权限以外的行为无效。

②行政行为必须符合法律。法律规定行政活动的目标、程序和条件；行政活动必须受法律的拘束，符合法律的规定。

③行政机关必须采取行动保证法律规范的实施。行政机关不仅有消极的义务遵守法律，还有积极的义务采取行动保证法律规范的实施。

(2)推行法治行政的具体措施，即我国公共行政法治化的内容，参见本章考研真题简答题第6题答案。

3. 分析公共管理监督体系的构成。

答：公共管理监督体系，是指具有法定监督权的各监督主体在对公共部门及其工作人员进行监督时的任务和权限的划分体系。从公共管理监督主客体关系出发，可划分为内部监督体系与外部监督体系两大类。

(1)公共管理内部监督：

公共管理内部监督是指上级公共管理部门对下级公共管理部门、专门公共管理监督机关对一般公共管理机关及其所属工作人员进行的监督。它主要有三种基本形式：

①一般监督。即公共管理主体内部依照级别和隶属关系，自上而下和自下而上以及横向之间所进行的监督。其形式主要包括：工作报告、执法监督检查、审查批准、备案、行政复议、信访以及惩戒等。

②专门监督。即专门行政机关依据法律法规和纪律，在一定的权限范围内，对行政机关及其工作人员的行政行为实施的监督。其中，最核心、常用、有效的是国家行政监督机关实行的行政监察活动。

③特种监督。即公共管理体系内部具有法定监督权的主体针对某种专门的公共管理活

动进行的监督行为，如审计监督、物价监督等。现阶段的公共管理特种监督是围绕审计监督进行的。

(2)公共管理外部监督：

公共管理外部监督是指公共管理组织以外的各监督主体对公共组织及其人员的管理活动所进行的多渠道的、多种形式的异体监督。外部监督体系主要有四种形式：

①权力机关监督。即拥有一定立法权和监督权的代议机构或人民代表机关，通过法定的方式和程序，对公共管理机构及其活动实施的监督，是具有法律效力的最高层次的异体监督。

②司法机关监督。指国家司法机关即人民检察院和人民法院按照法定职权和程序对公共管理机构及其活动进行的监督。国家司法机关的监督重点是行政机关的具体行政行为的违法问题。

③政党监督。指政党组织对公共管理机构及其活动实施的监察与督导。在西方实行两党制和多党制的国家中，主要通过制造社会舆论或政党议员对政府工作进行监督；在我国，则以共产党监督为主、各民主党派监督为辅的政党监督形式。

④社会监督。即各种社会组织、团体及公众依法对公共管理机构及其活动实施的广泛监督。社会监督包含以下三种：a. 社会团体的监督，主要是群众性组织、行业性组织、公益性组织对公共部门及其所属人员实施的监督；b. 公民的监督，指按照宪法和法律所规定的公民权利，对公共管理实行的监督；c. 社会舆论的监督，是通过各种大众传播媒介形成舆论来对公共部门及其所属人员实施监督。

4. 分析我国公共管理监督机制存在的问题，并论述如何健全我国的公共管理监督机制。

答：*参见本章考研真题论述题第 2 题答案。*

5. 分析公共管理伦理规范与法律规范的内在联系及其作用形式。

答：(1)公共管理伦理规范的含义：

公共管理伦理规范可从两个方面来理解：

①确立公共管理行为的基本道德规范、行为准则，主要是通过立法形式确立的政府主导的公共组织和以公共利益为指向的非政府组织为实现公共利益，为社会提供公共产品和服务的活动的道德行为和规范评价的规范体系，使公共管理者在从事相关活动时时刻保持着高度的责任心、使命感与敬业精神。

②监督、约束公共管理行为，主要体现为公共管理监督。公共管理伦理建设要求将公共管理伦理规范贯穿整个公共管理过程中，以此规范主体行为、保证公正性以及确保公共利益合理有效地实现，使公共管理伦理更具权威，为公共管理制度化、规范化和秩序化提供伦理保证。

(2)公共管理伦理规范与法律规范的内在联系及其作用形式：

①公共管理伦理立法把公共管理伦理规范的一部分通过立法程序确认为法律，将伦理行为上升为法律行为，使公共管理伦理与上层建筑的政治、法律一样具有法律效力和作用，让作为软件的公共管理伦理通过政治、法律硬件系统的功能更好地发挥作用。

②伦理规范作为“软件”必须通过政治法律规范等“硬件”系统的功能才能很好地发挥作用。伦理立法的目的在于构建制度伦理，使软性的道德要求变成刚性的伦理约束，使公共管理伦理不仅成为公共管理人员良心的内在自律，而且成为外在的强制他律，确保公共管理的纯洁性以及公共利益的实现。人的不完善性和局限性使得公共管理人员权力行使过程中的失误和偏差难以消除。如果道德恶劣者掌握了权力，他们就极有可能利用权力来谋取私利。所以，需要有一种外在的力量来避免公共权力运行过程中的负效应。

③在现代国家中，公共管理伦理规范逐渐被纳入法律规则体系之中。公共管理法治化强调法律意识，主张将公共管理活动纳入法律轨道，而公共管理伦理立法也成为公共管理法治化的重要内容。目前在一些文明发达、法制健全的国家中，某些公共伦理规范已经被上升为法律，通过法律的强制性力量来促使公共伦理规范的约束作用得到有效发挥。

6. 分析对公共权力进行监督的原因与具体措施。

答：(1)对公共权力进行监督的原因：

①公共权力来源于人民，政府的一切权力属于人民，因此政府必须自觉地接受人民的监督。

②公共权力从产生起就具有双重性，是一把“双刃剑”。公共管理者也具有“经济人”的特点，为防止权力的滥用，需要对公共权力进行制约和监督。

③公共管理者自身认知水平有限，可能在公共权力的行使过程中出现问题，需要对其进行监督，以纠正错误。

④公共权力接受监督是公共管理依法行政、做好本职工作的必要保证。其具体意义如下：

a. 公共管理部门只有接受监督，才能更好地合民意、聚民心，作出正确的决策。

b. 公共管理部门只有接受监督，才能有效提高行政水平和工作效率，防止和减少失误。

c. 公共管理部门只有接受监督，才能防止滥用权力，防止各种腐败行为。

d. 公共管理部门只有接受监督，才能真正做到为人民服务，建设服务型组织。

(2)对公共权力进行监督的具体措施：

①内部监督体系的具体监督措施：

a. 一般监督的具体监督措施包括：工作报告；执法监督检查；审查批准；备案；行政复议；惩戒等。

b. 专门监督的具体监督措施包括：检查监督执法情况；受理控告和检举；调查处理违纪行为和受理申诉。

c. 特种监督的具体监督措施包括：审计监督和物价监督等。

②外部监督体系的具体监督措施：

a. 权力机关监督的具体措施。以人民代表大会制度为基础，我国权力机关的监督权主要由中央和地方各级人民代表大会及其常务委员会实施。我国由人民代表大会及其常务委员会对政府进行监督的主要方式有：

第一，听取和审议政府工作报告。

第二，审查并撤销本级机关发布的同宪法、法律相抵触的法规、决定和命令。

第三，质询和询问。具体指依法对政府及其领导人就有关行政执法行为提出疑问、了解情况并要求被质询的政府或者其部门在法定时间内给予答复的行为。

第四，视察和检查政府工作，听取群众意见，对公民申诉、控告和检举提出处理建议。

第五，罢免政府组成人员。罢免是最为严厉的惩戒方式。

b. 司法机关监督的具体措施。我国司法机关，即人民法院和人民检察院依法有权对政府及其工作人员的违法行政行为进行审判和检察。

第一，人民法院监督的具体方式有：对案件进行审理和判决，依法追究公共管理主体相应责任；以司法建议通知书、司法建议书等形式对有关机构及其主管部门的工作提出改进意见和建议。

第二，人民检察院的具体监督方式有：人民检察院主要是通过对公共管理组织机构人员触犯法律的罪行和利用职权犯罪的事件进行侦查、批捕和提起公诉来实施监督。

c. 政党监督的具体措施。我国的政党监督是以共产党监督为主、以各民主党派监督为辅的政党监督形式。

第一，中国共产党对公共管理实行监督具体通过三个方面来实现：确立相关法律法规、制定路线、方针和政策；通过党的纪检机关检查处理党员的违法违纪行为；通过对党员的教育。

第二，民主党派通过以下几种方式来监督公共管理活动：参政议政；对政府工作提出批评和建议；提出意见和建议等。

d. 社会监督：

第一，社会团体的监督，主要是各种社会组织和利益集团对国家机关和公职人员的监督，包括群众性组织、行业性组织、公益性组织等。

第二，公民的监督，主要是指公民通过批评、建议、检举、揭发、申诉、控告等基本方式对公共管理主体及其工作人员的行为的合法性与合理性进行监督。

第三，社会舆论的监督，是指社会利用各种传播媒介和采取多种形式，表达和传导有一定倾向的议论、意见及看法，以实现对政治权力运行中偏差行为的矫正和制约，监督政府工作。

三、案例分析题

请认真阅读以下案例(材料略)，然后按照要求回答问题。

问题：

1. 结合案例事实，分析审计监督的性质和内容。

答：(1)审计监督的性质：

审计监督是指在国家行政组织内部设立专门机构依法审核检查国家行政机关及企事业单位的财政财务收支活动、经济效益和遵纪守法情况的一种经济监督活动。审计机关具有调查权、强制权、建议权以及出具审计意见与作出审计决定权。

(2)审计监督的内容：

①审计本级政府各职能部门和下级政府预算的执行情况和决算以及预算外资金的管理和使用情况。

②审计监督中国人民银行的财务收支情况。

③审计监督国家建设项目预算的执行情况和决算。

④审计监督政府部门管理的和社会团体受政府委托管理的社会保障基金、社会捐赠资金以及其他有关基金、资金的财务收支情况。

⑤审计监督公共管理机关接受的国际组织和外国政府援助、贷款项目的财务收支情况。

⑥审计其他法律法规规定应当进行审计的公共管理机关财政、财务收支情况。

案例中，本次审计发现部门本级存在的问题348.3亿元。其中，管理不规范问题331.5亿元，占95%；违法违规问题15.4亿元，占4%；损失浪费问题2.14亿元，占1%。这是对各部门预算的执行情况和决算以及预算外资金的管理和使用情况进行审计后发现的重大问题，是审计监督的重要内容之一。

2. 从本案例反映的审计监督的效果，分析市场经济下更好地发挥审计监督作用的措施。

答：审计机关有权要求有关单位及时纠正自身违法行为，并对其最初罚款、终止信贷等处罚。市场经济下更好地发挥审计监督作用的措施有：

(1)全面提高监督人员的素质和质量风险意识，加强队伍自身建设。监督人员要加强道德自律教育和素质业务培训，提高自身政治素养、业务素养和道德素养，具体包括：进行理想、信念教育和职业道德教育、素质业务培训等，树立监督意识，形成内在约束机制，提高工作能力。

(2)明确监督主体的职责，确立相对独立的监督主体。建立切实有效的责任追究制度，明确各监督主体的权限、职责、地位及活动范围、方式、程序等，具体包括：确立责任确定机制和责任奖惩机制，并与晋升任用和物质利益分配结合，保证责任的正确实现和追究，激发个体监督动力。

(3)建立监督体系的协调机制。只有建立监督体系的协调机制，使隶属于各系统的监督主体互相配合，协调一致，形成合力，才能充分发挥公共管理监督的整体功能，取得良好的监督效果。具体要做到：

①加强监督立法，促进行政监督法制化。要从法律上明确各监督主体的地位、职责、权限以及活动范围、方式和程序等，实现公开监督与秘密监督相结合，使各监督主体相互配合、协调一致，形成一个科学、合理、完整的行政监督体系网络。

②建立相应的制度或权威机构，赋予其相对独立的地位和较大的权威对各个监督主体进行综合指导和协调，使它们在监督过程中互相配合，发挥整体效能。

(4)健全和完善公共管理监督法律机制。要从法律上明确规定立法监督、执法监督和守法监督三项内容，完善监督法制。通过制定一系列专门用于监督实体法以及程序法，明确各监督主体的权限、职责、地位及活动范围、方式、程序等，建立健全完善的监督机制，为依法实行行政监督提供前提和保障。

3. 结合本案例，分析审计监督的具体途径。

答：审计监督的具体途径如下：

(1)围绕深化财税体制改革的目标，强化对财政资金预算与执行的审计监督。

①要认真细致地开展本级财政预算执行审计。对每年初制定的财政预算进行系统化的专业审计，对预算编制不合理、预算执行不到位、财政资金使用不规范、项目安排笼统等问题要及时给出审计建议，对需要整改的单位要监督其整改到位。本案例中，本次审计发现了众多政府部门在预算执行过程存在一系列的问题，这是审计监督的重要职能之一。

②要积极探索实施财政联网审计。大力推进以财政联网审计为主的审计模式，通过与财政部门的数据共享，实现审计部门对财政收入、支出的实时监控，及时发现问题，及时预警，阻止违纪违规现象的发生。案例中，明确指出现实官场中存在着“潜规则”，各部门之间的利益关系错综复杂，若是不采取财政联网审计的方法，财政预算执行过程中的许多问题就无法查证出来，因此，进行财政联网审计是非常重要的审计监督途径。

(2)围绕建立权力运行制约和监督体系，强化对领导干部经济责任的常态审计监督。

要加强对权力运行的监督和制约，关注权力行使与责任落实，促使领导干部正确使用手中权力，减少腐败现象，有效保障国家权益，树立执政为民的廉洁形象。案例中，明确提出由谁承担责任是审计监督存在的争论之一，并指出针对该问题，要严格实行问责制，使主要领导承担相应的领导责任。

11.3　考研真题与典型题

一、概念题

1. 公共管理伦理[华南理工 2024 年研；云南财大 2023 年研；厦门大学 2022 年研；浙工商 2021 年研；天津商大 2019 年研；华侨大学 2018 年研；中财 2017 年研；对外经贸 2015 年研；首师大 2015 年研；南京大学 2014 年研；山西大学 2011 年研]

2. 公共管理伦理选择功能[河北大学 2017 年研]

3. 公共责任[厦门大学 2023 年研；华南理工 2023 年研；新疆大学 2023 年研；河南大学 2022 年研；华南师大 2016 年研；对外经贸 2014 年研；首师大 2013 年研]

4. 分权制衡理论[山东师大 2013 年研]

5. 人民主权理论[中国地大 2013 年研]

6. 公共管理内部监督体系[天津商大 2015 年研]

7. 公共管理外部监督[天津商大 2014 年研]

二、简答题

1. 简述公共利益的评价功能。[浙工商 2018 年研]

2. 简述公共责任的基本特征。[浙工商 2020 年研]

3. 简述公共管理法律途径的基本理念。[天津商大 2013 年研]

4. 简述公共管理法律途径的主要内容。[天津商大 2016 年研]

5. 简述西方国家法治行政的历史演进过程。[暨南大学 2015 年研]

6. 简述我国公共行政法治化的主要内容。[天津商大 2023 年研]

7. 简述公共管理监督的主要内容。[浙工商 2021 年研]

相关试题：简答公共管理监督的具体内容。[贵州财大 2015 年研]

8. 简述公共管理监督体系的构成。[上海理工 2022 年研]

三、论述题

1. 试述加强公共管理伦理建设的主要途径或措施。[天津商大 2018 年研；首师大 2014 年研]

相关试题：

(1)结合实际情况，论述公共管理伦理建设的原因和途径。[南航 2020 年研]

(2)结合实际谈谈当前中国应该如何加强公共管理伦理建设。[简答题，河北大学 2015 年研]

2. 2016 年 1 月，习近平总书记在十八届中央纪委六次全会上发表重要讲话，强调指出，“要健全国家监察组织架构，形成全面覆盖国家机关及其公务员的国家监察体系。”2016 年 11 月，党的十八届六中全会公报中也强调指出，“各级党委应当支持和保证同级人大、政府、监察机关、司法机关等对国家机关及公职人员依法进行监督，人民政协依章程进行民主监督，审计机关依法进行审计监督。”请联系实际论述完善我国公共管理监督机制的必要性和具体措施。[天津商大 2017 年研]

相关试题：

(1)运用公共管理的相关理论知识，从公共利益、公共责任以及行政法治化的视角谈谈如何进一步完善中国地方政府公共管理监督机制。[暨南大学 2020 年研]

(2)简答我国公共管理监督机制存在的问题。[简答题，贵州财大 2017 年研]

(3)结合我国目前公共管理监督中存在的问题，论述我国公共管理监督体系的完善。[暨南大学 2018 年研]

(4)试述完善我国公共管理监督机制应采取的措施。[贵州财大 2015 年研]

(5)结合实际论述我国公共管理监督机制存在的问题及其完善措施。[新疆农大 2014 年研]

四、案例分析题

案例一

下述材料是刊登于 2014 年 12 月 24 日 05 版《人民日报》某地权力监督的经验，阅读后做题。[贵州财大 2016 年研]

反腐力度越来越大，一个现象也日益引发关注。在被查处的腐败分子中，有相当一部分是主要领导干部，即所谓的“一把手”。据统计，在党政机关县处级以上所有受纪律处分的干部中，一把手的比例占总数的 1/3 以上。如何防止一把手腐败，成为反腐斗争的重要课题。

网上曾流传一个段子：一把手说一不二，二把手说二不一，三把手说三道四。虽是戏谑之言，但也点出了一把手腐败的重要原因，就是权力过于集中。“权力导致腐败，绝对权力导致绝对腐败”，权力过于集中而缺少监督制约，就容易滋生腐败。正因此，中央纪委监察部网站发布的十八届三中全会《决定》解读中，明确提出“适当分解主要领导干部权力”。

这一思路，也是我们在基层治理腐败的具体实践。为了强化对领导干部权力运行的制约和监督，我们积极探索推行党政一把手“五个不直接分管”制度，通过对财务管理、人事任免、项目建设、物资采购、行政审批等权力的适当分解，减少党政主要领导对具体事务的插手干预，形成“副职分管、正职监管、集体领导、民主决策”的权力运行机制。一把手的各项权力分解下放到各个副职具体负责，形成了决策权、执行权、监督权相互制约监督的权力结构和制衡关系。

“五个不直接分管”制度突破了权力过分集中、缺乏监督制约的瓶颈，凸显了权力运行的阳光效应。一把手总揽不独揽、放手不撒手、放权不失管，能够减负放权抓大事；分管领导到位不越位、分管不独揽、尽职不失责，做到各负其责聚合力。推行一把手不直接分管人财物，相当于在一把手权力与腐败行为之间设置了缓冲机制，有利于减少一把手腐败的机会，对一把手是限制也是保护，是约束也是爱护。

阅读上述材料，请回答下列问题：

1. 我国公共管理外部监督体系有哪些？其作用是什么？

2. 公共部门中“一把手”腐败与我国的公共管理监督有何关系？结合上述材料评述他们对一把手监督的措施，并提出自己的解决方案。

案例二

LW原是A市国税局的一名公务员，在工作中她发现A市国税局存在人为地少征国家巨额税款等五项违法和违规行为，她本着对国家对人民高度负责任的态度，向国家税务总局等有关单位进行了实名举报，并要求为其保密。但她却遭到了严重的打击报复和无止境的灾难：两次被辞退工作，还被A市公安局刑事拘留，最后又被劳动教养一年，工作也丢了，还害得老母差点丧命，儿子也不敢上学。

下面是摘自某个“专题新闻调查”栏目的部分报道。

解说：LW在A市国税局已经工作了23年，丈夫也是事业单位的职员，两个人的工资收入在当地都属于较高的水平，而且在LW举报的那一年，他们的儿子只有4岁。

LW(原A市国税局公务员)：我举报不是因为对生活的满意与不满意，我看到在市场上，我看到那些下岗的工人还有农民，他们卖一些菜，被那个收税的人从这头儿追到那头儿，就是为了逃避那一元一元的税款，我觉得他们这么贫穷，还要被人家追得一元一元地交税，而同时我发现我们单位竟然是一个月人为调节增值税就达到了几千万，我觉得这两种现象对比反差太大了，我觉得气愤，我不管呢，我的心好像就忍受不了，我就必须得管。

解说：虽然有了举报的想法，但是LW前后还是犹豫了5个多月。

LW：也是思想经过反复的斗争。

记者：为什么斗争？斗争在什么地方？

LW：斗争就是在考虑如果我被打击报复，我个人将会什么样一个后果，又考虑如果我不举报这种现象永远地掩盖下去。

记者：举报这件事，举报这两个字对你来说是什么概念？

LW：就是反映问题嘛。

记者：但是举报的后果你知道吗？

LW：我没想到会这么严重，我只是想到我们单位的领导会在工作当中刁难我。

记者：但对于一个普通职工，对于一个已经拥有幸福家庭的人，稳定生活的人来说，这还不够多吗？

LW：我刚才不是讲了吗，我就在这种斗争当中最后考虑，如果大伙都这么想着自己的话这个问题不举报，这种现象不揭露，这个年复一年，损失也无法弥补，我当时真是就这么想的，曾经有个人要和我一起去举报，但是后来他放弃了，这个事情总得有人去做。

……

记者：如果再让你选择遇到的，你看到的这一切，你是举报还是不举报，你会再怎么选择呢？

LW：我不会举报了，因为举报以后呢，在保护举报人这方面的措施实施和被打击报复认定方面，国家在实际操作当中很难，甚至说状告无门。[暨南大学2016年研]

问题：

1. 本案例反映A市在公共管理监督中存在着怎样的问题？

2. 根据案例反映的问题，为A市提出完善公共管理监督的具体对策。

11.4 考研真题与典型题详解

一、概念题

1. 公共管理伦理[华南理工2024年研；云南财大2023年研；厦门大学2022年研；浙工商2021年研；天津商大2019年研；华侨大学2018年研；中财2017年研；对外经贸2015年研；首师大2015年研；南京大学2014年研；山西大学2011年研]

答：公共管理伦理，是指公共管理领域的基本伦理维度、公共管理行为的基本道德规范，以及通过公共管理行为与公共事务所集中体现出来的社会公共精神。它是以“责、权、利”的统一为基础，以协调个人、组织与社会的关系为核心的公共管理行为准则和规范体系。公共管理伦理是善治理想得到实现的保证，是“公意”不受歪曲的保证；是公共利益实现的保证；保证了公共管理体系及其活动的开放性和公开性；是公共管理者在合作治理过程中的自主性的保证。

2. 公共管理伦理选择功能[河北大学2017年研]

答：公共管理伦理选择功能是指公共管理主体在一定伦理意识支配下，根据某一伦理标准，在不同的价值或善恶冲突之间作出的自觉自愿的抉择，即在存在多种行为方案时，确定采取何种行为方案以实现伦理目标的过程。在发生行政行为之前，总是要从某种动机出发，进行行政选择，并依据公共责任的伦理要求，对行政行为动机进行检查。在伦理选择中，选择的动因问题占据着核心位置。从根本上讲，利益和利益关系是影响行政主体进行伦理选择的决定性因素，并成为一切公共管理伦理现象的基础。具体地说，行政认知、行政责任、行政良心、行政价值目标等，是实际影响伦理选择的基本环节。

3. 公共责任[厦门大学2023年研；华南理工2023年研；新疆大学2023年研；河南大学2022年研；华南师大2016年研；对外经贸2014年研；首师大2013年研]

答：公共责任是公共管理伦理的具体化，是公民对政府的良好期待，包含两个层次的含义：广义上是指公共部门及其工作人员在公共管理过程中，为国民谋利益而依法应当履行的职责。狭义上是指公共部门及其工作人员在公共管理过程中，因其实施公共管理行为所引起的必然结果，表现为不履行、不完全履行或违法履行法律法规所规定的职责和义务时必须承担的责任。公共责任具有以下基本特征：①公共责任是一种普遍的义务；②公共责任是一种任务；③公共责任是一种可以外在力量为支持的监督、控制和制裁的约束方式。

4. 分权制衡理论［山东师大 2013 年研］

答：参见本章课后习题概念题第 5 题答案。

5. 人民主权理论［中国地大 2013 年研］

答：参见本章课后习题概念题第 6 题答案。

6. 公共管理内部监督体系［天津商大 2015 年研］

答：参见本章课后习题思考题第 3 题答案。

7. 公共管理外部监督［天津商大 2014 年研］

答：参见本章课后习题思考题第 3 题答案。

二、简答题

1. 简述公共利益的评价功能。［浙工商 2018 年研］

答：参见本章课后习题思考题第 1 题答案。

2. 简述公共责任的基本特征。［浙工商 2020 年研］

答：广义的公共责任是指国家公共管理部门的行政人员在工作中必须对国家权力主体负责，必须切实履行自身职责来为国民谋利益。狭义的公共责任是指国家的公务人员违反行政组织及其管理工作的规定，违反行政法规所规定的义务和职责时所必须承担的责任。公共责任的基本特征有：

（1）公共责任是一种普遍的义务。公共责任是公共管理伦理的关键性原则之一，在法律、法规和伦理道德的约束下，表现为一种普遍的义务。作为公共管理主体，承担公共责任的过程，就是一个承担为国民尽义务的过程。负责任就意味着具有高度的职责感和义务感，承担起为其服务对象尽责效力、谋取利益的义务。

（2）公共责任是一种任务。责任与义务是相统一的，公共管理者承担了义务就意味着要对其行为后果承担责任。公共管理过程，实际上就是完成法律规定的任务的过程。因此，公共责任是公共部门及其内部成员的职责，明确了公共管理主体行使权力所追求的公共目标，规定了担任一定职务的人员必须做什么和不能做什么。

（3）公共责任是一种可以外在约束力为支持的监督、控制和制裁的方式。公共责任以外力甚至国家强制力为支撑的约束方式，通过应用法律制度来制止政府及其成员的权力寻租行为或非政府组织及其成员的腐败问题等，监督公共部门及其管理活动，防止公共部门肆意追求特殊利益而置公共利益于不顾。

3. 简述公共管理法律途径的基本理念。［天津商大 2013 年研］

答：公共管理法律途径主张将公共管理视为一种在特定情境中应用和实施法律的活动，使整个公共管理都处于一个法律价值系统中。其核心是重视法律的公正性价值，既包括实体公正又包括程序公正。它强调法治，重视对个体权利的保护。公共管理法律途径的基本

理念有:

(1)维护公众的基本权利、个人应享有的实质权利和法律的平等保护，控制国家、政府的权力不超出法律范围以此保护公民权利不受侵害。

(2)具有正当法律程序，重视公共管理行为的程序合法性。这一价值意味着基本的公平性，被认为是保护个人免于遭受政府恶意的、武断的、错误的或反复无常的违宪剥夺生命、财产与自由权利的必要程序。

(3)建立畅通、有效的救济渠道，包括：建立司法审查制度、撤销制度、违宪审查制度、权力制约与监督制度、律师制度等。

综上，公共管理法律途径的基本理念可以概括为：法律至上、平等适用、制约权力、正当程序。具体而言，就是用法律约束国家和政府的权力，用法律合理分配公民之间的利益，用法律保障社会公共秩序和公共利益不受侵犯。

4. 简述公共管理法律途径的主要内容。[天津商大 2016 年研]

答：公共管理法律途径的主要内容包括:

(1)强调宪法层面上的公正、程序、权利和平等价值。

(2)将公共部门看作一种能够通过公正的抗辩程序来解决争端的结构形式，必须具备程序公正性、合法性。

(3)依法建立明确的公共管理行为准则和监督机制。

(4)把公共管理的对象看作完整和独立的个体，强调个人应享有的实质权利和法律的平等保护。

(5)强调结果的合理性，要求在保证公共管理行为主体和程序合法的基础上，维护公共管理相对人的合法权益并提高效率。

5. 简述西方国家法治行政的历史演进过程。[暨南大学 2015 年研]

答：法治行政是指政府的一切权力来源于法律，法律优于行政，行政受制于法律，政府受法律支配，并严格按照法的规定以及法的宗旨和原则行事。作为资产阶级宪政运动的产物，西方国家法治行政的历史演进过程如下:

(1)自由资本主义时期的法治行政:

①在自由资本主义时期，法治行政与反对国家干预的自由主义的统治方法和议会至上的资本主义政治制度相适应，其基本要义是:

a. 行政权的作用不得与法律相抵触。

b. 无法律依据，行政权不得使人民负担义务，或分割其权力。

c. 无法律依据，行政权不得免除特定人应负的法律义务，或为特定人设定权利。

d. 必须依法行使行政权力，服从并遵守法律。

②自由资本主义时期的法治行政，是指一切行政权力的行使都必须依据法律，服从法律，遵守法律，政府行政机关及其工作人员必须依据宪法和法律规定进行公共管理活动。其实质是根据法律行政，“无法律即无行政”。

(2)垄断资本主义时期的法治行政:

①随着资本主义自由经济的发展，资本主义所固有的矛盾日益激化，并开始危及资本

主义的统治。过度的自由竞争给社会带来了激烈的矛盾和冲突，产生了负面影响。因此，从维护资本主义生产关系的需要出发，垄断资产阶级不得不采用对社会经济事务的积极干预主义，政府的职能急剧扩张，政府涉足的领域急剧扩大，政府干预社会公共事务的程度也急剧加深，政府的政治统治职能得到充分运用和强化。法治行政是与积极行政、服务行政相适应的法律支配下的行政，这就使法治行政的要义改变为：

a. 与人民自由、财产权有关的法规，应受法律的支配。

b. 以法律指导行政。行政行为与法律相抵触的，无效。

c. 行政活动对基本权力的限制要按法律规定。

②在该阶段，法治行政原则强调“合法及适法行政”而非“无法律即无行政”，即强调行政权威以及控制政府两个方面，具体表现为：授予政府必要的行政权力，以适应政府职能的急剧扩张，但又要制定相应措施防止政府滥用行政权力。

(3)政府改革运动时期的法治行政：

自 20 世纪 70 年代以来，西方国家掀起了政府改革运动，强调放松规制。改革所采取的措施就是：强调政府职能优化，重新界定政府职能，减少政府干预；强调在公共管理领域中引入市场竞争机制，确立公众的顾客选择权，强化公共部门的责任和“服务意识”，促进政府机构提高服务质量和顾客满意度；重视“结果导向”，强调绩效控制、结果控制，注重效率的提升。这样，在促进政府部门及其工作人员转变观念、找准自身定位、提高效率的基础上，保证了对公共权力的制约，适应了社会发展的要求。

6. 简述我国公共行政法治化的主要内容。[天津商大 2023 年研]

答：“建设中国特色社会主义法治体系，建设社会主义法治国家，发展中国特色社会主义法治理论，坚持依法治国、依法执政、依法行政共同推进，坚持法治国家、法治政府、法治社会一体建设”，是习近平新时代中国特色社会主义思想的重要组成部分。具体而言，我国公共行政法治化的主要内容为：

(1)行政法治意识的培养。法治意识包含三个方面的内容：

①法律至上意识。法律面前人人平等、权由法定、权依法使，国家治理的规范根据，必须以法律为准，任何行政行为都不能逾越法所规定的界限。

②服务意识。当代公共管理逐渐加强对公共服务理念的关注，强调公共组织在行政过程中发挥的作用应该是提供服务，在公共服务价值理念的指导下把领悟、贯彻法的意志，实现国家和社会的和谐与长治久安。

③责任意识。现代行政法治的基本理念就是责任行政，这就要求行政组织人员树立良好的责任意识，依照法律所赋予的职权，必须且只能是合法合理地予以履行，行使行政职权违法或失职都必须承担责任。

(2)行政组织法治。指行政组织的设立、职权规范、内部组织结构、外部运行方式等都要有明确的法律予以规范，即不能有未经法定程序而设立的机关，已经设立的机关也不能行使没有法律依据的职权。由于行政行为的实施要依靠行政组织，因此，必须加快行政组织的法治化进程，从内外两方面实现行政组织的法治化，推动行政法治化进程。

(3)行政职权法治。即要坚持行政职权来源于法。要实现行政职权法治，必须同时抓好立法、执法和监督三个方面：

①职权立法。行政机关依据管理国家和社会各项事务的职权，制定完善的法律体系，规范职权行使的对象、程序、方式、时限以及救济途径。职权立法是实现行政职权法治的基础。

②执行管理。依法执行是行使职权的基本要义，全面、系统地贯彻执行是法律发挥作用的必要保障。执行管理法治要求执法者在懂法和守法的基础上进行正确的执法，从而推动行政组织管理的法制化、落实法治行政和法治国家。

③行政监督。要使法律在实践中发挥真正的约束作用，就必须加强行政监督建设。行政监督法治的重要目标是要建立更加完善、有效的行政监督体系、机制，进一步提高行政监督成效，及时、有效地纠正不规范的行政行为。

(4)行政程序法治。行政程序是行政主体为履行其职能而实施行政行为时所应经过的过程，行政管理的程序化是实现行政管理科学化、系统化、法治化的必由之路。从行政法意义的角度考察，行政程序法治的意义表现为：行政行为是否有效的要件之一在于行政程序是否合法、适当；行政程序是司法审查的内容之一。因此，行政程序法治涉及行政权力和公民权利的相互制约问题。

7. 简述公共管理监督的主要内容。[浙工商2021年研]

相关试题：简答公共管理监督的具体内容。[贵州财大2015年研]

答：公共管理监督是指多元监督主体依法、合理地对公共管理主体及其进行的公共管理行为实施监察和督导的活动。其包括两层含义：狭义的公共管理监督，是指公共管理组织内部的监督，强调组织内部监督和上级对下级的监督；广义的公共管理监督，是指政党、国家机关、社会团体和公民对公共管理组织及其工作人员的监督。公共管理监督的对象是公共管理主体及其进行的各种公共管理行为，其具体内容包括：

(1)监督决策是否科学、合法：

①监督决策目标、依据、方案、程序等是否合法、科学、民主。

②实施决策监督能够有效避免主观盲目决策的产生，防止出现“三拍现象”(拍脑袋决策、拍胸脯保证、拍屁股走人)和“形象工程”。因此，要合法、合理地界定公共部门决策权限，完善有关决策制度，促进多方主体共同参与决策，保证决策的科学性、合法性。

(2)监督公共管理行为是否合法、合理：

公共管理过程中的抽象行为和具体行为都必须受到监督。从防止国家政策部门化的角度加强对抽象行为的监督。对具体行为的监督，包括：

①要对具体行为的合法性进行监督，确保公共管理行为严格依照法律行事。

②要对具体行为的合理性进行监督，确保公共部门在法律法规没有明确规定时能以民为本，在不损害国家及公共利益的前提下适当考虑照顾被管理对象的眼前利益。

(3)监督公共部门及其工作人员是否廉洁勤政、不滥用权力：

①腐败的本质是公共权力的滥用。公共部门及其工作人员行使权力的目的是追求公共利益，不能以权谋私。因此，要实现廉政，就要加强对公共部门及其工作人员行为的监督，防止滥用权力以追求私利而忽视公共利益的现象的发生。

②勤政是要促使公共部门及其工作人员恪尽职守，认真负责地、切实地、完全地履行职责，为公众服务。对那些失职渎职行为，进行有效的监督，发挥公共管理监督治懒、治

庸的功能，把权力关进制度的笼子，促使公共部门及其工作人员廉洁行政。

(4) 监督自由裁量权是否被违规滥用：

自由裁量权有可能成为公共管理者腐败的条件，一旦自由裁量权被滥用，可能会产生管理对象合法权益受侵害、官僚作风和特权思想滋长、公共管理者法律观念淡薄、自由裁量权行为反复无常与宽严不一、不良社会风气形成和腐败滋生等负面效应。为避免滥用自由裁量权行为的发生，必须加强对自由裁量权行使的监督，特别是对执法部门及其工作人员在执法活动中行使自由裁量权的监督，杜绝滥用自由裁量权的行为。

8. 简述公共管理监督体系的构成。［上海理工 2022 年研］

答：参见本章课后习题思考题第 3 题答案。

三、论述题

1. 试述加强公共管理伦理建设的主要途径或措施。［天津商大 2018 年研；首师大 2014 年研］

相关试题：

(1) 结合实际情况，论述公共管理伦理建设的原因和途径。［南航 2020 年研］

(2) 结合实际谈谈当前中国应该如何加强公共管理伦理建设。［简答题，河北大学 2015 年研］

答：(1) 公共管理伦理的内涵：

公共管理伦理，是指公共管理领域的基本伦理维度、公共管理行为的基本道德规范，以及通过公共管理行为与公共事务所集中体现出来的社会公共精神。它是以“责、权、利”的统一为基础，以协调个人、组织与社会的关系为核心的公共管理行为准则和规范体系。它是特殊领域中的角色伦理，以公共管理系统或公共管理者为主体，是针对公共管理行为和政治活动的社会化角色的伦理原则和规范。

(2) 进行公共管理伦理建设的原因：

公共管理作为一种生产关系和公共组织形式以及活动，本身就包含一定的伦理基础和根据，与伦理之间有着不可分割的内在联系。公共管理伦理是针对公共管理行为和政治活动的社会化角色的伦理原则和规范，关注的是公共管理的行为及其结果。公共管理伦理通过提供一定的价值判断标准来实现对公共管理活动的规范、引导和调节，以此促进公共利益的实现。具体来说：

①公共管理伦理是现代公共管理理论和实践催生的产物，必须通过公共管理行为得到落实和体现。行政在拥有公共权力的同时也被赋予相应的责任，强调民主行政则意味着政府能积极地实现公民的正当要求，履行其社会义务和职责，对自己所实施的行政活动承担责任，这正是公共管理伦理的核心——服务意识和责任意识的体现。

②对公共伦理的诉求受到自由裁量权的强化。行政自由裁量权作为确保政府充分发挥能动作用的重要方式，应构成现代行政权的核心。这就使现实中行政权力运作的方式，在很大程度上取决于权力行使者个体的主观判断和自我裁量。行政自由裁量权的行使能否做到及时、公正、有效，往往与权力运行者的个人能力、学识和道德素质密切相关。因此，加强行政与伦理的交流融合是当代行政活动实施的必要前提。

③公共伦理的诉求包含于公共管理中。作为判断公共管理行为是否正当的价值标准，公共利益是公共权力运行的价值基石和道德基础，而公共管理存在的合理性及合法性就在于对公共利益的保护和促进。公共管理在拥有公共权力的同时也被赋予了相应的责任，而公共利益则是公共管理伦理的价值基础。

(3)加强公共管理伦理建设的主要途径或措施：

①加强公共管理伦理教育：

a. 加大公共管理伦理建设的力度，提高公共管理人员的公共管理伦理认知水平，促使公共管理人员树立正确的伦理观，形成内在约束机制。

b. 加强公共管理人员的思想政治教育。通过说服、启示、引导等手段向公共管理人员传输行政道德规范，要求树立科学的世界观、人生观、价值观，树立正确的理想信念，并将其现阶段的历史任务与本职工作结合起来。

c. 强化公共管理人员的道德自律意识。道德是他律和自律的统一。自律是内在的约束机制，要提高自律意识，加强内在自觉，形成良好的道德习惯，实现崇高的道德人格。

d. 公共管理伦理教育的内容应当顺应时代趋势、体现时代精神、反映社会主流，从而被人们所认同。公共管理伦理精神要在本民族文化的基础上，取其精华，去其糟粕，反映民族独特性。

e. 健全和完善公共管理伦理教育的方式，形成法制教育、文化知识教育与道德教育融会贯通、协调互补的公共管理伦理教育机制。

②加快公共管理伦理立法，将更多的伦理规范纳入法律规则体系：

a. 公共管理伦理立法是指通过法定程序将公共管理伦理规范的一部分上升为法律，并以法典或法律条文等形式固定下来，正式颁布，使公共管理伦理具有与上层建筑的政治、法律同等的地位与权威。

b. 道德信念作为“软件”，只有通过政治法律等“硬件”系统的功能才能很好地发挥作用。公共管理人员行使权力发生的失误和偏差无法避免，需要有一种外在的力量来制约行政权力运行过程中的负效应。

c. 在现代国家中，公共管理伦理规范逐渐被纳入法律规则体系之中。公共管理法治化强调法律意识，主张将公共管理活动纳入法律的轨道上，而公共管理伦理立法也成为公共管理法治化的重要内容。目前在一些文明发达、法制健全的国家中，某些公共伦理规范已经被上升为法律，通过法律的强制性力量来促使公共伦理规范的约束作用得到有效发挥。

③完善公民社会对公共管理活动的干预和监督：

在民主政治中，公共管理主体的行为应当面向整个公民社会。要消除公共管理中的私人化倾向和无契约、无承诺、无准则的行为倾向，就要求加强公众的政府责任意识，创造出更多的途径和机会来促进公众对公共决策的干预和参与。要特别注重发挥社会舆论的监督作用，社会舆论主要通过对某一公共管理行为的评价向有关成员传达信息，指明行为准则，引导行为方向，促使行政人员遵循最起码的行政道德秩序。

④把公共管理伦理作为公共管理人员任职、升降、奖惩的必要条件：

a. 将道德赏罚机制引入公共管理人员的任免、职务升降等行为中，确保公共管理伦理规范作用能够有效发挥。这种评价方式能有效地反映出公共管理主体行为责任或道德品质的高低。

b. 职务升降是公共管理人员关心的利益点，在人员使用上要做到赏善罚恶。赏为公共管理人员的道德行为提供了吸引力，罚为公共管理人员的道德行为施加了一定压力。

c. 将人员使用与道德赏罚机制紧密结合，使善恶与利害产生恒常联系，强化公共管理人员的内驱力，有效发挥公共管理伦理抑恶扬善的作用。

2. 2016 年 1 月，习近平总书记在十八届中央纪委六次全会上发表重要讲话，强调指出，“要健全国家监察组织架构，形成全面覆盖国家机关及其公务员的国家监察体系。”2016 年 11 月，党的十八届六中全会公报中也强调指出，“各级党委应当支持和保证同级人大、政府、监察机关、司法机关等对国家机关及公职人员依法进行监督，人民政协依章程进行民主监督，审计机关依法进行审计监督。”请联系实际论述完善我国公共管理监督机制的必要性和具体措施。［天津商大 2017 年研］

相关试题：

(1) 运用公共管理的相关理论知识，从公共利益、公共责任以及行政法治化的视角谈谈如何进一步完善中国地方政府公共管理监督机制。［暨南大学 2020 年研］

(2) 简答我国公共管理监督机制存在的问题。［简答题，贵州财大 2017 年研］

(3) 结合我国目前公共管理监督中存在的问题，论述我国公共管理监督体系的完善。［暨南大学 2018 年研］

(4) 试述完善我国公共管理监督机制应采取的措施。［贵州财大 2015 年研］

(5) 结合实际论述我国公共管理监督机制存在的问题及其完善措施。［新疆农大 2014 年研］

答：(1) 公共管理监督机制的含义：

公共管理监督体系是指各种监督主体依法、合理地对公共管理主体及其进行的各种公共管理活动实施监察和督导时的任务和权限划分体系。完善我国公共管理监督机制，要从提高公共管理监督体系的整体效能、维护监督主体的独立性和权威性出发，促使各监督主体相互协调配合，充分发挥各监督子系统的作用，形成相互协调的监督体系。

(2) 我国公共管理监督机制存在的问题，即完善我国公共管理监督机制的必要性：

①监督机构内在动力不足。监督机构的内在动力很大程度上取决于监督人员的主观能动性，在我国公共管理监督体系中，缺少有效的责任机制的约束，内在的精神力量和外在的制度力量缺乏有机结合，各项监督机构的工作业绩缺乏科学的考核和有效的监督，没有建立相应的奖惩机制和责任追究制度。

②监督体系设置不合理。我国的公共管理监督体系主体多元，缺乏明确的核心，且各种监督机构难以组合在一起发挥整体效能，合力监督较小，“漏监”“虚监”“难监”“多重监督”等现象仍然存在，各种监督形式本身也有不足指出。

③法律制度不完善，监督缺乏可操作性。目前，我国立法缺位现象严重，从而难以准确判断和及时纠正监督对象的违法行为，具体的监督活动无法可依、无章可循，缺乏可操作性，监督权力无法行使，缺乏约束。

④权力机关的监督力度较小。在具体实施时，人大监督的效力较小。其原因如下：

a. 人大在实施监督时缺乏具体的法律作保障。

b. 人大自身的工作制度也影响其监督效果。

c. 权力机关获取信息能力较弱，导致相关信息较少，形成严重的信息不对称。

d. 人大代表的素质不能完全适应监督的需要。

⑤新闻舆论和人民监督的实际作用较小。作为社会监督的两种方式，当新闻舆论和人民监督二者平衡时，社会权利对公共权力有一定的约束力。但我国是一个在历史上缺少民主传统的国家，“小社会，大政府”观念深入人心，存在社会权利依附公共权力的现象。同时，由于没有规范的监督途径和确定的法律效力，社会权力很难对公共权力产生应有的约束力。

(3)完善我国公共管理监督机制的具体措施：

①健全和完善我国公共管理监察体系：

a. 在“健全国家监察组织架构”的基本思路方面，要坚持党的统一领导，扩大监察范围、整合监察力量，形成全面覆盖国家机关及公务员的国家监察体系。

b. 在“健全国家监察组织架构”的基本职能方面，国家监察体系设计既要体现党的绝对领导，从组织体制上确保国家监察职能在纪委负责的框架下开展，又要体现人民主权原则和人民代表大会制度。

c. 在“健全国家监察组织架构”的基本要求方面，既要加强党的自我监督，又要加强对国家机器的监督。

d. 在“健全国家监察组织架构”的基本原理方面，要确保国家政权的人民性，这是中国共产党的执政使命。

②强化监督机构的动力机制：

a. 全面提高监督人员的素质和质量风险意识，加强队伍自身建设。监督人员要加强道德自律教育和素质业务培训，提高自身政治素养、业务素养和道德素养，具体包括：进行理想、信念教育和职业道德教育、素质业务培训等，树立监督意识，形成内在约束机制，提高工作能力。

b. 明确监督主体的职责，确立相对独立的监督主体。建立切实有效的责任追究制度，明确各监督主体的权限、职责、地位及活动范围、方式、程序等，具体包括：确立责任确定机制和责任奖惩机制，并与晋升任用和物质利益分配结合，保证责任的正确实现和追究，激发个体监督动力。

③建立公共管理监督体系的协调机制：

a. 加强监督立法，促进行政监督法制化。要从法律上明确各监督主体的地位、职责、权限以及活动范围、方式和程序等，实现公开监督与秘密监督相结合，使各监督主体相互配合、协调一致，形成一个科学、合理、完整的行政监督体系网络。

b. 建立一个专司公共管理监督协调的权威机构，赋予其相对独立的地位和较大的权威对各个监督主体进行综合指导和协调，使它们在监督过程中互相配合，发挥整体效能。

④健全和完善公共管理监督法律机制。要从法律上明确规定立法监督、执法监督和守法监督三项内容，完善监督法制。通过制定一系列专门用于监督的实体法以及程序法，明

确各监督主体的权限、职责、地位及活动范围、方式、程序等，建立健全完善的监督机制，为依法实行行政监督提供前提和保障。

⑤强化人大监督机制。包括：

a. 健全组织机构。

b. 提高人大代表的素质和监督能力。

c. 加强人大代表的质询权、罢免权等监督权的落实，提高制约和监督力度。

d. 改进监督方式，变被动监督为主动监督、变抽象监督为具体监督、变一般监督为重点监督，尤其是要把公众关心的热点或者焦点问题作为人大监督的重点，提高监督质量和效果。

⑥完善新闻舆论和人民监督制约机制：

a. 充分发挥新闻舆论的监督作用。

第一，要加强新闻立法，以法律形式明确规定舆论的监督权、审稿权、批评权和采访、报道的程序、方法以及侵权责任等。

第二，要实现舆论监督与其他监督相结合。

b. 充分发挥人民监督的作用。

第一，要强化人民监督的法律保障，通过制定专门法律，确立人民监督的法律地位，明确人民监督的权限和程序，使之能够依法行使监督权，并受法律应有的保护。

第二，要进一步提高公共管理机构工作的公开性和透明度，建立更广泛的公开办事制度，使社会各界切实参与到监督活动中，从多方位直接实施监督。

第三，要继续完善信访举报工作。

第四，要科学推行群众评议制、领导干部任前公示制等制度。

⑦深化国家监察体制改革。在全国各地开展国家监察体制改革试点工作，具体内容包括：

a. 设立监察委员会，行使监察职权。

b. 监察委员会按照管理权限，对本地区所有行使公权力的公职人员依法实施监察。

c. 监察委员会实质上就是反腐败工作机构，代表党和国家行使监督权，是政治机关，不是行政机关、司法机关。

四、案例分析题

案例一

阅读上述材料（材料略），请回答下列问题：［贵州财大 2016 年研］

1. 我国公共管理外部监督体系有哪些？其作用是什么？

答：公共管理外部监督体系是指除公共管理系统内部各种组织之外的各监督主体对公共管理主体及其进行的各种公共管理活动实施监察和督导的客体监督体系，主要包括四种形式：权力机关监督、司法机关监督、政党监督、社会监督。其作用如下：

(1) 权力机关监督。即国家立法机关作为监督主体依法对公共管理机构及其活动实施的最高层次的监督。我国主要是通过中央和地方各级人民代表大会及其常务委员会来实施人民代表大会的监督权的。人民代表大会的监督是最具权威和法律效力的，能够有效代表最广大人民的根本利益。

(2)司法机关监督。即人民检察院和人民法院依照法定职权和程序对公共管理机构及其活动实施的强制监督。司法监督具有公正性、合法性以及特定性等特点，其中其公正性、合法性是国家法制秩序稳定、法制建设完善的重要保障，其特定性表现为监督主体与内容均由国家法律明确规定。这种监督重点关注对公共管理主体及其行为的合法性的监督，具体表现为对政府及其工作人员的违法行为进行审判和检察。

①人民法院作为我国的审判机关，通过刑事案件、民事案件以及行政案件进行审理和判决以及对有关机构及其主管部门的工作提出改进意见和建议，对公共管理活动实行监督。

②人民检察院作为我国的法律监督机关，通过调查、批捕和提起公诉等方式来对公共管理组织及其工作人员违反法律的行为和利用职权徇私舞弊、失职渎职的案件进行监督。

(3)政党监督。即政党作为监督主体依法对公共管理机构及其活动实施的监督。我国采取以共产党监督为主、各民主党派监督为辅的形式。中国共产党作为执政党，对公共管理实行监督是其不可回避的政治责任，具体通过以下三个方面来实现：

①通过制定正确的路线、方针和政策来规定行政活动的方向。

②通过党的纪检机关检查处理组织中党员的违法违纪行为。

③通过对党员的教育，促进和保证公共组织中的公务人员依法办事，自觉履行党的义务和职责，充分发挥党员先锋模范作用。

(4)社会监督。即指各种社会组织、团体及公众作为监督主体依法对公共管理机构及其活动实施的广泛监督。这种监督对公共管理主体权力的制约是通过其广泛性和灵活性实现的，而非通过其法律强制力，因此，这种监督不能直接改变和撤销公共管理机构的决定和行为，但仍然会对公共管理机构的权力形成一定的制约作用。

2．公共部门中“一把手”腐败与我国的公共管理监督有何关系？结合上述材料评述他们对一把手监督的措施，并提出自己的解决方案。

答：公共管理监督是指多元监督主体依法、合理地对公共管理主体及其进行的各种公共管理行为实施监察和督导的活动，包括两层含义：狭义的公共管理监督是指公共管理组织内部的监督，强调组织内部监督和上级对下级的监督；广义的公共管理监督是指政党、国家机关、社会团体和公民等对公共管理组织及其工作人员的监督。公共管理监督的对象是公共管理主体及其进行的各种公共管理行为。

(1)“一把手”腐败与我国公共管理监督的关系：

“一把手”腐败的重要原因是权力过于集中。“权力导致腐败，绝对权力导致绝对腐败”，在缺乏有效监督的情况下，公共权力的滥用容易导致腐败的发生。因此，加强对公共管理过程的监督和控制，是保证公共管理的公正、稳定、高效的重要途径。

(2)材料中提出，该地积极探索推行党政一把手“五个不直接分管”制度以此加强对领导干部权力运行的制约和监督。“五个不直接分管”制度是指通过对财务管理、人事任免、项目建设、物资采购、行政审批等权力的适当分解，减少党政主要领导对具体事务的干预，形成“副职分管、正职监管、集体领导、民主决策”的权力运行机制。一把手的各项权力分解下放到各个副职具体负责，形成了决策权、执行权、监督权相互制约监督的权力结构和制衡关系。

“五个不直接分管”制度打破了权力过分集中、缺乏监督制约的现象，凸显了权力运行的阳光效应。具体表现如下：

①一把手总揽不独揽、放手不撒手、放权不失管，能够减负放权抓大事。

②分管领导到位不越位、分管不独揽、尽职不失责，做到各负其责聚合力。

③推行一把手不直接分管人财物，相当于在一把手权力与腐败行为之间设置了缓冲机制，有利于减少一把手腐败的机会，这对一把手来说是限制也是保护，是约束也是爱护。

(3)解决方案：

①强化监督机构的动力机制：

a. 要全面提高监督人员的素质，加强道德自律教育。对案例中“一把手”的监督，可以加强对领导干部的思想政治教育，提高他们的政治觉悟和道德素养。

b. 要明确监督主体的职责与责任，建立和完善责任追究制度。对于政府“一把手”，要明确他们的责任，减少他们腐败的机会。

②建立公共管理监督体系的协调机制：

a. 加强监督立法，促进行政监督法制化。要从法律上明确各监督主体的地位、职责、权限以及活动范围、方式和程序等，实现公开监督与秘密监督相结合，使各监督主体相互配合、协调一致，形成一个科学、合理、完整的行政监督体系网络。在法律层面上明确政府“一把手”的责任和权力，防止打“法律擦边球”。

b. 应建立一个专司公共管理监督协调的权威机构，赋予其相对独立的地位和较大的权威对各个监督主体进行综合指导和协调，使它们在监督过程中互相配合，发挥整体效能。

③完善新闻舆论和人民监督制约机制：

a. 充分发挥新闻舆论的监督作用。对政府领导干部的监督应注重加强舆论监督的作用，加强政府对社会舆论的回应性。

b. 充分发挥人民监督的作用。对政府领导干部进行监督应强调群众参与的重要性。

案例二

问题：［暨南大学 2016 年研］

1. 本案例反映 A 市在公共管理监督中存在着怎样的问题？

答：本案例反映 A 市在公共管理监督中对举报人的保护方面存在诸多问题，同时也存在公共管理监督机制缺失和监督法律制度不完善等问题。具体如下：

(1)监督机构内部动力不足。

监督工作主要是由监督人员完成的，但公职人员也有对机关行为进行监督的权利。A 市在公共管理监督中缺乏有效的激励机制和责任机制；公职人员的监督意识不强，内在动力不足。监督主体之间的相互推诿或重复监督现象严重，从而导致对腐败贪污等案件不敢举报、无举报意识，甚至举报了也半途而废。

(2)监督体系设置不合理。

我国行政管理机构及其人员受到多重监督，并且各个监督机构分别隶属于不同的管理系统。各个监督机构在体系上没有形成一个统一整体，在监督体系中群龙无首，缺乏必要的沟通和协调，相互之间推诿扯皮事件时有发生，严重影响了监督机构应有的威信，也弱化了我国监督机制的整体效能。例如，法律规定公检法三机关都要保障举报人或者证人的安全，但在诉讼过程中，这三机关实际上有一个衔接的问题，法律并没有明确规定究竟三机关中哪个机关要负责保护，在实践中有时候就形成互相推诿，责任不明，都应该保护，实际上可能谁也没有保护。这使行政监督工作难以真正落实，影响了行政监督的权威性和有效性。

(3)新闻舆论和公民监督的实际效力弱。

基层民主监督渠道不畅，群众的意见和建议难以真实地反映到最高层组织和领导之中。而我国的新闻媒介要发挥舆论监督作用，在很大程度上取决于各级政府是否支持媒介的工作，是否能为媒介创造一个民主、求实的舆论环境。但实际上，由于公共部门权威大，往往运用暗箱操作或者各种非法手段打击公民和新闻媒体，公民往往慑于官威而不敢举报、揭发、控告，对行使自身的监督权利、维护自身利益并没有足够的信心。新闻媒体囿于对权威的屈服往往不敢真实报道，影响监督效果。

(4)法律制度不健全，监督缺乏可操作性。

我国目前立法的缺位还很严重，实施监督所需的法制规范还很不完备，缺乏明确的监督标准和具体的实施细则，难以准确判断并及时纠正监督对象的违法行为，使具体的监督活动无法可依、无章可循，缺乏可操作性，无法行使监督行为。就群众监督而言，我国宪法中设定的有关群众的监督权利还没有通过专门法律来加以具体规定，权利的行使还缺乏法律设定的可操作性程序。这样，群众对政府机关的监督受到较大的限制。

A市的公共管理监督存在以上问题，导致公职人员不敢再举报，因为对被举报人的行为认定的操作上难以完成，并且法律的不完善，导致状告无门，还要受到打击和报复。

2. 根据案例反映的问题，为A市提出完善公共管理监督的具体对策。

答：举报违法犯罪行为，是宪法赋予每个公民的权利，但如何有效保护举报人免遭报复，需要一整套保护制度。针对本案例中的问题，为A市提出的完善公共管理监督的具体对策如下：

(1)强化监督机构的动力机制：

①要全面提高监督人员的素质。加强道德自律的教育，形成道德内在约束机制，不断增强监督工作的自身动力资源，即使在制度力量薄弱的情况下，也能自觉、自愿地积极开展监督工作。

②要明确监督责任。这主要是建立和完善责任追究制度，包括责任确定机制和责任奖惩机制，并与晋升任用制度和物质利益分配政策紧密结合在一起。

(2)建立监督体系的协调机制：

①加强总体协调，充分发挥整体监督效能。应建立一个专司行政监督协调的权威机构，赋予其相对独立的地位和较大的权威来统一协调各个监督主体对公共权力的监督问题。

②为了使整个行政监督体制坚强有力，必须明确规定各种监督体系之间的职能和层次关系，加强监督的总体规划和避免不同监督机制间的重叠、冲突和掣肘，增强和突出行政监督的整体合力和效能，从而使行政机关及其公务员的行政行为和职务行为切实受到上下左右各方面的有效监督，使监督指向与权力指向相一致，形成自上而下、平行制约与自下而上的有机统一，平衡配置，使不同主体的监督体系各司其职，各负其责。

(3)完善新闻监督和公民监督制约机制：

①制定专门的法律，明确群众参与监督的程序和权限，使其受到法律的保护。

②努力创造自由讨论的宽松环境。允许不同意见、多种声音的存在，使广大人民群众及时地、无所顾忌地批评政府工作中的错误和缺点，通过增强政务的公开性，让人民群众知政、知情，为强化人民民主监督创造条件。应加强新闻立法，以法律形式明确规定舆论的监督权、审稿权、批评权和采访、报道程序、方法以及侵权责任等，从而为舆论监督提供法律保障，使舆论工作者能更好地依法履行监督职责。

(4)加强监督法治化：

①要在行政监督立法、守法、执法三个环节齐抓共管。要制定一系列专门用于监督的实体法和程序法。在法律中明确监督的主体、内容、手段和方法以及具有操作性的行政监督程序等，把监督纳入法制化的轨道，形成科学、合理、完善的监督机制。只有完善监督法制，才能为健全行政监督法律机制、依法实行行政监督提供基本的规范程序和保障。

②实行政务公开化。除了涉及国家安全的机密之外，凡是能公开的一律公开；建立各级领导干部个人财产和重大事项公开申报制度，使其个人收入公开化。这些制度建设对以法控权、依法行政将起到不可替代的作用。

第 12 章　公共部门绩效评估

12.1　复习笔记

【知识框架(庖丁解牛)】

- 公共部门绩效评估
  - 概述
    - 内涵：含义、特征
    - 兴起：社会背景、意义、实践
  - 指标体系构建
    - 绩效评估指标与绩效标准
    - 公共部门绩效评估指标的质量标准
    - 构建评估指标的原则和依据
  - 程序
    - 评估流程
    - 评估系统要素
    - 评估行为过程
      - 前期准备阶段
      - 组织实施阶段
      - 结果运用阶段
  - 发展与完善
    - 西方国家公共部门绩效评估的局限性与发展趋势
    - 我国公共部门绩效评估的发展途径
      - 绩效评估过程中存在的问题
      - 推进绩效评估的措施与途径

【通关提要(提纲挈领)】

本章主要介绍公共部门绩效评估，属于重点章节。学习时，要掌握公共部门绩效评估的特征、构建评估指标的原则和依据、我国公共部门绩效评估的发展途径，熟悉评估指标的质量标准、评估程序等。同时，要在掌握基本概念和方法的前提下，立足当今国情，探讨我国公共部门绩效评估的实践。本章各种题型都有可能考查，特别是案例分析题，复习时应理解记忆、全面掌握，能结合实际灵活运用。

【考点难点归纳(厚积薄发)】

考点一：公共部门绩效评估概述　★★★

1. 公共部门绩效评估的内涵(见表 12－1)

表 12－1　公共部门绩效评估的内涵

要点	主要内容	
含义	公共部门绩效	指公共部门在依法履行职能过程中投入所获得的结果和产生的社会效果
	公共部门绩效评估	指运用科学的评估方法、标准和程序，根据绩效目标对公共部门绩效进行评定、划分并提出改进的活动
特征	①性质：市场责任机制[消费者直接控制、选择公共服务]。 ②意味着公共部门职能的具体化、政务信息的交流与沟通。 ③特点：难量化性、复杂性、客观性、多层次性、评估主体多元性	
目标	①提高组织绩效；②明确责任制；③增收节支	

2. 公共部门绩效评估的兴起(见表 12－2)

表 12－2　公共部门绩效评估的兴起

要点	主要内容	
兴起的社会背景	先导	新公共管理理论出现[理论基础]
	重要推动力	解决公共管理问题
	功能目标	放松规制、增强公共部门主动性
公共部门绩效评估的意义	①创新了公共管理方法，是一种有效的管理工具。 ②是公共管理的一场革命。 ③提供了新的公共责任实现机制，是公共管理的必要手段。 ④提供了公共管理绩效提高的动力机制。 ⑤利于改善公共部门与公众的信任关系，提高政府信誉和形象	
公共部门绩效评估实践	英国	1982 年英国《财务管理新方案》的颁布，标志着公共部门绩效评估的正式推行
	美国	①推行绩效预算制度、绩效采购制度。 ②推行基于绩效的公共人力资源管理制度
	中国	①普适性的公共部门绩效评估；②行业绩效评估；③专项绩效评估

【真题链接】

(1)简述公共绩效评估兴起的社会背景。[简答题，暨南大学 2023 年研]

(2)简述公共部门绩效评估的意义。[简答题，东北农大 2023 年研；天津商大 2018 年研]

考点二：公共部门绩效评估指标体系的构建(见表 12－3)　★★★★

表 12－3　公共部门绩效评估指标体系的构建

要点	主要内容			
绩效评估指标	分类	评估内容	①业绩指标；②能力指标；③工作态度指标	
		外在形式	硬指标	可量化，能以数量表示，如经济审计
			软指标	难以量化，根据个人经验和主观判断得出，如专家评估
			软硬结合	①数据充足：硬为主、软为辅。 ②数据缺乏：软为主、硬为辅

续表

<table>
<tr><th>要点</th><th colspan="4">主要内容</th></tr>
<tr><td rowspan="5">绩效评估指标</td><td rowspan="5">质量标准
[对立统一]</td><td rowspan="3">量的标准
[硬指标]</td><td>含义</td><td>指公共部门的投入产出比例[效率大小]</td></tr>
<tr><td>内容</td><td>①效率比例；②频率大小；③环节多少</td></tr>
<tr><td>确定原则</td><td>①经济性原则；②职能原则</td></tr>
<tr><td rowspan="2">质的标准
[软指标]</td><td>核心</td><td>公共产品和服务是否满足公众需求</td></tr>
<tr><td>内容</td><td>①态度；②使用方法与手段；③管理结果</td></tr>
<tr><td rowspan="2">绩效标准</td><td>含义</td><td colspan="3">指在各指标上所应达到的具体绩效要求</td></tr>
<tr><td>意义</td><td colspan="3">有助于科学、有效配置人力资源、设置机构与工作岗位，发挥激励作用</td></tr>
<tr><td rowspan="2">构建评估指标的原则与依据</td><td>原则</td><td colspan="3">①综合性、全面性原则。
②系统性原则。
③定量与定性、软硬指标相结合的原则。
④可操作性原则。
⑤与职能行使保持一致的原则。
⑥导向性原则。
⑦独立性与差异性原则</td></tr>
<tr><td>依据</td><td colspan="3">①职能依据[有利于履行公共部门职能]；②绩效目标；③评估目的</td></tr>
</table>

【真题链接】

(1)联系实际论述公共部门绩效评估量的标准。[论述题，天津商大2016年研]

(2)简述构建公共部门绩效评估指标的基本原则。[简答题，天津商大2019年研]

考点三：公共部门绩效评估的程序(见表12－4) ★★★

表12－4　公共部门绩效评估的程序

<table>
<tr><th>要点</th><th colspan="2">主要内容</th></tr>
<tr><td>评估流程</td><td colspan="2">确定绩效目标→明确评估目的、要求与任务→构建评估指标、标准→划分绩效等级→公布评估结果→运用评估结果</td></tr>
<tr><td>评估系统要素</td><td colspan="2">①战略规划；②年度项目绩效计划；③年度项目绩效报告；④适度的权力下放</td></tr>
<tr><td rowspan="3">绩效评估行为过程</td><td>前期准备阶段</td><td>①确定评估目的与时间、评估主体。
②划分并选定绩效评估项目。
③开展绩效计划，确立绩效目标、标准和评估指标体系。
④制定评估计划和实施方案</td></tr>
<tr><td>组织实施阶段</td><td>①成立评估机构。
②设计评估调查内容，下达评估通知书。
③收集评估资料，选定评估方式。
④进行评议工作，达成评估结果</td></tr>
<tr><td>结果运用阶段</td><td>①再次审核评估结果并撰写报告书。
②公布、分析与运用评估结果</td></tr>
</table>

【真题链接】请分析公共部门绩效评估的主要过程。[论述题，贵州财大2018年研]

考点四：公共部门绩效评估的发展与完善 ★★★★

1. 西方国家公共部门绩效评估的局限性与发展趋势（见表 12－5）

表 12－5　西方国家公共部门绩效评估的局限性与发展趋势

要点	主要内容	
局限性	自身矛盾	①实际运作中效率目标与民主目标无法统一。 ②绩效结果导向的问责方式与民主共和制的问责方式、文官制度的核心价值冲突。 ③价值目标冲突
	自身缺陷	①评估内容难以量化。 ②难以建立测量标准。 ③难以收集和识别信息资料，信息不对称。 ④其他因素，如评估费用高、实施障碍等
发展趋势	①注重结果导向。 ②主题更偏向公民导向。 ③评估主体多元化。 ④逐步走向制度化、法治化。 ⑤评估技术与方法不断成熟、科学化	

2. 我国公共部门绩效评估存在的问题与发展途径（见表 12－6）

表 12－6　我国公共部门绩效评估存在的问题与发展途径

要点	主要内容
存在问题	①处于自发、半自发状态，实践中带有盲目性。 ②缺乏评估主体的具体制度建构。 ③评估内容不全面，尚未建立起科学、综合的评估指标体系。 ④评估程序不规范，过程封闭、神秘。 ⑤评估方法单一、不科学。 ⑥在实践方面，绩效评估处于被动状态。 ⑦绩效评估表面化
措施与途径	①增进公共部门绩效评估理论研究的科学化。 ②推进公共部门绩效评估实施的科学化。 ③营造有效实施政府绩效评估的良好环境。 ④重点推进行政业务流程再造。 ⑤将信息技术应用与政府绩效管理相结合。 ⑥立足国情，逐步推行政府绩效评估

【真题链接】

(1) 简述中国公共部门绩效评估过程中存在的问题。[简答题，浙工商 2018 年研]

(2) 公共部门绩效评估的困难。[论述题，湘潭大学 2021 年研]

12.2 课后习题详解

一、概念题

1. 绩效

答：绩效，是一种管理学概念，是指成绩与成效的综合，是一定时期内的工作行为、方式、结果及其产生的客观影响。它是组织期望的结果，是组织为实现其目标而展现在不同层面上的有效输出。绩就是业绩，体现企业的利润目标，又包括两部分：目标管理和职责要求。效就是效率、效果、态度、品行、行为、方法、方式。效是一种行为，体现的是企业的管理成熟度目标。

2. 绩效评估

答：参见本章考研真题概念题第1题答案。

3. 绩效计划

答：绩效计划是指公共组织及其工作人员在一定时间内所要达到的工作目标。它是制定部门绩效考核指标的目标和标准，并通过分管领导与部门负责人的沟通，对部门的工作目标和标准达成一致意见，形成绩效契约。其制订实质上是一个组织目标由上及下逐步分解到个人目标并得到员工认同的目标确定的过程。绩效计划是整个绩效管理过程的起点和基础。

4. 绩效目标

答：绩效目标是指公共组织及其工作人员履行职能或岗位职责所应达到的程度。公共绩效目标是指公共绩效管理所期望的结果，是整个绩效管理系统运行的指南。绩效目标一般以定量和定性的方式表达为具体的绩效水准。绩效目标包括：具体的绩效要求、明确严格的产出和结果评估措施。绩效目标是绩效评估的方向和参照系数。绩效目标的实现有赖于组织所采用的各项措施和战略间的协调一致。

5. 绩效标准

答：绩效标准是指在各个绩效指标上所应达到的具体绩效要求，即考评者通过测量或通过与被考评者约定所得到的衡量各项考评指标得分的基准。公共绩效标准是质的标准和量的标准的有机统一，但根据具体内容的不同各有侧重。绩效标准主要有三个方面：①数量标准，包括投入与产出比率、效益比率和能力比率，也是评估公共管理效能的标准；②行为标准，即依据一定的法规、制度、程序、指标等实现程度，判定公共管理效能的高低；③功能标准，衡量公共管理功能的实现程度。

6. 评估指标体系

答：评估指标体系是指由一系列绩效评估指标所构成的指标体系。即由表征评价对象各方面特性及其相互联系的多个指标所构成的具有内在结构的有机整体。这些评估指标按各自比重划分为不同的层次，构成一个既相互独立又相互作用的有机联系整体。绩效评估指标体系应经过科学认证。绩效指标的制定要周密、合理、客观，能涵盖公共部门的重要绩效。

7. 绩效改进

答：绩效改进是指确认工作绩效的不足和差距，查明产生的原因，制定并实施有针对性的改进计划和策略，不断提高竞争优势的过程，亦即采取一系列行动提高员工的能力和绩效。其具体内涵包括：①分析绩效改进要素，确定期望绩效与实际绩效，找出二者间的差距，分析差距原因；②要针对存在的问题制订合理的绩效改进方案，并确保其能够有效地实施，如个性化的培训等；③通过对过程和结果进行评估，分析绩效改进方案的实施效果。如果效果不好或达不到政府部门的期望，就要对绩效改进计划进行调整。绩效改进计划要有可操作性，最好能具体到每一步骤。

8. 评估结果运用

答：评估结果运用是指根据绩效评估的结果来改进管理效率，是组织绩效评估的重要目的，也是组织绩效评估权威性和评估目的的体现。绩效评估结果运用包含以下三个阶段：①复核评估结果，撰写评估报告；②公布评估结果；③分析并运用评估结果。

9.《国家绩效评论》

答：《国家绩效评论》是美国推行政府绩效评估措施的纲领性文献之一，它有力地推动了绩效评估在政府管理中的具体运用。1993 年的美国《国家绩效评论》把公共部门绩效评估界定为公共部门对结果负责，要从按章办事向有使命感的组织转变，从过程、规则控制的责任追究机制向结果导向的责任实现机制转变，用取得的结果来评价公共部门，以激发公共部门的积极性和主动性。但其也存在问题，凯特尔认为它没有提出如何提高各个部门绩效，并缺乏清晰的战略处理政府与国会的关系。

10.《1993 年政府绩效与结果法案》

答：《1993 年政府绩效与结果法案》是美国推行政府绩效评估措施的纲领性文献之一，也是公共部门绩效评估走向制度化、法制化的表现。它有力地推动了绩效评估在政府管理中的具体运用。它把施行公共部门绩效评估的意义概括为六个方面：①提高美国人民对联邦政府的信任度；②推行绩效改革；③重点关注成果、服务质量和公众满意度，改善工作效果与公开性；④改进公共服务的提供，要满足公众需求，为公众提供有关项目成果与服务质量方面的信息；⑤改善国会的政策制定，提供更多关于目标、联邦政府项目和支出成效及效率方面的信息；⑥要求联邦政府部门从结果出发，设定明确的绩效目标，据此检查工作进展和成果。

二、思考题

1. 分析西方国家公共部门绩效评估对我国的启示与参考意义。

答：西方国家公共部门绩效评估是针对其面临的问题而采取的改革措施，在公共部门的应用中显示出强大的生命力，并呈现出以下发展趋势：①以结果为导向；②主题更趋向公民导向；③评估主体多元化；④评估走向法制化、制度化；⑤评估技术与方法不断成熟，科学化程度提高。

西方发达国家公共部门绩效评估的理论和实践经验以及问题，对我国公共部门绩效评估有借鉴意义与启发作用。我国应借鉴西方发达国家的经验来完善我国的公共部门绩效评估，具体参见本章考研真题论述题第2题答案。

2. 联系实际论述绩效标准的作用。

答：(1)绩效标准的含义：

绩效标准是指在各个绩效指标上分别应该达到的水平即具体绩效要求，是对组织及其各个部门进行考核、评估的依据。在这些绩效标准中，除了对不同的绩效等级作出明确具体的绩效要求外，还要明确、严格地规定对产出或结果进行评估的措施。

(2)绩效标准的作用：

确立一个明确的绩效标准，有利于合理有效地配置人力资源和工作岗位。人力资源数量需求与整个工作业务量之间有一定的数量关系，可以把绩效标准、人力资源数量、工作量，以及影响绩效标准的因素通过数学模型来反映，从而构建人力资源的配置模型、机构与岗位的设置模型。这样可以实现人力资源配置机构和岗位设置的科学性。

3. 构建公共部门绩效评估指标体系应考虑哪些因素?

答：公共部门绩效评估指标体系是指由一系列绩效评估指标所构成的指标体系。构建公共部门绩效评估指标体系应考虑构建科学的绩效评估指标与绩效标准、绩效评估质量标准的统一以及依据遵循的原则和依据。

(1)科学的绩效评估指标与绩效标准：

①绩效评估指标是用以评判对象(个人、业务单元、部门或组织)业绩好坏的因素。绩效评估工作的关键要素以行为指标和结果指标来体现。科学、综合的绩效评估指标体系有助于落实科学发展观和树立科学的政绩观。

②绩效标准是用来衡量评判对象绩效目标完成具体情况的尺度。标准必须具体，不能模棱两可。绩效标准就是对员工绩效进行考核的标准和尺度。员工的绩效评价标准既要达到评价的各项目的，又要为被评价员工普遍接受。

(2)绩效评估的质量标准：

①质的标准，是指公共部门进行一系列职能活动过程中的态度、方法与手段、管理能力以及公众的满意程度。

②量的标准，是指在进行公共管理活动过程中公共部门所投入的成本，强调以最小的成本获得最大的收益。

(3)绩效评估指标确立的原则，参见本章考研真题简答题第3题答案。

(4)建立绩效评估指标体系的依据：

①职能依据。建立绩效评估指标必须有利于组织履行职能，否则指标的建立就没有意义。

②绩效目标。绩效指标体系的建立有赖于绩效目标的制定，因为绩效目标是绩效评估的前提和基础。

③评估的目的。公共部门绩效评估的目的多种多样。评估的目的不同，评估指标体系就会有差异。

(5)其他因素：

绩效评估的指标体系还应当考虑社会发展的整体价值取向和程度，从实际出发，具体问题具体分析。

4. 论述在当代中国推进公共部门绩效评估的具体措施与途径。

答：参见本章考研真题论述题第 2 题答案。

5. 为什么说绩效管理是一种激励管理？

答：(1)绩效管理的含义，参见本章考研真题概念题第 2 题答案。

(2)“绩效管理是一种激励管理”的原因：

①绩效管理包含绩效目标和绩效标准。绩效目标是指被评估者履行职能或岗位职责所应达到的程度。绩效标准是指在各个绩效指标上所应达到的具体绩效要求。通过绩效标准区分来明确各种不同的绩效等级；通过绩效目标、绩效标准的规定，可以达到规范公共管理行为、促进行为公正和提高效率的目的；同时通过对不同绩效标准的明确规定，可以达到对公共部门及所属人员进行激励的目的，使绩效管理和绩效评估成为激励管理。

②绩效管理作为一种诱因机制，把绩效与奖惩联系起来。通过绩效评估，使组织的激励约束机制有了依据，有利于调动和发挥部门和工作人员的工作积极性、主动性和创造性，促进他们端正工作态度，改进工作方法，积极进取，开拓创新，高质量地完成既定目标和工作计划。

12.3　考研真题与典型题

一、概念题

1. 公共部门绩效评估[天津商大 2023 年研；深圳大学 2020 年研；天津商大 2017 年研]

相关试题：绩效评估[华东政法 2023 年研；对外经贸 2021 年研；杭州师大 2020 年研]

2. 公共部门绩效管理[华南理工 2022 年研；中财 2016 年研；东北财大 2012 年研]

相关试题：

(1)绩效管理[宁波大学 2021 年研；天津商大 2020 年研；人大 2016 年研；华南师大 2016 年研]

(2)政府绩效管理[中财 2019 年研；青岛大学 2016 年研；华南理工 2015 年研；东北财大 2013 年研]

二、简答题

1. 简述公共部门绩效评估兴起的社会背景。[浙工商 2019 年研；贵州财大 2013 年研]

2. 简述公共部门绩效评估的意义。[东北农大 2023 年研；天津商大 2018 年研]

相关试题：

(1)论公共部门绩效评估的价值意义。[论述题，南航 2018 年研]

(2)公共部门绩效评估的意义和作用。[福建师大 2017 年研]

(3)试述公共部门绩效评估的意义。[论述题，首师大 2013 年研；对外经贸 2008 年研]

(4)简述公共部门绩效评估的理论意义和实践意义。[贵州财大 2012 年研]

(5)从理论与实践的结合上论述公共部门绩效评估的意义。[论述题,暨南大学2010年研]

3. 简述构建公共部门绩效评估指标的基本原则。[天津商大2019年研]

相关试题:结合实际论述绩效评估指标确立的原则。[论述题,天津商大2015年研]

4. 简述中国公共部门绩效评估过程中存在的问题。[浙工商2018年研]

相关试题:我国公共部门绩效评估存在的问题。[山西大学2011年研]

三、论述题

1. 联系实际论述公共部门绩效评估量的标准。[天津商大2016年研]

2. 论述公共部门绩效评估的困难与对策。[苏州大学2017年研;湖北大学2013年研]

相关试题:

(1)改进公共部门绩效评估的策略。[华中农大2023年研]

(2)公共部门绩效评估的困难。[湘潭大学2021年研]

(3)公共部门绩效评估的困难及改进。[南京大学2014年研]

(4)谈谈公共部门绩效评估的难点及其看法。[燕山大学2014年研]

(5)分析公共部门绩效评估的困境。[首师大2014年研;山西大学2008年研]

(6)简述公共部门绩效评估面临的主要困难,并论述改进公共部门绩效评估的途径。[简答题,暨南大学2013年研]

(7)简述公共部门绩效评估面临的困难及其改进的途径。[简答题,暨南大学2011年研]

四、案例分析题

近期,新一年度Z市机关事业单位年终测评工作(即“万人评政府”)正式拉开帷幕。

测评将采取入户调研方式,抽样调查1万名居民、企业、社会组织、机关、媒体以及其他全市各个阶层的代表。今年的社会满意度测评主体新增了媒体记者代表一类,测评主体由去年的8类调整为9类。他们将代表Z市市民对政府部门打分。

测评对象包括实施政府部门责任白皮书制度单位、其他有社会服务职能的市属单位、中央和省驻Z各单位、主要服务对象为机关内部的单位。评价内容包括服务态度、服务效率、措施便民和廉洁服务四方面。Z市机关作风办相关负责人称,今年的考评新增了进步奖励分,测评中各单位社会满意率与上一年相比较,根据进步和退步情况给予一定比例的加分和减分。测评将在1月底完成。考评结果经市委常委会审定后,将按照《Z市机关事业单位年终考评结果运用办法》使用。同时,各区“转作风提效能”考评得分将由市委组织部干部考核评价办公室作为各区党政领导班子落实科学发展观考评的参考。

2年前,Z市政府曾专门就“万人评政府”考评结果的运用出台《Z市机关事业单位年终考评结果运用办法》。根据《办法》,除了Z市中院、市检察院参加考评,结果仅供内部掌握,可不参加排名外,其他单位的考评结果运用均按照《办法》来使用。

《办法》规定,对在Z市机关事业单位年终考评中连续三年被评为先进单位的,领导班子成员中表现优秀的干部优先考虑提拔使用;对在考评中受到黄牌警告的领导班子和领导干部,要切实分析原因,进行整改。整改期间,班子成员一般不得提拔使用;对连续三年排名后10%的,单位主要领导干部可予以调整。

事实上，上一年度的“万人评政府”考核结果公布后，该市机关事业单位并没有任何一位“一把手”因此被轮岗。[暨南大学 2016 年研]

问题：

1. 请归纳材料中所反映的主要现象。

2. 请结合上述案例，谈谈如何加强政府绩效评估的结果运用。

12.4 考研真题与典型题详解

一、概念题

1. 公共部门绩效评估[天津商大 2023 年研；深圳大学 2020 年研；天津商大 2017 年研]

相关试题：绩效评估[华东政法 2023 年研；对外经贸 2021 年研；杭州师大 2020 年研]

答：公共部门绩效评估是指对广义的政府组织、非营利组织(第三部门)以及公共企业等特定的社会组织在积极履行公共责任的过程中，在讲求内部管理与外部效应、数量与质量、经济因素与伦理政治因素、刚性规范与柔性相统一的基础上，获得的公共产出进行的评审界定。可以从三个层面来理解绩效评估：①在微观层面上，绩效评估是对个人工作业绩、贡献的认定；②在中观层面上，绩效评估便是对政府的各部门包括事业单位、非营利组织如何履行其被授权的职能的测评；③在宏观层面上，绩效评估是对整个公共部门尤其是政府绩效的测评。

2. 公共部门绩效管理[华南理工 2022 年研；中财 2016 年研；东北财大 2012 年研]

相关试题：

(1)绩效管理[宁波大学 2021 年研；天津商大 2020 年研；人大 2016 年研；华南师大 2016 年研]

(2)政府绩效管理[中财 2019 年研；青岛大学 2016 年研；华南理工 2015 年研；东北财大 2013 年研]

答：公共部门绩效管理是指公共部门通过绩效计划、绩效监控、绩效评估和绩效反馈等程序，以促进公共绩效改善和提高的管理过程。美国国家绩效评估中的绩效衡量小组认为，绩效管理是利用绩效信息设定统一的绩效目标，进行资源配置与优先顺序的安排，以帮助管理者维持或改变既定目标计划，并且报告其结果与目标符合程度的管理过程。绩效管理最根本的目标是评价公共管理的状况，审查公共部门对资源的利用状况及所取得的成效，从而促进公共绩效的提高。从实践的角度看，绩效管理的重要意义是：有利于转变政府职能；有助于提高公共管理绩效；有利于改善公共部门形象。

二、简答题

1. 简述公共部门绩效评估兴起的社会背景。[浙工商 2019 年研；贵州财大 2013 年研]

答：公共部门绩效评估兴起的社会背景主要包括以下几个方面：

(1)新公共管理理论为公共部门绩效评估提供了理论基础。

基于古典理论和行为科学理论的局限，新公共管理运动以解决问题为核心，融合了多学科的知识和方法，构建了一个新的公共管理理论框架。它强调用市场和社会的力量重塑公共管理，包括民主参与、民主管理、引入市场竞争机制、引入私人部门的管理理念与方法等。在此理论指导下，绩效评估被引入公共部门。

（2）公共管理出现的新问题是公共部门进行绩效评估的重要动力。

①在组织中，官僚制问题重重，各国财政赤字增加，政府效率低下。新技术革命使西方国家进入后工业社会，为进行公共部门绩效评估提供了可能性。其中，首要推动力是财政困境。

②公共部门绩效评估隐含着公众导向理念，强调民间组织对公共部门的评价和审视。因此，它改善了公共部门与公众之间的信任，促进了公共责任机制的宪政理念和顾客至上的管理理念的有机融合。

（3）公共部门绩效评估旨在放松规制、提高公共部门的主动性。

①在知识经济和信息时代的背景下，以往的规制管理与时代发展要求的不适应性压制了公共部门及其人员的积极性和创造性。在这种环境下，西方发达国家对公共部门绩效评估进行改革，普遍推行以结果为导向的绩效评估。

②公共部门绩效评估要寻求新的公共责任实现机制：a. 实现放松规制和谋求结果的统一；b. 实现公务人员自主性与对公众负责、对结果负责的统一；c. 实现公共管理效率与能力、服务质量、责任和法治的内在统一。

（4）公共部门绩效管理的兴起也离不开社会科学的发展、竞争的挑战以及政府政策的推动。

2. 简述公共部门绩效评估的意义。［东北农大2023年研；天津商大2018年研］

相关试题：

（1）论公共部门绩效评估的价值意义。［论述题，南航2018年研］

（2）公共部门绩效评估的意义和作用。［福建师大2017年研］

（3）试述公共部门绩效评估的意义。［论述题，首师大2013年研；对外经贸2008年研］

（4）简述公共部门绩效评估的理论意义和实践意义。［贵州财大2012年研］

（5）从理论与实践的结合上论述公共部门绩效评估的意义。［论述题，暨南大学2010年研］

答：公共部门绩效评估作为政府再造的重要内容和根本性措施，开创了当代公共部门吸收、借鉴私营部门管理方法与经验的先例，是当前社会经济条件下公共部门为提高管理效能和服务质量而作出的客观选择。它为公共管理改革的理论和实践提供了新的视野，并促进西方国家公共管理效率的提高和能力的增强。公共部门绩效评估的意义主要有：

（1）公共部门绩效评估为公共管理方法提供了新的途径。

公共部门绩效评估包括：①建立和完善与公共部门相关的实质内容的制度建构。②建立健全公共部门与公众之间的信息沟通机制。③改善权力制约形式。④对公共管理行为的实际状况进行了解、考察和评估，分析实际效果与预期目标之间的偏离，划分绩效等级，将绩效评估结果反馈给有关公共部门，以作出调整修正。公共部门绩效评估可以促进公共管理行为的规范化、程序化和民主化；有助于强化公共部门责任，提高公共管理监督效率。

（2）公共部门绩效评估促进了公共管理领域的改革。

公共部门绩效评估是公共管理改革的重要内容和根本性措施，实质上是公共管理的一场革命。公共部门绩效评估将公众信任度和公共部门权威建立在可衡量的绩效基础上，能够促进社会管理格局和机制的形成、促进公众履行社会义务、增强政府公信力和公众的凝聚力。

(3)公共部门绩效评估提供了新的公共责任实现机制。

新的公共责任实现机制是：改变权力制约和公共部门苛责方式，以结果为导向。公共部门自身要有自主性、积极性和效率，同时对公众和结果负责，并提高服务质量。公共部门的绩效高低已成为公共部门履行公共责任状况的重要标志。与之相适应，构建科学完善的公共部门绩效评估体系，对公共部门的业绩、成就和实际工作作出尽可能准确的考核评价，是公共管理面临的新课题。

(4)公共部门绩效评估为提高公共管理绩效提供了动力机制。

公共部门绩效评估为公共服务供给部门之间展开竞争、创造市场动力、利用市场机制解决公共管理低效问题提供了有效途径，从而有利于公共服务质量和效率的提高。

(5)有助于改进政府公共部门与社会公众之间的信任关系。

公共部门的核心任务是要创造有利于公共服务和产品供给的有利环境并保证其有效供给。公共部门绩效评估蕴含了以公众为导向、注重公众的评判、增强公众信任的民主内涵，将公民意识通过公共责任和顾客至上的管理理念表现出来，从而在政治上加强并维护了现有的基本社会秩序，建立和发展了社会公众对公共部门的信任，增强了政府公共部门的号召力和社会公众的凝聚力。

3. 简述构建公共部门绩效评估指标的基本原则。[天津商大 2019 年研]

相关试题：结合实际论述绩效评估指标确立的原则。[论述题，天津商大 2015 年研]

答：绩效评估指标是评估因子或评估项目，即对被评估对象的工作绩效进行衡量或评估的各个方面。构建公共部门绩效评估指标的基本原则有：

(1)综合性、全面性原则。要从多个方面综合地对公共部门绩效进行评估，同时指标要全面、合理、客观，要能涵盖和全面反映公共部门职能行使的情况。

(2)系统性原则。科学合理的绩效考评指标体系应切合企业的工作实际和企业绩效管理体系的实际，根据不同的考评目的和考评对象进行指标设计，应从实际情况出发，包含各个方面，使其具有较强的针对性，充分体现考评对象工作的性质、工作内容和特点。

(3)硬指标与软指标相结合、定量与定性相结合的原则。

(4)可操作性原则。所建立的评估指标体系要具有可行性、可操作性，数据资料要可获得、可量化，评估指标不宜过细和复杂。

(5)与职能行使保持一致的原则。绩效评估指标体系必须与被评估对象的职能、工作职责相符合，要体现公共部门绩效的本质或主要特征。

(6)导向性原则。公共部门绩效评估的目的是通过掌握信息以了解现状、差距，最后降低成本、规范行为以及改进能力，促进经济社会全面协调可持续发展。

(7)独立性与差异性原则。指标体系的各项指标既要有独立的信息，相互不能代替，又要有不同之处以及内涵上的差异。

4. 简述中国公共部门绩效评估过程中存在的问题。[浙工商2018年研]

相关试题：我国公共部门绩效评估存在的问题。[山西大学2011年研]

答：公共部门绩效评估是对整个公共部门尤其是政府绩效的测评，具体体现为：政治的民主与稳定，经济的健康、稳定与快速发展，人们生活水平的持续提高，社会公正与平等，国家安全和社会秩序的改变，精神文明的提高等。当前我国公共部门绩效评估存在的主要问题包括：

(1)我国公共部门绩效评估还处于自发、半自发状态，缺乏统一、系统的制度、法律和理论，具有盲目性，照搬西方国家或企业的评估措施。

(2)在公共部门绩效评估主体方面缺乏具体制度建构。如各公共部门在评估公务员的绩效时彼此分割，没有专门机构开展公务员绩效评估。

(3)公共部门绩效评估的内容不全面，没有建立起一套科学、综合的评估指标体系和方法。开展绩效评估所必需的相关配套措施也不完备，片面地将经济业绩、公众的满意度评估等同于公共部门绩效评估的全部；没有考虑不同的部门职责或岗位应有不同的指标，绩效评估与政府职能或岗位职责的行使严重脱节。且公共部门绩效评估难以用市场价格来直接标示成本。

(4)评估程序存在着很大的随意性；评估过程不透明，缺乏监督。

(5)评估方法单一，没有将定性方法与定量方法结合起来，并忽视了时间因素的影响以及对公共部门绩效的持续性评估。

(6)在实践方面，绩效评估处于被动状态。现阶段我国政府绩效评估只是作为绩效预防、事后监督与制裁的一种手段，因而总陷于被动。

(7)绩效评估表面化，没有科学统一的绩效评估体系。公共部门及其领导者容易把主要精力放在见效快、表面化程度高的事务上，不考虑经济社会效益，造成公共财政的浪费。

(8)其他问题，如资金不足、利益主体及决策者的抵触、手段与效果缺乏逻辑性等。

三、论述题

1. 联系实际论述公共部门绩效评估量的标准。[天津商大2016年研]

答：作为公共部门绩效评估的标准之一，量是指公共部门为实现公共目标而投入的成本数量，强调投入和产出的比例关系。

(1)公共部门绩效评估量的标准的表现：

①效率比例。它包括：投入产出比；单位时间、单位物质提供产品或服务的数量；无形损耗与一定的公共产品服务之间的数量比例，以及这种比例的发展趋向。

②频率大小。即活动节奏的快慢，包括：提供产品和服务的时间间隔、公众提出要求与供给者作出反应之间的时间间隔，以及这种频率变化的情况和趋向。

③环节多少。即绩效评估从开始到结束整个过程中所经过的步骤多少。

(2)确定量的标准应遵循的原则：

①产出大于投入原则。即效果相等情况下资源消耗最小，或资源相等情况下效果最大，提供最多的服务。

②职能原则。公共部门绩效必须在其职能范围内，是否有效与是否按照职能的要求去

做有关。即有效的绩效评估必须符合职能的履行。

2. 论述公共部门绩效评估的困难与对策。[苏州大学2017年研；湖北大学2013年研]

相关试题：

(1)改进公共部门绩效评估的策略。[华中农大2023年研]

(2)公共部门绩效评估的困难。[湘潭大学2021年研]

(3)公共部门绩效评估的困难及改进。[南京大学2014年研]

(4)谈谈公共部门绩效评估的难点及其看法。[燕山大学2014年研]

(5)分析公共部门绩效评估的困境。[首师大2014年研；山西大学2008年研]

(6)简述公共部门绩效评估面临的主要困难，并论述改进公共部门绩效评估的途径。[简答题，暨南大学2013年研]

(7)简述公共部门绩效评估面临的困难及其改进的途径。[简答题，暨南大学2011年研]

答：(1)公共部门绩效评估的困难：

①公共部门绩效评估自身隐含的矛盾：

公共部门意味着为公众提供公共服务，具有公共性的特征。在进行公共服务的提供过程中，要讲求公平和公正，而并不只是像私人部门那样追求经济价值。具体表现在：

a. 公共部门绩效评估在实际运作上效率目标与民主目标无法达到统一。

b. 结果导向的问责方式与民主共和制的问责方式、文官制度的核心价值存在冲突。

c. 公共部门、公众、企业在价值目标上存在冲突。

②公共部门绩效评估自身存在的缺陷：

a. 公共部门绩效难以量化。公共部门绩效评估难以用市场价格来衡量成本。首先，由于公共组织是一种特殊的公共权力组织，其所生产出来的产品或服务是一些“非商品性”的产出，这就无法从数量上进行测量；其次，公共部门缺乏提供同样服务的竞争单位，因此就无法取得可比较的成本与收益数据；最后，即使绩效可以量化，但以量化形式表现绩效是否适宜不可知。

b. 测量标准难以确立。公共部门由于其目标难以确定，因此，也很难制定出科学、合理的绩效指标体系及测量标准。此外，在制定评估指标的过程中，上下级机关难免会在指标的数量、范围、权重等方面发生争议。

c. 信息不对称，信息收集和处理困难。评估管理的过程有赖于可靠的信息。而公共部门的信息由于量化困难、渠道不畅、政治利益等原因，很难客观有效地反映组织的真实情况，这无疑也给评估工作带来极大困难。

d. 其他问题，包括：如何利用结果来改进绩效；高昂的评估费用；已有的制度和实施过程之间的冲突；体制性障碍如何解决；绩效管理项目的复杂性；管理者与评估者的对立等。

(2)科学推进公共部门绩效评估的措施与途径：

①推动公共组织相关理论的科学化。

a. 提高认识。必须加强绩效评估的研究和宣传，让全社会尤其是公共部门充分认识绩效评估的重要意义和作用。

b. 完善体制。建立健全合理有效的评估体制是推进评估事业发展的关键。

c. 培育机构。借助政府购买社会服务及倡导第三方评估的东风，培育和发展民间中介评估组织。

②推动公共组织实践过程的科学化。

a. 加强立法。立法保障是开展政府绩效评估的前提和基础。

b. 争取高层的支持。公共部门管理理念的变化和绩效评估的最初推行在很大程度上得益于高层领导者的支持。

c. 引入公民参与机制。公共部门绩效评估的最好选择是将决定权交给公众即公共服务的对象，以“人民满意不满意，人民答应不答应，人民赞成不赞成”为最高准则。

③为公共部门营造良好的实施环境。

a. 科学确定政府绩效评估的基本原则，确立以公众为本的绩效观念。

b. 建立有效的绩效管理及评价机制。

c. 打破制约原有的体制机制障碍，营造有利于公共部门绩效评估的体制环境。

④着力推进行政业务流程再造。

对照现有流程，进一步重塑压缩。在梳理工作流程的基础上，优化细化审批流程，研究提出更有针对性的解决方案，缩短办理时限，提升服务效率。

⑤将信息技术应用到政府绩效管理过程中。

a. 建立绩效评估信息系统。完备的评估资料和数据是开展公共部门绩效评估的基础。

b. 充分利用电子政府的新载体。这是现代政府有效行使职能的强有力工具。

c. 实行绩效流程的优化和再造，并将再造后的流程 IT 化，从而最终实现自动化。

⑥以我国国情为基础，逐步实施绩效评估。

现阶段我国的经济、政治、法律发展都有新的特征。我国的具体国情也不同于西方发达国家。鉴于此，我国的政府绩效评估应该是特殊的、有中国特色的。我国政府绩效评估研究应该基于我国的发展阶段和具体国情，借鉴西方发达国家和企业绩效评估的先进理念和方法，并结合我国地方政府绩效评估实践来开展。

四、案例分析题

问题：［暨南大学 2016 年研］

1. 请归纳材料中所反映的主要现象。

答：材料中所反映的主要现象是：目前我国政府绩效评估结果运用中存在的一系列问题，如很多地方政府绩效评估陷入了为评估而评估的误区，没有将政府绩效评估结果的运用与政府治理过程相结合，未起到改善政府绩效、提高治理水平的目的等。具体如下：

(1)评估的内容不全面。材料中，Z 市政府的绩效评估内容包括服务态度、服务效率、措施便民和廉洁服务四方面。评估内容流于表面，缺乏系统分析；评估的内容过少，实际意义不大。

(2)评估方法单一：

①评估方法不科学，只有定性研究，缺乏量化分析，忽视了时间因素对绩效产生的影响。

②评估大多采取“运动式”“评比式”“突击式”，忽视了公共部门绩效的持续性评估。

(3) 缺乏科学的评估指标体系：

①没有根据部门职责或岗位的不同科学地区分不同的指标，导致绩效评估与政府职能或岗位职责的行使严重脱节。

②评估指标难以量化，导致评估缺乏客观性，影响评估结果。

(4) 忽视评估结果的适用性和反馈。

当前，我国公共部门绩效评估还处于自发、半自发状态，缺乏全面统一的制度和法律作保障，缺乏系统的理论作指导，表现出盲目性。案例中，对其他单位的考评结果不加区分、统一使用就反映了这一点。同时，政府所实施的绩效评估往往在得到评估结果后就停止了，没有对评估结果进行反馈，也没有采取有效措施加以运用。

2. 请结合上述案例，谈谈如何加强政府绩效评估的结果运用。

答： 加强政府绩效评估的结果运用可从以下几个方面着手：

(1) 明确政府绩效评估结果的使用者。政府绩效评估结果使用者的范围可以扩大到社会上每一个需要绩效评估结果信息的组织和个人，因为评估的结果并不涉及国家机密，可以向社会公开。案例中，Z 市政府在 2 年前曾专门就"万人评政府"考评结果的运用出台《Z 市机关事业单位年终考评结果运用办法》。据此，除了 Z 市中院、市检察院参加考评，结果仅供内部掌握，可不参加排名外，其他单位的考评结果运用均应按照该办法来使用。该做法明确了政府绩效评估结果的使用者，是值得肯定的，但规定评估结果仅供内部掌握，不利于绩效评估结果的良好运用。

(2) 清晰界定政府绩效评估的功能价值。政府绩效评估必须明确政府公共管理面临的问题及其成因，基于当前现实，探索公共部门绩效评估的具体功能、实现途径及其价值，从而构建科学的绩效评估理论体系和指标体系。

(3) 构建政府绩效目标、确定岗位工作职责：

①要按照立法程序构建政府绩效目标，进行工作分析确定岗位职责。

②公共部门在科学、合理的职位分类基础上实行岗位责任制，以规范性文字的形式颁布实施各类人员的职责范围和工作权限，就可使公职人员在工作中有章可循。

(4) 完善绩效评估中的信息系统和信息沟通机制。完善政务信息公开共享机制，提高政府服务能力，建立信息沟通渠道，提高政府对公众需求的回应力。

(5) 评估结果与奖惩和工资制度挂钩。学习企业的做法，重视绩效评估结果的反馈作用。将绩效与奖惩挂钩，绩效与工资挂钩，运用政府绩效结果，形成一种激励机制，提高公职人员的工作主动性和积极性，从而提升政府绩效，形成良性循环。案例中，Z 市机关事业单位并没有任何一位"一把手"因绩效评估结果而被轮岗，这表明评估结果并未与奖惩制度挂钩，还有很大的改进空间。

(6) 完善政府绩效评估体制。打破影响政府绩效评估的体制性障碍，营造政府绩效评估有效施行的体制环境。改善体制环境有利于政府绩效评估措施的施行及其作用的发挥，增进政府绩效评估的实际效用。

第 13 章　公共部门改革

13.1　复习笔记

【知识框架(庖丁解牛)】

- 公共部门改革
  - 公共部门改革概述
    - 公共部门改革的含义
    - 公共部门改革的内容
      - 一般性、普遍性
      - 变动性、特殊性
    - 公共部门改革的目标：创新、经济、绩效、效率、适应、负责
    - 公共管理新模式
  - 西方国家公共部门改革
    - 兴起
    - 内容
      - 重新界定和优化政府职能
      - 利用市场和社会力量实行公共服务社会化、市场化
      - 改革政府部门内部管理体制
    - 特点：渐进、参谋、法制、效能、内外部监督
    - 评价：标准、内容
  - 当代中国行政体制改革
    - 兴起：背景、价值体系、理论构想
    - 历史进程
      - 1949～1978 年改革开放前的行政体制改革
      - 改革开放以来的行政体制改革
      - 以转变政府职能为中心的行政体制改革
    - 发展趋势
      - 深化行政体制改革的方向
      - 当前行政体制改革的主要内容

【通关提要(提纲挈领)】

本章主要介绍公共部门改革，属于重点章节。学习时，要熟悉公共部门改革的含义与内容，掌握西方国家公共部门改革的内容和特点、当代中国行政体制改革的历程与趋势等。不同国家的公共部门改革，其所表现的特点不尽相同，因此除掌握公共部门改革的基本理论外，也要结合各个国家的具体实际进行比较学习。要在理解公共部门改革的普遍性、规律性的基础上，深入思考并探讨当前我国行政体制改革应该如何科学、高效地开展。本章易考概念题、简答题和论述题，在复习时应整体把握、分点记忆。

【考点难点归纳(厚积薄发)】

考点一：公共部门改革概述(见表 13-1)　★★★

表 13-1　公共部门改革概述

要点	主要内容	
含义	又称行政改革，指根据环境变化和需要，调整和变革公共部门权力格局、利益关系、组织结构等的一种政治行为	
内容	一般性、普遍性	都涉及公共部门及其社会职能定位
	变动性、特殊性	改革内容因国家、时期、发展阶段不同而不同
目标	创新	观念、理论与体制创新，使公共管理更具创新和开拓精神
	经济	使公共管理更经济，降低投入
	绩效	提升公共部门绩效，增强公共管理效能
	效率	提高公共管理效率
	适应	使公共管理系统更具适应性
	负责	使公共部门更负责
公共管理新模式	奥斯本、盖布勒	“企业家政府”模式
	休斯	公共管理新模式
	彼得斯	四种治理模式：市场化、参与型、弹性化、解制化政府模式[新公共管理取向]
	费利耶等	“新公共管理”模式：效率驱动、小型化与分权、追求卓越、公共服务取向模式
	罗兹等	公共治理模式

【**真题链接**】简述公共部门改革目标。[简答题，山西财大 2019 年研]

考点二：西方国家公共部门改革(见表 13-2)　★★★★

表 13-2　西方国家公共部门改革

要点	主要内容		
兴起	①流程再造理论促进公共部门改革的观念更新。 ②经济与政治因素促使公共部门改革提上议程。 ③日益明显的经济全球化趋势推动政府改革。 ④新技术的发展和广泛应用支撑公共部门改革		
内容	重新界定和优化政府职能	①实行大部制，精简机构；把大量社会事务性职能交还给社会。 ②优化途径：非国有化[产权转移或私有化]、自由化及压缩式管理等	
	公共服务社会化、市场化	公共服务市场化	采用市场化工具：私有化、使用者付费、合同外包、招标投标、委托代理、分散决策、产权交易和内部市场
		公共服务社会化	①政府业务合同出租；②以私补公；③与私营企业建立伙伴关系；④公共服务社区化

续表

<table>
<tr><th>要点</th><th colspan="2">主要内容</th></tr>
<tr><td>内容</td><td>改革政府部门内部管理体制</td><td>①利用信息技术，建立公共行政信息系统。
②实行分权与权力下放。
③促进部门内部组织结构改革。
④推动公共人事制度改革。
⑤强调顾客导向，提高服务质量，改善政府形象。
⑥引进工商企业管理方法并整合，提升公共部门绩效</td></tr>
<tr><td rowspan="5">特点</td><td>渐进推进</td><td>有计划、渐进地推进改革</td></tr>
<tr><td>参谋</td><td>组建精干、高效的改革机构，重视参谋咨询机构的作用</td></tr>
<tr><td>法制建设</td><td>重视配套立法建设，依法改革</td></tr>
<tr><td>效能和服务</td><td>注重提高公共管理效能和服务质量，改善公众关系</td></tr>
<tr><td>内外部监督</td><td>强化内外部监督，形成结果导向的绩效评估机制</td></tr>
<tr><td rowspan="2">评价</td><td>评价标准</td><td>①内部标准[政府]、外部标准[社会]。
②政治层面[全局、抽象]、操作层面[具体]上的标准。
③公平标准[社会性效率]、效率标准</td></tr>
<tr><td>评价内容</td><td>①改革价值与方向[市场化和管理主义]；②改革措施[市场机制与竞争]；③改革效果</td></tr>
</table>

【真题链接】试述当代西方国家公共部门改革的内容。[论述题，贵州财大2017年研]

考点三：当代中国行政体制改革 ★★★★★

1. 当代中国行政体制改革的兴起(见表13－3)

表13－3 当代中国行政体制改革的兴起

<table>
<tr><th>要点</th><th colspan="3">主要内容</th></tr>
<tr><td>背景</td><td colspan="3">①社会主义市场经济体制的要求。
②民主化政治体制改革的促进。
③社会动力：行政效率低下，公众满意度下降。
④西方公共部门改革的理论实践参考。
⑤现代科学技术的发展带来了机遇和挑战</td></tr>
<tr><td>价值体系</td><td colspan="3">①社会公仆观念；②“廉价”政府；③高效率管理；④反官僚主义；⑤持续改革并调整国家机关；⑥市场经济的发展取向、民主化的法治取向、以人为本的民本取向和公共服务取向等</td></tr>
<tr><td rowspan="3">理论构想</td><td rowspan="2">基本理论</td><td>改革原则与目标</td><td>建立与社会主义市场经济体制、民主政治制度相配套的法治国家</td></tr>
<tr><td>改革内容</td><td>党政分开、权力下放、精简机构、改革干部人事制度</td></tr>
<tr><td>职能转变理论</td><td colspan="2">①转变政府职能范围，集中精力实行制度管理和规则管理。
②转变政府职能行使方式，引入经济、企业管理手段，构建具有中国特色的政府公共管理职能体系。
③健全和强化小康社会的宏观管理职能，提高公共服务在政府工作中的比重。
④构建社会主义和谐社会，要求建设服务型政府、强化社会管理和公共服务职能</td></tr>
</table>

【真题链接】试述当代中国行政体制改革的基本价值体系的内容。[论述题，贵州财大 2015 年研]

2. 以转变政府职能为中心的行政体制改革(见表 13－4)

表 13－4　以转变政府职能为中心的行政体制改革

要点	主要内容	
政府职能	含义	指政府按社会需求在国家和社会管理中应承担的职责和功能
	特点	整体性、程序性、执行性、多样性、动态性、依法性等
当代中国政府职能体系	经济调节职能	调控宏观经济，调整经济结构，弥补市场失灵
	市场监管职能	健全市场规制，强化市场监管
	社会管理职能	协调社会利益，维持社会稳定，确保社会公平
	公共服务职能	提供公共产品和公共服务
政府职能发展规律	作用领域	以政治职能为重心→以经济、社会管理、科技文化职能为重心
	作用性质	以保卫、统治性职能为主→以管理、服务性职能为主
	分化程度	职能不清→职能高度分化
	行使方式	人治为主，行政手段→法治为主，综合运用各种手段
	作用深度广度	“守夜警察”→“万能政府”→“有限政府”
我国政府职能转变的内容	重心转变	党和国家的工作重点转移到以经济建设为中心
	关系转变	理顺央地、上下级、政市、政企、政社及政府内各部门关系
	方式转变	以行政手段、微观直接管理为主→以经济手段、宏观间接管理为主
	重大战略转变[构建服务型政府的要求]	①重大战略转变包括： a. 以经济增长为中心→经济增长和社会发展并重。 b. 以物质资本为中心→以人力资本为中心。 c. 以产业干预政策为中心→创造平等竞争的市场环境。 d. 非规范性的为人民群众服务→制度性的公共服务。 e. 单一推进市场化进程→完善市场竞争机制与社会安全网并重。 ②推动实施政府职能重大战略转变，坚持和加强党的全面领导，坚持以人民为中心，持续转变政府职能，完善公共服务体系

【真题链接】试述我国转轨时期政府职能转变的主要内容。[论述题，天津商大 2018 年研]

3. 当代中国行政体制改革的发展趋势(见表 13－5)

表 13－5　当代中国行政体制改革的发展趋势

要点	主要内容	
深化行政体制改革的方向	服务政府	公正、透明、高效地提供优质公共产品和服务
	责任政府	回应并满足社会和公众的正当要求，承担政治、行政、法律和道德责任
	法治政府	合法合理行政、程序正当、高效便民、诚实守信、权责统一
	透明政府	手段：政务信息公开、数据开放

续表

要点	主要内容
当前行政体制改革的主要内容	①着力转变职能、理顺关系，简政放权。 ②完善机构设置，优化同级组织结构，理顺纵向机构设置，减少行政层级。 ③健全科学、民主的决策机制。 ④完善政府管理法制体系。 ⑤改进行政方式，重视技术性管理方式，推行电子政务。 ⑥创新社会治理。 ⑦建设数字政府，推进政府改革与创新

【真题链接】

(1)试述我国行政体制改革的趋势。[论述题，西安财大2021年研]

(2)试述当前我国行政体制改革的主要内容。[论述题，贵州财大2012年研]

13.2 课后习题详解

一、概念题

1. 公共部门改革

答：参见本章考研真题概念题第1题答案。

2. 政府职能

答：参见本章考研真题概念题第2题答案。

3. 行政体制

答：行政体制又称政府体制、行政管理体制，是国家行政机关的设置、职权的划分与运行等制度的总称，是国家政治体制的重要组成部分。行政体制的类型主要有：①行政权力体制；②政府首脑体制；③中央政府体制；④行政区划体制。在我国，行政体制主要指立法机关、行政机关、司法机关和监察机关的权力划分。

4. 业务流程再造

答：业务流程再造是指对企业的业务流程进行根本性的再思考和彻底性的再设计，从而使企业获得成本、质量、服务和速度等方面业绩的改善，从而达到削减成本、提高利润、对市场变化作出灵活的反应和提高企业市场竞争力的目的。业务流程再造是基于网络信息技术等现代科学技术为满足用户需要而系统化地改进企业业务流程的一种管理哲学。业务流程再造以业务流程为改造对象和中心、以关心客户的需求和满意度为目标，为企业管理活动提出了一个全新的理念。

5. 法治政府

答：参见本章考研真题概念题第5题答案。

6. 责任政府

答：参见本章考研真题概念题第4题答案。

7. 效能政府

答：效能政府是指行政效率高、执行能力强，行政成本低、廉洁奉公、全心全意为人民服务的政府，是特定环境下能最佳实现组织功能的政府。从理论上说，效能政府建设的核心问题是效能标准的确立问题。如果没有一套科学、合理的效能政府标准作为基准，效能政府的建设或实现将无以为据。

8. 服务型政府

答：参见本章考研真题概念题第3题答案。

9. 大部门制

答：大部门制又称大部制，是指在政府的部门设置中，将业务相似、职能相近的部门进行合并，集中由一个部门统一管理，从而达到转变政府职能、理顺政企和政事关系、优化政府组织结构、提高行政效能的目的。大部门制是对我国行政管理体制改革在新的历史条件下适应市场经济的一个新举措，其重点在于职能的有机统一，切忌分散、交叉和多元。

10. "互联网+行动"计划

答："互联网+行动"计划是国务院原总理李克强同志在2015年两会的政府工作报告中提出的，包含四个方面的内容：①以互联网促进产业转型升级，着力提高实体经济创新力和生产力；②以互联网培育发展新业态、新模式，着力形成新的经济增长点；③以互联网增强公共服务能力，着力提升社会管理和民生保障水平；④加快网络基础设施建设，着力提高互联网应用支撑能力。

11. "数字政府"

答："数字政府"是指运用数字技术创造公共价值的政府，其依靠的是由政府、非政府组织、企业、公民组织、个人互动所构成的数字政府的生态系统。它是整体政府现代化战略的一个不可分割的部分，是一种在现代计算机、网络通信等技术支撑下，政府机构日常办公、信息收集与发布、公共管理等事务在数字化、网络化的环境下进行的国家行政管理形式。数字政府的核心在于政府如何善用现代数字技术去实现良好政府的基本原则，更好地达成政府施政的政策目标，为公民和社会创造更大的公共价值。数字政府的本质在于通过数字政府的转型，建立新的政府典范。具体而言，其基本特征包括：①从现有流程的数字化到设计的数字化；②从以信息为中心的政府到数据驱动的政府；③从封闭的政府运作过程到开放的政府；④从以政府为中心到以使用者和公民为中心；⑤从政府作为公共服务的提供者到政府作为公共服务共同创造的平台；⑥从被动的政府到积极前瞻性政府。

二、思考题

1. 比较瓦格纳法则和帕金森定律在分析政府规模扩张方面的差异。

答：(1)帕金森定律：

帕金森定律是指帕金森在对组织机构的无效活动进行调查和分析中提出的关于组织机构臃肿低效的形成原因的定律。帕金森在组织机构活动中发现：组织机构所完成的工作与工作人员的多少之间并没有直接联系，管理层次的增加也与工作本身无关。帕金森认为，这一现象是由一个规律性的动机所导致的，即“工作的增加只是为了填满完成这一工作时可资利用的时间”。帕金森定律包括以下两条法则：

①增加部属的法则。帕金森提出，当行政官员对自己的工作量感到过重时，对此问题所采取的措施受动机规律引导，即“一个行政官员想增加的是下级而不是对手”，其目的是减少组织中的竞争对手，同时增加部下也可以提高官员自己的地位。

②增加工作量的法则。帕金森指出，由于职位上的工作量不变(或略微增大)，而人员却大幅度增加，这就决定了下属行政官员们必须互相合作地工作。

因此，在组织机构的设置与管理中，应严格遵循以事定职、以职选人的原则，奉行职责合理分工的准则，防止无依据地增加工作量；同时还要不断提高组织机构的目标实现标准，使政府管理机构处在一种“抑制膨胀”的状态之中。

(2)瓦格纳法则：

瓦格纳法则是指随着国家职能的扩大和经济的发展，要求保证行使这些国家职能的财政支出不断增加，即随着人均收入的提高，财政支出规模也相应提高。具体来讲，可以从以下三方面来进行解释：

①市场失灵和外部性的存在需要政府的活动增加。瓦格纳认识到，随着经济的工业化，不断扩张的市场与这些市场中的行为主体之间的关系更加复杂化，这需要建立司法体系和管理制度，以规范行为主体的社会经济活动。

②政府对经济活动的干预以及从事的生产性活动，也会随着经济的工业化而不断扩大。随着工业化经济的发展，不完全竞争市场结构更加突出，市场机制不可能完全有效地配置整个社会资源，因此需要政府对资源进行再配置，实现资源配置的高效率。

③城市化以及高居住密度会导致外部性和拥挤现象，这些都需要政府进行干预和管制。同时，教育、娱乐、文化、保健以及福利服务的需求收入弹性较大，要求政府在这些方面增加支出。即随着人均收入的增加，人们对上述服务的需求增加得更快，政府要为此增加支出。

(3)瓦格纳法则和帕金森定律在分析政府规模扩张方面存在的差异：

①瓦格纳法则侧重分析政府规模扩张的外部环境因素，包括政治因素、经济因素等；帕金森定律则侧重分析政府规模扩张的内部因素，如组织内成员情况、企业内部发展要素等。

②瓦格纳法则侧重分析经济发展与财政支出对政府规模扩张的影响；帕金森定律则侧重分析工作压力与人员多少对政府规模扩张的影响。

2. 比较分析彼得斯与费利耶的“新公共管理”模式。

答：(1)彼得斯的“新公共管理”模式：

美国著名公共管理学者盖伊·彼得斯在《政府未来的治理模式》中提出了当代西方行政改革及公共管理实践中正在出现的四种治理模式，其主要特征如表13－6所示。

表13－6 四种模式的主要特征

	市场化政府	参与型政府	弹性化政府	解制化政府
主要诊断	垄断	层级节制	永久性	内部管制

续表

	市场化政府	参与型政府	弹性化政府	解制化政府
组织结构	分权	扁平型组织	虚拟组织	无特别建议
管理过程	绩效工资制、私人部门管理技术	全面质量管理	管理临时人事	更大的管理自由
政策制定	内部市场	咨询、谈判	试验	企业化政府
公共利益	低成本	参与、咨询	低成本、协调	行动主义

(2)费利耶的“新公共管理”模式：

英国学者E. 费利耶等人在《行动中的新公共管理》一书中提出，在当代西方政府改革运动中，至少有过四种不同于传统公共行政模式的新公共管理模式。它们有着重要的差别和明显的特征，代表了建立新公共管理理想类型的几种初步尝试。其具体内容如下：

①效率驱动模式。这种模式是在公共部门管理中引入工商企业管理的方法和技术的代表，推崇以提高效率为核心，以市场为基础，顾客导向，重视财政控制、成本核算和效率问题，重视建立强有力的管理中心，采用层级管理和“命令与控制”的工作方式，加强目标管理和绩效管理等。

②小型化与分权模式。作为当代公共部门组织结构变迁趋势的反映，其特点是：准市场成为公共部门配置资源的机制；出现较松散的合同管理模式；组织结构转向扁平化；从标准化服务转向灵活多样的服务系统等。

③追求卓越模式。这种模式强调组织的发展和进步，重视结果，以结果评定绩效；主张在组织中形成学习型组织，让领导者发挥模范带头作用。

④公共服务取向模式。这种模式注重服务质量，强调服务价值和公民权益，将实现公共服务作为管理使命。

(3)两种模式的不同主要体现在上述不同中，具体比较分析略。

3. “顾客理论”是当代西方公共管理理论的重要内容。请分析评价“顾客理论”的贡献；同时，从批判学派的角度分析评价“顾客理论”的缺陷与不足。

答：“顾客理论”是公共管理运动中的一项重要内容，是从经济学中转化而来的理论，对公共管理和政府改革都产生了极大的影响。

(1)“顾客理论”的贡献：

戴维·奥斯本和特德·盖布勒认为，顾客导向组织的积极作用包括：①可促使服务提供者对顾客真正负起应有的责任；②减少组织成员在决策时政治因素的不当干预；③可激发出组织成员更多的创新行为；④可为民众提供更广泛的选择；⑤其产出较能符合大众的需求，不容易形成浪费；⑥能培养顾客的选择能力，并协助其了解本身应有的地位和权益；⑦可创造出更多公平的机会。

(2)“顾客理论”的缺陷与不足：

①顾客导向理论可能危及政府的合法性。顾客在传统意义上是指接受产品或服务的人。倘若公共服务坚持顾客导向的原则，那么会有一部分人在很大程度上受到忽视。因此，顾客的概念就直接威胁到了公共部门存在的合法性。

②顾客导向在公共服务中违背了公平原则。市场中，顾客与企业之间是一种平等的交换的关系。但处于社会环境中时，公众需要的是政府公平的服务，所以顾客导向在公共服务中违背了公平的原则。

③顾客在公共管理中的提出割断了民众与政府之间的法律关系。在市场中，企业与顾客的关系只以公平交易为基础，而民众与政府之间是一种法律关系。顾客与企业会因为交易的完成而失去关系，但是民众却无法与政府断开关系。民众必须忠诚于国家，对国家担负起自己应有的责任，并履行应有的义务。

④顾客导向理念的适应范围有限。一般而言，顾客选择主要运用于服务职能，并不适用于政策执行职能，如对警察和监狱长而言，罪犯是执行对象，也是他们的顾客。执行组织可以通过将执行对象视为顾客的方式来改进服务质量和管理绩效。但在管理实践中，顾客和执行对象二者不能混淆，因为公众的安全要比罪犯的满意更重要。

4. 当代西方国家行政改革也被称为“新公共管理运动”“政府再造运动”。随着社会主义市场经济体制的深入发展以及其他内外因素的发展变化，行政改革在我国社会经济发展过程中也日益重要，并推动着政府管理模式的变换和政府职能的转变，特别是推动政府管理模式从“重管理型”向“服务型”转变。请你分析说明下列问题：

(1)请根据当前学术界关于“新公共管理”的论述，列举三个具有代表性的人物及其代表性观点，请分析评价这些观点并阐述你对“新公共管理”内涵的理解。

答：①代表人物及其观点：

a. 戴维·奥斯本与特德·盖布勒的观点。在深入考察美国政府改革实践后，他们在《改革政府：企业精神如何改革着公营部门》一书中全面阐述了“企业家政府”模式，重点探讨政府应当如何进行运作的问题，强调“不争论政府的大小而力求政府的效率，不强求政府做什么而着眼于政府怎么做，不纠缠征税花钱多少而讲究适当征税花钱得体，不辩论政府办事的动机而着重政府办事的后果”。企业家政府的基本特征和改革政府的十项原则包括：掌舵而不是划桨；重妥善授权而非事必躬亲；注重引入竞争机制；注重目标使命而非繁文缛节；重产出而非投入；具备“顾客意识”；有收益而不收费；重预防而不是治疗；重参与协作的分权模式而非层级节制的集权模式；重市场机制调节而非仅靠行政指令控制。

b. 欧文·休斯的观点。他将新公共管理的共性归纳为六点：该模式意味着对传统行政模式的重大改变，注重结果的实现和管理者个人负责任；脱离官僚制，使组织、人事、任期等具有灵活性；明确组织各层级目标，建立绩效评估系统，其背后的推动力是“三E”(经济、效率、效益)；公共管理人员更具有政治色彩；将掌舵与划桨分开；以民营化和合同外包等方式减少政府职能。

c. 盖伊·彼得斯的观点。彼得斯在对传统治理和全球行政改革进行多年潜心研究的基础上，提出了政府治理的四种模式，包括市场化政府模式、解制式政府模式、弹性式政府模式、参与式政府模式，并对每种模式进行了深刻的比较分析。参见本章课后习题思考题第2题答案。

②对“新公共管理”内涵的理解：

a. “新公共管理”理论产生于并指导着西方发达资本主义国家的政府改革，是将私营企业管理的一整套原理、技术和方法应用于公共部门管理的结晶。它表明管理理论正在超越公共部门和私人部门的界限，成为普遍适用于公私领域的管理哲学。

b. 新公共管理是在经济滞胀、环境污染、社会问题日益严重的背景下迫使政府进行的行政改革运动。其侧重改革政府的内部结构，以及与社会、公民之间的关系，最终目的是要缩小政府规模，以更低的费用、更高的效率来提供公共服务。

(2)请分析在从“管理型”的政府管理模式向“服务型”政府管理模式转变过程中，所发生的重大变化是什么以及管理与服务的关系。

答：①发生的重大变化：

在从“管理型”的政府管理模式向“服务型”政府管理模式转变的过程中，所发生的重大变化主要是政府角色和职能的转变，政府由过去的发号施令者转变为与公民、社会平等合作的具有高度责任意识的公共产品与公共服务的提供者。“管理型”政府和“服务型”政府的区别具体体现在以下几个方面：

a. 行政目标的侧重点不同。“管理型”政府的主要行政目标是管理，维持政治国家的秩序与安定。而“服务型”政府则是服务重于管理，政府行政活动的重心和行政职能的运用转向以公共服务为主。

b. 行政手段不同。“管理型”政府的主要行政手段是强制；而“服务型”政府则是合作多于强制。

c. “管理型”政府的行政立法随意，行政管制色彩浓厚；而“服务型”政府则淡化官意而重民意。

d. “管理型”政府的行政效率低下，行政成本高；而“服务型”政府则是高效能代替低效能和无效能。

e. 从行政权的控制看，“管理型”政府容易产生行政权滥用和腐败；而“服务型”政府则重责任轻利益。

②管理与服务的关系：

事实上，管理与服务是对立统一的辩证关系，二者既相互对立、彼此冲突；又相互统一、相辅相成。

a. 管理与服务的相互对立、彼此冲突，主要表现在四个方面：

第一，人性假设不同。管理(尤其是早期的科学管理)是基于“理性经济人”的假设，而服务则基于“社会人”假设。

第二，实现方式不同。管理通常采取命令、控制等刚性手段，实行自上而下的单向行为模式，推进标准化、程序性的运行过程。而服务通常采取沟通、合作等柔性手段，实行平等互动的双向行为模式，推进多元化、灵活性的运行过程。

第三，行为取向不同。管理的宗旨是实现组织目标，主要依托权力、制度、纪律等强制性力量，被管理者往往缺乏表达意愿和参与的机会。而服务以服务对象愿意接受服务为前提，实现方式依赖双方互动、彼此认同，被服务者处于自愿状态。

第四，实际效果不同。管理借由工具理性和技术理性提高生产效率，服务则借由人文理性和价值理性让客体满意。

b. 管理与服务相互统一、相辅相成的关系，主要表现在以下三个方面：

第一，目标一致。现代民主制度的建立是现代社会文明进步的标志之一，体现在政府不再是统治者进行统治的官僚机器，而是公民权利让渡的结果。公民是公共权力的合法拥有者，委托政府进行公共事务的管理。

第二，手段互补。服务所采用的柔性手段，能够调动被服务者的参与热情，提高政策制定的民主化程度，增强政策执行的合理性依据，提升公民满意度。行政行为能够既具备有效性又具备合理性，离不开两种手段的优势互补、刚柔并济。

第三，过程相融。行政行为在表现形式上难以严格地划分究竟是管理行为还是服务行为，在行政行为的制定、执行和评估的整个过程，管理和服务相互融合。

5. 在政府与社会关系中，一方面，如果社会自主性缺失，可能造成社会的虚弱及社会对政府的依赖，从而使社会最终失去其自身发展的动力；那些不同于政府的个人目标受到强力的压制而不能实现，最终将造成个人、社会对政府的疏远与冷漠，甚至引发社会对政府的反抗；社会将在政府之外创造自身满足的机制，这导致政府与社会的离异、导致社会对自身发展的冷漠。另一方面，如果政府权威不足，则可能使国家的社会政治生活呈现出一种愈益明显的分散化的倾向，其结果是社会政治生活中的矛盾与困难，多民族国家的分裂。

请运用政府职能的有关理论分析如何处理政府与社会的关系。

答：政府与社会的关系主要包括三个方面：一是政府对社会的管理；二是社会对政府的支持和监督；三是政府与社会通过精诚合作作用于市场机制，共同治理宏观社会，增进社会整体福利。随着市场经济体制的发展，需要新型机制来协调处理政府与社会之间的关系。处理政府与社会的关系应从以下三个方面入手：

(1)培养社会自治能力，纠正市场失灵和超越市场、引导市场。

有效的政府是一个能够治理并且善于治理的政府，但这并不意味着政府无事可做。恰恰相反，政府的作用在市场条件下相当重要。

①政府的作用是纠正市场的固有缺陷。市场有其自身无法克服的弱点和消极方面，政府就需要担负起相应的经济职能，最大限度地减少市场经济的消极面。

②政府的作用是超越市场、引导市场，这要求政府能够站在市场之上，控制市场的总体运行，防止其自发发展造成的危害。这样做的好处是可以缩小政府的规模，减少开支，提高效率。有效的政府是要培养社会自我管理的组织，把政府包揽的事还给社会，由社会组织自行管理。

(2)培育和完善市场主体，加快社会保障制度改革。

市场失灵的存在是政府干预经济活动的理由。在建立社会主义市场经济的过程中，政府具有培育和完善市场的职能，这实际上就是政府转变职能的过程。社会主义国家的政府是社会主义市场发育的第一推动力。政府培育和完善市场主体包括两个方面：①政府作为社会经济管理者，应退出国有资产的管理和经营领域，即放弃其经营职能；②政府应加强社会职能，特别是社会保障职能。尽快建立起与市场经济相适应的社会保障制度，以维护社会弱势群体的基本权益，保障社会治安稳定。

(3)确立政府与社会的良性互动体系。

政府干预的结果必须要比干预前的情况有所改善和好转，否则，就不要干预。按照这一原则，政府在准备进行干预之前，必须审视自身不完善的地方，以使政府干预尽可能地降低成本，减少副作用，增加有效性。在我国，由于有着几千年封建集权的历史和几十年计划经济的传统，因而在向市场经济体制转变的过程中，更应该警惕和防止政府对经济的过度干预，政府不能包办社会具体事务，而应充分发挥社会组织的积极性，由社会组织去管理社会的微观事务。同时，有必要形成社会对政府权力的有效制约机制，以防止政府权力的滥用。

6. “掌舵而不是划桨”“服务而不是掌舵”，这是当代西方公共管理理论中关于政府职能定位的两类观点。请比较分析在这两种理论观点支配下政府职能的具体定位，并对这两种观点进行分析评价。

答：（1）“掌舵而不是划桨”观点下的政府职能定位：

“掌舵而不是划桨”是由戴维·奥斯本和特德·盖布勒提出的观点。他们在《改革政府：企业精神如何改革着公营部门》一书中全面阐述了“企业家政府”模式，认为政府职能主要有：

①起催化作用的政府：掌舵而不是划桨。

②社区拥有的政府：授权而不是服务。

③竞争性政府：将竞争机制引入服务提供中。

④有使命感的政府：改变照章办事的组织。

⑤讲究效果的政府：按效果而不是按投入拨款。

⑥受顾客驱使的政府：满足顾客的需要，而不是官僚政治需要。

⑦有事业心的政府：有收益而不浪费。

⑧有预见的政府：预防而不是治疗。

⑨分权的政府：从等级制到参与和协作。

⑩以市场为导向的政府：通过市场力量进行变革。

（2）“服务而不是掌舵”观点下的政府职能定位：

“服务而不是掌舵”是新公共服务理论的观点。“新公共服务”是指关于公共行政在以公民为中心的治理系统中所扮演的角色的一套理念。作为一种全新的现代公共行政理论，新公共服务理论认为，公共行政已经经历了一场革命。在新公共服务理论家看来，公共行政官员在其管理公共组织和执行公共政策时应该集中于承担为公民服务和向公民放权的职责，他们的工作重点既不应该是为政府航船掌舵，也不应该是为其“划桨”，而应该是建立一些明显具有完善整合力和回应力的公共机构。具体来说，新公共服务理论主要包括以下几个方面的基本观点：

①政府的职能是服务，而不是掌舵。

②公共利益是目标而非副产品。

③在思想上要具有战略性，在行动上要具有民主性。

④为公民服务，而不是为顾客服务。

⑤责任是复合的，并不简单。

⑥重视人，而不只是重视生产率。

⑦公民权和公共服务比企业家精神更重要。

（3）对两种观点的评析：

新公共服务理论并不是对传统公共行政理论和新公共管理理论的否定。从理论视角来看，它本质上是对传统公共行政理论和新公共管理理论的一种扬弃，试图吸收传统公共行政理论的合理内核，尤其是在承认新公共管理理论对改进当代公共管理实践所具有的重要价值并摈弃新公共管理理论，特别是“企业家政府”理论的固有缺陷的基础上，提出和建立一种更加关注民主价值和公共利益、更加适合于现代公民社会发展和公共管理实践需要的新的理论选择。

7. 结合信息化发展实践，分析“数字政府”建设的重要意义。

答：“数字政府”建设的意义主要体现在：

(1)数字政府的建设有力地推动了当下的中国行政改革。数字政府下的大数据、云计算等技术推动了我国生产力的发展和生产关系的重塑改进，政府、市场和社会的关系也随着数字经济的发展而产生了变化。数字经济成为了核心竞争力，使国家的创新水平和竞争力得到了显著提升。我国行政改革的重要内容是，推进新型数字技术在政府治理创新中的深化应用，以公众需求为导向，以提升政府治理与政府服务能力为目标，建设开放、共享、高效、协同的数字政府。

(2)数字政府的建设实际是用信息化推动了政府治理体系和治理能力的现代化。随着移动互联网、大数据和人工智能等新技术手段的发展与应用，政府信息化水平进一步提升，有利于构建一体化的在线政务平台，打破政府部门间、政府和社会之间的信息壁垒，从而构建全国信息资源开放共享体系。数字政府的建设能够用信息化手段感知社会发展态势、打通政民沟通渠道、推动公共决策的科学化和民主化，使我国政府信息化建设与应用逐渐向系统化转型。

(3)打造数字政府是提升政府行政效率和履职水平的必然要求。数字政府的建设实质体现了以人民为中心的发展思想，畅通的渠道平台、公开的信息实际上构建着新时代的服务型政府，这有利于实现决策的科学化、执行的高效化和监督的立体化，从而深化政府治理能力现代化的改革。

(4)数字政府建设可以提高政府办公效率，发展高度民主，减少官员腐败。

13.3 考研真题与典型题

一、概念题

1. 公共部门改革[西安建大2023年研；浙工商2019年研]
2. 政府职能[天津商大2021年研；中国传媒2015年研]
3. 服务型政府[浙江财大2021年研；天津商大2012年研；河北大学2008年研]
4. 责任政府[南昌大学2016年研；天津商大2015年研]
5. 法治政府[天津商大2018年研]

二、简答题

1. 西方国家公共部门改革的内容与特点。[暨南大学2015年研]

相关试题：

(1)试述当代西方国家公共部门改革的内容。[论述题，贵州财大2017年研]

(2)简答当代西方国家公共部门改革的特点。[贵州财大2017年研]

2. 简答当代中国的政府职能体系。[贵州财大2014年研]

三、论述题

1. 试述当代西方政府部门内部管理体制改革的内容。[贵州财大2014年研]

2. 试述当代中国行政体制改革的基本价值体系的内容。[贵州财大2015年研]

3. 试述中国转轨时期政府职能转变的理论主要包括哪些基本观点。[贵州财大2013年研]

相关试题：简述如何转变我国的政府职能。[简答题，天津商大2009年研]

4. 试述我国转轨时期政府职能转变的主要内容。[天津商大2018年研]

5. 试述当前我国行政体制改革的主要内容。[贵州财大2012年研]

6. 党的十九大报告提出“转变政府职能，深化简政放权、创新监管方式，增强政府公信力和执行力，建设人民满意的服务型政府”，请谈谈你对这句话的理解。[浙工商2018年研]

7. 中共十八届四中全会专题研究部署全面推进依法治国的重大问题，作出坚持走中国特色社会主义法治道路，建设中国特色社会主义法治体系的决定。结合有关理论，论述如何构建有中国特色的法治政府。[新疆农大2016年研]

相关试题：结合《中共中央关于全面推进依法治国重大问题的决定》，论述如何加快建设法治政府。[新疆农大2015年研]

13.4　考研真题与典型题详解

一、概念题

1. 公共部门改革[西安建大2023年研；浙工商2019年研]

答：公共部门改革又称行政改革，是指根据环境变化和需要，调整和变革公共部门权力格局、利益关系、组织结构等的一种政治行为。公共部门改革内容的特性包括一般性、普遍性和变动性、特殊性。公共部门改革的目的是：优化公共组织结构，强化公共管理职能，提高公共管理效率和服务质量。

2. 政府职能[天津商大2021年研；中国传媒2015年研]

答：政府职能又称行政职能，是指行政主体作为国家管理的执法机关，在依法对国家政治、经济和社会公共事务进行管理时应承担的职责和所具有的功能。它体现着公共行政活动的基本内容和方向，是公共行政本质的反映。政府职能的基本内容包括：政治职能、经济职能、文化职能及社会保障职能。安德森将政府的基本职能划分为七种：①提供经济发展的基础架构；②提供各种公共物品与服务；③解决与协调团体冲突；④维护竞争；⑤保护自然资源；⑥确保商品和服务的可及性；⑦维持经济稳定。

3. 服务型政府[浙江财大2021年研；天津商大2012年研；河北大学2008年研]

答：服务型政府是指在公民本位、社会本位理念的指导下，在整个社会民主秩序的框架下，通过法定程序，按照公民意志建立起来的以为人民服务为宗旨并承担着服务责任的政府。其本质是以社会发展和公民普遍的共同利益为出发点，即完全从人民需要出发，以为人民服务为宗旨。服务政府的基本特征是：①政府是公共利益的代表；②实现和保障社会公正是政府的主要职责；③提供公共产品与公共服务是政府的主要职能；④政府财政资源主要向公共领域投入。

4. 责任政府[南昌大学2016年研；天津商大2015年研]

答：责任政府是指能回应并满足社会和公众的正当要求，承担政治责任、行政责任、法律责任和道德责任的政府。即具有责任能力的政府在行使社会管理职能的过程中，积极主动地就自己的行为向人民负责；政府违法或不当行使职权，应当依法承担法律责任，实现权力和责任的统一，做到"执法有保障、有权必有责、违法受追究、侵权须赔偿"。责任政府是一种新的行政法理念。在履行职责方面，政府能够积极地对社会民众的需求作出回应，并采取积极的措施，公正、有效率地实现公众的需求和利益。责任政府的基本特征是：①要营造一个良好的政策环境，回应公众需求；②具备完善的责任控制机制，加强权力监督和制约；③对行为负责，承担因不当行为或不良后果产生的法律责任。

5. 法治政府[天津商大2018年研]

答：法治政府是指政府应坚持法治原则来行使权力、履行职责，严格依法行政。法治政府是集为民政府、有限政府、阳光政府、诚信政府、程序政府、责任政府于一体的政府。它包括合法行政、合理行政、程序正当、高效便民、诚实守信和权责统一六个方面的要求。其法理特征有：在权力设定上，奉行"法无授权不可为"，即坚持权力法定；在权力行使上，遵循"法定职责必须为"；在权力约束上，坚持"违法用权必问责"。法治政府应当恪守一些基本原则：①法律至上原则；②法律面前人人平等原则；③法律之下自由原则；④正当法律手续原则；⑤制衡政府原则。

二、简答题

1. 西方国家公共部门改革的内容与特点。[暨南大学2015年研]

相关试题：

(1)试述当代西方国家公共部门改革的内容。[论述题，贵州财大2017年研]

(2)简答当代西方国家公共部门改革的特点。[贵州财大2017年研]

答：西方国家公共部门改革，是西方国家公共部门随着经济全球化、新技术革命的发展，在传统科层官僚管理体制不能很好适应时代变化对公共管理提出的新要求下，进行政府职能优化、公共服务市场化、分散政府职能、引入现代化管理技术、进行人力资源改革、对公共机构进行重组等多个方面的公共部门改革过程。

(1)改革的内容：

①重新界定和优化政府职能。当代西方国家行政改革的一个基本趋势是缩小政府行政管理的范围，分散、转移政府专业管理职能和部分公共服务职能，同时强化政府宏观调控和综合协调功能。这具体包括：

a. 在政府部门内部实行大部制，把业务相似、职能相近的部门进行合并，集中由一个部门统一管理。

b. 将大量社会事务性职能交还给社会，如非国有化、自由化及压缩式管理等。在当代西方各国，政府业务的合同承包极为普遍，从道路修建到人口普查，从图书馆运营到治安消防等，政府的许多职能都可能成为签约外包的标的。

②利用市场和社会力量实行公共服务社会化、市场化。公共服务市场化，通过市场化工具来实现，其具体途径有：合同出租、以私补公、授权社区。美国在重塑政府期间，高举公共服务改革大旗，实行“掌舵”与“划桨”分离，利用民间部门高效率、低成本的优势，大力将部分公共服务市场化，让私人企业和非营利性机构参与公共服务的提供和生产。公共服务社会化的实践形式包括：a. 政府业务合同出租；b. 以私补公，打破政府垄断；c. 建立政府部门与私营企业的伙伴关系；d. 公共服务社区化。

③政府部门内部的管理体制改革：a. 利用信息技术革命新成果，建立公共行政信息系统；b. 实行分权；c. 减少管理层级；d. 推行公共人事制度改革；e. 企业化管理；f. 运用现代管理技术和手段。

(2)改革的特点：

①坚持有计划的、渐进式的行政改革，使行政改革稳步发展。日本和美国等发达国家的公共部门改革，都采取有计划的、渐进式的改革方式。

②组建精干、高效的改革工作班子，重视发挥参谋咨询机构的作用。

a. 精干、高效的改革机构在推动西方各国公共部门的改革中发挥了重要的作用。

b. 参谋咨询机构有的隶属于行政首脑或行政部门，有的是民间组织，有相对独立性。它们承担政府交给的咨询任务，为政府行政改革出谋献策，对促进政府行政管理科学化发挥着重要作用。

③坚持依法改革，重视配套立法建设。在西方国家，公共部门改革的每个步骤、措施，都要有国家权力机关通过的相应法律作依据才能具体实施。强调改革要有法律依据，从而大大减少了公共部门改革的随意性。

④注重政府管理内涵的改革，追求政府管理效益。西方各国政府奉行“顾客至上”原则，采取各种措施提高服务质量。

⑤强化内外部监督，形成立体的政府绩效评估机制。20 世纪 80 年代以来，西方国家政府把“绩效评估”作为消除改革阻力、提高政府管理效能的重要手段。“绩效评估”经过数十年的实践和发展，已成为政府行为标准的约束体系。

2. 简答当代中国的政府职能体系。[贵州财大 2014 年研]

答：当代中国政府的职能体系主要包括：

(1)经济调节职能。主要包括：①对社会经济建设进行统筹规划、掌握政策、信息引导、组织协调、提供服务和检查监督；②保持社会总需求与总供给的动态平衡，确保经济稳定、协调发展；③制定中长期经济发展规划，实现国家和地方经济发展目标等。

(2)市场监管职能。即政府建立富有活力、创新导向、包容有序、法治保障的社会主义市场经济体制。富有活力，就是要大幅度减少政府对经济活动的干预，通过完善产品市场和要素市场体系，更大程度地调动各方面的积极性，经过改革形成适应经济社会发展的新形势、新要求的制度环境，打造社会主义市场经济体制的升级版。

(3)社会管理职能。即为社会提供各种服务和社会保障，建立健全养老保险制度和待业保险制度，逐步完善社会保障体系，提升社会福利，维护社会公平，促进社会和谐，具体

要做到:

①加强社会保障和社会救济职能，逐步建立和完善覆盖全社会的高效率的社会保障制度，通过有效的税收和转移支付制度，调节国民收入分配，促进社会公正与和谐。

②增强政府的冲突管理职能，倡导政府与经济社会生活中不同利益集团的沟通与交流，统筹协调各方面利益关系，妥善处理社会矛盾，为困难群体提供必要援助，形成与社会多元发展趋势相适应的多渠道、多层次的社会利益协调机制，促进社会稳定和全面进步。

③完善应急管理体制机制，有效应对各种风险。

④加强社会治安综合治理，增强公众安全感。

(4)公共服务职能。即政府为社会生产、生活创造良好环境的职能，既有为经济活动服务，也有为人们其他社会生活服务的职能，具体应做到:

①政府应以发展社会事业和解决民生问题为重点，优化公共资源配置，逐步形成惠及全民的基本公共服务体系。

②创新公共服务体制，改进公共服务方式，健全社会组织，增强服务社会功能。

③为市场经济服务，加强教育和人力资本投资，促进科技发展，加强公共设施建设，通过公共财政投资来扶植和培育基础教育、公民基本保健、卫生防疫和计划生育等事关全民族素质的基础性文教事业建设。

三、论述题

1. 试述当代西方政府部门内部管理体制改革的内容。[贵州财大2014年研]

答: 当代西方政府部门内部管理体制改革的内容主要有:

(1)利用信息技术革命新成果，建立公共行政信息系统。西方国家自20世纪70年代开始的行政管理改革的实践证明，精简、高效的政府是一个国家经济发展的基础和经济成功的保证，而政府机构改革的成功则依赖于当时的社会经济基础和先进技术手段的运用。网络技术的成熟与信息处理技术的高度发达为政府进行机构改革、转变职能、提高行政效率提供了技术条件。

(2)实行分权与权力下放。调整中央与地方关系，实行分权，扩大地方政府权力，是当代行政改革的趋势之一。20世纪70年代以来，这方面的改革呈分权和集权两种趋势，但以地方分权为主流。注意，在当代西方各国的分权与放权的改革中，各国政府都坚持财权集中、事权分散的原则，既保证国家整体利益得以维护，又充分调动地方政府的积极性。同时，都不同程度上强化中央政府对地方政府的严格有效的监督，加强中央宏观调控。

(3)推行部门内部的组织结构改革。随着社会发展和国家干预的加强，传统科层组织制度产生机构庞大、效率低下和行为形式化等弊端。因此，改革传统科层组织制度，建立精干、合理、高效的政府机构成了当今各国政府改革的重要目标。注意，当代西方发达国家在重组政府机构中普遍采用大部门制的做法。

(4)推行公共人事制度改革:

①精简人员，加强公务员定员管理。加拿大和日本政府在人事管理方面推行“渐减”计划及采取“多退少补”原则，使公务员队伍逐步得到精简，实现世界各国中少见的行政编制“负增长”。

②放松规制，实行柔性化管理。当代西方政府在人事录用等方面属于放松规制，增强灵活性。同时，采取更加灵活的薪酬奖励制度，并在公务员体系外增加临时性、兼职或季节性雇员的数量。

(5)提高服务质量，改善公共部门形象。这一措施的具体内容包括：①创新服务和管理模式，优化管理流程；②推进政务公开，完善政务公开制度，扩大政务公开范围，保障公众对公共事务的知情权、参与权、表达权和监督权。

(6)实现公共行政传统规范与工商企业管理方法的融合：

①利用各种方法吸引私人企业的管理人才到政府任职。

②推进政府绩效管理。加快完善行政绩效评估标准、指标体系和评估机制、评估方法，有效引导和督促各级政府和工作人员树立正确的政绩观。

2. 试述当代中国行政体制改革的基本价值体系的内容。［贵州财大 2015 年研］

答：(1)当代中国行政体制的内涵：

当代中国行政体制具备三个关键要素：中国特色、社会主义、现代要求。它既与新中国成立前的旧行政管理体制有质的区别，也与传统计划经济条件下形成的行政管理体制有质的区别，还与西方市场经济条件下的行政管理体制有根本不同。当代中国行政体制的内涵的主要特征是：①以社会主义的基本政治制度和市场经济体制为基础；②具有很强的公共性、公平性和服务性；③坚持党的领导、人民当家作主和依法治国的有机统一；④按照决策、执行、监督既相互制约又相互协调的权力配置机制运行；⑤坚持改革的长期目标与阶段性目标的有机统一。

(2)当代中国行政体制改革的基本价值体系的内容：

①社会公仆观念是社会主义国家机关建设及其改革的重要价值。

②社会主义国家机关的标志是“廉价”政府，这也是国家机关的不懈追求。

③保证社会主义生产率高于资本主义生产率的基本条件是高效管理。

④社会主义国家机关的重点任务是反对官僚主义。

⑤通过不断改革和调整社会主义国家机关，可以完善组织机构和管理体制。

⑥中国行政体制改革要坚持市场经济、民主导向，以人为本，服务人民，从而促进科学发展，协调共进。

3. 试述中国转轨时期政府职能转变的理论主要包括哪些基本观点。［贵州财大 2013 年研］

相关试题：简述如何转变我国的政府职能。［简答题，天津商大 2009 年研］

答：政府职能转变的理论是当代中国行政体制改革的指南。中国转轨时期政府职能转变的理论主要包括以下基本观点：

(1)在政府职能范围方面：

①要切实改变全能政府的状况，逐步建立“小政府、大社会”的新型管理体制，强化该强化的职能，弱化该弱化的职能，转化该转化的职能。

②要坚持辩证法、两点论，继续在社会主义基本制度与市场经济的结合上下功夫，把两方面优势都发挥好，既要“有效的市场”，也要“有为的政府”，努力在实践中破解难题。

③促进政府职能转变。转变政府职能的关键是理顺政府、社会、市场三重关系，把该

放的权真正放开放到位，把该管的事切实管住管好。规则管理的核心是完善法律。

(2)在政府职能行使方式方面：

①在政府公共管理中引入经济管理和企业管理的方法，提高管理效率。

②吸收和借鉴国外成功的管理经验，构建具有中国特色的政府管理体系。

(3)小康社会的政府职能主要是宏观管理职能。

①科学的宏观管理是弥补市场失灵的内在要求，是社会主义市场经济体制的独特优势。适应我国经济社会发展的阶段性特征和国际国内经济形势的新变化，要创新思路，对宏观调控体系进行完善，对宏观调控机制和方式进行优化。

②合理配置宏观管理部门职能的改革举措，集中于经济发展重要领域，与各方面改革关系密切。坚持以习近平新时代中国特色社会主义思想为指导，提高政治站位，深刻理解合理配置宏观管理部门职能对实施相关重大战略的重要支撑和保障作用，增强改革的思想自觉和行动自觉。坚持与时俱进，着眼于新时代新任务提出的新要求，不断优化宏观管理部门职能配置，为经济社会发展提供有力的制度保障。

(4)建设服务型政府、强化社会管理和公共服务职能是构建社会主义和谐社会的重要措施和具体职能。

①深化行政审批制度改革，继续简政放权，减少政府不必要的行政审批事项。

②强化政府的公共服务职能，围绕人民日益增长的物质文化需求，以保障和改善民生为重点，健全公共财政体系。

③强化政府的社会管理职能，加强和创新社会管理，正确调节社会各阶层利益关系。

④加强对困难群体、特殊群体的权益保护、利益倾斜和社会救助。

⑤推进依法行政，规范政府行为，做到严格规范公正文明执法，防止和遏制各种腐败现象的发生，以廉洁高效的良好形象取信于民。

⑥稳步推进大部门制改革，整合行政资源，完善部门职责体系。

⑦积极推进政务公开，建立高效的政务服务体系。

⑧健全民主决策机制，在涉及群众切实利益的问题上要充分听取群众意见。

4. 试述我国转轨时期政府职能转变的主要内容。[天津商大2018年研]

答：转轨时期，我国政府职能转变的主要内容有：

(1)职能重心的转变。改革开放以前，在新中国成立后长达20多年的时间里一直是重政治统治职能，轻社会管理职能；重阶级斗争，轻经济建设。1978年党的十一届三中全会明确提出把党和国家的工作重点放到经济建设上，以经济建设为中心，转变了政府的职能重心。

(2)职能关系的转变。其主要包括以下几个方面：①理顺中央政府与地方政府、上级地方政府与下级地方政府之间的职能关系；②理顺政府和企业的关系，基本原则是政企分开，权力下放；③理顺政府与市场的关系，把市场对社会经济运行和资源配置的基础性作用与政府宏观调控的指导性作用有机地结合起来；④理顺政府与社会的关系，政府需要着力培养社会的自治能力，进行社会保障制度的加速改革；⑤理顺政府内部各职能部门的关系，政府各部门明确分工，划清职责。

(3)职能方式的转变。即从以行政手段、微观直接管理为主转向以经济手段、宏观间接管理为主，促进行政审批制度改革。由重计划、排斥市场转向以市场为主、计划与市场相结合。

(4)政府职能重大战略的转变。构建人民满意的服务型政府必须实现中国政府职能重大战略转变。这种转变是一种导向性、根本性、长期性和全局性的战略转变，具体参见本章考点难点归纳相关内容。

5. 试述当前我国行政体制改革的主要内容。[贵州财大 2012 年研]

答：当前我国行政体制改革的主要内容包括以下几个方面：

(1)着力转变职能、理顺关系：

①政府的社会管理主要是制定法规政策、规范制度标准、增加公共财政投入、加强社会行为监管。把一些社会公共服务和具体事务以适当方式交给社区、社会组织和中介机构。

②加快事业单位分类改革，建立事业单位法人治理结构和统一登记管理制度。

③优化政府组织结构，严格绩效管理，突出责任落实，确保权责一致。

④加快形成党委领导、政府负责、社会协同、公众参与、法治保障的社会管理体制。

(2)完善机构设置：

①优化同级政府组织结构。优化政府组织结构是一项复杂的系统工程，必须面向“两个一百年”奋斗目标，立足于社会主义初级阶段的基本国情，坚持目标导向和问题导向，助力破解经济社会发展中的深层次矛盾和问题。

②理顺上下级政府机构设置。要根据经济社会事务管理责权划分理顺中央和地方在财税、金融、投资和社会保障以及工商、质检、国土资源管理等领域的分工和职责。调整一些领域中央对地方的垂直管理体制，赋予省以及省以下地方政府更多的权责。

③减少行政层级。行政层级过多，不仅大大增加了运行成本，降低了行政运行效率，也抑制了各层级政府能动性的发挥。随着政府职能的转变，统一市场的逐步推进，经济一体化的深入发展以及交通、通讯等基础设施的显著改善，有必要从我国的实际出发适当减少行政层级。

(3)健全科学、民主的决策机制：

①建立健全决策权、执行权和监督权相互制约并协调的权力结构和运行机制。

②建立决策调查研究制度。涉及经济社会发展全局和群众切身利益的重大事项，经过实际调查研究后再纳入决策程序。

③完善集体决策制度，在领导班子集体讨论的基础上，坚持少数服从多数原则。

④推行政务公开，实行决策事项公示、听证和专家咨询制度，完善政府新闻发布制度和信息披露制度。

⑤建立健全行政问责制，严格实行决策失误引咎辞职、经济赔偿和刑事处罚制度。

⑥推行政务公开并逐步实现制度化，完善政府新闻发布制度，提高政府工作透明度，保障公民对政府工作的知情权、参与权、表达权和监督权。

(4)完善政府管理法制体系：

①建立健全规范经济社会活动，为政府全面依法行政创造完备的法制环境。

②建立健全规范政府行政活动，强化对政府行为的监管。

③强化行政人员法律素质培训，切实提高执法能力，改革行政执法体制，推进综合执

法试点，实行执法责任制和执法过错追究制，做到严格执法、公正执法、文明执法。

(5)改进行政方式：

①注重技术性的管理方式，充分发挥现代信息技术在政府管理创新中的作用。

②要加快推进全国一体化政务服务平台建设，厘清关系人民切身利益的各类办事流程，优化和简化办事程序，做好“互联网＋政务服务”工作。

(6)创新社会治理：

①健全社会管理格局和基层社会治理体制。

②重视社会组织建设和管理。

③完善突发事件应急管理机制。

④健全社会治安防控体系，加强社会治安综合治理。

⑤从政府中心主义模式转向政府、社会、公众多元主体互动协同治理模式，构建“互联网＋社会治理”新模式。

(7)建设数据驱动“数字政府”，推进政府改革与创新：

建设数据驱动的数字政府，要坚持以人民为中心，强化政务新基建的中枢，以服务为导向牵引政务协同，实现科学决策、高效执行和立体监督，以数字化推进政府治理能力现代化。这是新时代推进国家治理体系和治理能力现代化，提升政府行政效率和履职水平的必然要求。

6. 党的十九大报告提出“转变政府职能，深化简政放权、创新监管方式，增强政府公信力和执行力，建设人民满意的服务型政府”，请谈谈你对这句话的理解。[浙工商2018年研]

答：政府是公共管理活动的一个重要主体，在经济调节、社会管理、公共服务方面发挥着重要作用。然而，由于政府失败、市场失灵和公民社会自主发展，政府行为的有效性、能力是有限度的。在探讨“政府应当做什么”“政府能够做什么”时，必然要探讨如何处理政府与市场、政府与社会、政府与企业的关系。可以从以下几个方面来理解题目中的说法：

(1)政府与市场的关系。在现代市场经济体系中，市场调节与政府干预、自由竞争与宏观调控，是紧密结合、相互交织、缺一不可的重要组成部分，因为完全有效的市场机制只有在严格的假说条件下才能成立，而政府干预的全能主义也仅仅是“理想的政府”。市场调节与政府干预都不是万能的，都有其内在缺陷，关键是寻求市场机制与政府调控的最佳结合点，使政府干预在纠正市场失灵的同时避免和克服政府失败。

(2)政府与企业的关系。随着我国市场经济体制的进一步确立，亟须研究如何构建新的政企关系。新的政企关系必须实现这样一些目标：建立权威、精干、有为、廉洁的有效政府，建立独立、自主、守法、创新的活跃企业，政府对企业实施监督有方、裁决有法、执行有力、协调有度的严格管制，并且建立完善的养老、医疗、事故保险制度等。

(3)政府与社会的关系。政府与社会应该保持动态平衡，一方面，要发挥社会对政府的制衡监督作用，防止政府权力滥用；另一方面，随着各种社会组织和利益集团的发展与壮大，要保证社会权力不被滥用，以致威胁社会成员的自由、危害社会的安定、削弱政府应有的权威。

(4)建设服务型政府和责任政府：

①责任政府要求政府不仅要代表最广大人民群众的根本利益，推动经济、社会全面协

调可持续发展，认真履行“人民”政府的宗旨；还必须适应经济全球化的需要，坚持公开、公正、合法、透明等原则，用市场经济的观点和方法解决部门交叉，多重管理等问题，努力把政府工作重心转移到加强市场调节、社会监管、依法行政、公共服务等职能上来。责任政府应该是“阳光政府、法治政府、民主政府、效能政府”等模式交叉、综合渗透的结果。

②服务型政府要求各级政府和官员必须树立“民本位、社会本位、权利本位”的思想，即人民是国家的主人，政府的权力来自人民的让渡，政府为人民服务是天职，人民的利益至上；政府必须全心全意为人民服务，实现社会公共利益的最大化。与此同时，政府还必须从一味强调按章办事和对特定“功能”“权威”“结构”的服从到强烈的当事人取向和对“使命”“公众”和“成效”的认同，充分考虑公众的具体情况和需求。

(5)我国转轨时期政府职能转变的主要内容，参见本章考研真题论述题第 4 题答案。

7. 中共十八届四中全会专题研究部署全面推进依法治国的重大问题，作出坚持走中国特色社会主义法治道路，建设中国特色社会主义法治体系的决定。结合有关理论，论述如何构建有中国特色的法治政府。[新疆农大 2016 年研]

相关试题：结合《中共中央关于全面推进依法治国重大问题的决定》，论述如何加快建设法治政府。[新疆农大 2015 年研]

答：法治政府是指将政府从决策到执行以及监督的整个过程都纳入法治轨道，权利与责任紧密相连，集阳光政府、有限政府、诚信政府、责任政府于一身，并用法律加以固定的政府，是依法行政、执法为民、公正司法、法律体系健全的政府。构建有中国特色的法治政府的途径包括：

(1)坚持中国共产党对法治政府建设的领导。党的领导是人民当家作主和依法治国的根本保证，这是被历史实践证明的科学论断。法治政府建设必须坚持中国共产党的领导，接受党的统一领导和部署。

(2)政府推进型向政府社会互动型转轨：

①重新定位政府职能和责任。要培育社会，实现政府与社会的良性互动，一个重要的前提是政府必须让渡出社会发展的空间，从社会和市场适度退出，成为一个有限政府。这里的“适度”既要求政府缩小其职能、责任、权力，只需处理好只有政府才能做的事务，允许市场和社会对自己范围内的事务进行自治，改变过去全能的职责、无限的权力，同时又必须保持政府应有的强制力，避免因过度削弱政府权力而引起政治动荡和社会混乱。

②培育社会力量。进一步改变政府与社会组织的关系，明晰社会组织内部事务和政府监管的范畴，避免因政府过度干预而遏制社会组织的自主发展。在法律的规范下，保障社会组织的基本权利，发挥社会力量对法治政府建设的推进作用。随着市场经济和民主政治的深层发展，社会力量将以更加多元、独立的姿态，获得社会权力主体地位，监督、规范政府权力运作。

③拓宽政府与社会的互动渠道：

a. 应努力拓宽公民和社会组织的民主参与渠道，在立法中通过多种形式如听证会、座谈会、媒体发布等方式广泛听取民众对法律草案的意见，制定出反映人民意志，与人民利益、社会需求相契合的行政法律法规，提升立法的科学性、民主性。

b. 增强社会力量对政府行政执法行为的监督力度，畅通监督渠道，充分发挥自媒体的功能作用，为社会监督提供便利。

c. 各级监察机关对群众反映的执法不规范问题要在规定时间内及时作出反馈和处理，核实确认后严肃追究违法执法的行政责任人和机关，确保社会监督的实效。

d. 构建社会力量与政府平等对话的平台，公平处理公民、社会组织与政府之间的诉讼和纠纷。

(3)以宪法为根基的法律制度建设：

①加强行政程序制度建设。行政程序制度要注重对有关程序公开制度的制定，重视对公开参与过程的制度保障，加强对行政公正性的制度设计。

②加强对行政监督制度的建设：

a. 监督的前提是将监督对象纳入制度规范之内。行政监督的对象主要包括抽象行政行为和具体行政行为，须将这两种行政行为都规定到行政监督制度当中，为合理监督提供法律依据。

b. 在制度上进一步明确监督渠道和程序，简化检举和诉讼程序，提高监督效果。

(4)权力文化向权利文化的转变。推进法治政府建设需要创造一个法治文化氛围，权利文化是法治文化的精神内核。要建构以尊重权利为最高准则的文化环境，引领我国的法治政府建设，使法治不再是外在于社会生活的存在，而成为一种信仰和理念，成为一种生活方式。

(5)建立行政权力的制约与平衡机制。从权力结构的角度，尝试建构行政权力内部与外部的制约与平衡机制，将行政权力控制在法律的框架内，是推进法治政府建设的重要保障。